KB251950

백두산총서

(지질)

김 정 락 외

한국문화사

정 일 봉

백　두　산

세개의 린접한 단층면을 따라 형성된 사기문폭포
주변은 제4기 상세의 다공성류문암

향도봉에서 특징적으로 나타나는 분출중단면

함몰작용에 의하여

외륜산의 일부

현무암 분출중단면 (리 명수)

백두산산록의 현무암암해

백두폭포부근에 특징적으로 나타난 류문암로출

백두 화산분화 구내 벽에 나타난 조면암주상절리

압록강상류계 나타난 류문암이 단층작용에 의하여 전이된 현상

제비봉과 단결봉의 중턱에 나타난 부정합중단면

제비봉과 단결봉의 중턱에 나타난 부정합중단면

압록강상류에 발달되여

색화산재로 된 기암들 (천군바위)

두방향의 단층선을 따라 형성된 형제폭포 중단면

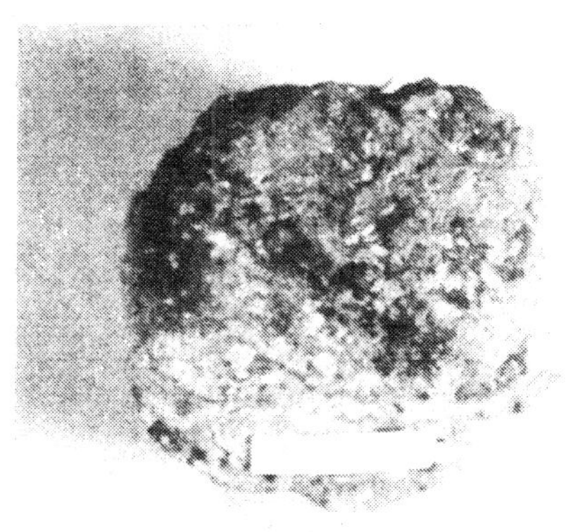

조면암질각력암 (천지호반)

황색조면암질응회암 향도봉

흑색응회암

조면영안암 천지호반

흑색응회암 (천지호반)

조면암질흑요암（백사봉）

명반석（호산리）

록색조면암질응회암（백두다리）

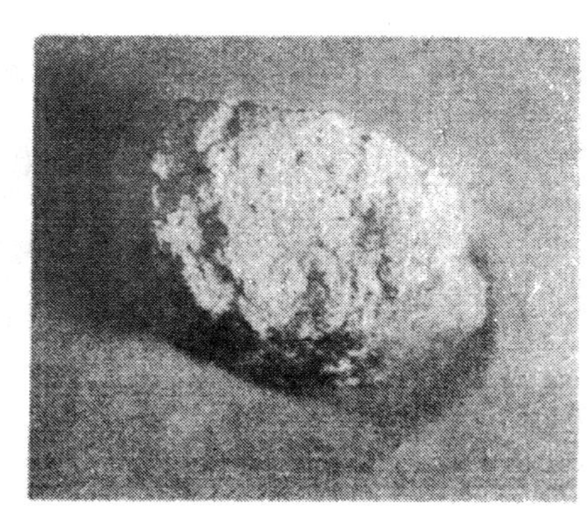

황색응회암（장군봉）

류문암질응회암（압록강상류）

조면암질용결각력암（향도봉）

조면현무암 보천

열수변질받은 현무암(삼지연)

준알카리현무암(보천)

적색다공성현무암(무두봉)

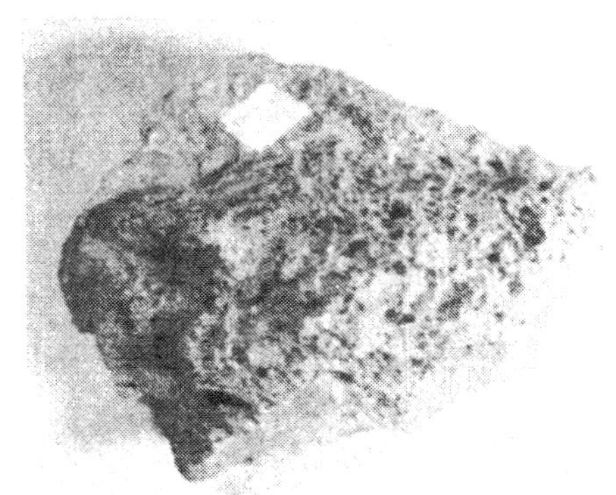

황색응회암(장군봉)

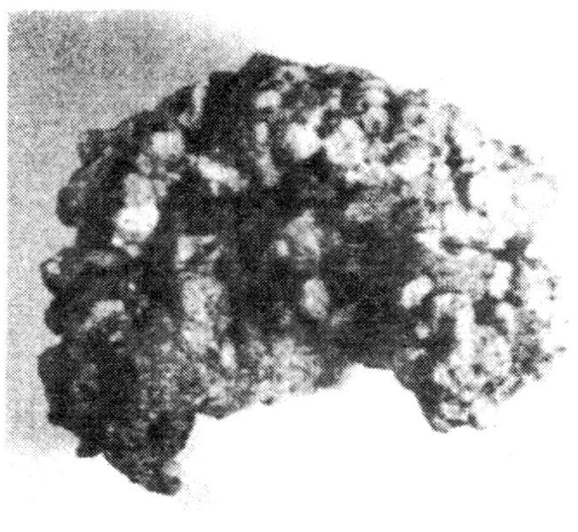

용결응회암(무두봉부근)

매몰목 (대연지봉)

갈철광안에 들어있는 잎사귀화석
호산리

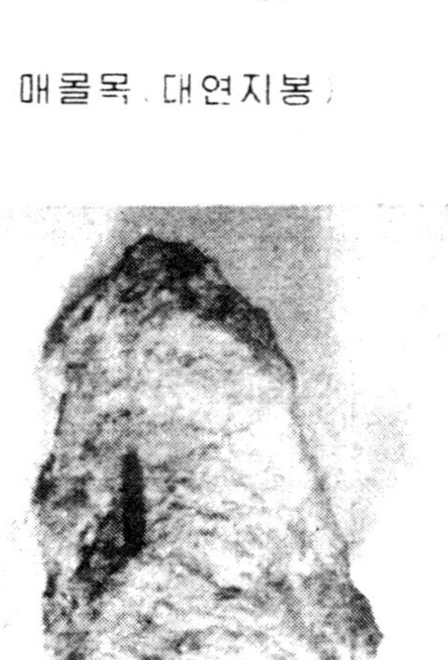

흑색탄화목 (대산리)

갈철광 (대상리)

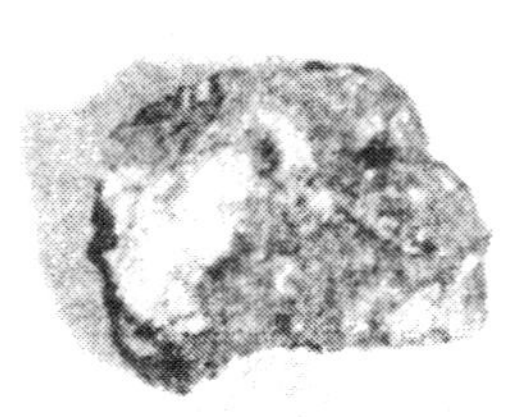

조면영안암질쇄설암 (소백산)

규조토 (보서리)

천 지 지 질 도

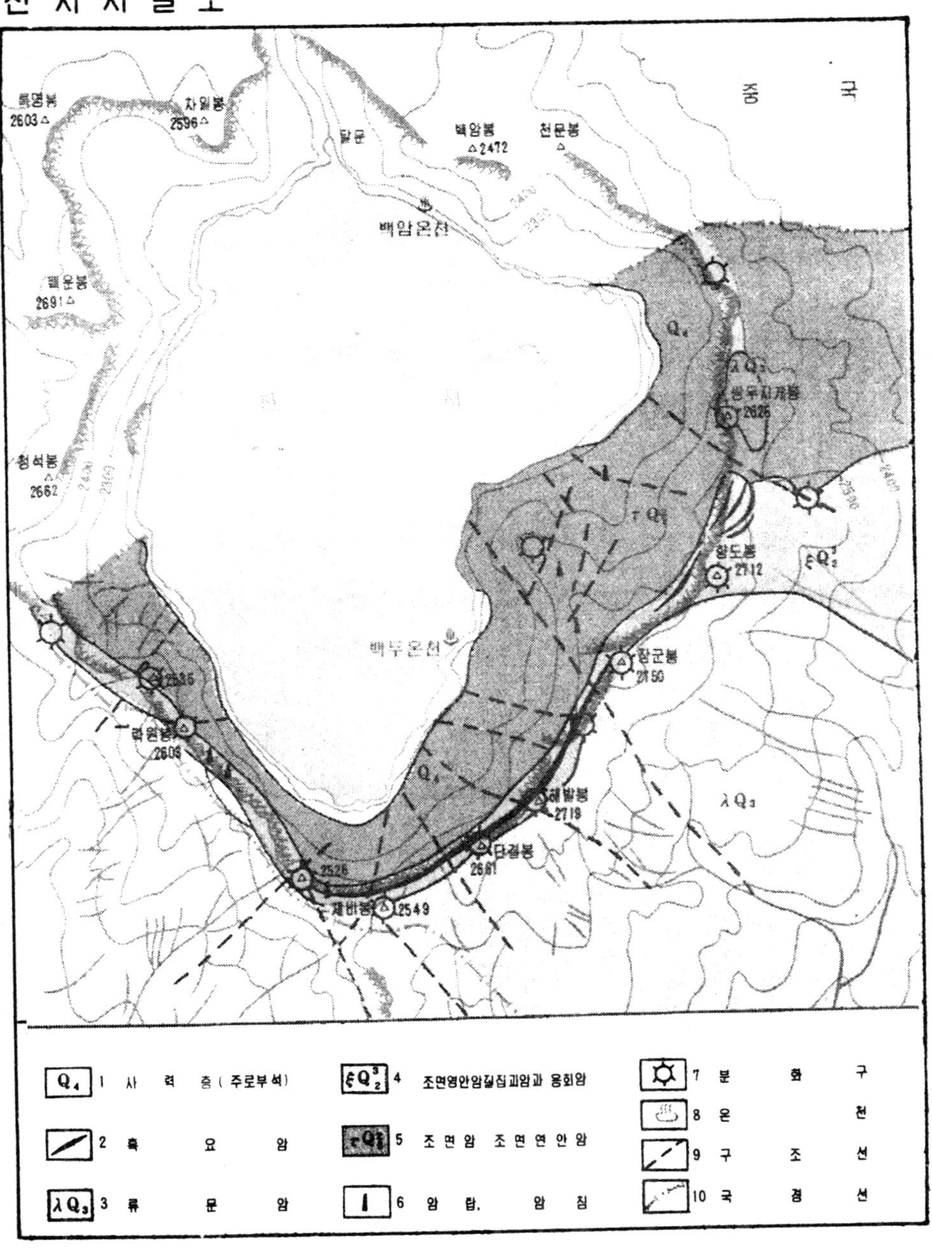

Q_4 1	사 력 층 (주로부석)	ξQ_2^3 4	조면영안암질집괴암과 응회암
2	혹 요 암	τQ_2^3 5	조면암 조면연안암
λQ_3 3	류 문 암	6	암탑. 암침

7	분 화 구
8	온 천
9	구 조 선
10	국 경 선

차   례

I 백두산지구의 층서

백두산지구는 지질학적으로 매우 오랜 발전과정을 거쳐왔으므로 지질 시대적으로 가장 오랜 시생대 변성암으로부터 가장 이른 제4기 분출암이 분포되였는데 화강편마암, 혼성암을 비롯한 결정편암이 기반을 이루고있다.

하부원생대에 이 지역은 마천령지향사발전단계를 거치였다.

마천령지향사의 활동은 시생대 기반우에 북서방향의 심부단렬대가 침강되는 단계로부터 시작되였는데 이때 지향사의 중심부분이였던 허천지역에서 제일 강하였다.

그리하여 혜산-리원요곡지에는 쇄설암족과 화학기원 및 생물기원의 퇴적암족이 두껍게 형성되였다.

마천령지향사의 퇴적작용은 하나의 큰 퇴적선회를 이루었는데 하부의 륙원성 및 분출퇴적암족(성진통), 중부의 탄산염암족(북대천통), 상부의 륙원성퇴적암족(남대천통)이 형성되였다.

마천령지향사는 강한 조산운동(옹진운동)에 의하여 습곡대로 전환되였고 그에 따라 산성관입암(리원암군)이 관입하였다.

당시 기후는 매우 습하고 매마른 환경이 뒤바뀌는 가운데 미체식물과 람조류-록조류들이 살고있었다.

하부원생대말에 이 지역은 습곡륭기되고 오래동안 삭박을 받은 다음 률동운동이 일어나 침강대와 륭기대로 나누어졌다. 그리하여 백두산지구 서쪽 변두리는 떠모양의 상원기 바다의 침입을 받게 되였다. 이 바다에서 연해쇄설퇴적상과 심해퇴적상을 형성하게 하였다.

상원기 상세에 이르러 이 지역은 륭기되였으며 바다로부터 멀어지게 되였다.

구현기시기에 백두산지구는 삭박구역으로 남아있었다.

상원계지층에서 겹층석(바다 마름류)화석을 발견하였다. 이것은 비교적 온화하고 물깊이가 얕은 바다가에서 사는 생물이다.

백두산지구에서 캄브리아기부터 실루르기 기간에 황주계가 퇴적되였다. 이 시기 바다는 여러번 드나들었다.

이때 기후는 건조한 열대기후로부터 습윤하고 온화한 기후로 바뀌였다. 해조류인 겹층석과 히스트리코스패리드가 살았다.

캄브리아기말에 해침이 가장 많이 진행되였으며 두꺼운 석회암층이 퇴적되였다.

오르도비스기에 백두산지구 서남부는 여전히 바다환경에서 벗어나지 못하였다. 그리하여 만달통시기에는 얕은 바다조건의 석회암과 니암 그리고 건조한 기후환경에서 쌓인 고회질석회암, 규석층들이 쌓였다.

오르도비스기이후 백두산지구는 계속 륭기하였으며 수천만년동안 삭박작용을 거쳐 지형기복은 평탄해졌다.

중부석탄기 초기에 이 지구는 다시 침강하여 퇴적암이 형성되였다. 그러나 바다는 미치지 못하였다. 이시기 기후는 건조한 환경으로부터 습윤한 환경으로 바뀌고 식물이 무성하게 자라 함탄층이 형성되였다.

대보운동시기에 백두산지구에서 중, 산성 화산암들이 대량적으로 분출하였으며 분출중단시기에는 호수환경조건에서 함탄쇄설층이 형성되였다.

신생대에 들어와 백두산지구는 자기의 모양을 갖추기 시작하였다.

제3기층의 퇴적시기는 중생대말에 있은 구조운동을 이어받아 지괴운동이 더욱 강화된 시기였으며 이전부터 발전하여온 북동, 북서 방향과 부분적으로 남북방향의 구조체계들이 뚜렷이 나타났다.

북서방향의 백두산 심부단렬대가 리프트(렬곡)적성격을 뚜렷이 나타냈으며 지구대와 지루대모양을 나타내는 계단상정단층계를 이루었다.

이 시기에 아열대 온대성 식물인 피자식물이 번성하였다.

습윤하고 온화한 조건에서 식물이 무성한 결과 백두산지구에서는 곳곳에 갈탄과 니탄이 형성되였다.

분출작용은 북서 심부단렬대와 북동심부단렬대가 사귀는곳에서 강하게 일어나고 북서방향의 정단층계를 통하여서도 진행되였는데 이 용암은 백두산 리프트의 지구대바닥들에 흘러내렸다.

상신세부터 제4기초에 백두산을 중심으로 하여 백무고원과 개마고원 북부, 서부 지구에서 염기성분출작용이 강하게 진행되였다. 이리하여 백두용암대지를 이루어놓았다. 이 시기 지구대들에서는 분출중단기에 쇄설 퇴적물과 니암이 쌓였다.

이 현무암이 흘러나온 다음 백두산지구는 상대적인 안정상태에 들어갔다.

제4기중세에 백두산지구에서 강한 지각운동에 의하여 심부단렬대들이 재가동하였으며 이에 따라 중산성분출작용을 위주로 하는 분출작용이 있었다.

분출작용은 동남쪽에서부터 북서쪽으로 이동하면서 진행되였는데 최종분출은 백두산에서 가장 강하게 진행되였다.

제4기는 매우 짧은 기간이지만 빙하기와 간빙기, 해침과 해퇴, 지각의

백 두 산 지 구 층 서 표

대	기	세	계	롱	층	기호	주상도	두께(m)	구 성 암 석
신생대	제4기	현세	함경계	백두산롱		Q4		5-15	자갈, 모래
		장세			천지층	λQ4		20-30	백색부석
					장군봉층	λQ3		40-50	조면영안암, 조면류문영안암, 흑요암
		중세			향도봉층	λQ2		100-200	조면암, 조면영안암, 부석질응회암
					무두봉층	βQ2		10-50	적색다공상현무암 (광재암)
					대평층	βQ2		100-200	현무암
					복포태산층	nQ2		600~650	조면암, 조면영안암, 응회암
		하세			북설령층	nQ1		50~300	조면영안암, 류문암, 응회암
					푸른봉층	nQ1		100~450	조면암, 조면영안암
	신제3기	상신세	계	보천롱		βN2-Q1		30~600	현무암
		중신세		백암롱		N1-2		50~250	현무암, 사력암, 분사암, 석탄, 식물화석
중생대	백악기	하세	자강계 대동계 평안계	룡성롱		J3-K1RS		50~600	안산암질분암, 응회암, 력암, 사암, 석영반암, 규장반암
	유라기	상세 하세		장파리롱		J1Čn		600~650	력암, 사암, 분사암, 탄질분사암, 식물화석
고생대	석탄기	하세 상세		사동롱		C3-P1Sd		150	사암, 분사암, 점판암, 무연탄, 식물화석
									—— 구 —— 조 —— 접 —— 촉 ——
	오르도비스기	중세	황주계	만달통		O2mn		300~400	층상, 괴상석회암, 고회암, 동물화석
		하세		초산통		E3-O1Čs		600~700	층상석회암, 점토질석회암 / 점판암, 고회암
	캄브리아기	상세 중세 하세		양덕통		E1-2jn		200~400	점판암, 분사암, 석회암
									—— 구 —— 조 —— 접 —— 촉 ——
상부원생대			상원계	묵천통		PR2mK		200~300	편암, 천매암, 점판암
				사당우롱		PR2Sd		450~600	석회암, 고회암, 접층석화석
				직현롱	한평리층	PR2CK		250~300	점판암, 석회암
					고령봉층	PR2CK		200~250	규암, 분사암, 점판암
					토성리층			600~650	석회암, 니회암, 점판암
					독산층			550	소력암, 규암, 편암
하부원생대			마천령계	남대천통		PR1nm		600~1700	편암, 규암
				북대천통		PR1pK		2000	대리암, 해조류화석
시생대								2000 이상	편암, 규암, 혼성암

룽기와 침강이 바뀌는것이 특징이였으며 이에 따라 생물계도 변화되였는데 생물은 대륙빙하의 이동으로 남쪽 또는 북쪽으로 옮겨졌다.

기후변화에 의하여 빙하기와 간빙기가 다섯차례 바뀌므로써 빙하작용이 백두산지구에서 나타나군 하였다.

백두산지구에 널리 발달되여있는 지층은 대부분 신생대 분출암들이고 신생대이전 지층들은 남부와 서부 그리고 계곡에 의하여 패여진 골짜기들에서만 나타난다.

백두산지구의 층서를 보면 표 1-1과 같다.

1. 시생대층 (랑림층군)

백두산지구에서 시생대에 해당되는 지층이 드러난 곳은 아직 알려지지 않았다. 다만 그 린접에 있는 혜산시, 김형직군, 김정숙군, 갑산군, 풍서군 일대의 크고작은 구역들에 드러나있다.

랑림층군을 이루고있는 암석은 변성작용과 혼성암화작용을 심하게 받은 흑운모편마암, 근청석철반석류석질흑운모편암, 규암, 편마암상규암으로 되여있다.

랑림층군은 하부원생대지층과 직접 잇닿아있는곳은 없고 모두 련화산암군의 화강암류를 거처 구조접촉하고있다. 랑림층군의 암석들은 여기저기 따로따로 흩어져있고 심히 복잡하게 주름잡히고 매우 요란되여있으므로 랑림층군의 일차적구조를 알아내기 바쁘다.

랑림층군이 잘 드러난 김정숙군 송전부근에서 부분자름면은 아래로부터 다음과 같다.

1. 암록색, 암회록색 세층상교대혼성암 · · · · · · · · · ·18m이상
2. 암록색   안구상흑운모각섬석질편마암 · · · · · · · · ·2.5m
3. 압쇄된   회록색세립규암상편마암 · · · · · · · · · ·7.2m
4. 회록색세립치밀규암 · · · · · · · · · · · · ·6.5m
5. 회백색층상견운모질규암 · · · · · · · · · · · · ·8m
6. 심히 압쇄된 회록색세립규암상편마암 · · · · · · · · ·13m
7. 회록색, 암록색 견운모록니석질편암 · · · · · · · · ·16m
8. 암록색층상주입교대혼성암 · · · · · · · · · · ·7.5m
9. 암록색안구상 각섬석질편마암 · · · · · · · · · · ·12m이상

이 지층들의 주향은 국부적인 돌기부에 의하여 복잡화되였지만 전반적으로 북동방향을 가진다.

우리는 린접에 있는 랑림층군의 분포특성으로 보아 이 층군이 백두산지구까지 연장되였을것이라는것은 의심할바 없으며 따라서 백두산은 태고로부터 자기의 형성력사가 시작되였다고 볼수 있다.

2. 하부원생대층 (마천령계)

마천령계는 하부원생대의 지향사조건에서 형성된 지층으로서 주로 백두산지구 서부와 동남부 변두리에 발달되여있는데 시생대 랑림층군의 서로 다른 암석우에 심한 경사부정합으로 놓여있다.

마천령계의 절대나이는 남대천통 편암에서 17억∼17억 4000만년(K−Ar법), 북대천통 상부층준에서 19억년(Pb법), 성진통안의 금운모 스카른에서 19억∼20억년(K−Ar법)이다. [101]

마천령계는 퇴적암상 특성에 의하여 아래로부터 정합적으로 놓이는 성진통, 북대천통, 남대천통으로 구분되는데 그 가운데서도 백두산지구에는 북대천통이 많이 발달되여있다.

성진통

성진통은 백암군 양곡, 운홍군 롱포, 롱암 일대에 분포되여있다. 야통은 지방마다 세부자름면구성에서 다소 차이나지만 큰 범위에서는 서로 비슷하다.

구성암석은 흑운모편마암, 흑운모각섬석질편마암, 화강편마암, 각섬암, 대리암, 결정편암, 규암으로 되여있다. 아래층은 여러가지 편마암류와 화강편마암류로 되여있고 웃층은 각섬암, 대리암, 결정편암과 규암의 호층으로 되여있다.

성진통의 자름면구성을 지구별로 대비하여 보면 백암지구는 운홍지구와 좀 다른 특성을 가진다.

백암군 양곡부근에 드러난 성진통자름면을 보면 주로 편마암으로 되여있는데 그안에 결정질고회암, 대리암 등이 여러번 끼여있다. 매개 암층들의 두께는 5∼7m이다. 자름면의 두께가 보다 두꺼우며 철질규암층이 알려지지 않았다. 층의 두께는 650∼700m이다.

운홍군 롱포, 롱암 부근의 성진통은 롱포배사습곡대를 따라 북서로 8km 정도되는 구간에 분포되여있는데 주로 성진통 웃층만이 드러나있다.

암석은 견운모규질편암, 규선석질운모편암, 석회암, 록니석질편암으로 되여있는데 웃부분에 철질규암층이 끼여있다. 석회암은 2∼5m의 두께로 몇개 끼여있고 고회암층은 없다. 층의 두께는 400∼500m이다.

북대천통

북대천통은 주로 장파리단렬대의 동쪽 마천령룽기대에 넓게 분포되여있고 그 서쪽구역인 허천강단렬대와 장파리단렬대에 끼운 허천강 요함대구역에도 좁은 띠모양으로 군데군데 분포되여있다.

분포구역은 백암군 양곡, 양홍, 운홍군 생장, 룡암, 룡포, 신중, 대동, 심포, 일건, 대중, 혜산시 로중 등지이다.

북대천통은 성진통우에 정합으로 놓여있다. 북대천통의 하부경계는 성진통이 북대천통으로 넘어가는 백암군 양곡에서 나타나며 상부경계는 갑산군 동점에서 나타난다. 백두산지구 린접에 있는 이행구간에는 여러가지 편암과 석회암의 호층이 있다.

운홍일대에 분포되여있는 북대천통은 주로 탄산염암석으로 되여있는데 하부층, 중부층, 상부층으로 나누어진다.

하부층은 결정질괴상고회암, 루각섬석질고회암, 사문석화된 고회암, 규질고회암 등으로 되여있는데 백암―령하지구와 룡암―운홍―심포 일대에 분포되여있다. 하부층자름면은 어디서나 단층으로 접하고있으므로 완전한 자름면이 없다. 하부층은 성진통우에 정합으로 놓여있는데 그 경계는 백암군 양곡에서 나타난다. 하부층의 두께는 400~500m이다.

이 고회암층은 동과 마그네사이트, 사문석, 활석 광상의 주요 함광층으로 되고있다.

중부층은 장파리단렬대를 따라 운홍군 일건―대덕―상산일대, 생장―룡포일대에 분포되여있다. 중부층은 주로 편암으로 되여있으나 자름면아래부분에서는 석회암이 자주 엇바뀌여있다. 이 층의 두께는 400~500m이다. 상부층은 두꺼운 고회암층과 석회암층으로 되여있는데 백두산지구에서는 나타나지 않는다. 이 층의 두께는 1200~2500m이다.

남대천통

남대천통은 운홍, 혜산의 극히 제한된 구역에 드러나있다. 이 지층은 하부층, 중부층, 상부층으로 나누어지는데 운홍일대에는 상부층만이 넓게 드러나있다.

운홍군 대동일대에 드러나있는 상부층의 자름면은 아래로부터 다음과 같다.

1. 우건골층 회록색―회색규선석석영견운모편암, 견운모편암과 규암의 호층, 운모질규암과 안구상규선석질복운모편암의 호층,
회백색―암회색운모질규암······························약 300m
2. 황철골층 후층상규선석견운모편암, 규암과 규선석견운모편암의 엇바뀜층·······················200~250m
3. 백마산층 백색석영 규암, 회백색석영사암상규암층의

상부층과 하부층에 회색천매암상편암 · · · · · · · · · · · · · · 100～190m

4. 배나무골층 암회색－회록색 경록니석질견운모편암, 분사
질견운모편암, 천매암상분사질견운모편암 회색분사질규암,
규질편암 · 350～450m

5. 희사봉층 회백색사암상규암, 회흑색백운모질규암,
석영견운모록니석질편암과 천매암상견운모편암의
엇바뀜층 · 200～250m

배나무골층과 희사봉층에는 변성도가 낮은 천매암, 분사암, 력암이 있
는데 이 암석을 마천령계에서 떼내여 《혜산준계》에   소속시키자는   견해도
있다.

《혜산준계》의 층서는 아래로부터 다음과 같다.

1. 신복층 전기석조장석질편암, 장석과 반토가 많은 규암 및 그의 미세
률동층 · 500～550m

2. 로중리층 흑색천매암, 흑색규암,   록니석질편암
· · · · · · · · · · · · · · · · · 300～330m(조선의 지질 100m)

3. 중평층 주로 규암, 일부 편암화된
력암 · · · · · · · · · · · · · · · · · 500m(조선의 지질 20～30m)

4. 중리층 견운모록니석질편암, 천매암상점판암,
약간의 규암 · · · · · · · · · · · · · · · · · · · 300～400m

우리는 《혜산준계》가 용량이 매우 작고 뚜렷한 퇴적선회를 나타내지 못
하고 마천령계 퇴적선회의 마지막시기의 퇴적상과 대비되므로 남대천통 상부
층준에 넣었다.

3. 상부원생대층 (상원계)

상부원생대층은 장파리단렬대 동쪽 마천령륭기대구역인 운흥군 령하(유
동－령하)일대에 분포되여있다.

상원계는 아래로부터 직현통, 사당우통, 묵천통으로 나누어진다. 매
개 통사이의 경계는 정합으로 되여있다. 이 층은 하부원생대 마천령계층우
에 부정합으로 놓여있고 다시 중생대 퇴적층과 분출쇄설암층에 의하여 부정합
으로 덮혀있다.

직현통

직현통은 주로 쇄설퇴적변성암으로 되여있는데 아래로부터 독산층, 토
성층, 고린산층, 한평층으로 나누어진다.

독산층

이 층은 기저력암과 규암들로 되여있는 상원계 맨 밑에 놓이는 지층으로

서 상원계지층이 드러나있는 모든곳에 다 드러나있는데 백두산지구에는 아직
알려지지 않았다. 그 린접에 있는 혜산에서 이 층은 3개의 층으로 나타나는
데 아래층은 기저력암, 장석질규암, 작은 력암으로 되여있다.   하부층의
두께는 80〜150m이다

  중부층은 암회색규질점판암이 끼여있는 적갈색사질규암, 적자색철질
규암으로 되여있다. 두께는 170〜200m이다. 상부층은 백색, 회백색의 치밀
한 규암, 작은 력질규암으로 되여있는데 층의 두께는 150〜200m이다. 독
산층의 총두께는 혜산지방에서 400〜550m이다.

  토성층

  이 층은 직현통이 있는 거의 모든 구역에 분포되여있다. 층의 아래경계
는 독산층과 구조접촉 또는 정합으로 놓여있다. 토산층은 회록색, 흑색,
적자색 점판암, 석회질점판암, 백색, 회색, 암회색, 황색 석회암으로 되
여있다.

  토산층은 2개의 층으로 나누어지는데 하부층은 회록색, 흑색, 적자색
점판암과 석회질점판암으로 되여있다. 두께는 180〜200m이다. 상부층은 두
께가 35m정도되는 회백색결정질석회암층우에 적갈색점판암, 세층상회색,
회록색점판암과 회색, 백색 석회암 및 적갈색 석회질점판암과의 호층으로 되
여있다. 층의 두께는 150〜200m이다.   토성층의 총두께는 330〜400m
이다.

  고령봉층

  고령봉층은 백무산지구에서는 나타나지 않고 혜산시와 접한 삼수군 번
포, 신전(고령봉)일대에서 나타난다.

  고령봉층은 주로 사암상규암, 세립규암, 회록색, 적자색 규질점판암
의 엇바뀜층으로 되여있는데 자름면의 아래부분에서 얇은 규암층과 규질점판
암이 엇바뀌고 우로 가면서 회백색층상규암으로 넘어간다. 이 층의 대부분
은 토성층과 구조접촉하고있으나 삼수군 번포에서는 토성층이 점판암우에 직
접 정합으로 놓여있다. 고령봉층우에는 한평리층이 정합으로 놓여있다. 고
령봉층의 두께는 80〜150m이다.

  한평리층

  이 층은 혜산시 신장에 드러나있다. 이 층은 석회암과 석회질점판암의
엇바뀜층으로 되여있는데 암석구성상특징이 토성층과 비슷하다.   다른점은
석회암, 석회질점판암과 얇은 석회암이 자주 엇바뀌다가 가운데부분에서 회
록색점판암, 웃부분에서 층상석회암으로 점차 넘어가는것이다. 층의 두께
는 200〜250m이다. 층우에는 사당우통이 정합으로 놓여있다.

  사당우통

  사당우통은 운흥군 령하, 혜산시 신장 일대에 드러나있는데 직현통 한

평리층우에 정합으로 놓여있다. 구성암석은 주로 고회암과 석회암으로 되여
있다. 석회암과 고회암안에는 비교적 연장성이 좋은 해조류화석층이　끼여
있다.

운홍군 령하일대에 드러나있는 사당우통의 자름면은 아래로부터　다음과
같다.

　　1. 견운모록니석질편암과 세층상석회암의 호층 · · · · · · · 30~50m
　　2. 백색층상고회암층(겹층석화석포함) · · · · · · · · 80~100m
　　3. 암회색,　회백색 층상고회암층(순도높은
규석층포함) · 60~80m
　　4. 암회색,　회색 층상고회암층 · · · · · · · · · · · · 50~70m
　　5. 백색층상고회암층(겹층석화석포함) · · · · · · · 100~150m
　　6. 회백색, 백색, 괴상고회암층 · · · · · · · · · · 100~120m
　　7. 석회암과 견운모록니석질암의 호층 · · · · · · · · 50~70m
자름면의 총두께는 470~740m 이다.

자름면의 아래부분과 웃부분에는 석회암이 많은데 여기에서는 편암과 석
회암이 자주 엇바뀌여있는데 아래부분의 석회암과 가운데부분의 층상고회암안
에 겹층석화석이 들어있다. 그 두께는 10m를 넘는다.

묵천통

묵천통은 운홍군 령하일대에 매우 좁은 떠모양으로 사당우통우에 정합으
로 놓여있다. 구성암석은 견운모록니석질편암, 천매암으로　되여있다.　이
통은 신생대 분출암에 의해 덮여있으므로 두께가 얇게 나타나는데 드러난 두
께는 250~300m 이다.

상원계층의 총 두께는 2220~2840m 이다.

4. 하부고생대층 (황주계)

황주계는 상원계층과 구조접촉 되여있으며 변성도가 높다.　지금까지 화
석이 적게 나타났으므로 층을 세분하지 못하였다. 그러므로 종전대로　양덕
통, 초산통, 만달통으로 나누었다.

양덕통

이 통은 혜산시 강구(허천강부근), 신장 일대에 분포되여있으며　린접인
삼수군쪽으로 연장되여있다. 양덕통은 상원계 사당우통과 구조접촉하고있는
데 그우에 초산통이 정합으로 놓여있다.

구성암석은 적갈색분사암, 점토질석회암, 회록색점판암, 완족류화석이 들어있는 어란상석회암, 적자색점판암, 백색석회암 등이다.

양덕통은 다시 3개의 층으로 나눌수 있다. 하부층은 주로 석회질고회암, 적갈색점토질규암, 자색점판암의 엇바뀜층으로 되여있다.

하부층의 웃부분에 놓이는 어란상석회암안에서 완족류화석이 나온다. 층의 두께는 60~150m이다. 중부층은 대부분 석회암층으로 되여있는데 그 사이에 점판암이 끼여있다. 총두께는 80~100m이다.

상부층은 회록색점판암, 석회암, 어란상석회암으로 되여있는데 고회암이 없는것이 특징이다. 층의 두께는 90~170m이다. 중부층과 상부층에서 삼엽충류 *Manchuriella cf. convexa*, *Tonkinela stepansis*, *Asophiscus moukai*, *Linguleua exilis*, *Acrothela* sp., 등이 나온다.

지층은 자름면에 따라서는 암상변화가 심하지 않으나 주향방향에서는 암상변화가 심하게 나타난다.

혜산지구의 양덕통 기저층의 천매암에서 미체식물화석인 *Leiospharidia* sp. *Stictosphaeridium* sp., *Synsphaeridium sovediforme Timofeev* 등이 나오는데 이 가운데서 *Stictosphaeridium*은 상부원생대로부터 캄브리아기하세까지 번성하였고 다른것들은 원생대-고생대까지 번성하였다.

양덕통의 총두께는 220~420m이다.

초산통

초산통은 혜산시 신장, 강구 일대에 분포되여있는데 양덕통우에 정합으로 놓여있다. 구성암석은 세층상석회암, 점판암, 충식상석회암, 석회질점판암의 엇바뀜층으로 되여있다.

특징적인것은 충식상석회암이 사이사이에 엇바뀌여있고 암록색-암청흑색의 점판암이 세층상으로 석회암층사이에 엇바뀜층으로 되여있는것인데 자름면의 우로 가면서 세층상석회암이 더 많아지며 점판암이 점차 없어진다.

초산통의 총 두께는 100~150m이다.

만달통

만달통은 향사습곡구조의 핵을 이루고있는 혜산의 신장에서 강구까지의 구간에 드러나있다. 만달통은 초산통우에 정합으로 놓여있는데 구성암석은 아래로부터 규석층을 가지는 암회색층상석회암, 암회색피상고회암, 층상고회암, 암회색층상석회암, 암회색점토질세층상석회암의 순서로 놓여있다. 만달통아래부분의 층상석회암에서는 오르도비스기 중세를 지시하는 완족류화석이 나온다.

　　만달통의 석회암은 석회석의 순도가 높으므로 좋은 세멘트원료로　될수
있다.　만달통의 두께는 200m정도이다.

5. 상부고생대층 (평안계)

　　평안계는　혜산시 춘동－마산일대에 매우 작은 구조쐐기모양으로 남대천
통 쇄설암류와 황주계 탄산염암류안에 들어있는데 드러난 면적은　0.2km²정
도이다.

　　구성암석은 력암，　사암，　분사암，　분사질점판암，　탄질점판암 및 무연
탄 등으로 되여있는데 하부층에는 력암과 사암이，상부층에는 분사질점판암과
탄질점판암으로 되여있다.　분사질점판암안에는 무연탄층이 끼여있는데 두께
는 1.5～3m이다.

　　지층은 북서방향으로 연장되여 북동쪽으로 60～70° 경사져있다.　하부층
은 만달통 석회암，　상부층은 남대천통과 구조적으로 접촉하고있다.

　　이 지층은 드러난 면적이 작고 몹시 요란되여 똑똑한 층서를　세우기 힘
들다.

　　혜산탄상에서 나타나는 지층의 자름면을 보면 아래로부터 다음과 같다.

1. 기저력암(규암력)······················50～80m
2. 암회색，　회록색，　세립사암·················7～8m
3. 하부탄층······························0.4～3.5m
4. 회흑색점판암과 세립，　중립사암의 엇바뀜층，
　 석회암층이 끼여있다 ·····················35m
5. 중립사암 점차 점판암으로　넘어간다············15m
6. 조립사암 때때로 탄질물을　포함한다·········12～32m
7. 상부탄층 ·····················1～7m(평균 1.5m)
8. 조립석영사암·························20m

구조접촉

남대천통 쇄설암류

두께는 140～200m정도이다.

　　분사질점판암안에서　　*Lepidodendron　　szeianum*　　Lee，
Lepidodendron　　oculus－felis(Abb) Zeiller，*Lepidophyllum*
sp.，*Neuropteris* sp 등 화석이 나온다.

　　이상과 같은 화석들이 있는것과 구성암석의 특성으로 보아 이 지층은 평

양분지 평안계의 립석통과 사동통에 대비되며 지질시대는 석탄기—뻬름기로 볼수 있다.

6. 중생대층

백두산지구에는 혜산—장파리구조대를 따라 분포되여있는 유라기하세층인 대동계의 장파리통과 유라기상세—백악기하세의 분출퇴적층인 대보계의 룡성통이 발달되여있다.

장파리통

장파리통은 혜산—장파리단렬대를 따라 활등모양으로 좁고 길게 연장되여있는데 보천군 가산,   혜산시의 검산,   로중 등지에 드러나있다.

장파리통은 주로 력암, 사암, 분사암,   탄질점판암과 얇은 탄층으로 되여있다.   이 통은 하부원생대와 상부원생대의 편암, 고회암, 석회암우에 심한 부정합으로 놓여있는데 그 기저에는 력암이 깔려있다. 력암우에는 소력암과 사암이 끼여있고 다시 그우에 점차 사암, 분사암, 니암과 렌즈상 또는 박층상의 력암이 놓여있으며 제일 우에는 사암과 분사암의 엇바뀜층 또는 소력암이 있다. 백두산지구 남쪽 연장상의 장파리통은 하부원생대와 상부원생대의 편암, 고회암, 석회암우에 심한 부정합으로 덮여있다.

구성암석은 력암, 사암, 분사암, 탄질점판암, 얇은 탄층으로 되여있다. 그가운데서 력암이 큰 비중을 차지하며 자름면의 아래로부터 우로 가면서 마모도가 높다. 연구지역의 남쪽에서는 아래와 가운데에 두꺼운 력암층이 끼여있는데 2개의 함탄층도 있다. 장파리층은 곳에 따라 암상변화가 심하다.

혜산시 검산주변 철길버랑에 있는 분사암과 탄질니암안에서 *Cladophlebis haiburnensis* (L. et Ho) Sew., *Podozamites lanceolatus* (L. et Ho) Schimp. 등 식물화석을 찾았다. 장

그림 1—1. 중생대층의 분포구역
1—중생대층,   2—관입암

파리층의 두께는 600~650m이다.

룡성통

룡성통은 북동방향 또는 북서방향의 큰 단렬대들에서 분출활동과 함께 이루어졌으므로 산성 및 중성 분출암과 그 응회암들, 분출퇴적층과 함탄층으로 되여있다.

이 통은 신생대의 대지현무암에 의해 덮여있으므로 패운 곡지에서만 드러나있다.

룡성통은 분출암조성에 따라 산성분출암과 그와 공반되는 쇄설암층(보천분지의 남쪽), 중성분출암과 그와 공반되는 쇄설암층(보천분지의 북쪽)으로 구분된다.

산성분출암과 그와 공반되는 쇄설암층

이 암층은 보천군과 운흥군, 혜산시에 이르는 구간에 분포되여있다. 분포면적은 약 100km²이다. 이 암층은 류문반암조성의 응회암과 용암, 석영반암과 사암, 분사암으로 되여있다.

보천군 대진평, 문암의 동쪽방향의 골짜기에 드러난 암층의 부분자름면을 보면 아래로부터 함력조립응회암, 조립응회질사암, 진주암, 세립응회암, 응회질사암, 분사암으로 되여있다. 력은 반마모형류문암, 규장암들과 드물게 **흑색**편암, 안산분암들로 되여있다.

쇄설암층은 **보통** 괴상석리를 이루나 응회질사암층과 엇바뀜층으로 되여있는 자름면부분에서는 희미한 층상석리가 나타난다.

이와 비슷한 자름면은 대평천기슭과 대진평학교 뒤산에서도 나타난다.

대평천기슭에서 나타나는 암층도 역시 아래로부터 함력조립응회암, 조립응회질사암, 진주암, 세립응회암, 응회질사암, 분사암으로 되여있는데 응회질사암안에 두께가 1~3cm 정도되는 연장성이 나쁜 산석층이 들어있다. 이것은 이 암층이 온난한 기후조건에서 형성되였다는것을 보여준다. 진주암층은 문암어구에 절벽으로 드러나있는데 괴상석리, 두꺼운 판상절리를 이룬다.

암층은 암흑색, 암록색, 분홍색 등 여러가지 색을 띠며 송진광택을 나타낸다.

암층은 화산유리와 4~6%의 물을 함유하고 배개모양의 절리를 가지는것으로보아 수분지조건에서 비교적 빨리 류출랭각되여 형성되였다고 보아진다. 이것은 분출활동이 유라기말부터 호수조건에서 진행되였다는것을 의미한다.

세립응회암층은 대진평학교 뒤산에 잘 드러나있다. 암층은 류문상석리를 가진 류문암질용암과 엇바뀌여있으며 회색, 암홍색, 회백색 등의 색을 떤다. 세립구조를 이루므로 같은 류문암조성의 용암과 가려보기 힘들다. 풍화된 자름면에서 탄화된 식물쪼각들이 알려졌다. 세립응회암층과 엇바뀌여있는 류문반암조성의 용암층은 류문상석리를 가지는것이 특징적이다.

이 층은 자름면의 웃부분에서 응회질사암, 분사암, 약간의 탄질니암으로 점차적으로 넘어간다.

응회질사암, 분사암층은 산성분출암의 제일 웃층 자름면에 놓이는데 제 3기 조면암층밑에서 두께가 20m이상의 큰 폭을 가지고 연장되여있다.

암층은 밑에서부터 응회질사암, 흑색분사암으로 되여있는데 정확한 두께와 층의 접촉관계 등은 알아보기 힘들다. 주로 괴상층리를 이루나 드물게 층상석리를 나타내는데 층상석리를 가진 응회질사암에서 탄화된 식물질쪼각들이 나타난다.

문암에서 나타나는 흑색분사암층자체가 함탄층으로 되여있는데 여기에서 *Carpolithes cinctus* Nath., *Podozamites lanceolatus* (L. et Ho) Schimp. 의 식물화석이 나왔다. 산성분출암과 그와 공반되는 분출쇄설암층의 두께는 300~500m로 예측된다.

중성분출암과 그와 공반되는 쇄설퇴적암층

이 암층은 보천군 대진평북쪽의 려수, 아무산부근에 분포되여있다.

특징적인것은 산성분출암과 함께 있는 쇄설암층보다 중성분출암층사이에 끼운 쇄설암층의 두께가 더 큰것이다.

특징적인 자름면은 대진평―려수도로옆에서만 잘 나타나는데 분포면적이 매우 작다(그림 1―2).

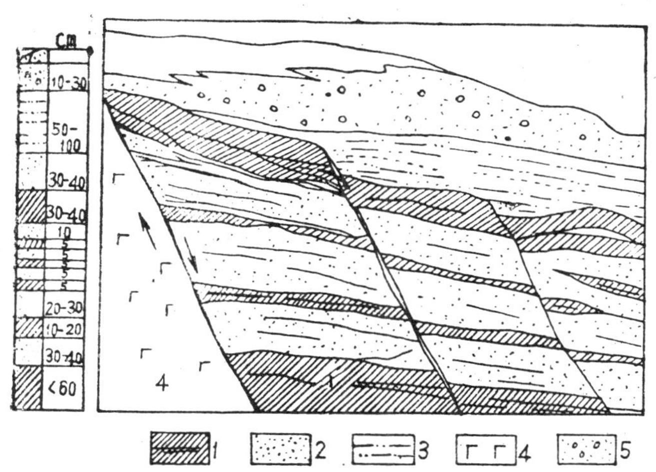

그림 1―2. 중성분출암사이에 끼운 쇄설암층

1―흑색사암, 2―세립사암, 3―분사암, 4―현무암, 5―력암

암층은 함력응회질사암 및 응회질사암층, **흑색분출암층, 구상용암층,** 안산암조성을 가진 용암층으로 되여있다.

함력응회질사암 및 응회질사암층은 자름면의 기저에 놓여있는데 주로 화강암, 석영, 약 10%정도의 안산용암 등으로 되여있다.

고결물은 응회질사암이며 반마모되였다. 이 층우에 응회질사암층이 놓이고 그우에 분사암층이 놓인다.

응회질사암층은 함력응회질사암층우에 점차적이행관계를 가지고 놓여있는데 암석조성은 같다.

흑색분사암층은 아래층우에 정합으로 놓여있는데 드러난 자름면에서의 두께는 4m정도이다. 이 **흑색분사암층**은 자주 세립사암층과 엇바뀌여있으며 층상석리를 나타낸다. 그안에 얇은 탄질니암층이 끼여있는데 여기에서 *Carpolithes cictus* Nath., *Podozamites lanceolatus* (L. et H.) Schimp., *Pityophyllum noraensnioldi* (Heer) Nath. 가 나온다(그림 1-3).

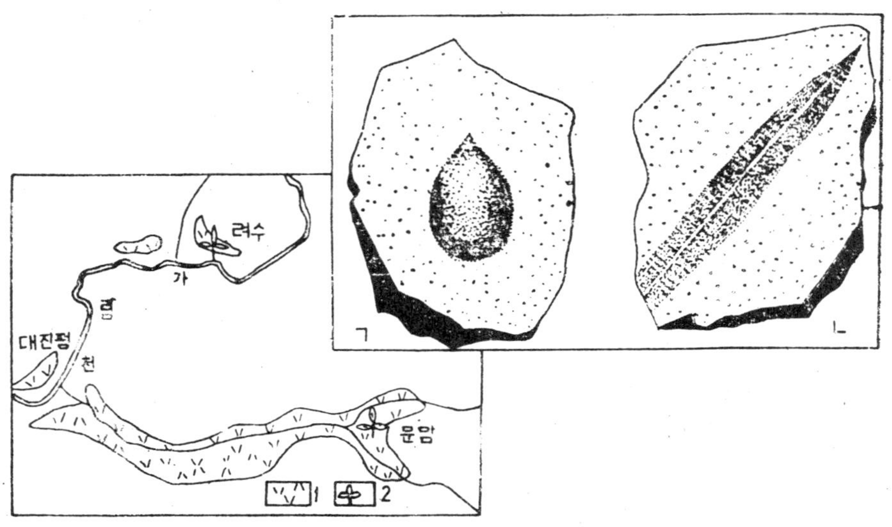

그림 1-3. 룡성통의 식물화석산지

식물화석 *Carpolithes cinctus* Nath (ㄱ)와 *Pityophyllum noraensn-ioldi* (Heer) Nath. (ㄴ); 1—탄질니암, 2—화석

화석식물은 우리 나라 다른 지역의 룡성통에서 혼히 나오는것들인데 문암리의 산성분출암속에 끼운 쇄설퇴적암층에서와 같은것이다. 따라서 시대적으로 어느것이 먼저라고 갈라보기는 힘들며 거의 같은 시기로 볼수 있다. 물론 우와 같은 화석식물은 우리 나라의 백악기지층에서는 나오지 않는다. 그러므로 연구지역의 도창통과 창평통은 화석식물과 함께 암석학적특성까지도

고려하여 백악기상세층이 아니라 유라기상세-백악기하세층이라고 보게
된다.

지층자름면에서와 같이 이층들은 층상석리를 나타내며 비교적 큰 두께를
가지고 세립사암과 엇바뀌여있는것으로 보아 이 암층은 하성-호성이행대의
암상으로 볼수 있다.

구상용암층의 자름면은 려수-호상의 굽인돌이에서 나타난다. 력의 크
기는 30×20cm 정도되는데 반마모되였다. 암층은 크기가 고른 력의 집합
체로 되여있는데 주로 안산분암으로 되여있는것이 특징이다. 력모양의 구상
체를 고결한 물질이 용암조성을 가지고 응회질물질이 들어있지 않다는것 그
리고 배태암의 력을 포함하지 않는것으로 보아 이 암층은 호수분지에 흘러든
용암체라는것을 보여준다.

드문 경우 이 용암층안에는 응회질사암의 포로체가 들어있다. 이것은
백두산지구에서 이미 중생대부터 화산이 분출하여 용암이 흘렀다는것을 보여
주고있다.

안산분암조성의 용암층은 흑색분사암의 상부 응회질조립사암의 상부사암
과 흑색분사암의 엇바뀜층대우에 3회정도 끼여있다. 이것은 록색, 암록색
을 띠며 치밀하고 두께가 (7∼10cm) 일정한것이 특징이다. 그러므로 분출
작용은 비교적 정온한 조건에서 퇴적작용과 일정한 사이를 두고 간헐적으로
진행되였다고 본다.

하부에 깔린 용암층은 상부용암층과의 접촉부부근에서 행인대들을 형성
하였다. 이 행인대들은 분출순서와 회수를 보여준다.

또한 안산암질분사암과 그의 응회암으로 이루어진 층은 아무산의 북서쪽
경사면에 분포되여있는데 면적은 약 10km² 이다.

이밖에도 룡성통은 대진펑지구에서 나타나는데 기반은 단천암군의 화강
암으로 되여있다. 그 밑에 기저력암이 있고 그우에 응회질쇄설퇴적암, 응회
암층이 놓여있는데 이것이 중성분출암으로 이행되였다.

안산암질분암으로 되여있는 룡성통은 대홍단군의 남쪽 장철산동쪽 가지
산봉우리에 좁은 넓이로 드러나있다.

삼지연군 농산일대에서도 룡성통이 드러나있다. 압록강가에서 시추암심
(500m깊이)에 대한 절대나이 측정값은 약 1억년에 달하는데 이것은 룡성통
의 지질시대가 알브년까지의 상부한계를 가질수 있다는것을 보여주고있다.

7. 신생대층

제3기층(백암통)

백암통은 백암-도화일대와 대택, 혜산, 북대우, 신전, 서계수, 박

천수일대에 분포되여있다.

이 통은 백두산줄기의 동쪽경사면에 생긴 산간구조요함지에 쌓인 퇴적층과 분출암으로 되여있는데 크고 작은 분지형태로 곳곳에 드러나있다.

백암통은 하부원생대 성진통의 흑운모편마암, 흑운모각섬석질편마암, 화강편마암, 혜산암군의 화강암, 롱성통의 중산성분출암, 학무산암군의 섬장반암 등 여러시대의 암층우에 부정합으로 놓여있다.

도화지구에 드러나있는 백암통의 자름면은 아래로부터 다음과 같다.

1. 백색응회암 ·····································0.7m
2. 흑색니암 ·······································0.4m
3. 흑색탄질니암 ···································4.4m
4. 암회색니암 ·····································0.4m
5. 탄화된 식물잔해가 있는 황갈색중립사암 ·······0.2m
6. 갈색니암 ·······································0.2m
7. 회색니암 ·······································0.2m
8. 암회색탄질니암 ·································0.6m
9. 회색니암 ·······································0.4m
10. 회록색－암회색탄질니암 ·······················0.8m
11. 응회질니암을 포함하는 회백색사암 ·············1.1m
12. 응회질회색니암 ·······························0.9m
13. 식물질잔해함유, 회백색사암 ···················0.3m
14. 갈색응회질니암 ·······························0.7m
15. 탄질니암 ·····································0.9m
16. 갈색응회질니암 ·······························0.6m
17. 회백색조립사암 ·······························0.8m
18. 암회색현무암 ·································3.7m
19. 회색분사암 ···································1.4m
20. 회흑색니암 ···································1.0m
21. 회흑색중립사암 ·······························0.2m
22. 백색응회질중립사암 ···························0.2m
23. 회색니암 ·····································0.5m

현무암피복

세부자름면의 총 두께는 20.8m이다.

백암지구 대택역부근에 드러나있는 백암통의 시추조사자름면은 아래로부터 다음과 같다.

1. 응회질력암 ···································1.6m
2. 응회질분사암 ·································1.5m
3. 응회질니암 ···································0.9m

　　4. 탄층 ···························· 0.9m
　　5. 응회질분사암 ······················ 3.1m
　　6. 탄층 ···························· 0.4m
　　7. 응회질분사암 ····················· 1.45m
　　8. 응회질사암 ······················ 1.35m
　　9. 응회질니암 ······················· 0.3m
　10. 탄층 ···························· 0.4m
　11. 갈색, 회록색의 응회암 ··············· 25m
　12. 응회질사암 ······················ 2.5m
자름면의 총 두께는 38.9m이다.
　　대택지구의 진주암광상부근에서의 추공자름면은　아래로부터　다음과
같다.
　　① 기저력암을 가진 함광쇄설퇴적층(하부함탄층) ···· 39.5m
　　② 현무암층(하부현무암층) ·············· 23～53m
　　③ 가행탄층을 함유하는 함탄쇄설퇴적암
(상부함탄층) ························· 8.7m
　　④ 현무암층(상부현무암층) ·············· 20～40m
자름면의 총 두께는 91.2～141.2m이다.
　　백암지구에서 자름면은 아래로부터 다음과 같다.
　　흑운모화강암우에서
　1. 회록색, 회백색중립장석질사암 ·········· 4～5m
　2. 소력암층, 중립광석질사암 ·············· 1m
　3. 소력을 함유하는 회백색조립사암 ········· 1.8～2m
　4. 회백색각섬석질사암 ················ 1.8～2m
　5. 잡색분사암 ····················· 0.4～0.7m
　　　6～8cm의 탄층협재
　6. 갈색세립사암 ···················· 1.8～2m
　7. 회록색세호층상분사질니암 ············ 1.2～1.5m
　8. 회록색니질분사암 ·················· 4～5m
　9. 암회색치밀현무암 ·················· 8～10m
　10. 암회록색분사암 ··················· 2.5m
　11. 회록색분사질니암 ·················· 4.5m
　12. 회록색세호층상니암 ················· 0.2m
　13. 탄질니암 ······················ 0.08m
　14. 연장성이 나쁜 백색규조토층 ············ 0.8m
　15. 탄질니암 ······················ 0.03m
　16. 회록색분사질니암 ··················· 1m

17. 회록색중립질사암 · 0.9m
18. 회록색분사질니암 · 0.2m
19. 회록색세립사암 · 0.1m
20. 회록색세호층상니암 · · · · · · · · · · · · · · · · 0.7~1m
21. 회록색분사질니암 · · · · · · · · · · · · · · · · · · 1.5~2m
      식물화석이 들어있다.
22. 탄충 · · · · · · · · · · · · · · · · · · 0.7m
      연장성이 나쁘다.
23. 탄질분사암 · 0.5m
24. 회색, 회흑색, 중립사암 · · · · · · · · · · · · · · 3m
25. 회록색사질분사암 · · · · · · · · · · · · · · · · · · · 1.6m
26. 회색, 회록색중립사암 · · · · · · · · · · · · · · 8~9m
27. 작은 구멍이 있는 암회색현무암 · · · · · · · · 2.5~3m
28. 회갈색사암 · 2.5~4m
29. 갈색응회질력암 · · · · · · · · · · · · · · · · · 0.2~0.5m
30. 회색세립, 중립사암 · · · · · · · · · · · · · · · · 0.5m
31. 응회질소력암 · 0.9m
32. 암회색사암 · · · · · · · · · · · · · · · · · · · 0.01m
33. 회색소력질사암 · · · · · · · · · · · · · · · · · 0.04m
34. 회색사암 · · · · · · · · · · · · · · · · · · · 0.4~0.5m
35. 회색응회질력암 · · · · · · · · · · · · · · · · · · · 0.8m
36. 암회색조립사암 · · · · · · · · · · · · · · · · · · 1.2m
37. 암회색소력암 · · · · · · · · · · · · · · · · · 2.5~4m
38. 갈색응회질사암 · · · · · · · · · · · · · · · · 0.5~0.8m
39. 소력암 · 0.7m
40. 회색응회질사암 · · · · · · · · · · · · · · · · 5~6m
자름면의 총 두께는 67.8~83m이다.
백암통은 백두산지구의 서쪽에 있는 혜산시 주변에도 드러나있는데   그
부분자름면은 아래로부터 다음과 같다.

1. 연회색, 회갈색, 분사질층상니암 · · · · · · · · 12~15m
2. 회색, 회갈색니암
      우에 갈탄층이 끼여있는 니암 1.2m · · · · · · 6~8m
3. 식물화석을 함유하는 연회색갈색니암 · · · · · · · 5.5m
4. 회색, 담갈색분사암 · · · · · · · · · · · · · · · 4.5m
5. 식물화석을 함유하는 회색, 회갈색니암 · · · · · · · 5m
Quercus sp., *Betula brongniartii* Ett., *Tilia miohenry-
ana* H. et C.

자름면의 총 두께는 33~38m이다.

혜산시 춘동지구 골짜기좌측경사면과 채석장에서 나타나는 백암룡의 자름면은 아래로부터 다음과 같다.

남대천통상부의 규질편암우에서

1. 각이한 자갈로 된 중, 대력암····················10m
   력의 직경은 5cm정도인데 우로 올라가면서 사암으로 변한다.

2. 철질사암을 함유하는 황갈색, 세립
중립질사암 ·································2~3m

3. 분급이 나쁜 중립, 대립사암···············6~10m
   력의 직경은 12~15cm

4. 황색, 회황색, 중립, 조립, 세립사암   2~3m

5. 회백색, 회황색의 니암과 분사암의 엇바뀌여있는
니암 ·······································56m

6. 황색, 회황색, 중립, 조립질사암 ·······10~12m
   분사암과 사암의 거짓경사층결이 있다.

7. 암갈색사암·····························5~8m
   철질로 산화된 중, 소력암의 렌즈체두께가 0.5~0.8m되는 거짓경사
층결이 발달되여있다.

8. 황색, 회황색조립부등립사암············0.4m

9. 황색, 회황색, 회백색사암···············10m
   사암, 분사암, 분사질니암이 엇바뀌여있다.

10. 황색, 회황색 사암·····················10m
    거짓경사층결발달

자름면의 총 두께는 60~72m이다.

암석은 사암, 사질력암, 분사암, 력암으로 되여있다.

층의 두께는 분지규모에 따라 서로 다른데 도화지구에서   20~30m, 대택지구에서 35~40m, 대암지구에서   50~80m, 혜산지구에서   150~200m, 연평지구에서 5~15m이다.

백암역부근에 있는 백암통의 상부쇄설암층에서는 다음과 같은 식물화석들이 나온다.

Picea koraiensis Nakai, *P. kaneharai* Tanai et Onoe, *P. ugoana* Huzioka, *P. jezoensis* Carriere., *Picea* sp., *Pinus koraiensis* Eieb et Zucc., *Pinus* sp, *Metasequoia disticha* (Heer) Miki, *Thuja koraiensis* Nakai., *Tsuga miocenica* Tanai., *Larix olgensis* A. Henry., *Taxites ussuriensis* Kryshtofovich, *Abies abraensis* Tanai., *A. nephralepis* Maxim., *A. holophylla* Maxim., *Podocarpus* sp., *Lindera protopraecox*, Endo, *Schisandra glandulosa* Tao., *Castanea miomollissima* Hu et Chaney., *C. longifolia* Bors, *Quercus miiretii* Heer., *Quercus* sp., *Alnus kefersteinii* (Goepp) Ung, *A. tinctoria* Sarg., *Betula baegamensis* Kuwon., *B. castata* Trautv., *B. mioluminifera* Hu et Chaney., *B. brongniartii* Ett., *Carpinus japonica* Bl., *Populus nigera* Ll., *Salix tongcheonensis* Kuwon., *Salix* sp., *Tilia* cf. *amurensis* Ruprecht., *T. miohenryana* Hu et Cheney., *T mandshurica* Rup. et Maxim., *Tilia* sp., *Potenfilla dicolor* Bunge., *Crataegus* sp., *Prunus* sp., *Podogonium ochningense*(Koening) Kirchh., *Trapa* sp., *A. kinjakensis* Zhil., *A. miofranchetii* Hu et Chaney., *A.trilobatum* (Stern)A. Br, *Acer* sp.,

백암식물군의 식생을 되살려보면 그림 1-4와 같다.

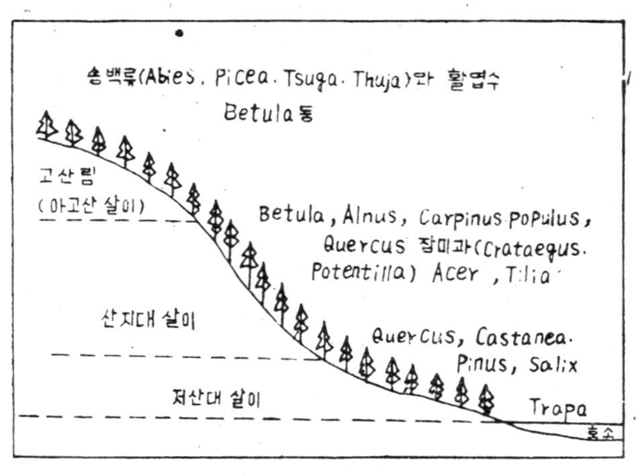

그림 1-4. 백암식물군의 식피복원

　　이상의 식물화석자료에 의하여 백암식물군의 지질시대와 고지리적환경에 대한 새로운 견해를 가질수 있게 되였다.

　　새로 수집한 화석식물군은 *Pinus. Metasequoia. Thuja. Tsuga. Larix. Taxites. Abies. Podocarpus.* 등의 송백류들과 *Quereus. Alnus. Betula. Carpinus. Populus. Salix. Tilia. Potentilla. Acer.* 등으로 조합을 이루고있다.

　　화석식물군에서 주목되는 점은 송백류의 여러과에 속하는 여러가지 속과 종들이 들어있으며 개체수에서도 많은 비중을 차지하고있다.

　　여기서 *Potentilla*는 한랭기후에서 산것이다.

　　백암식물군에서 고제3기로부터 살아온것은 *Alnus kefersteinii.*

*Betula brongniartii. Acer trilobatum. Castanea longifo-
lia. Schisandra glandulosa. Taxites ussuriensis* 이고 중신세부터
살아온 식물군은 *Tsuga miocenica, Quercus stuxbergi, Carpinus
janonica. Tilia miohenryana. Acer miofranchetii, Betula
mioluminifera. Castanea miomollisima. Salix tongche-
onensis. Podogonium ochningeusis*이다.

백암식물군은 그와 같은 변화를 보여준다.

그림에서 보는바와 같이 아고산살이대에서는 송백류인 *Abies*(전나
무) *Picea*(가문비나무) *Tsuga*(솔송나무) *Thuja*(측백나무)와 약간의 넓
은잎나무 *Betula*(자작나무) 등이 번성하였으며 산지대살이대에는
Betula. Alnus(오리나무) *Carpinus. Quercus*(참나무) *Populus*(사
시나무) *Acer*(단풍나무) *Tilia*(피나무) 등과 장미과에 속하는
Crataegus(산사나무) *Potentilla*(양지꽃)가 무성하였다.

저산지대산림에는 *Quereus. Castanea*(밤나무) *Salix*(버드나
무) *Pinus*(소나무)등이 분포되고 내륙성호소에는 *Trapa*(마름)등이 살
았다.

식생을 되살려본데 의하면 식물군은 단순한 평지대가 아니라 산지대가
형성되고 지형기복의 분화가 이루어진 고지리적환경을 가졌다고 볼수
있다.

한편 동북아세아지역이 중신세말에 한랭한 기후환경으로 전환되였다는
자료들과 비교하여보면 고기후적견지에서 볼 때 중신세말에 해당된다고 볼수
있다.

또한 백암통의 구성암석과 탄질을 보면 분출퇴적형의 고참분통이나 진수
분통의 구성암석과 대비되며 식물상에서는 함진형보다 신기형에 가깝다고 보
아진다.

최근에 백두산지구 중신세층에서 찾은 백두산주변의 대표적인 규조화석
을 보면 다음과 같다.

Melosira ambigua (Gruu) O Müll

M. distans (Ehr.) Kutz

M. granulata (Ehr.) Ralfs

M. itarica var uarida (Grun) Hust

Stephanodiscus astea (Ehr.) Grun

Telliptica emarginatus (Ehr) W. Sm

T. lacustris Ralfs

Tabellaria fenestrata (Lyn) Kutz

Meridion circulare constricta (Ralfs) V. H

Opephora martyi Herb

Fragilaria construens (Ehr.) Grun
F. lapponica Grun
F. pinnata Ehr
F. uirescens Ralfs
Synedra ulma (Nitz) Ehr.
Actinella brasiliensis Grun
Eunotia gracilis (Ehr.) Habh
E. polyglyphis Grun
Diplontis elliptica (Kutz) Cl
Stauroneis phoenicentron Ehr
Pinnularia major (Kutz) Cl
Cymbella Ehrenbergii Kutz
Didymosphenia geminata (Lyn.) Msch
Gamphonema constrictum Ehr
Epithemia reicheltia Fricke
E. turgida (Ehr.) kutz

백암통시기의 분출암층

백암통형성시기에는 세차례에 거쳐 현무암용암이 분출하였다.

첫 분출들은 문암리지구 하부 현무암에서 볼수 있는 흑색 무반정현무암, 감람석질치밀현무암이다. 고지자기방법으로 측정한 절대나이는 2000만년이고 백암남쪽에서는 2100~2211만년이며 운홍군 남중의 하부 감람석질치밀현무암들도 같은 시기의 산물이다. 보천군 룡덕리와 청림리, 운홍군 대전평에서 발견한 만틀산물인 복휘석감람암을 포로하고있는 하부 흑색무반정현무암도 이 시기의 분출물이다.

백두산 북쪽에서 이 현무암은 마안산현무암층이라고 불리우는데 회흑색 감람석질현무암이 100m의 두께로 깔려있다.

둘째분출물은 보천군 대신-보홍지구와 대평지구에서 볼수 있는데 대신-보홍지구의 현무암의 고지자기 절대나이는 1000~1100만년이며 대평지구 바닥현무암의 K-Ar절대나이는 1380만년이고 고지자기 절대나이는 1010년이다. 현무암은 감람석질치밀현무암이다.

백두산 북쪽에서 이 현무암은 중봉산 현무암이라고 불리우는데 약 500m의 두께로 덮혀있다.

세번째 분출물은 보천군 대신, 운홍군 대전평과 남중에서 알려진 감람석질치밀현무암이다. 이 현무암의 고지자기절대나이는 770~900만년이다.

백두산 북쪽에서 이 현무암은 백두산현무암이라고 부르는데 감람석질치밀괴상현무암이다. 그 두께는 130m나 된다.

이 현무암들이 분출하는 사이사이 중단기에는 백암통의 쇄설퇴적물이 쌓이였다.

보천롱

보천롱은 백두화산대의 기반을 이룬다. 주로 **현무암**으로 되여있으며 드물게 알카리조면암, 웅회질집괴암이 있다.

보천롱은 백두산을 중심으로 하여 량강도의 거의 전부 그리고 린접된 중국 동북지방의 길림성 장백, 교하, 2도구 등지에 분포되여있다.

보천롱의 경계는 북쪽으로 두만강과 서두수가 합류되는 화목덕까지, 동쪽은 서두수골짜기를 따라 백암읍을 거쳐 관모지괴의 **경계까지**, 남쪽은 운홍군 몽점령, 대문산령을 경계로 하며 서쪽은 **압록강**을 따라 혜산시 강구까지 포괄하는데 그 면적은 약 $5400km^2$에 달한다(그림 1-5).

보천롱 하부층은 단천암군의 화강암과 백암롱의 쇄설퇴적층우에 부정합으로 덮혀있다.

보천-삼지연사이 농산지구와 그밖의 일부 지구에서는 보천롱이 중생대 룡성롱에 해당되는 지층우에 부정합으로 덮혀있다. 그것은 농산탐사추공(500m부근)에서 딴 암심의 절대나이 (K-Ar법)가 1억년을 나타내는것으로 알수 있다.

보천롱 상부에는 백두산롱의 정일봉층이 평행부정합으로 놓여있다.

보천롱을 이룬 암석들은 여러개의 분화구에서 분출되였는데 그 분출회수는 압록강골짜기에서 13회, 최가령일대에서 10회, 삼지연일대에서

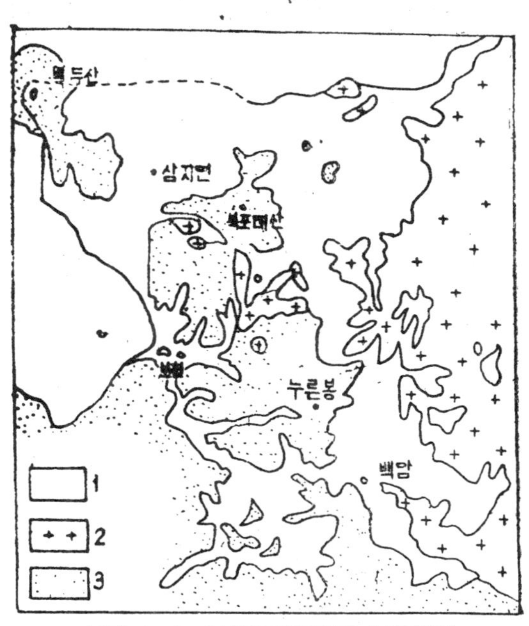

그림 1-5. 보천롱현무암의 분포구역
1-보천롱현무암, 2-관입암, 3-기타암석

26회, 대홍단 중소부근에서 15회, 상도평부근에서 13회, 갈평부근에서 6회, 삼화부근에서 21회, 소홍단부근에서 7회, 덕림일대에서 4회정도 된다.

분출암들의 분출두께도 지역에 따라 서로 다르게 나타나는데 최가령, 리명수, 서계수부근에서 $300\sim450$m, 중소동부근에서 210m정도, 상도평부근에서 165m정도, 갈평부근에서 85m정도, 삼화부근에서 210m정도, 소홍단부근에서 110m정도, 압록강상류에서 600m정도 그리고 분출중심에서 멀리

떨어진 혜산에서 30~50m이다.

가림천과 구시물동가까이의 압록강 왼쪽 기슭에 드러나있는 보천통의 하부자름면은 아래로부터 다음과 같다.

1. 암록색, 암갈색 또는 적갈색현무암··········50~70m

여러개의 분층들로 되여있고 매개 분출층의 아래부분은 치밀하고 주상절리가 발달되였다. 웃부분은 구멍이 많은 다공성현무암으로서 판상절리가 나타나며 암석안에는 백색을 떠는 장석반정이 있다.

2. 암록색, 황록색 또는 갈색의 치밀한 조면암····30~80m

괴상 또는 박판상절리와 반상구조가 나타난다. 조면암가운데부분에 두께가 10m되는 조면암질응회암이 띄염띄염 끼여있다.

3. 백색응회암···················20m

백색을 떠는 규장암과 조면암의 각력들이 들어있는데 각력의 직경은 0.5~1.5m이다. 교질은 회백색을 떠는 화산재이다.

4. 암록색, 록색을 떠는 치밀한 현무암·········20m

여러개의 분층으로 되여있다. 아래부분은 치밀하고 주상절리가 나타나며 웃부분에는 다공상, 판상절리가 나타난다.

자름면의 전체 두께는 120~190m이다.

보천통 중부에 해당되는 자름면은 삼지연 농산학교와 역전사이에서 나타나는데 밑으로부터 회흑색, 암흑색, 회갈색 치밀한 현무암과 갈색, 회갈색, 다공성현무암의 호층으로 되여있는데 반복호층회수는 26회나 된다. 두께는 90~100m이다. 가운데부분에 3~3.5m정도의 응회질집괴암이 끼여있는데 련속성이 좋지 못하다.

응회암안에는 직경이 60cm이상되는 현무암각력들이 있는데 응회용암처럼 용결되여있다.

농산벼랑에서 치밀현무암과 다공성현무암은 26회정도 반복호층되여있는데 그 두께는 ㄱ자름면에서 40~50m, ㄴ자름면에서 25~30m이다(그림 1-6).

보천군 대평에서 나타나는 보천통의 자름면은 아래로부터 다음과 같다.

단천암군의 화강암우에

1. 적갈색, 황색, 사질응회암·············5m
2. 흑색, 치밀감람석질현무암············40m
3. 흑요석질현무암··················15m
4. 회색사장석질현무암···············30m
5. 흑색치밀감람석질현무암············50m
6. 회색사장석질현무암···············15m
7. 흑색치밀감람석질현무암············30m
8. 암회색다공성현무암···············5m
9. 암회색, 회갈색 다공성현무암··········8m

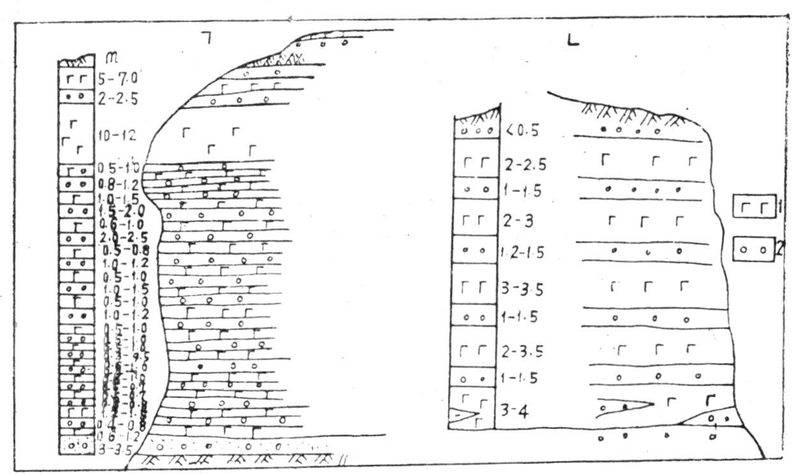

그림 1-6. 보천롱 중간부분의 부분자름면

1—치밀현무암, 2—다공성현무암

10. 흑색치밀감람석질현무암 · · · · · · · · · · · · · · · · · ·12m

자름면의 총두께는 210m정도이다.

보천군 신홍리 제4작업반 주변에는 다공성현무암이 발달되여있는데　이 현무암사이에 수탄을 함유한 퇴적층이 얇게 끼여있다. 이 퇴적층에서 포분화석들이 알려졌는데 바늘잎나무화분이 37.2%, 넓은잎나무화분이 35.3%, 관목 및 초본식물화분이 15.2%, 포자식물의 포자가 12.2% 정도이다(그림 1-7).

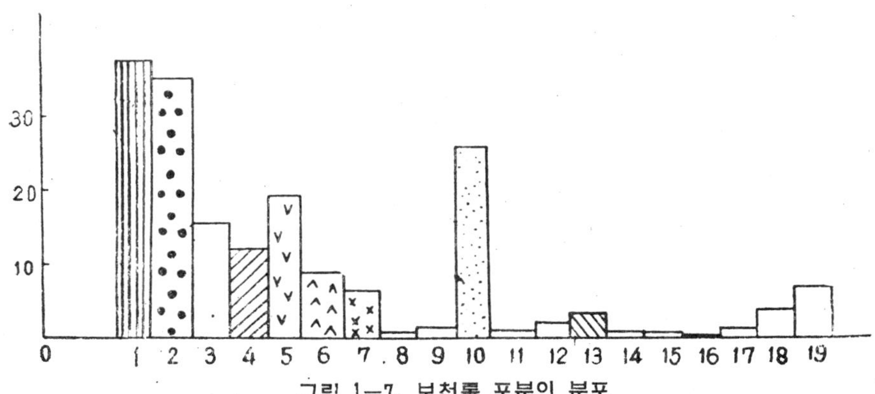

그림 1-7. 보천롱 포분의 분포

1—바늘잎나무화분, 2—넓은잎나무화분, 3—관목 및 초본식물화분, 4—포자식물화분, 5—*Pinus*, 6—*Picea*, 7—*Abies*, 8—*Larix*, 9—*Podocarpus*, 10—*Betula*, 11—*Alnus*, 12—*Ulmus*, 13—*Quercus*, 14—*Castanea*, 15—*Fagus*, 16—*Juglans*, 17—*Tilia*, 18—*Artemisia*, 19—*Ranunculaceae*

바늘잎나무화분가운데서 *Pinus*가 19.6%, *Picea*가 8.7%, *Abies* 6.2%차지하며 넓은잎나무화분에서 *Betule*가 대부분으로서 26%에 달한다.

보천룡의 포분조합과 함경북도 화성군 가재골 하부홍적세층의 포분조합을 대비하여 보면 가재골하부홍적세층에는 신홍층에 없는 *Tsuga*, *Magnolia*, *Carya*, *ruglans* 화분이 많다.

그리고 보천층에는 가재골하부홍적세층에 비하여 *Pinus*, *Picea*, *Betula* 등의 화분이 많다.

보천룡 포분조합　　　　　　표 1－1

시료 수량 및 % 포분명칭	신홍－1		신홍－2		종합	
	개수	%	개수	%	개수	%
포자식물의 포자	29	11.7	41	12.6	70	12.2
바늘잎나무화분	78	31.6	135	41.5	213	37.2
넓은잎나무화분	94	38.1	108	33.2	202	35.3
관목 및 초본식물화분	46	18.6	41	12.6	87	15.2
Sphagnum	1	0.4	6	1.9	7	1.2
Lycopodium	6	2.4	6	1.9	12	2.1
Polypodiaceae	20	8.1	21	8.9	49	8.6
Selaginella	2	0.8			2	0.4
Cupressaceae	2	0.8	5	1.5	7	1.2
Pinus	40	10.2	72	22.2	112	19.6
Picea	20	8.1	30	9.2	50	8.7
Abies	11	4.4	24	7.4	35	6.2
Larix	2	0.8			2	0.4
Podocarpus	3	1.2	4	1.2	7	1.2
Betula	62	25.1	87	26.8	149	26
Carpinus	1	0.4			1	0.2
Alnus	2	0.8	1	0.3	3	0.5
Ulmus	8	3.2	4	1.2	12	2.1
Zelkova	1	0.4			1	0.2
Quercus	10	4.1	7	2.2	17	3
Castanea	1	0.4	3	0.9	4	0.7
Fagus	3	1.2	1	0.3	4	0.7
Tuglans	1	0.4	2	0.6	3	0.5
Tilia	3	1.2	3	0.9	6	1
Celtis	2	0.8			2	0.3
Corylus			1	0.3	1	0.2
Rosaceae	1	0.4			1	0.2
Caprifoliaceae	4	1.6	1	0.3	5	0.9

시료 수량 및 % 포분명칭	신흥—1		신흥—2		종합	
	개수	%	개수	%	개수	%
Rutaceae	3	1.2			3	0.5
Ericaceae	1	0.4			1	0.2
Umbelliferae	2	0.8	3	0.9	5	0.9
Compositae			1	0.3	1	0.2
Arltemisia	10	4.1	8	2.5	18	3.2
Cyperaceae	2	0.8	1	0.3	3	0.5
Ranunculaceae	20	8.1	17	3.2	37	6.5
Leguminosae	2	0.8	6	1.9	8	1.4
Craminae	1	0.8	3	0.9	4	0.7

수안군 신북, 서평에 분포되여있는 하부홍적규조토층의 포분조합과 대비하여 보면 보천통에는 *Picea*, *Abies* 화분이 많고 고기호열성식물화분인 *Magnolia*, *Myrica*, *Carya*, *Rhus* 등이 없다.

보천층의 시대에 대하여 여러가지 견해들이 있으나 이 층에서 나오는 포분화석들을 보면 넓은잎나무화분과 바늘잎나무화분량이 비슷하고 바늘잎나무 화분가운데서도 *Picea*, *Abies* 등의 화분이 일정한 량으로 들어있는것으로 보아 하부홍적세하부에 속할 가능성이 보인다.

백두폭포바닥현무암의 절대나이를 고지자기법에 의하여 측정한 자료를 보면 243만년, 장산령, 농사, 로평현무암은 250만년, 리명수, 삼지연, 건창, 백암지구 현무암은 144~158만년이다.

우리는 포분화석자료와 절대나이 측정자료에 의하여 보천통의 시대를 상신세갈—제4기하세로 설정하였다.

제4기층 (백두산통)

백두산통은 백두화산대지의 기반을 이루고있는 보천통우에 평행부정합으로 놓여있다.

백두산통을 이루는 기본암석들은 백두산, 소백산, 북포태산, 누른봉—관두봉, 대각봉, 두류산과 같은 높은 화산체를 이루고있다.

백두산통은 분출시기와 암석조성, 분출형식의 차이에 의하여 푸른봉

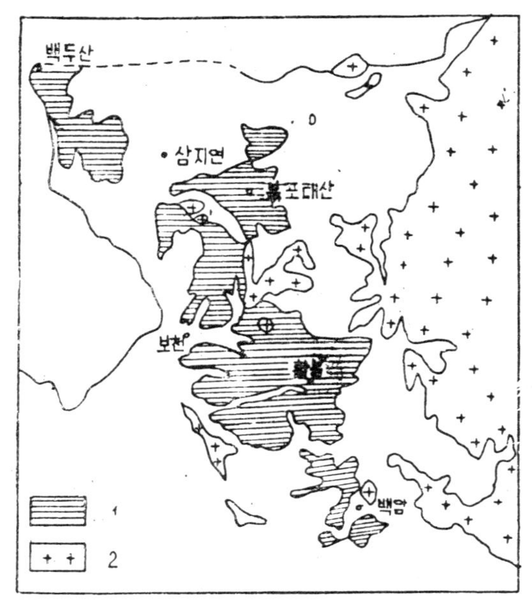

충, 북설령층, 북포태산층, 대평층, 무두봉층, 향도봉층, 장군봉층, 천지층으로 나누어진다.

백두산통의 구성암석은 준알카리계렬의 중성, 산성 조면암류로서 조면암, 조면영안암, 조면암질웅회암, 조면류문암, 섬장반암, 제4기 중세현무암과 장석질현무암, 부석, 제4기 상세, 현세 쇄설퇴적층의 자갈, 모래, 니탄이다.

백두산통의 암석을 자름면상에서 보면 아래부분에는 주로 조면암류들과 그의 웅회암이며 웃부분에는 류문암, 흑요암, 부석 등의 산성암석들이 놓여있는데 지역마다 차

그림 1—8. 백두산통 조면암류의 분포구역
1—조면암, 2—관입암

이가 있다.

백암군 백사봉지구 자름면에서 보면 아래부분에는 류문암과 그의 웅회암이 있고 웃부분에 두꺼운 조면암층이 있다.

조면암은 회록색, 암회색, 회색을 띄며 괴상석리, 다공상석리를 이루며 구조는 반상구조를 가진다. 류문암과 부석은 담회색, 황회색, 백색이다. 암석예는 류문상구조가 잘 나타나며 부석은 구멍이 많다. 백두산지구에서

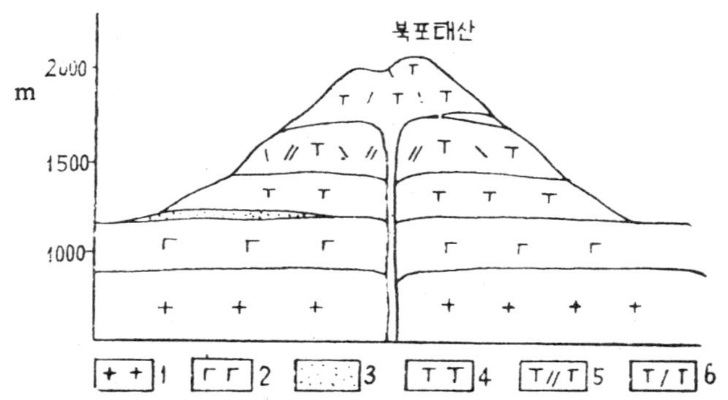

그림 1—9. 북포태산지구에서의 지질자름면
1—기저화강암, 2—현무암, 3—사력층, 4—푸른봉층, 5—북설령층, 6—북포태산층

알카리섬장암은 백두다리를 지나 두만강상류와 압록강상류로부터 대연지봉, 소연지봉, 무두봉, 대각봉사이에서 화산탄안의 포로체 또는 전석으로 나오는데 색은 회백색, 백색이다

암석의 구조는 정장반암구조이다. 알카리섬장반암은 백사봉일대의 화산탄에도 들어있다.

백두산통의 아래부분 자름면은 북포태산지구 지질자름면에서 잘 나타나고있으며(그림 1-9),웃부분의 자름면은 백두산 본체자름면에서(그림 1-10) 잘 나타난다.

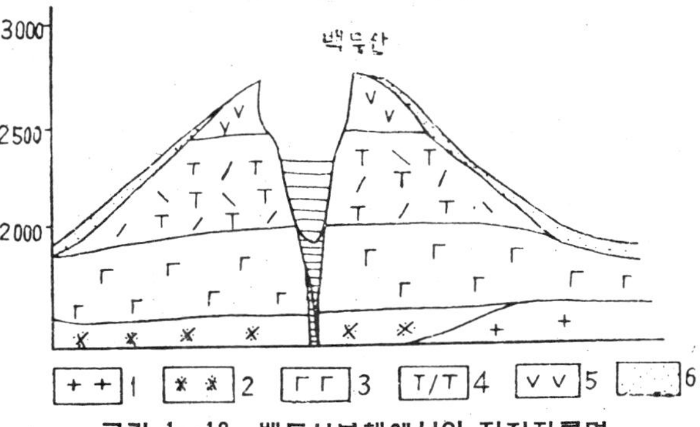

그림 1-10. 백두산본체에서의 지질자름면
1-기저화강암, 2-섬장반암, 3-현무암, 4-북포태산층, 5-천지층, 6-부석층

북포태산의 남쪽 산사면에 발달되여있는 백두산통의 조면암은 보천통 현무암우에 직접 놓여있다.

푸른봉층

이 층은 정일봉, 푸른봉과 백사봉 남쪽 최가령, 북계수, 삼지연군 보서구, 북포태산 부근에 분포되여있다. 푸른봉층은 백두산통의 제일 밑에 있는 층으로서 주로 조면암으로 되여있다. 푸른봉층의 하부한계는 보천통우에 사력층을 부분적으로 깔고 푸른봉층 조면암이 보천통을 평행부정합으로 덮고있다.

사력층은 삼지연군의 차가수량기슭과 보천군 가림천상류에 분포되여있다. 이 지층은 보천통 현무암이 분출한후 일정한 기간의 분출중단이 있은 다음 부분적으로 퇴적되여 생긴 지층이다.

사력층의 두께는 보천보-삼지연부근에서 16~20m, 최가령, 곽지봉 부근에서 2~20m, 보천군 가림천상류 호산부근에서 1~3m이다.

이 층은 화강암과 현무암의 둥근력, 모래층으로 되여있는데 력의 직경은 5~10cm정도 된다. 차가수왼쪽 기슭과 포태구 남쪽에 드러나있는 부분자름면은 아래로부터 다음과 같다.

1. 자갈층 · 0.4m
2. 자갈, 모래층 · 0.2m
3. 황갈색모래층 · · · · · · · · · · · · · · · · · · · 0.3m
4. 자갈모래층 · 0.1m
5. 황갈색모래진흙층 · · · · · · · · · · · · · · · 0.3m
6. 자갈모래층 · 0.35m

자름면의 총두께는 1.65m이다.

사력층우에 조면암층이 놓인다.

이 층은 조면암, 조면영안암으로 되여있다.

푸른봉 북쪽 산릉선에서 나타나는 푸른봉층의 자름면은 아래로부터 다음과 같다.

1. 조면암질응회암 · 2∼3m
2. 암회색 치밀한 괴상석리의 조면암 · · · · · · · · · 80∼100m
3. 암갈색 판상석리의 조면암 · · · · · · · · · · · · · 50∼60m
4. 암회색 다공성조면암 · · · · · · · · · · · · · · · · 200m
5. 회록색 괴상조면암 · · · · · · · · · · · · · · · 40∼50m

자름면의 총두께는 372∼413m이다.

보천군 백사봉지구에 드러난 자름면은 아래로부터 다음과 같다.

1. 조면암질응회암 · 3∼4m
2. 암회색치밀조면암 · · · · · · · · · · · · · · · 150∼200m
3. 암회색다공성조면암 · · · · · · · · · · · · · · 50∼75m
4. 재색치밀조면암 · · · · · · · · · · · · · · · · 40∼50m
5. 회갈색조립질괴상조면암 · · · · · · · · · · · · 50∼60m

자름면의 총두께는 389m이다.

푸른봉층의 총두께는 사력층을 포함하여 100∼450m이다.

푸른봉층암석의 화학조성은 표 1-2와 같다.

조면현무암의 화학조성, %　　　　　표 1-2

시료번호 \ 조성	SiO_2	TiO_2	Al_2O_3	Fe_2O_3	FeO	MnO	MgO	CaO	Na_2O	K_2O	H_2O	P_2O_5
308	64.43	0.4	10.42	2.43	3.56	0.12	1.21	1.18	3.85	4.86	1.96	0.1
309	63.90	0.76	13.70	5.01	1.05	—	0.51	0.54	7.54	6.19	1.23	0.08
420	64.16	0.60	14.53	5.05	3.02	0.16	0.34	1.91	5.60	5.10	—	0.10

푸른봉층 조면암의 절대나이는 K-Ar법으로는 200만년, X선열형광법으로는 198만년, 고지자기방법으로는 220만년으로서 제4기하세를 지시한다.

북설령층

이 층은 푸른봉층우에 약한 부정합으로 놓여있고 북포태산층에 의해 약한 부정합으로 덮혀있다. 이 층은 보천보-삼지연, 삼포산, 포태, 북설령, 북포태산 남쪽 산사면, 곽사봉부근에 분포되여있다. 암석은 회록색, 갈색, 재색의 조면암, 조면영안암, 조면류문암, 흑요석-부석-조면암질응회암과 집괴암 등이다.

보천군 곽사봉지구에서 북설령층의 웃부분에 해당되는 화산쇄설응회암층은 고온열수작용에 의하여 명반석화되였다. 명반석화작용을 받은 암석은 자파쇄용암과 집괴암, 응회암 등이다.

백사봉부근에 드러난 북설령층의 자름면을 보면 아래로부터 다음과 같다.

1. 흐름상석리를 가지는 부석질조면암··········80~100m
2. 흐름상석리를 가지는 흑색흑요석질조면암·····30~50m
3. 갈색의 흐름상석리를 가지는 조면암·······10~20m

이 층에 록새, 회록색의 얇은 송지암층이 놓여있다.

자름면의 총두께는 120~170m이다.

북설령층의 총두께는 50~300m이다.

암석의 화학조성은 표 1—3과 같다.

북설령층을 이룬 암석의 화학조성, %　　　　표 1—3

조성\시료번호	SiO_2	TiO_2	Al_2O_3	Fe_2O_3	FeO	MnO	MgO	CaO	Na_2O	K_2O	P_2O_5	작열감량
218	74.92	0.20	8.24	1.57	0.93	흔	흔	0.36	4.48	4.5	0.03	3.92
136	68.50	0.30	16.00	2.00	—	흔	—	0.13	1.00	4.6	0.03	2.80
125	68.72	0.70	17.34	1.65	—	흔	0.78	0.54	1.15	2.75	0.07	14.01

보천군 호산 명반석광상이 있는 골짜기에서 층서자름면은 아래로부터 다음과 같다(그림 1—11).

마모가 좋은 조면암의 중, 대 력암우에서

1. 회색식물질부식대 가 있는 니질점토 ···0.05~0.1m
2. 황색니질점토 ·······0.05m
3. 흑갈색산화철질대 ····0.2~0.3m
4. 황색니질점토 ···0.03~0.05m
5. 흑갈색산화철질대 (식물화석) ·····0.1~0.3m
6. 갈색사질점토

대	기	세	주상도	두께 Cm	암 석
신	제	홍		>10	표토 (갈색점토)
				>10	밝은 갈색의 분사질 니질 사질
				1~5	회갈색 누른색 분사질 회갈색 사질
				1~5	밤색 분사질 사질
				0.5~2	재색 분사질. 사질
				3~7	갈색 사질
생	4	적		10~30	흑갈색 산화철질대 (화석 포함)
				3~5	재색 니질 점토
				20~30	흑갈색 산화철질대
대	기	세		>5	누른색 니질 점토
				5~10	재색 니질 점토(식물질 부식층)
					마모가 좋은 조면암 력암

그림 1—11. 보천군 호산명반석광상이
있는 꼴짜기층서자름면

$\cdots\cdots\cdots\cdots\cdots\cdots$ 0.03~0.07m

7. 갈색, 회색, 분사질사질점토 $\cdots\cdots\cdots\cdots$ 0.03~0.12m

8. 회갈색사질, 분사질, 니질 점토 $\cdots\cdots\cdots$ 0.1m

9. 표토(갈색점토) $\cdots\cdots\cdots\cdots$ 0.1m

자름면의 총두께는 0.45~1.2m이다.

이 지층에서 바늘잎나무화분, 넓은잎나무, 관목 및 **초본화분**, 포자식물화분들인 *Sphagnum*, *Lycopodium*, Polypodiaceae, Cupressaceae, *Pinus*, *Picea*, *Abies*, *Larix*, *Betula*, *Carpinus*, *Quercus*, *Juglans*, *Tilia*, *Corylus*, *Graminae*가 나온다.

이 화석을 종합하여 보면 북설령층은 **홍적세 중기**에 해당되며 호산명반석광상은 홍적세 중기이후 광화작용에 의하여 형성되였다고 볼수 있다.

북설령층 조면류문암의 절대나이는 K−Ar법으로는 185만년, 고지자기법으로는 70만년, X선열형광법으로는 80만년으로서 제4기 하세를 지시한다.

북포태산층

이 층은 북포태산, 장군봉, 소백산, 북설령, 곽지봉, 백사봉 지구를 포괄하고있는데 상부층과 하부층으로 나누어진다.

상부층은 장군봉에서 화산쇄설암인 사력층과 조면암으로 되여있다.

북포태산층의 하부는 북설령층을 약한 부정합으로 덮여있으며 상부는 제4기 중세현무암층에 의하여 부정합으로 덮여있다.

구성암석은 회록색, 암록색 조면영안암, 조면암, 암회색, 회색 조립괴상조면암, 조면암질응회암으로 되여있다.

북포태산층은 곽사봉지구에서 북설령층의 명반석광상의 광체우에 놓여있는데 그 두께는 80~100m이며 포태지구에서 200~300m, 백사봉지구에서 160m이다. 주상절리가 잘 나타나는데 특히 삼지연군 보서 장군봉 남사면에서 잘 나타난다. 장군봉(보서) 북동쪽사면에 드러난 북포태산층의 자름면은 아래로부터 다음과 같다.

1. **황갈색** 조립응회질사암, 흑요석, 장석,
석영자갈함유 $\cdots\cdots\cdots\cdots\cdots$ 1.5m

2. 회백색과 **황갈색**의 세층이 호층되여있는
응회질사암 $\cdots\cdots\cdots\cdots\cdots\cdots$ 7m

3. 회백색응회질중립질사암
   흑요석쪼각함유   5.5m

4. **황갈색**조립질사암 $\cdots\cdots\cdots$ 3.5m

5. 회백색중립질잘사암
   점차 **황갈색**으로 변한다.   2.8m

6. 흑요석질응회암   1m
7. 조면암쪼각이 충상으로 둘어있는 암회색
응회암······································5.5m
8. 회백색, 황갈색 응회질사암·················12m
9. 회백색조면암·······························8m
10. 암회색응회암·····························4m
11. 응회질력암·······························6m
12. 암회색응회암·····························4.5m
13. 응회질력암과 응회질사암의 호층···········15.7m
14. 조면암···································300m
자름면의 총두께는 400m이다.

백사봉에서 드러난 북포태산충의 자름면은 아래로부터 다음과 같다 (자료).

1. 암회색조면암질응회암·····················3~7m
2. 조립괴상조면암·························50~60m
3. 조면암질응회암·······················10~20m
4. 암회색조립괴상조면암···················20~80m
자름면의 총두께는 160m이다.

북포태산층에서 조면암의 총두께는 50~400m이며 이 지층에 해당한 암석의 절대나이는 39만년(K-Ar법)~56만년(열형광법)이다.

조면암의 화학조성은 표 1-4와 같다.

조면암의 화학조성, %　　　　　　　　표 1-4

시료번호 \ 조성	SiO_2	TiO_2	Al_2O_3	Fe_2O_3	FeO	MnO	MgO	CaO	Na_2O	K_2O	P_2O_5	작열감량
158	67.56	0.85	17.14	1.90	2.38	0.01	1.27	0.99	2.75	5.45	0.66	0.18
358	66.00	0.10	14.08	6.07	0.95	0.08	0.61	0.85	3.80	7.00	0.40	0.80
355	62.06	0.60	14.77	6.71	2.24	0.16	1.53	1.28	4.00	5.80	0.14	0.70

북포태산층은 백두산천지 칼데라의 안쪽절벽에서도 나타나는데 자름면의 두께는 천지수면으로부터 350~400m이다.

암석은 괴상석리를 가진 조면영안암으로 되여있는데 이 구간에서 암석의 조성과 암석의 구조, 석리가 거의 같다.

이 층은 계단상으로 4개의 층으로 구분되는데 우에서 보면 흐름상석리처럼 보인다.

장군봉과 비루봉 서쪽사면을 이룬 조면영안암에는 두께가 20~30m 되는 구조파쇄암이 끼여있다.

　　　백두산천지수면 하부자름면은 달문에서 180m 떨어진 장백폭포에서 잘 나타나는데 달문에서 장백폭포 꼭대기까지 절대높이가 110m정도이고 장백폭포의 높이는 68m정도이다. 장백폭포밑바닥에 현무암이 드러나지 않은 것으로 보아 천지수면 아래 200m정도까지는 북포태산층이 연장되여있다고 볼 수 있다.

　　　장백폭포에서 K-Ar법으로 잰 암석의 절대나이자료에 의하면 세개의 층으로 나타난다.

　　　천지에서 북포태산층의 두께는 600~650m이다.

　　　북포태산층에서 조면영안암의 절대나이는 K-Ar법 39만년, X선열형광나이 56만년, 고지자기나이 58만년으로서 제4기 중세를 지시한다.

대평층

　　　이 층은 제4기중세 현무암으로서 북포태산층 조면암우에 부정합으로 덮여있다.

　　　대평층은 무두봉층(제4기 중세) 현무암층에 의하여 부정합으로 덮혀있다. 대평층은 삼지연군의 장군봉서쪽, 보천군 대평, 룡덕 지구를 비롯하여 덕립, 대홍단에 좁은 면적으로 분포되여있다.

　　　암석은 암회색, 회색 사장석질현무암, 감람석 사장석질현무암, 감람석질현무암, 응회암으로 되여있다.

　　　이 지층의 하부에 오는 사력층은 푸른봉층 밑부분의 사력층을 계승하여 퇴적된 퇴적층으로서 주로 조면암, 부석질조면암, 현무암, 화강암의 둥근 자갈로 되여있다. 사력층의 두께는 20~40m이다.

　　　보천군 대평에 드러난 대평층의 자름면은 아래로부터 다음과 같다.

　　　회록색 박판상조면암우에서

1. 조면암, 화강암, 현무암의 사력층·················4m
2. 암회색 치밀감람석질현무암·················5m
3. 회색, 다공성현무암질응회암·················3m
4. 암회색치밀현무암·················6m
5. 현무암질응회암·················6m
6. 암청색치밀감람석질현무암·················2~3m

대평층현무암의 화학조성, %　　　　표 1-5

시료번호 \ 조성	SiO_2	TiO_2	Al_2O_3	Fe_2O_3	FeO	MnO	MgO	CaO	Na_2O	K_2O	P_2O_5	작열감량
161	49.46	2.50	16.52	3.08	10.01	0.02	7.29	9.50	1.30	0.50	0.25	—
286	49.86	2.52	12.69	1.08	9.09	—	5.76	8.23	0.74	2.27	0.32	1.0
288	48.32	1.51	12.56	4.1	6.39	0.15	8.67	10.02	1.14	1.98	0.22	1.64

7. 암회색감람석질현무암 ··················2m

8. 연회색감람석질현무암 ··················4m

자름면의 **총두께**는 34m이다.

대평층현무암의 화학조성은 표 1-5와 같다.

무두봉층

이 층은 대연지봉, 소연지봉, 대각봉, 무두봉, 청봉일대에 분포되여있다. 무두봉층의 암석은 현무암으로 되여있다. 높지않은 산정점들과 그밖에 지층들에서는 적색, 적갈색을 띠는 슬라그모양의 광재암으로 나타나는데 슬라그모양광재암의 겉면은 매끈하지만 안으로 들어가면서 구멍이 많다. 이 지층은 밑으로 내려가면서 갈색, 적갈색이 점차 없어지면서 회색, 회흑색으로 변한다.

구조는 삼각층진구조이다.

이 층은 연암, 유평 지구 그리고 박천수 좌안에 분포되여있는 제4기 상세현무암과 서두수골짜기를 따라 신평역까지 작은 규모로 나타나고있는 제4기 상세 현무암과 그 응회암들과 대비된다.

무두봉층현무암의 화학조성, %

표 1-6

조성 / 시료 번호	SiO_2	TiO_2	Al_2O_3	Fe_2O_3	FeO	MnO	MgO	CaO	Na_2O	K_2O	P_2O_5	불로감량
97	46.58	2.59	17.74	9.20	3.46	0.02	4.44	7.25	3.15	1.95	0.01	2.76
105	52.50	0.11	22.87	7.88	2.17	0.02	0.24	4.66	4.10	4.40	0.26	0.04
400	47.32	2.20	15.18	15.01	1.30	0.16	3.91	9.18	3.00	2.00	0.24	1.38

무두봉층에 해당되는 대연지봉의 광재암의 열형광나이는 17만년으로서 제4기 중세를 지시한다.

백두산지구에서 대연지봉, 소연지봉, 대각봉, 무두봉, 청봉 등 산정점들에 나타나고있는 광재암층은 그림 1-12와 같이 나타난다.

대각봉에서는 밑으로부터 부석층, 흑색현무암과 조면암의 자갈층, 광재암층의 순서로 되였는데 서쪽

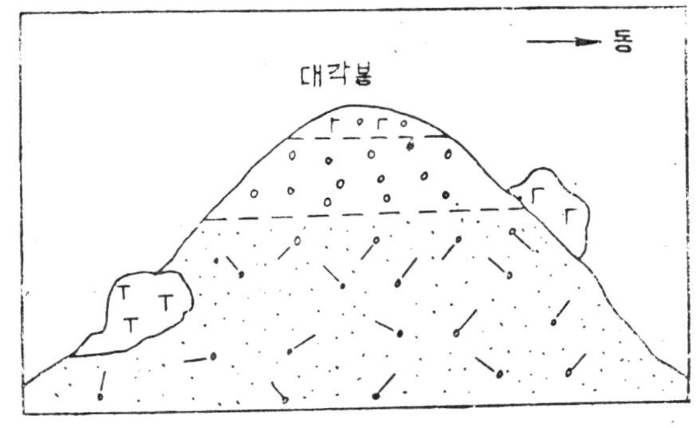

그림 1-12. 대각봉에서 무두봉층현무암의 놓임상태

1-조면암, 2-부석, 3-현무암과 조면암의 자갈, 4-무두봉층현무암, 5-회흑색치밀현무암

산 경사면밑에는 회록색조면암, 동쪽산 중턱에는 회흑색치밀현무암으로 되여있다.

무두봉에서 다공성현무암의 고지자기나이도 19만년으로서 제4기 중세를 지시한다.

향도봉층

향도봉층은 백두산천지변두리에서만 나타난다. 향도봉층은 천지수면으로부터 350～400m 수준에 있는 흑요암층과 흑색응회암층으로부터 외륜산정점들까지를 포괄하는데 그 두께는 8～150m이다.

그림 1-13. 향도봉에서 향도봉층의 자름면

향도봉층은 매 봉우리마다 자름면이 다르게 나타날뿐아니라 동쪽과 서쪽이 다르다. 또한 향도봉층에 포괄되는 봉우리의 높이와 암석조성의 차이가 있다.

흑요암층이 1～3회정도 련속이 나쁘게 나타난다. 이러한 현상은 천지층이 형성될 때 화구가 여러개이며 매 화구마다 같은 시각에 같은 암석으로된 분출물을 뿜어올리지 않았으며 그 세기에 따라 산체의 높이도 달랐다는것을 보여준다.

장군봉 동쪽에서 향도봉층과 장군봉층 자름면은 아래로부터 다음과 같다.

회록색조면암(북포태산층)우에

1. 갈색조면암····················30～35m

갈흑색, 회흑색의 조면류문암이 1～1.5m, 회황색조면암질응회암이 3～5m, 규칙성이 없이 끼여있다.

2. 갈색, 황색의 부석질조면응회암 · · · · · · · · · · · · · · · · 10~15m
3. 회흑색조면류문암 · 15~20m
4. 갈색조면암 · 30~40m
웃부분에 황갈색조면암이 1.5~2m 그 사이에 유리질류문암이 1~1.5m, 2회 끼여있다.
5. 백색풍화면을 가진 갈색조면영안암 · · · · · · · · · · · · 25~28m
6. 조면류문암과 흑요암이 불련속으로 호층되여있는
흑요석질류문암 · 10~15m
7. 약간의 부석
자름면의 총 두께는 120~153m이다.
장군봉의 서쪽에서 향도봉층과 장군봉층 자름면은 아래로부터 다음과 같다.

북포태산층조면암우에
1. 흑색화산재응회암 · 15~20m
2. 황색화산재응회암 · 30~40m
3. 부석질응회암 · 12~15m
4. 진주암 · 3~5m
5. 준알카리류문암 · 50~60m
6. 약간의 부석
자름면의 총 두께는 110~145m이다.
향도봉 서쪽 자름면은 아래로부터 다음과 같다(그림 1-13).
회록색조면암(북포태산층)우에
1. 갈색조면암 · 8~10m
유리질류문암, 조면류문암이 불련속적으로 끼여있다.
2. 갈색조면암질집피암 · · · · · · · · · · · · · · · · · · · 5~7m
3. 회흑색조면류문암 · 13~15m
4. 갈색조면암 · 5~8m
5. 흑갈색조면류문암 · 18~20m
갈색조면암이 0.5~1m의 두께로 2회 끼여있다.
6. 담갈색조면암 · 15m
7. 갈색조면암 · 4~5m
웃부분에 적갈색의 조면암질광재암, 부석질조면암과 부석이 있다.
자름면의 총 두께는 60~80m이다.
쌍무지개봉에서 나타나는 향도봉층은 흑요석층과 부석층으로 되여있고 해발봉의 밑부분에는 조면류문암과 황색조면암질응회암이 수m연장되여있다. 그 우에 갈색조면암, 조면영안암이 있다.
단결봉은 조면암, 조면영안암으로 되여있는데 그 사이에 흑요석질조면류문암이 협재되여있다.

향도봉층의 지질시대는 X선 열형광법으로 측정한데 의하면 13만년, 10.1만년으로서 제4기중세 말기에 해당된다고 볼수 있다.

향도봉층암석의 화학조성은 표 1-7과 같다.

향도봉층암석의 화학조성, %　　　　표 1-7

시료번호 \ 조성	SiO_2	TiO_2	Al_2O_3	Fe_2O_3	FeO	MnO	MgO	CaO	Na_2O	K_2O	P_2O_5	작열감량
170	62.00	0.03	19.66	4.21	2.43	0.04	0.01	0.66	5.20	4.90	0.05	0.04
177	64.80	0.60	15.95	4.95	1.87	0.14	0.52	0.80	5.58	4.21	0.06	0.04
419	68.40	0.30	12.04	4.55	2.74	0.12	0.52	1.43	5.40	4.80	0.02	0.09

장군봉층

장군봉층은 백두산천지지구에서만 알려졌다. 천지칼데라 외륜산의 중요 봉우리들인 장군봉, 쌍무지개봉, 해발봉, 단결봉정점과 백두산남쪽사면에서 10m의 두께로 넓게 덮혀있다.

이층은 향도봉층우에 평행부정합으로 덮혀있다.

지층을 이루고있는 분출암은 용암흐름성분출산물로서 향도봉층과 구별된다. 암석의 화학조성은 SiO_2 70~73%, Na_2O+K_2O 8~9%로서 준알카리류문암조성을 가지고있다. 용암이 급랭하였을 때 흑요암, 부석상진주암으로 되였다.

장군봉층의 두께는 장군봉단면에서 50m이고 나머지지역에서는 10여m밖에 되지 않는다.

장군봉층을 이루는 준알카리류문암과 흑요암의 X선열형광나이는 8만년, 5.7만년으로서 제4기상세를 가리킨다.

준알카리류문암의 화학조성은 표 1-8과 같다.

장군봉층준알카리류문암의 화학조성, %　　　　표 1-8

시료번호 \ 조성	SiO_2	TiO_2	Al_2O_3	Fe_2O_3	FeO	MnO	MgO	CaO	Na_2O	K_2O	P_2O_5	작열감량
488	70.90	0.30	11.07	2.80	5.25	0.12	0.01	0.36	5.00	3.25	0.02	0.04
459	72.00	0.20	10.82	2.19	5.62	0.08	1.63	0.38	4.20	5.00	0.05	0.04
593	70.66	0.63	10.74	5.67	2.74	0.20	0.26	0.18	4.00	4.75	0.08	0.36

천지층(부석층)

천지층은 회백색부석, 흑색웅회암과 화산쇄설암으로 되여있는데 회백색부석이 대부분의 면적을 차지한다. 이층은 매우 작은 두께로 부터 20~30m 두께로 불규칙하게 덮여있다.

이충은 밑으로부터 회백색부석충, 흑색응회암충과 화산쇄설암충으로 이루어져 있다.

백색부석충. 이 충은 백두산천지로 부터 동쪽으로 무산, 연사까지, 남쪽으로 백사봉 남포태산, 삼포일대까지 덮여있다(두께가 0.5m 이상되는 구역)

부석의 립도는 최고 50～90cm되는 것도 있으나 흔히 0.1～5cm이다. 부석의 립도와 충의 두께는 천지지구에서 더 크고 두터우며 멀어지면서 작고 얇아진다.

부석은 수mm정도의 작은 구멍들을 많이 가지는 해면상구조를 가지고 있어 용중이 0.3～0.9g/cm³으로서 매우 가볍다.

부석의 화학조성은 표 1-8과 같다.

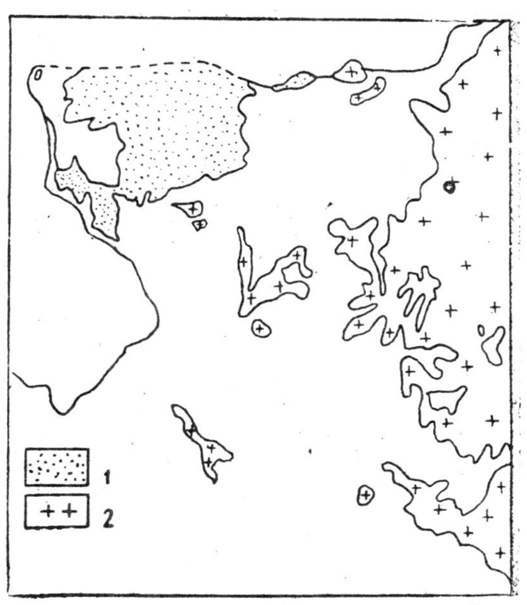

그림 1-14. 백두산지구의 부석분포구역.

1-부석， 2-화강암

부석의 화학조성, %   표 1-8.

조성 시료 번호	SiO₂	TiO₂	Al₂O₃	Fe₂O₃	FeO	MnO	MgO	CaO	Na₂O	K₂O	P₂O₅	작열감량
2	70.70	0.27	10.07	3.21	1.14	0.01	0.28	0.40	5.65	4.19	0.49	0.05
18	71.82	0.38	10.87	1.77	2.43	0.03	0.45	0.39	5.33	4.46	3.36	0.08
41	68.38	0.39	11.48	3.15	1.81	0.02	0.50	0.74	7.00	4.35	2.24	0.08

흑색응회암충. 이충은 천지칼데라안의 동쪽, 백두산바깥사면의 골짜기들과 백두다리, 신무성일대, 압록강, 두만강, 소백수상류지구 곡지들에만 분포되여있다.

충은 보통 5m를 넘지않으나 천군바위일대에서 70～80m, 신무성아래에서 20m까지 이른다.

이충은 조면영안암조성의 검은부석과 재로 이루어졌고 비교적 고결되였는데 이것은 열운형식의 분출작용산물인 것과 관련된다.

이충은 회백색부석충우에 놓여있으며 충안에 백색부석을 포로하고있으

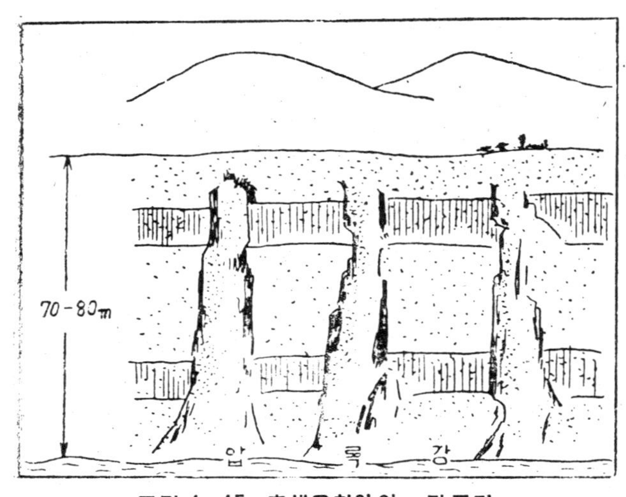

그림 1-15. 흑색응회암의 자름면

므로 후기산물이다.

대연지봉뒤 백두다리곡지에서 이층은 아래로부터 다음과 같다.

1. 립도가 5cm 정도로 잘 분급된 회백색부석.

2. 250×40×10cm³ 크기의 **흑색**부석덩어리들이 쌓인 용결웅회암

3. 립도가 1mm 이하의 화산재로 이루어진 재색응회암층

4. 립도가 크지않는 흑색부석과 **흑색화산재**로 이루어진 **흑색응회암층**. 자름면의 두께는 25m이다.

화산쇄설암층은 회백색부석층우에 놓여있는데 3m까지의 두께로 화산쇄설물이 덮여있다.

제4기퇴적층

제4기 상세-현세층은 현재의 하상과 하상단구들에서 나타난다. 이 지층은 형성요인에 따라 잔적층, 운적층, 중력층, 충적층, 홍적층, 호성층, 진펄층, 풍성층으로 구분하며 이외에 인공층이 포괄된다. 구성암석은 자갈, 모래, 진흙, 니탄으로 되였다.

잔적층 백두화산대지 겉면과 대지현무암층들사이의 신기풍화각으로 되여있다. 이와 비슷한 풍화각은 곤장덕, 소홍단, 유평부근의 화산대지면우에서도 나타난다. 풍화각의 두께는 4~6m이며 풍화각은 부석층에 의하여 덮혀있다.

현무암층들사이에 끼운 풍화각은 압록강상류와 서두수 골짜기에서 황회색의 찰흙과 모래질찰흙으로 나타난다. 함경산줄기의 산등부분과 화산대지의 높은 부분에(1900m이상의 절대높이를 가진 부분) 무연하게 깔려있는 암석덩어리들도 잔적층에 속하는것이다.

무두봉서쪽에서 이 잔적층은 2~3km 연장되여있는데 두께는 7m정도이며 부석에 의하여 덮혀있다.

운적층. 백두산지구의 남부에 넓게 발달되여있다. 이 지층은 운총강 중류에서 제4기 상세 단구층을 덮고있으며 낮은 현세단구에 의하여 절단되여있는데

화강암쪼각들이 40%정도 섞인 석영-장석사질진흙과 부석으로 되여있다. 지층의 걸면은 15~20° 기울어졌고 두께는 아래기슭에서 15m이다. 규모가 큰 운적층들은 단천암군의 화강암우에 치우쳐있다.

대노은산기슭에 있는 화강암을 덮고있는 운적층은 화강암쪼각들, 현무암부스러기, 부석알갱이로 되였는데 두께는 4~5m이다.

중력층 백두산지구에서 중력층은 애추로 나타나는데 강골짜기 경사면의 가운데부분 또는 아래부분 및 화산체들의 기슭과 화구벽의 기슭에 깔려 있다.

중력층은 백두산천지호반에서 외륜산의 매 봉우리의 천지쪽 화구벽 기슭에 애추로 나타나고있는데 높이는 100~150m이다. 돌덩어리들의 직경은 1.5~2m이다.

북포태산기슭의 애추층은 걸면경사가 40°정도이며 돌덩이들의 칙경은 0.2~2m이다. 이 애추층들의 높이는 어디서나 10~25m이며 제4기 상세 단구면의 뒤부분을 덮고있다.

충적층 백두산지구에서 충적층은 비교적 넓게 드러나있다.

① **높이가 130m 또는 그보다 더 높은 가장 오랜 단구층**
이 층은 포래에서 북쪽으로 5km 떨어진곳에 드러나 있는데 아래로부터 다음과 같다(자료).

1. 자갈이 들어있는 모래층···························30m
황색을 떠는 담회색의 조립질장석모래층이다. 자갈의 직경은 2~10cm이며 층리는 똑똑히 나타나지 않는다.

화강암의 자갈로 되여있고 드물게 암갈색염기성암석들이 있는데 잘 마모 되였다. 이 층은 약하게 굳어졌다.

2. 자갈층·····························23m
자갈들의 직경 4~10cm의 화강암과 간혹 조면암질현무암으로 되여있 다. 자갈들사이에는 조립질장석모래가 채워져있다.

3. 조립질모래로 채워진 자갈층···················9m
화강암자갈이 70%를 차지하며 마모가 나쁘고 분급도 나쁘다.

이 층의 가운데부분에는 황갈색, 갈색의 모래질진흙에 의하여 맞붙은 두께가 1.5~2.0m의 작은 자갈층이 끼여있는데 그안에 두께가 1~2cm의 갈색모래질찰흙층이 있다. 련속성이 나쁘다.

4. 모래·····························25m
담황색-회색의 장석모래이다. 알이 굵고 크기별로 잘 갈라지지 않으며 자갈이 15~20% 정도 들어있다. 자갈은 조면암과 화강암으로 되였는데 직경이 5~15cm이다. 층의 웃부분에는 두께가 20~40cm의 모래질진흙이 끼여있다.

5. 크고 둥근 자갈들이 들어있는 자갈층·········21.7m

자갈은 조면암, 화강암, 현무암, 혹요석으로 되였는데 자갈직경은 3～15cm이고 그것들가운데는 1m까지 달하는 둥근자갈들도 있다. 조면암과 화강암 자갈은 잘 마모되였으나 현무암자갈은 마모가 나쁘며 자갈들사이에는 암색조립질모래가 채워져있다.

6. 자갈층 · 1.1m

자갈은 주로 조면암질현무암으로 되여있으며 화강암과 현무암들로 된것도 있다. 자갈의 직경은 3～7cm, 드물게 10～15cm이며 자갈들이 보통 정도로 닳았으며 드물게 각력도 있다. 층리는 잘 나타나며 자갈들사이에는 회색조립질모래가 있는데 약하게 굳어졌다.

7. 부석층 · 0.35m

부석들의 크기는 0.2～1.0cm이고 층리는 똑똑치 않다.

8 부석질이 많은 토양층 · · · · · · · · · · · · · · · · · · 0.25m

자름면의 전체두께는 110.4m이다.

이 충적층은 대지현무암과 조면암우에 직접 놓여있으므로 제4기하세에 형성된것으로 보고있다.

② 높이가 60～85m되는 단구층

이 단구층은 혼성단구로서 주로 현무암의 풍화물이 운반되여 갈색찰흙과 적은량의 사질, 자갈로 되여있다. 대지평부근 가림천 오른쪽기슭에서 나타나고있는 완전한 자름면을 보면 아래로부터 다음과 같다.

1. 황갈색 모래질찰흙 · · · · · · · · · · · · · · · · · · · 9m

혹운모쪼각들과 니탄물질로(두께 5～20cm, 길이 0.5～1.0m의)된 렌즈체로 끼여있다.

2. 굵은 자갈층 · 24m

현무암, 조면암, 화강암 자갈로 되여있다. 직경은 10～40cm, 드물게 60cm이다. 자갈들사이에는 굵은 모래가 채워져있다. 이 단구층은 여러 곳에서 나타나는데 그것을 종합하면 두께가 40m정도이다. 단구층은 높은 단구층보다 후에 형성되였으므로 제4기 중세로 본다.

③ 높이가 12～25m 되는 단구층

이 단구층은 혼성단구로서 모래와 찰흙으로 되여있다. 자갈은 거의 없다. 단구층은 제4기 상세 퇴적되였으며 두께는 최고 10m이상이다.

④ 침수지층과 높이가 2～4m 되는 낮은 단구층

이 단구층은 주로 자갈로 되였으며 부분적으로 굵은 모래가 있다. 자갈의 직경은 30～40cm까지이다. 가림천상류에서는 1.5m로 나타난다. 이 자갈들은 강기슭둑을 이루고있다.

홍적층 이 층은 백두산지구의 북동부 산기슭부근에서 선상지를 이루고있다. 서두수골짜기에 있는 선상지는 너비가 20m, 둘레의 길이가 45m, 걸면경사지는 8~10°이며 마모와 분급이 나쁘다. 이 홍적층은 현재 강바닥이나 침수지에 의하여 절단되여있다.

호성층 이 층은 백두산지구에서 내륙호소성퇴적층으로서 규조토와 일부 석고층이 들어있다. 호성층은 보서, 포태, 백암군 대암, 연암 지구의 서두수골짜기, 가림천상류에 분포되여있다.

진펄층 백두산지구에서 진펄층은 평탄한 화산대지의 비교적 낮은 부분들에 물이 고여 진펄이 형성되였다가 그후 지각의 운동으로 대지가 끊기우면서 진펄에서 물이 빠지였으며 그때 쌓였던 진펄층만 남아있다. 보서와 포태사이에는 부식토, 찰흙층, 니탄렌즈체를 가진 진흙층, 쇄설물부석층, 찰흙층으로 된 약 두께가 2m정도되는 퇴적층이 있다.

풍성층 이 층은 부석층우에 놓여있다. 이 풍성층은 여러가지 크기의 모래언덕을 이루고있는데 두께는 4~7m이다. 백두산기슭에서 풍성층은 방향이 바뀌는 경사층리를 이루고있다.

이 층은 여러가지 목본식물에 의하여 덮여있으며 현세에 생긴 굟이나 강골짜기에 의하여 절단되여있다.

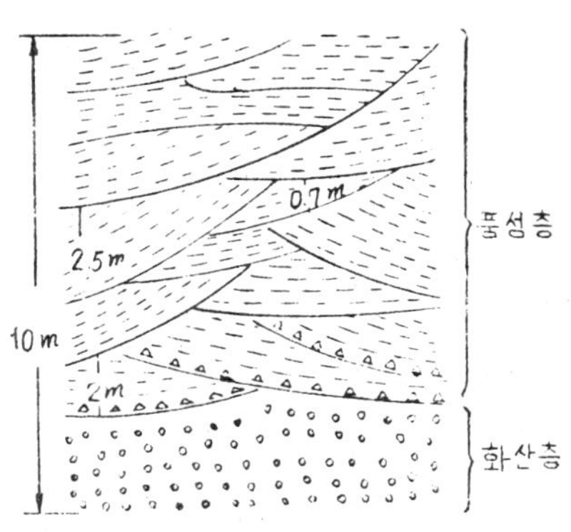

그림 1—16. 풍성층이 쌓인모양
(백두산남동기슭)

제4기 현세층의 포분조합들

백두산주변의 니탄층과 부석층에서 제4기 현세의 포분화석이 나온다.

포분조합은 대홍단군 농사구의 포분조합(제4기 현세의 중기 Q_4^2), 삼지연군 니탄층의 포분조합, 부석층의 포분조합(제4기 현세의 후기 Q_4^3)으로 나누어진다.

ㄱ. 대홍단지구의 포분조합

대홍단군 농사구에서 딴 포분조합에는 넓은잎나무화분이 34.3~54.42% 바늘잎나무화분이 6.5~22.7%, 관목 및 초본식물화분은 10.3~24.4%이고 포자는 18.6~28.8%이다.

넓은잎나무화분중에서는 *Betula*(12.8~21.7%), *Tilia*(11.6~14.7%), *Quercus*, *Ulmus* 등 화분이 많다.

이 포분조합에는 바늘잎나무화분이 적은것이 특징이다. 포분조합에는 포자식물을 포함한 초본식물의 화분이 일정한 량으로 들어있다.

대홍단포분조합은 그 상하층의 포분조합과 차이난다.

백두산북서부에 분포되여있는 니탄층의 하부층의 포분조합은 주로 *Quercus*, *Juglans*, *Ulmus*, *Alnus*, *Tilia* 등을 비롯한 넓은잎나무화

대홍단층 포분조합

표 1—9

시료채취장소	대홍단군 농사구		삼지연군 포태	
시료번호	8633		8545	
수량 및 %	개수	%	개수	%
포분화석				
Polypodiaceae	23	12.5	12	5
Pteris	3	1.6	1	0.4
Cyathia	15	8.2		
Lycopodium	8	4.4		
Sphagnum	4	2.2	32	13.2
Picea			32	13.2
Larix	1	0.6	2	0.8
Pinus	2	1.1	18	7.4
Cupressaceae	9	5	3	1.2
Quercus	3	1.6	15	6.2
Juglans			2	0.8
Betula	40	21.7	31	12.8
Carpinus	14	7.6	1	0.4
Enyelhardia	2	1.1		1
Tilia	27	14.7	28	11.6
Ulmus	6	3.3	6	2.5
Corylus	6	3.3	1	0.4
Myrtaceaeae	8	4.4		
Polygonaceae	2	1.1		
Artemisia			11	4.6
Compositae	9	5	10	4.1
Graminae	2	1.1		
Ericaceae			32	13.2
Liliaceae			5	2.1
포자식물포자	53	28.8	45	18.6
바늘잎나무화분	12	6.5	55	22.7
넓은잎나무화분	100	54.4	83	34.3
관목 및 초본식물화분	19	10.3	59	24.4
포자화분총수	184	100	242	100

분이 다수를 차지하고 바늘잎나무화분은 적다.

이 층에서 니탄의 시대는 현세중기에 해당된다. 이 포분조합은 대홍단 층포분조합과 잘 대비된다. 현세(Q_4)에 지금보다 훨씬 더운 때가 있었는데 그것은 현세중기(Q_4^2)이다.

현세중기때는 전 지구적범위에서 기온이 현재기온보다 높아져 호온성식

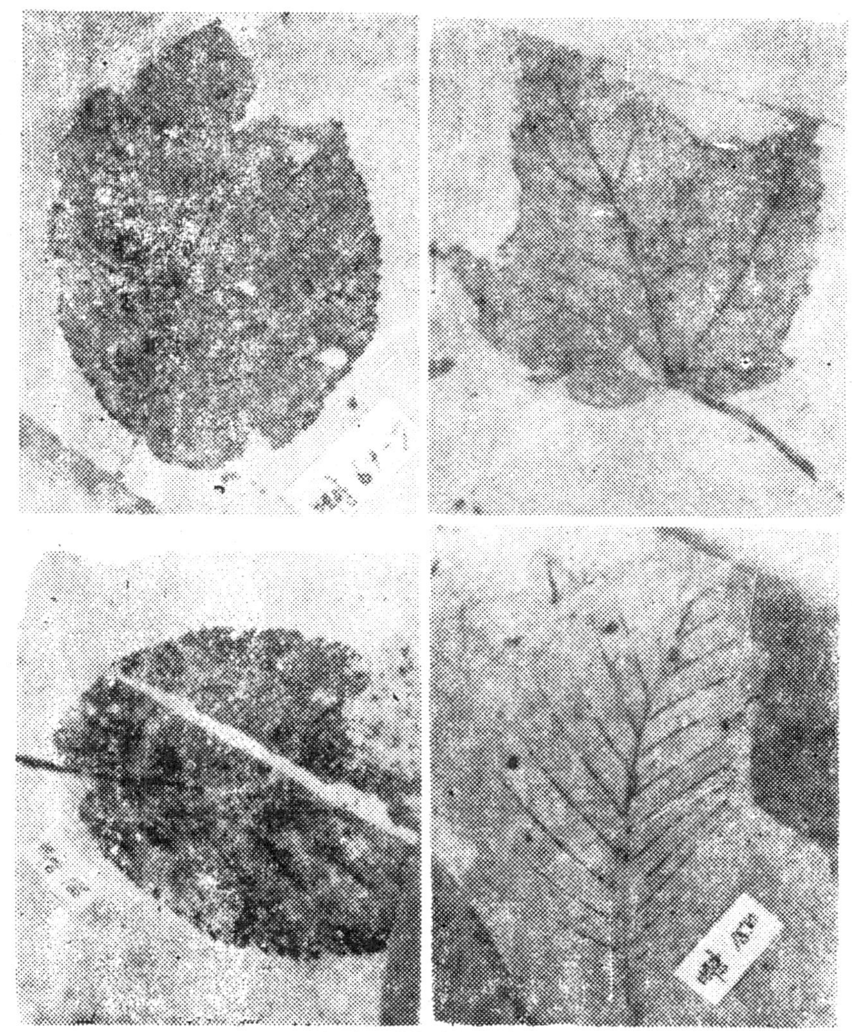

그림 1-17 대홍단층 포분화석

1—*Tilia* sp., 2—*Acer*, 3—*Betula baegmensis*, 4—*Ulmus* sp.

불이 북반구의 넓은 지역에 퍼졌다. 그러므로 이 시기의 퇴적물에는 호온
성식물화석들이 나타난다. 대홍단의 포분조합에 넓은잎나무화분이 우세한 자
리를 차지하고 한랭한 기후에서 자란 바늘잎나무화분은 찾아보기 힘들다.

　　포분조합에 량적으로 많지 않아도 *Cyathea, Pteris, Qsmunda,
Podocarpus,* Myrtaceae 등의 포분이 들어있다.

　　이러한 식물은 현재 난온대 혹은 아열대 지방에서 살고 백두산일대에는

— 51 —

없다.

　대홍단의 포분조합특징은 난온대성특징을 반영하는바 이것은　현세중기 포분조합특징과 일치하므로 시대를 현세중기로 보게 된다.

　ㄴ. 삼지연군 니탄층의 포분조합

　삼지연군의 여러곳에는 니탄층이 분포되여있다. 니탄층은　지표로부터 70cm정도의 깊이의 부석층밑에 매몰되여있는데　그　두께는　20cm정도 이다.

　삼지연군 포태부근의 포분조합구성을 보면 바늘잎나무화분은　16%이고 포자는 17.4%이다.

삼지연의 포분조합　　표 1-10

시료 수량 및 % 포분화석	니탄		비고
	개수	%	
Sphagnum	38	12.9	
Lycopodium	2	0.68	
Polypodiaceae	7	3.1	
Osmunda	2	0.68	
Pinus		19	
Picea	37	12.6	
Abies	2	0.68	
Larix	27	9.2	
Juniperus	1	0.34	
Betula	40	13.6	
Carpinus	4	1.36	
Alnus	1	0.34	
Quercus	23	7.8	
Juglans	4	1.36	
Corylus	6	2	
Alisma	3	1	
Spiraea	1	0.34	
Compositae	1	0.34	
Aitemisia	11	3.7	
Ericaceae	23	7.8	
Umbellifera	2	0.68	
포자식물포자	51	17.4	
바늘잎나무화분	117	39.8	
넓은잎나무화분	78	23.8	
관목 및 초본식물화분	47	16	
포자화분총수	293	100	

바늘잎나무화분에서는　Pinus(17%), Picea(12.6%), Larix (9.2%) 등이　비교적 많다.

　넓은잎나무화분가운데서는　Betula (13.6%),　Quercus (7.8%) 등이 많고　또한 Carpinus,　Juglans 등 여러가지 화분들이 들어있다.

　초본식물에서는 Ericaceae(7.8%), Artemisia(3.7%) 화분이 많고　포자에서는 Sphagnum(12.9%)이 많다.

　이 포분조합은 바늘잎 나무와 넓은잎나무의 혼성림을 반영하며 수림속에는 초본이　많았다는것을 보여준다.

　이 포분조합이 반영한 기후는 현세의 기후와 비슷하다고 본다.

　백두산의 서북부 소택지에 니탄층이　발달되

여있는데 니탄층밑은 **흑색감탕질점토층**이고 그우에 하부니탄층과 상부니탄층
이 놓여있다.

니탄층의 매몰심도는 표층부터 **7.8m**까지이다. 이 층의 포분조합은 바
늘잎나무화분과 넓은잎나무화분이 나오는데 바늘잎나무에서는 소나무화분이
많고 넓은잎나무에서는 *Quercus, Betula, Ulmus, Alnus* 등의 화분
이 있다.

이 포분자료는 삼지연 니탄층의 포분조합과 대비된다.

현세(Q_4)시기의 기후변화특성은 자료에 비추어 볼 때 기온상승기, 고
온기와 저온기로 보고있는데 기온상승기는 현세조기 (Q_4^1)이고 고온기는 현
세중기 (Q_4^2), 저온기는 현세말기 (Q_4^3)에 해당된다.

백두산지구의 현세퇴적층에서 포분분석자료를 보면 역시 3개의 포분조합
으로 갈라지는데 니탄층밑에 놓여있는 퇴적층에서는 넓은잎나무화분이 대다
수를 차지하며 일부 호열성식물의 화분이 섞이지만 한랭한 기후에서 생장하
는 식물의 화분은 볼수 없다. 이 포분조합은 현세고온기에 해당된다.

앞에서도 서술한바와 같이 니탄층의 포분조합은 바늘잎나무화분이 적지
않은 량으로 들어있고 침엽활엽혼성림의 식피를 반영한것으로 보아 현세중기
Q_4^2보다는 기온이 낮다는것을 제시한다. 그리고 서해연안의 니탄층의 형성
시대와도 대비되며 절대나이가 현세말기(Q_4^3)로 측정된 장백지구의 니탄층의
포분조합과도 대비되는것으로 보아 삼지연니탄층의 시대를 현세말기(Q_4^3)로
볼수 있다고 생각된다.

시대를 이렇게 보게 된것은 백암북계수 니탄층의 포분조합과 전혀 대비
되지 않고 그보다 신기를 반영하며 매몰상태가 현세로 나타나기때문이다.

ㄷ. **부석층의 포분조합**

천지층의 포분조합은 지역에 따라 좀 차이난다. 삼지연군 무봉지구의
부석층포분조합에는 바늘잎나무화분이 68.2%를 차지한다.

그중 *Picea*(26.2%), *Abies*(9.5%), *Larix*(10.3%)와 *Pinus*
(11.1%) 등이 많다. 넓은잎나무화분은 13.5% 차지하는데 주로 *Betula*와
Quercus 화분들이다.

백두산천지 기상관측소부근의 부석층포분조합에는 *Polypodiceae* 포
자가 20.5~58.7%이고 관목과 초본식물화분은 3.8~26.2% 차지한다.

포분조합에는 바늘잎나무화분이 18~36.9%이고 넓은잎나무화분은 극히
적다(1.5~10%). 포분조합의 이러한 차이는 지역별식물군락과 관련
된다.

백두산천지부근에는 교목들이 매우 적다. 포분조합에 일부 교목화분이 들어있는데 이것은 바람에 의하여 날려간것으로 보게 된다.

백두산일대에 넓게 분포되여있는 부석층은 여러개인데 천지층에 포함되는 부석층은 마지막으로 가장 크게 분출된 산물의 퇴적층이다.

이 부석층의 두께와 매몰깊이는 지역에 따라 좀 차이나지만 백두산천지쪽으로 가면서 두꺼워지고 멀어지면서 얇아진다. 부석층의 넓이는 천지 서쪽에 비하여 동쪽에서 훨씬 넓게 분포되여있다.

백두산천지 외륜산의 서쪽사면의 부석층에서 *Larix olyensis* var. *Carbon.*

Picea koraiensis var. *Carbon.*

Juniperus sibirica f. Carbon.

Picea iezoensis f. Carbon.

탄화목이 발견되었다.

부석층과 그 밑에 놓인 퇴적층에서는 많은 포분화석들이 나왔다.

부석층밑에 놓인 퇴적층의 시대는 포분화석에 의하여 중부현세로 규정되였다. 그러므로 부석층의 포분조합은 상부현세말로 보았다.

포분화석에 의한 부석층의 시대는 탄화목으로 측정한 절대나이(820~870년)와 일치한다.

Ⅱ 백두산지구의 암장작용

　　백두산지구에서 암장작용은 여러시기의 구조운동과 함께 복잡하게 진행되였다.

　　하부원생대 구조운동과 때를 같이 하여 리원암군, 중부고생대 구조운동과 함께 남강암군, 중생대 구조운동과 함께 혜산암군, 단천암군, 압록강암군, 중생대말－신생대초 구조운동과 함께 학무산암군이 관입하였다.

　　신생대 이전 암장활동에서 가장 크게 진행된 관입활동은 중생대 유라기 단천암군의 관입이다. 단천암군은 관모봉지괴에서와 백두용암대지동쪽에서 큰 저반체를 이루었다.

　　신생대에 들어와 암장활동은 더 격렬하게 진행되였는데 그것은 10단계의 강한 분출작용으로 나타난다.

　　분출작용은 중신세와 상신세에 준 알카리현무암의 흐름성분출로 진행되였는데 백두화산대의 바닥인 백두용암대지(5350km²)를 이루어 놓았다.

　　분출작용은 흐름성분출과 폭발성분출이 동반되였는데 백두산지구 남쪽에서는 산성분출용암이, 북쪽에서는 중성분출용암이 흘러나왔다.

1. 관입암

　　백두산지구에는 하부원생대로부터 신생대에 이르는 기간에 있은 여러차례의 구조암장활동에 의하여 크고작은 관입암체들이 분포되여있다.

　　주요 관입암체로서는 하부원생대 리원암군에 속하는 생장관입암체, 중부고생대 남강암군에 속하는 로중소관입암체, 중생대 삼첩기 혜산암군에 속하는 룡천관입암체, 백암관입암체, 중천관입암체, 삿갓봉관입암체, 중생대 단천암군에 속하는 관모봉관입암체, 중생대 백악기 압록강암군에 속하는 신복관입암체, 동계관입암체, 서두관입암체, 류동관입암체, 신중관입암체 그리고 중생대말－신생대 학무산암군에 속하는 하오산관입암체, 제3기말－제4기초 《누른봉암군》에 속하는 누른봉관입암체, 도화동관입암체, 대택관입암체, 북계수관입암체, 령하관입암체들이다.

1) 하부원생대 관입암(리원암군)

생장관입암체

이 관입암체는 지향사형관입암류로서 운흥군 생장, 룽포지구에 가는 띠 모양으로 분포되여있는데 맥상, 암주상을 이룬다. 드러난 면적은 약 2km²에 달한다.

이 관입암체는 마천령계 북대천통 고회암과 남대천통 운모편암을 뚫고올라왔다. 이 관입암체들은 하부원생대의 습곡작용에 의하여 생겼다고 보고있는데 배태암과 정합관계를 가진다. 관입암체를 이룬 암석은 **흑운모화강암**, 우백색화강암, 문상화강암 등이다.

암석들의 암석학적특징은 다음과 같다.

문상화강암

연한 회색을 띠는 중립－조립괴상암석이다.

주성분광물은 사장석(45%), 카리장석(42%), 석영(10%), 백운모(2%)이며 부광물은 전기석, 지르콘석, 금속광물 등이다. 암석의 구조는 반자형립상구조, 문상구조이다.

무백우색화강암

연한회색, 회백색의 괴상암석이다. 주성분광물은 사장석(2%), 카리장석(50%), 석영(26%), 백운모(3%)이며 부광물은 지르콘석, 린회석, 금속광물 등이다.

암석의 구조는 거정암구조, 반자형립상구조이며 편마상석리를 가진다.

흑운모화강암

연한 회색을 띠는 괴상암석이다. 주성분광물은 사장석(40%), 카리장석(30%), 석영(25%), 흑운모(3%)이며 부광물은 린회석, 지르콘석, 금속광물 등이다.

화강암류의 화학조성과 환산결수

표 2－1

암석 \ 조성, %	SiO_2	FeO_2	Al_2O_3	Fe_2O_3	FeO	MnO	MgO	CaO	Na_2O	K_2O	P_2O_5	H_2O	작열감량
우백색화강암	71.22	0.14	14.08	0.29	1.51	ᄒ	0.68	1.27	2.76	5.14	ᄒ	0.30	1.71
흑운모화강암	70.22	0.23	13.79	1.86	1.72	0.02	0.93	2.82	4.26	2.70	ᄒ	0.31	1.42
문상화강암	72.92	0.03	13.34	0.72	0.56	ᄒ	1.72	0.77	3.51	7.84	ᄒ	0.20	0.89

암석 \ 환산결수	a	b	c	s	a'	c'	m'	f'	φ	n	t	Q	a/c
우백색 화강암	12.7	5.8	1.5	80.0	38.2	—	24.6	37.2	13.4	4.94	—	33.1	8.4
흑운모 화강암	12.9	7.1	2.5	75.5	—	11.3	43.9	44.8	22.4	70.2	—	26.7	5.2
문상 화강암	16.8	3.9	1.0	78.3	5.0	25.0	70.8	—	—	35.7	—	22.0	16.8

암석의 구조는 세립반자형립상구조, 미화강암구조이다. 화강암류의 화학조성과 환산결수는 표 2-1과 같다.

2) 중부고생대 관입암 (남강암군)

로중소관입암체

이 관입암체는 혜산시 로중, 운총 일대에 발달되여있는 염기성소관입암체이다. 관입암체는 고기 심부단렬대를 따라 관입한 관입암체로서 황주계, 마천령계 암석들안에 맥상체, 층상체로 들어있다. 개별암체들의 두께는 7~8m, 최대 20m이며 길이는 100m정도이다. 관입암체들은 배태암과 정합적인 관계를 가지며 일부 곳에서 약간 사교한다. 관입암체를 이룬 암석은 휘장암, 휘장섬록암 등인데 대부분 변질되여 변휘장암, 각섬편암 등으로 나타난다.

휘장암석들의 암석학적특징은 다음과 같다.

휘장섬록암

풀색, 어두운 풀색을 띠는 부등립질암석이다. 주성분광물은 사장석(25~30%), 각섬석(30~35%) 드물게 흑운모(3~5%) 등이며 부성분광물은 석영이다. 부광물은 린회석, 금속광물 등이며 이차적광물은 전기석, 록렴석, 유렴석, 방해석 등이다. 사장석은 최대 2×0.5mm의 주상을 이루고있다.

사장석은 조장유렴석화작용을 받았으므로 대부분 알갱이들의 륜곽만 남아있다.

각섬석은 보통각섬석으로서 록니석화작용, 흑운모화작용을 받았다. 알갱의 크기는 1.5mm이하이며 납작한 모양을 가진다.

흑운모는 대부분 록니석으로 교대되였다. 알갱이의 크기는 0.5mm정도이며 납작한 모양을 이룬다. 암석의 구조는 부등립상변정구조이며 편암상석리를 가진다.

3) 중생대 삼첩기관입암 (혜산암군)

혜산암군은 송림구조운동말기에 생긴 륙대단렬형관입암체이다. 혜산암군의 관입암으로서 룡천관입암체, 백암관입암체, 중천관입암체, 삿갓봉관입암체를 들수 있다.

(1) 룡천관입암체

이 관입암체는 장파리단렬대를 따라 운흥군 대오시천－심포－대덕－상산을 거쳐 북서방향으로 길게 연장되여있는데 너비는 8∼10km, 길이는 30km 정도이다. 관입암체는 하부원생대 마천령계 북대천통 탄산염암석과 흑운모편암을 관입하였으며 중생대 장파리통 분출암들과 신생대 현무암에 의하여 덮혀있다.

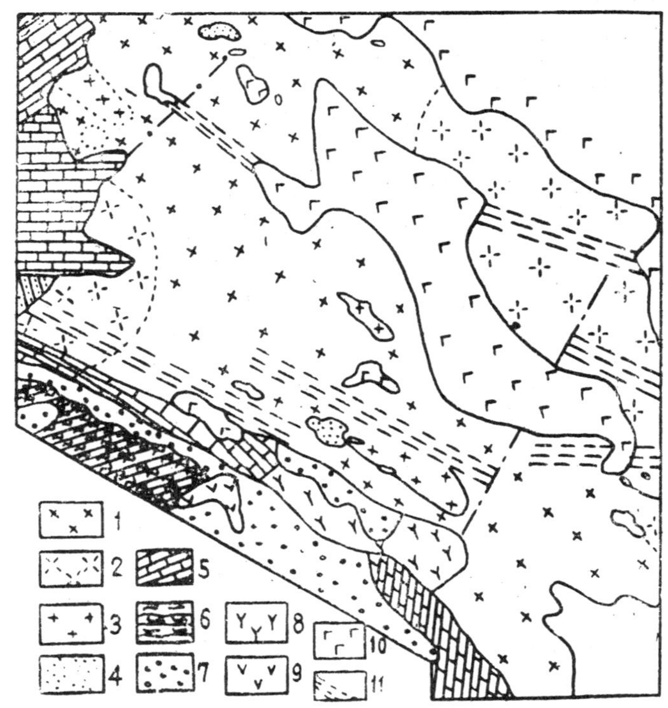

그림 2—1 룡천관입암체의 내부구성

1—화강섬록암, 2—반상화강암, 3—우백색화강암, 4—포로암체, 5—탄산염암석, 6—운모편암, 7—력암, 8—안산분암, 9—섬록분암, 10—현무암, 11—압쇄대

관입암체와 구조접촉하고있는 장파리통 기저력암안에 화강암력이 들어있다. 관입암체의 암석조성이 복잡하나 구성암석들은 서로 점차적이행관계를 가진다.

관입암체는 탄산염암석과의 접촉부에서 투휘석스카른을 형성하였고 재결정화작용, 마그네사이트화작용, 사문석화작용 등 여러가지 변질작용을 주었는데 변질대의 폭은 수m로부터 300m정도에 달한다.

관입암체안에는 북대천통 탄산염암석과 운모편암, 리원암군의 전기석질석영장석맥이 포로체로 들어있는데 그 면적은 0.5km²정도이다.

관입암체를 이룬 암석은 화강섬록암, **흑운모화강암**, 반상흑운모각섬석질화강암, 우백색화강암이다.

화강섬록암은 관입암체의 대부분을 차지하는데 여기에 석영섬록암, 반상흑운모화강암, 각섬석화강암, **흑운모각섬석화강암**, 석영이장암 등이 섞여있다.

우백색화강암은 화강섬록암과 점차적이행관계를 가지면서 여러곳에 띠염띠염 분포되여있다.

우백색화강암과 화강섬록암의 경계는 명확한 부분도 있으나 많은 경우 점차적이행관계에 있다.

구성암석들의 암석학적특징은 다음과 같다.

화강섬록암

어두운회색, 연한 풀색을 띠는 균질한 괴상암석이다.

주성분 광물은 사장석, 카리장석, 석영, 각섬석, 흑운모 등인데 그 함량에 따라 섬록암, 화강섬록암, 석영섬록암, 흑운모각섬석질화강암 등으로 나누어진다.

주요 조암광물의 함량은 표 2-2와 같다.

조암광물의 함량, % (대오시천)　　　　표 2-2

시료번호	암석	사장석	카리장석	석 영	각섬석	흑운모
3-101	화강섬록암	48	13	20	2	5
-102	〃	57	12	20	9	1
3-110	〃	50	15	28	1	5
3-120	석영섬록암	61	10	15	8	4
3-125	〃	63	8	12	6	9

부광물은 설석, 린회석, 지르콘석, 갈렴석, 모나즈석, 석류석, 금속광물 등이며 이차적광물은 록렴석, 록니석, 견운모 등이다.

사장석은 0.8~3.5mm의 반자형주상 및 판상결정을 이루고 사장석의 일부 알갱이들에서 루대구조가 나타난다.

사장석의 조성은 25~45% An이다. 반정상태로 들어있는 사장석알갱이

크기가 1.5cm에 달하는것도 있다. 사장석의 일부 알갱이들은 견운모, 록렴석, 방해석으로 약하게 교대되였다.

카리장석은 크기가 0.5~3mm되는 불규칙적인 판상, 단주상결정으로서 사장석알갱이사이에 들어있다. 카리장석의 큰 알갱이들은 사장석과 각섬석 알갱이들을 포파하고있다.

석영은 크기가 0.5~1.8mm정도의 불규칙적인 모양으로 사장석알갱이사이에 들어있다. 석영의 일부 알갱이들은 약하게 파상소광한다.

각섬석은 대부분 록색을 띠는 보통각섬석으로서 크기가 0.2~1mm정도의 자형 및 반자형 긴주상결정을 이루고있다.

다색성은 N_g-록색, N_m-황록색, N_P-연한황색이며 $C:N_g=18°$이다. 각섬석에는 Cu, Zn, V, Mn가 많이 들어있다. 각섬석의 일부 알갱이들은 록니석으로 교대되였다.

흑운모는 크기가 0.1~1mm정도의 판모양을 이루는데 여기에는 Cu, Zn, V, Cr, Ni, Mn, Ba 등이 많이 들어있다.

암석의 구조는 반자형립상구조, 화강암구조이며 곳에 따라 부등립질반상구조가 나타난다.

흑운모화강암

연한 회색, 연한 장미색을 띠는 중립, 세립질, 괴상암석이다.

주성분광물은 사장석(30~35%), 카리장석(15~20%), 석영(40~45%), 흑운모(2~5%) 등이며 부광물은 린회석, 지르콘석, 금속광물 등이다. 이차적광물은 록니석, 견운모, 방해석이다.

사장석은 알갱이 크기가 0.3~1.5mm정도의 반자형판상결정을 이루는데 조성은 20~38% An이다.

사장석의 대부분 알갱이들이 견운모화되였고 부분적으로 방해석으로 교대되였다.

카리장석은 크기가 0.5~2mm의 미사장석으로서 타형판상결정을 이루고있다. 석영은 크기가 0.1~0.9mm의 타형알갱이로 나타나는데 대부분 알갱이들이 파상소광한다.

흑운모는 린편상 또는 엽상을 이루고있는데 대부분 알갱이들이 록니석으로 교대되였다.

암석의 구조는 주로 반자형립상구조, 화강암구조이며 편마상석리를 가진다.

반상흑운모각섬석질화강암

주성분광물은 사장석(20~25%), 카리장석(30~35%), 석영(30~35%), 각섬석(5~10%), 흑운모(3~5%) 등이며 부광물은 지르콘석, 린회석, 갈렴석 등이다. 이차적광물은 록니석, 록렴석, 견운모 등이다.

사장석은 반자형판상결정을 이루며 조성은 17~30% An이다. 카리장석은 대부분 미사장석으로서 미립질흑운모와 각섬석을 포과하고있다.

각섬석은 갈색 및 록색의 보통각섬석으로서 약하게 록니석으로 교대되었다. 석영은 타형알갱이로서 다른 광물의 알갱이와 알갱이사이에 채워져있는데 대부분 알갱이들이 파상소광한다.

암석의 구조는 주로 반상구조인데 암석의 석기부분에서 반자형, 타형립상구조가 나타난다.

우백색화강암

육홍색, 회백색을 띠는 세립 중립질괴상암석이다.

주성분광물은 사장석(30~35%), 카리장석(25~30%), 석영(30~35%), 흑운모(5%) 드물게 백운모(1~3%) 등이며 부광물은 지르콘석 등이다.

사장석은 크기 0.5~1.6mm정도의 반자형판상결정을 이루며 조성은 13~25% An이다. 사장석은 견운모화작용을 받았다.

카리장석은 크기가 0.2~1.5mm의 미사장석으로서 불규칙적인 단주상, 판상결정을 이룬다.

석영은 크기가 0.2~3mm의 부등립질립상을 이루었는데 대부분 알갱이들이 약하게 파상소광이다.

흑운모는 불규칙적인 엽상 및 린상을 이루고있다.

암석의 구조는 반자형립상구조, 세정암구조 및 타형부등립상구조를 이루었다.

암석들의 화학조성과 환산결수는 표 2-3과 같다.

암석들의 화학조성(%)과 환산결수   표 2-3

암 석	SiO_2	TiO_2	Al_2O_3	Fe_2O_3	FeO	MnO	MgO	CaO	Na_2O	K_2O	P_2O_5	H_2O	환산결수
반상화강암	67.80	0.20	13.01	1.25	1.14	ㅎ	0.66	4.57	4.66	5.40	0.08	0.28	3.87
화강섬록암	47.50	1.19	16.71	3.00	7.73	0.05	3.29	8.17	5.49	2.85	0.46	0.20	2.37
화강섬록암	47.68	1.98	15.90	2.81	8.16	0.11	3.90	8.45	4.57	2.40	0.25	0.20	3.50
반상화강암	70.70	0.25	13.71	0.50	1.14	0.01	1.57	2.35	4.41	5.34	ㅎ	0.12	
반상화강암	68.93	0.20	14.06	0.76	1.55	0.04	1.22	1.97	4.19	5.46	ㅎ	0.12	1.81
반상화강암	65.30	0.14	15.83	2.18	1.95	0.04	2.63	3.24	5.08	3.57	0.17	0.19	1.84

표계속

암석	a	b	c	s	a'	c'	m'	f'	φ	n	t	Q	a/c
반상화강암	13.8	7.1	1.8	77		78.4	16.7	4.9		38.6		26.2	7.7
화강섬록암	16.8	29.5	3.2	56.5		29.8	25.1	45.1	13.1	74.5		25.8	5.2
화강 섬록암	14.1	24.1	4.1	57.7		27.6	28.5	43.9	10.6	74.7		16.9	3.4
반상화강암	16.5	6.8	0.5	76.2		31.4	38.2	30.4	5.7	55.7		19.3	33.0
반상화강암	16.8	3.9	2.5	76.8		29.7	40.6	29.7	13.5	54.1		17.5	0.7
반상 화강암	15.9	9.6	2.3	72.2		16.0	45.1	38.9	19.4	52.3		10.2	6.9

표 2-3에서 보는바와 같이 룡천관입암체는 준알카리암족, 부분적으로는 석회알카리암족계렬에 속한다. 자기감수률이 $50 \sim 10^{-6}$CGSM 이하이며 중광물중 자철광이 차지하는 몫이 적다. 그밖에 원소공반관계와 암석화학적 자료 등으로 보아 이 관입암체의 성인은 지각기원에 해당된다.

열지자기자료에 의하면 이 암석들의 절대나이는 2억 1500만년이다.

(2) 백암관입암체

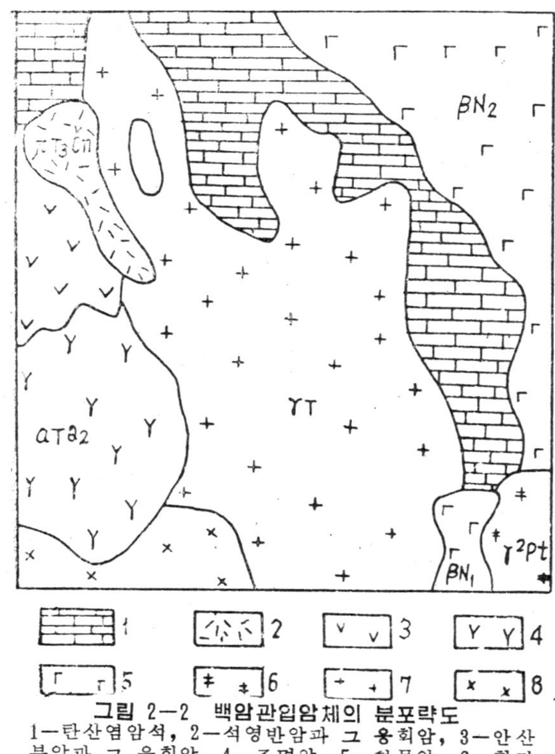

그림 2-2 백암관입암체의 분포략도

1-탄산염암석, 2-석영반암과 그 웅회암, 3-안산분암과 그 웅회암, 4-조면암, 5-현무암, 6-화강암, 7-백암관입암체, 8-화강섬장암

이 관입암체는 백암-남계향사습곡축부를 따라 북서-남동방향으로 길게 연장된 불규칙적인 병반체를 이룬다. 관입암체는 북서쪽으로 가면서 점차 며 모양으로 첨멸되고 남쪽에서는 타원모양으로 드러나 있다. 관입암체의 너비는 2~2.5km, 길이는 7km 정도이다. 분포면적은 9km²정도이다.

관입암체는 북대천통의 탄산염암석을 관입하였으며 신생대-현무암과 조면암에 의하여 부정합적으로 덮혀 있다. 관입암체와 배태암 접촉부에서는 스카른화작용, 대리석화작용, 사문석화작용, 마그네사이트화 작용 등 여러가지 변질작용이 진행되었다.

관입암체를 이룬 암석은 **육홍색흑운모화강암**이다.

암석들의 암석학적특징은 다음과 같다.

육홍색흑운모화강암

육홍색을 띠는 조립괴상암석이다. 주성분광물은 사장석(30~35%), 카리장석(30~35%), 석영(20~25%), 흑운모(5~7%) 등이며 부성분광물은 각섬석 등이다. 부광물은 설석, 지르콘석, 린회석, 금속광물 등이며 이차적광물은 록렴석, 견운모 등이다.

사장석은 주상, 판상결정을 이루며 조성은 15~25%An이다. 사장석의 대부분의 알갱이들이 견운모로 교대되였고 극히 적게 니토화되였다. 카리장석은 크기가 1.5×0.9mm의 미사장석으로서 단주상, 판상결정을 이룬다. 대부분 알갱이들이 약하게 고령석화되였다.

흑운모는 크기가 0.5mm의 엽상을 이루고있는데 부분적으로 록리석화되였다. 암석의 구조는 반자형립상구조, 반상구조이다.

육홍색흑운모화강암의 화학조성과 환산결수는 표 2-4와 같다.

남계에 있는 육홍색흑운모화강암의 화학조성(%)과 환산결수   표 2-4

암석	SiO_2	TiO_2	Al_2O_3	Fe_2O_3	FeO	MnO	MgO	CaO	Na_2O	K_2O	P_2O_5	H_2O	작열감량
육홍색흑운모 화강암	69.08	0.47	13.66	0.49	3.62	0.03	0.87	1.57	4.16	4.16	0.57	0.30	1.19
〃	68.57	0.78	12.14	4.74	2.35	0.05	1.55	2.29	4.51	3.75	0.10	0.28	1.12
〃	70.48	0.71	13.74	4.11	0.18	0.02	0.75	1.70	3.29	3.96	0.23	0.25	1.14

암석	a	c	b	s	a'	c'	f'	m'	φ	n'	a	t
육홍색흑운모 화강암	11.5	1.8	6.1	73.6		8.3	58	30.5	11.1	60.5	73.8	0.7
〃	14.5	0.5	10.4	74.6		35.8	56.4	22.9	21	65.1	19.9	0.8
〃	12.6	2.1	6.1	79.2	21.7	56.5	60.0	18.4	—	56.3	31.3	0.7

이 관입암체는 운홍군 령하부근에 분포되여있다. 북서방향으로 늘어진 작은 타원모양을 이루었는데 분포면적은 3km²정도이다. 상부원생대 사당우퉁 상부층인 회록색, 록니석편암을 관입하고 신생대 현무암, 조면암에 의하여 부정합으로 덮혀있다.

관입암체는 주로 중립, 조립 흑운모화강암으로 이루어졌다. 구성암석들의 암석학적특징은 백암관입암체와 같다.

(3) 삿갓봉관입암체

이 관입암체는 백암군 삿갓봉부근에 분포되였는데 면적은 1.9km²정도이다.

관입암체는 북대천통의 탄산염암석을 관입하였다. 관입암체와 배태암의 접촉부에서는 사문석화작용, 고령석화작용, 황철광화작용이 진행되였다. 관입암체를 이룬 암석은 우백색화강암이다.

암석의 암석학적특징은 다음과 같다.

우백색화강암

우백색, 연한 육홍색을 띠는 중립, 세립질괴상암석이다.

주성분광물은 카리장석($45\sim50\%$), 사장석($10\sim15\%$), 석영($35\sim40\%$), 드물게 흑운모($2\sim3\%$) 등이며 부광물은 린회석, 지르콘석, 금속광물 등이다.

카리장석은 크기가 최대 3mm정도되는 불규칙적인 판상결정을 이루고 있다.

사장석은 불규칙적인 판상결정을 이루며 석영은 크기가 $0.03\sim0.7$mm의 불규칙적인 알갱이로서 불균등하게 배렬된다.

흑운모는 0.3mm안팎의 불규칙적인 엽상 또는 판상을 이룬다.

암석의 구조는 타형부등립상구조이다.

4) 중생대 유라기관입암 (단천암군)

단천암군에 속하는 관입암체들은 백두용암대지 동쪽에 넓은 면적으로 드러나있다. 백두용암대지구역안에는 대로운산관입암체, 남포태산관입암체, 대평관입암체, 연암-유평관입암체, 상황토관입암체 등 여러개의 관입체들이 발달되여있는데 관입암체들은 하나로 련결되여있다. 이 관입암체들은 신생대, 분출암이 채덮지 못하였거나 골짜기가 패여 드러난것이다. 이 관입암체들의 구성암석과 산출상태가 비슷하고 화학조성과 조암광물도 비슷하다. 따라서 이 관입암체들을 묶어서 관모봉관입암체라고 부르기로 한다.

(1) 관모봉관입암체

이 관입암체는 백두산지구 남부인 백암군 양곡으로부터 북북서방향으로 삼지연군 남포태산에 이르는 구간을 계선으로 그 동쪽으로 연장되여 함경북도 구역으로 넓게 분포되여있다.

관입암체는 백암군 양곡에서 성진통 웃층인 흑운모편암, 편마암, 각섬암, 각섬석편암 그리고 북대천통 고회암층을 정합으로 관입하였고 백암군 남계, 합수에서는 하부원생대 후기습곡상인 옹진암군에 해당되는 남계관입암체에 의하여 끊기였다.

관입암체의 대부분은 신생대 현무암에 의하여 덮혀있다. 또한 백악기 압록강암군의 중산성소관입체들이 있다.

관모봉관입암체는 형성단계에 따라 3개의 관입상으로 구분된다.

1상에는 섬록암과 휘장섬록암이, 2상에는 흑운모화강암, 흑운모각섬석화강암, 반상흑운모화강암, 편마상흑운모화강암이 그리고 3상에는 우백색화강암이 속한다. 곳에 따라 육홍색화강암이 공반되여있다.

섬록암과 화강섬록암은 백암군 양곡 상황토, 보천군 대평 등 일정한 구역에 제한되여 작은 규모로 드러나있는데 2상암석들에 관입당하여 포로암체처럼 나타난다. 섬록암과 휘장섬록암은 호상 점차적이행관계를 가진다.

2상암석은 흑운모화강암과 흑운모각섬석화강암, 반상흑운모화강암, 편마상흑운모화강암, 육홍색화강암으로 되여있는데 관입암체의 대부분을 차지하고있다.

2상에 속하는 암석들도 호상 점차적이행관계에 있다.

3상에 속하는 암석은 우백색화강암이다. 우백색화강암은 2상에 속하는 암석들을 자르면서 주로 관입암체의 변두리에 널려있다. 남계, 설령지구를 비롯한 일부 구역들에서 3상에 해당되는 육홍색화강암이 작은 규모로 분포되여있다.

구성암석들의 암석학적특징은 다음과 같다.

섬록암

어두운 회록색을 띠는 중립괴상암석이다.

주성분광물은 사장석, 각섬석, 흑운모, 카리장석, 석영이며 부광물은 린회석, 설석, 지르콘석, 자철광 등이다. 이차적광물은 록렴석, 록니석, 방해석, 견운모 등이다.

지구별 주요 조암광물의 함량은 표 2-5와 같다.

지구별 주요조암광물의 함량, %

표 2-5

지구	암석	사장석	각섬석	흑운모	카리장석	석영
대평	섬록암	66	31	2	—	—
연암	〃	70	16	2	5	6
양곡	〃	56	35	3	—	4

사장석은 크기가 0.5~3.5mm의 반자형주상, 단주상, 판상결정을 이루는데 성분은 30~52% An이다. 사장석의 대부분알갱이들이 견운모화되였고 일부 알갱이들은 조장유렴석화되였다.

각섬석은 대부분 록색보통각섬석으로서 크기가 0.3~1.8mm의 주상 및 판상결정을 이루고있다.

$C:N_g=19-22°$이며 $N_g-N_p=0.02$이다. 각섬석알갱이들이 벽개면과 테두리를 따라 록니석으로 교대되였다.

흑운모는 크기가 0.2~1mm의 판상, 엽상을 이루는데 록니석으로 약하게 교대되였다.

카리장석은 대부분 미사장석으로서 크기가 0.1~0.8mm의 타형판상결정
을 이루고있다. 일부 알갱이들이 약하게 고령석화되였다. 부분적으로 편마
상석리를 가진다. 암석의 구조는 반자형립상구조이며 부분적으로 편마상석
리를 가진다.

흑운모화강암

회색, 연한 육홍색을 떠며 조립, 중립질괴상암석이다. 많은곳에서 편
마상석리를 이루고있다.

암석의 구조는 주로 반자형립상구조이며 부분적으로는 화강암구조, 타
형립상구조를 이룬다.

주성분광물은 사장석, 카리장석, 석영, 흑운모 등이며 부성분광물은
각섬석, 백운모 등이다.

부광물은 린회석, 지르콘석, 설석, 자철광 등이며 이차적광물은 륵니
석, 견운모, 록렴석 등이다. 때때로 각섬석의 량이 많아지면서 각섬석흑
운모화강암으로 암상이 변한다.

주요 조암광물의 함량관계는 표 2-6과 같다.

지구별 주요조암광물의 함량, %

표 2-6

지구	암석	사장석	카리장석	석영	흑운모
남포태산	흑운모화강암	41	38	15	4
대평	〃	32	45	19	3
삼봉	〃	36	28	30	5
유평	〃	24	50	20	5
남계	〃	31	54	10	4

사장석은 0.3~2mm, 조립질암석에서는 3~5mm의 반자형주상 및 판
상결정을 이루고있다. 사장석의 성분은 16~25% An이며 각섬석이 많이
들어있는 암석에서는 32% An까지 변한다.

사장석알갱이들은 견운모 및 니질물질로 교대되였다.

카리장석은 대부분 미사장석이고 드물게 문장석 극히 드물게 정장석 등
으로 나타나는데 타형 또는 반자형판상결정을 이루고있다. 알갱이들이 약하
게 고령석화되였다.

석영은 크기가 0.1~1.5mm의 타형립상을 이루는데 대부분 파상소광
한다.

흑운모는 0.15~1mm의 엽상 또는 린편상을 이루는데 많은 알갱이들이
일정한 방향으로 배렬되여있다. 암석의 구조는 주로 반자형립상구조를 이루
며 부분적으로 화강암구조, 타형립상구조를 이루며 편마상석리를 가진다.

반상흑운모화강암

분홍색 또는 회색을 띠는 중립괴상암석이다. 반상흑운모화강암에는 미사장석과 사장석이 반정으로 들어있는데 부피상 20～50%된다.

주성분광물은 사장석, 카리장석, 석영, 흑운모 등이며 부광물은 린회석, 설석, 지르콘석, 자철광 등이다.

이차적광물은 록니석, 견운모, 록렴석 등이다.

암석의 구조는 주로 반상구조를 이루는데 석기부분에서 세립반자형립상구조, 화강암구조, 화강변정구조가 나타난다.

주요조암광물의 함량은 표 2-7과 같다.

지구별 조암광물함량, %   표 2-7

지구	암석	사장석	카리장석	석영	흑운모	각섬석
남포태산	반상흑운모화강암	33	38	25	3	—
유평	〃	25	35	30	5	3
남계	〃	28	43	20	5	3
서두	〃	35	28	30	5	—

반정으로 들어있는 미사장석은 최대 5×3cm되는 조립판상결정을 이루었다.

사장석은 대부분 석기가운데 들어있고 드물게 반정으로 들어있는데 사장석의 성분은 15～21% An이다. 사장석알갱이들은 견운모로 교대되였다.

카리장석은 대부분 미사장석으로서 타형판상결정을 이룬다.

석영은 대부분 1mm이하의 타형립상으로 다른 광물의 알갱이나 알갱이사이에 들어있는데 약하게 파상소광한다.

흑운모는 크기가 0.3～0.7mm의 엽상 및 판상을 이루는데 한데 뭉쳐있거나 선상으로 널려있기도 한다. 흑운모는 록니석으로 교대되였다.

우백색화강암

회백색을 띠는 중립, 세립질괴상암석이다.

암석의 구조는 반자형립상구조, 세립타형립상구조이고 주성분광물은 사장석, 카리장석, 석영, 흑운모 등이며 부성분광물은 전기석 등이다.

지구별 조암광물의 함량, %   표 2-8

지구	암석	사장석	카리장석	석영	흑운모	백운모
상황토	우백색화강암	32	43	22	1	1
유평	〃	29	49	20	1	1
삼봉	〃	30	35	33		1
대평	〃	30	40	28	1	

부광물은 린회석, 설석, 지르콘석, 자철광 등이며 이차적광물은 견운모, 록니석 등이다.

지구별 주요 조암광물의 함량은 표 2-8과 같다.

사장석은 크기가 0.3~2mm의 주상 및 단주상결정을 이루며 조성은 9~18% An이다. 사장석알갱이들은 견운모로 교대되였다.

카리장석은 크기가 0.4~2mm의 미사장석으로서 타형판상, 단주상결정을 이룬다.

석영은 크기가 0.1~1.5mm의 타협립상을 이루는데 대부분 알갱이들이 약하게 파상소광한다.

구성암석들에 대한 화학조성과 그 환산결수는 표 2-9와 같다.

대평원대 구성암석의 화학조성(%)과 환산결수

표 2-9

암석 \ 조성	SiO_2	FeO_2	Al_2O_3	Fe_2O_3	FeO	MnO	CaO	MgO	Na_2O	K_2O	P_2O_5
섬록암	56.16	0.76	15.67	2.28	3.23	0.01	7.66	6.56	6.12	1.63	0.29
편마상화강암	64.90	0.59	16.77	3.20	1.80	흔	3.62	0.18	5.73	2.55	0.31
육홍색화강암	71.06	0.30	13.25	1.27	1.12	0.03	0.99	1.70	4.27	7.07	흔
흑운모화강암	64.14	0.69	14.95	1.28	2.30	0.01	4.34	2.90	5.52	3.92	0.01
반상흑운모화강암	64.52	0.69	15.61	1.35	2.69	0.01	5.28	2.50	3.83	2.47	0.12
우백색화강암	70.48	0.23	14.53	1.31	0.68	0.03	1.20	1.31	5.94	4.34	흔

암석 \ 결수	a	c	b	s	f'	m'	c'	n	φ	Q	a/c
섬록암	14.8	2.5	21.6	60.6	22.0	48.7	29.1	85.2	8.3	10.4	5.9
편마상화강암	14.8	3.7	6.4	74.8	69.8	21.5	8.3	84.7	4.3	27.3	4
육홍색화강암	17.6	1.0	3.7	76.6	20.0	56.0	24.0	44.0	—	18.34	17.6
흑운모화강암	16.8	1.0	11.1	70.1	26.5	39.7	33.6	68.5	8.8	6.6	16.8
반상흑운모화강암	17.0	1.04	11.8	70.9	26.3	39.4	34.5	68.4	8.7	6.1	17.3
우백색화강암	18.5	0.13	3.9	77.3	33.5	41.5	24.6	67.3	20.7	17.54	14.2

남계일대 구성암석들의 화학조성(%)과 환산곁수　　　　　표 2—10

조성 / 암석	SiO_2	TiO_2	Al_2O_3	Fe_2O_3	FeO	MnO	MgO	CaO	Na_2O	K_2O	P_2O_5	H_2O	작열감량
세립섬록암	55.4	0.38	16.17	2.41	4.03	0.06	2.36	8.04	3.55	2.44	0.85	0.26	1.58
〃	59.24	0.67	17.98	2.89	4.88	0.03	1.44	4.43	5.28	1.67	0.71	0.21	0.75
반상흑운모 화강암	64.12	0.4	15.87	2.85	2.99	0.04	2.09	4.30	3.44	2.26	0.41	0.26	1.12
조립흑운모 화강암	60.12	0.74	16.35	2.63	3.39	0.09	2.88	4.67	3.17	2.47	0.58	0.44	5.9
〃	63.86	0.49	14.49	1.68	2.26	0.04	1.89	3.64	2.93	3.14	0.48	0.44	1.03
세립흑운모 화강암	72.50	0.34	14.21	0.90	1.36	0.03	0.52	1.88	2.56	2.47	1.17	0.34	1.11
〃	58.18	0.34	18.34	1.27	3.09	0.04	0.04	3.57	4.52	4.88	0.66	0.36	1.66
우백색 화강암	73.00	0.17	12.56	1.63	0.54	0.02	0.80	0.21	3.45	3.60	1.91	0.21	0.88
육홍색 화강암	70.57	0.23	13.52	2.45	1.44	0.03	0.89	0.81	3.87	4.36	1.33	0.32	1.00

환산곁수 / 암석	a	c	b	s	a'	c'	f'	m'	φ	n	Q	t	a/c
세립섬록암	11.0	3.17	17.8	67		12	34.8	23.3	41	68	7.2	1.00	3.4
〃	7.5	5.35	17.3	68.2		33.8	62.0	33		4.7	82.0	3.26	0.8	13.7
반상흑운모화강암	11.1	1.9	15.9	78	45.5	11	30	33.7		69.5		0.05	5.8
조립흑운모화강암	11.6	6.0	7.6	74.8		31.5	78.5	21.7	2.95	65	19	0.8	1.9
〃	15.5	1.7	9.6	74.2		13.6	35.3	3.2	17.7	39	0.5	68	9
세립흑운모화강암	9.2	2.3	8	80.5	63.8	10	26	10		60	44.6	0.2	4
〃	17.6	3.8	9.6	69		13.8	51.3	48.0	7.3	58.4		0.7	0.4	4.6
우백색화강암	13.2	0.3	6.5	80	52.5	20	26	20		15.8	27.1	0.24	4.4
육홍색화강암	8.2	11.5	6.8	83.5	18	36	82	24.6		4.20	43.8	0.13	0.7

상황도, 서두일대 구성암석들의 화학조성(%)과 환산곁수　　　　　표 2—11

조성 / 암석	SiO_2	TiO_2	Al_2O_3	Fe_2O_3	FeO	MnO	MgO	CaO	Na_2O	K_2O	P_2O_5	H_2O	작열감량
휘장섬록암	50.70	0.48	16.12	2.23	3.08	0.05	7.18	13.20	5.87	0.61	0.06	0.48	1.24
섬록암	57.36	0.75	16.52	2.97	3.70	0.27	2.85	4.98	8.96	1.95	0.4	0.40	0.88
흑운모화강암	66.96	0.28	13.43	1.56	1.19	6.60	1.69	1.69	5.70	4.15	0.06	0.18	0.31
반상화강암	70.01	0.28	14.55	0.88	0.99	흔	0.34	1.43	4.95	4.17	0.25	0.18	0.85
우백색화강암	72.28	0.14	12.39	1.20	0.90	0.05	0.66	1.68	4.60	5.53	흔	0.11	0.26

환산결수 암석	a	c	b	s	a'	f'	m'	c'	n	φ	t	Q	a/c
휘장섬록암	13.5	3.9	25.4	5.7		41	33.9	5.5	94	7.4	0.7	16.7	3.5
섬록암	14.4	4.7	8.2	72.7		13.8	39.3	6.8	72.2	20.5	0.6	12.3	3
흑운모화강암	18	0.1	7.8	74.1		40	35	25	67.4	15.8	0.5	12	34.1
반상흑운모화강암	16.9	1.2	2.7	79.2		65	20	20	64.2	30	0.3	33.4	14
우백색화강암	16	1.3	3.1	79.2		7.5	30.8	51.1	39.3	26.9	0.2		12.3

표에서 보는바와 같이 관모봉관입암체는 대부분 석회알카리암족계렬에 속하며 일부는 준알카리암족계렬에 속한다.

관모봉관입암체에서 1상암석으로부터 2상, 3상 암석으로 그리고 2상암석들사이에서는 각섬석흑운모화강암, 흑운모화강암, 반상화강암의 차례로 암장분화작용이 비교적 정연하게 진행되였는데 그것은 야외자료와 함께 조암광물의 특성 즉 철고토광물의 변화상태와 사장석조성의 규칙적인 변화 등으로부터 알수 있다.

암장진화는 SiO_2, K_2O, Na_2O가 증가하고 CaO, MgO가 감소하는 방향으로 진행되였다.

이 관입암체의 기원을 밝히기 위한 몇가지 자료들을 보면 표 2—12와 같다.

관입암체의 특성

표 2—12

지 구	암 석	중광물중에서		자기감 수률 $10^{-6}CGSM$	자화률	리트만 지 수	(K_2O+ Na_2O+ CaO)/ Al_2O_3	Fe_2O_3/ FeO	K_2O/ Na_2O+ K_2O
		자철광, %	티탄철 광, %						
대 평	흑운모 화강암	80		2047	0.1	2.3	0.69	0.82	0.40
남 계	〃	63	10	583	0.29	1.7	0.59	0.62	0.47
서 두	〃	75	5	1212	0.3	3.3	0.9	0.85	0.53

우의 자료에서 보는바와 같이 관모봉관입암체는 기본적으로 만틀형에 속한다.

따라서 관모봉관입암체는 기본적으로 심부암장원으로부터 솟아오른 암장물질이 두꺼운 지각을 뚫고 올라와 이루어졌는데 부분적으로는 지각안에서 생겨난 암장물질도 첨가되였다고 볼수 있다.

5) 중생대 백악기관입암

백두산지구에서 백악기 관입암류는 형성시기와 형성기구, 관입암체의 특성과 성광작용의 특성에 따라 하부 백악기에 관입된 압록강암군, 상부백악기에 관입된 〈후창암군〉으로 나누어진다.

상부백악기 관입암체들은 여러곳에서 하부백악기관입암을 뚫고 올라와 땅겉면가까이에서 준분출체를 이루고있다. 상부백악기 관입암체는 하부백악기 관입암체에 비하여 규모가 작다.

（1） 하부백악기 관입암（압록강암군）

압록강암군에는 재령강구조운동의 마지막 단계에 관입된 관입암체들이 속한다. 이 관입암체들은 모두 류대형, 단렬형 관입암체로서 크지 않은 저반체, 암주 또는 암맥으로 나타난다.

압록강암군에는 신복관입암체, 동계관입암체, 서두관입암체 등이 속한다.

① 신복관입암체

이 관입암체는 백두산지구 서부변두리인 혜산시 로중, 신복, 희사봉 부근에 분포되여있다.

관입암체는 북동-남서방향으로 늘어난 타원모양을 이루고있으며 너비는 1.2~1.5km, 길이는 5km, 분포면적은 8km² 정도이다.

관입암체는 하부원생대 〈혜산층군〉의 중평층규암의 회록색천매암을 뚫었으며 신생대 현무암에 의하여 덮혀있다.

또한 관입암체의 남부와 남서부에 소관입체와 암맥들이 많이 발달되여있다. 중력탐사자료에 의하면 관입암체의 남쪽구역에 정자력이상이 존재하는데 이것은 관입암체가 남쪽으로 경사졌다는것을 의미한다.

관입암체안에는 중평층의 규암의 포로암체가 많이 들어있다.

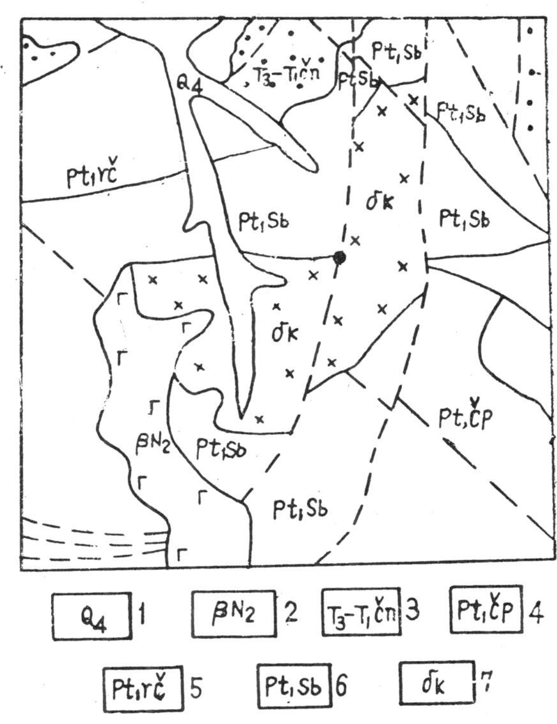

Q4	1	βN2	2	T3-T1čn	3	Pt1čp	4

Pt1rč	5	Pt1Sb	6	δk	7

그림 2-3. 신복관입암체의 분포략도

1-자갈, 모래, 2-현무암, 3-사암, 분사암, 4-력암, 규암, 5-점판암, 규암, 6-천매암, 미세립규암, 7-신복관입암체

관입암체는 주변암석에 약한 열변성작용과 규화작용을 주었다. 이 관입체는 압록강암군의 다른 관입암체들에 비하여 암장분화가 잘 되지 않았으며 좁은 구간에서도 광물조성과 구조가 달라지는데 관입암체의 변두리로부터 내부로 들어가면서 조암광물의 알굵기가 점차 커진다.

관입암체를 이룬 암석은 섬록암, 휘장섬록암, 석영섬록암, 화강섬록암 등인데 휘장섬록암은 관입암체의 동부에, 화강섬록암과 석영섬록암은 관입암체의 서부에 분포되여있는데 휘장섬록암에서 국부적으로 염기도가 더 높아지면서 휘장암에 가깝게 나타나기도 한다.

암석은 대부분 중립-세립질이며 주로 부등립상구조를 이루는데 때로는 반암상으로도 나타난다.

자료에 의하면 관입암체의 절대나이는 1억 천500만년이다.

암석들의 암석학적특징은 다음과 같다.

휘장섬록암과 휘장암
암석은 어두운 록색을 띠는 중립괴상암석이다.

관입암체의 동부변두리를 따라 작은 규모로 발달되여있는데 섬록암과 점차적이행관계를 가진다. 그의 일부는 휘장암으로 넘어간다.

주성분광물은 사장석, 휘석, 적은 량의 감람석, 각섬석, 흑운모이며 부광물은 린회석, 설석, 자철광이다. 이차적광물은 록렴석, 록니석, 방해석 등이다.

사장석은 크기가 $0.2 \times 0.05mm \sim 1 \times 0.3mm$의 반자형주상결정을 이루고 있다. 사장석의 성분은 $55 \times 70\%$ An이다. 사장석알갱이 대부분은 방해석, 견운모로 약하게 교대되였다.

휘석은 $N_g - N_P = 0.02$, $2V = 65°$, $C:N_g = 10°$인 보통휘석으로서 크기가 $0.5mm$이하의 불규칙적인 주상결정을 이루고있다.

흑운모는 크기가 $0.3mm$정도의 불규칙적인 판상체이다. 암석의 구조는 주로 반자형구조이다.

섬록암
담록색의 중립, 세립질 균등괴상암석이다.

주성분광물은 사장석(70~75%), 각섬석, 흑운모(7~10%)이며 부성분광물은 석영, 정장석 등이다. 부광물은 린회석, 설석, 자철광 등이며 이차적광물은 견운모, 록니석 등이다.

사장석은 크기가 $0.07 \sim 1.5mm$의 반자형주상결정을 이루고있는데 큰립자들에서는 루대구조가 나타난다. 사장석의 성분은 $45 \sim 60 An$이다.

사장석의 일부 알갱이들은 벽개면을 따라 약하게 견운모화되였다.

각섬석은 록색보통각섬석($C:N_g = 20°$)으로서 크기가 $0.1 \sim 0.8mm$의 주상결정을 이룬다.

대부분 알갱이들이 록니석으로 약하게 교대되였다. 흑운모는 크기가

0.1〜0.6mm의 판상체를 이루고있다.

암석의 구조는 반자형립상구조, 반자형부등립상구조이다.

석영 섬록암과 화강섬록암

연한 암회색, 회색의 중립—세립의 괴상암석으로서 주보 관입암체의 서부에 분포되여있다.

주성분광물은 사장석(70〜75%), 정장석(3〜7%), 석영(5〜10%), 흑운모(3〜10%), 각섬석(3〜5%) 등이며 부광물은 린회석, 자철광 그리고 이차적광물은 견운모, 록니석 등이다.

사장석은 크기가 0.1〜2.5mm의 주상 및 판상결정을 이루는데 큰 알갱이들에서 루대구조가 나타난다. 사장석의 성분은 16〜32% An이다. 일부 알갱이들은 견운모화되었다.

정장석은 크기가 0.1〜1.3mm의 불규칙적인 판상결정을 이루고있다.

석영은 크기가 0.05〜0.3mm의 타형립상으로 다른 광물들의 알갱이사이를 채우고있다. 극히 드물게 1.8mm정도되는 등장형립상을 이루기도 한다.

흑운모는 크기가 0.1〜0.8mm의 판상 및 엽상으로 알갱이사이에 균등하게 배렬되여있다.

각섬석은 록색의 보통각섬석으로서 크기가 0.5mm정도의 주상결정을 이루고있다. 흑운모와 각섬석은 록니석으로 교대되였다.

구성암석들의 규산염분석값은 표 2—13과 같다.

규산염완전분석결과, % 표 2—13

조성 암석	SiO_2	TiO_2	Al_2O_3	Fe_2O_3	FeO	CaO	MgO	P_2O_5	Na_2O	K_2O	작열 감량
휘장암	42.99	2.26	15.41	4.72	7.92	12.09	9.56	0.42	0.48	3.33	0.67
휘장섬록암	46.47	1.34	15.86	3.62	6.97	11.14	8.81	0.35	0.28	3.32	0.35
섬록암	56.22	0.89	17.10	1.96	5.71	6.25	3.54	0.46	2.86	4.65	0.30
석영섬록암	61.29	0.71	17.10			4.00	2.17	0.27	2.23	3.18	
화강섬록암	66.11	1.77	15.76			3.08	1.77	0.17	2.90	3.87	

관입암체의 성인을 반영하는 몇가지 자료를 묶어보면 다음과 같다 (표 2—14).

관입암체의 성인을 반영하는 몇가지 자료 표 2—14

암석	중광물중에서		자기감수률 10^{-6}CGSM	자화률	리트만지수	K_2O/Na_2O	카리장석 류형
	자철광 (%)	티탄철광 (%)					
화강섬록암	42		1653	0.13	34	0.45	정장석형

표에서 보면 이 관입암체는 만틀기원이라는것을 알수 있다. 관입암체를 구성하고있는 암석들은 모두 석회알카리암족계렬에 속한다.

② 동계관입암체

이 관입암체는 백암군 연암지구 동계수 입구로부터 동쪽으로 4km 떨어진 계곡 좌안에 분포되여있다.

관입암체는 북북동방향으로 연장되는 맥상관입암체로서 연장은 3km, 너비는 200m정도이다.

관입암체의 주변에는 암질이 비슷한 수십개의 암맥들이 같은 방향으로 주입되여 암맥군을 이루고있다.

이 관입암체는 지난 기간 리원암군에 소속시켰으나 1973년 축척 1:5만 연암도폭조사과정에 압록강암군으로 설정하였다.

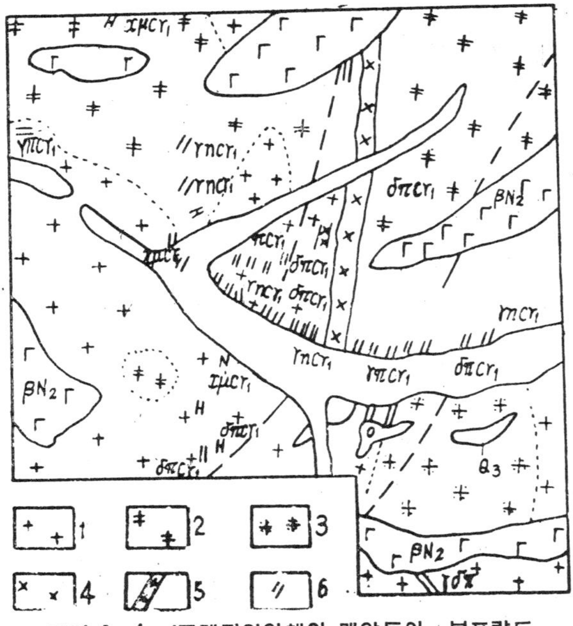

그림 2—4. 동계관입암체와 맥암들의 분포략도
1—흑운모화강암, 2—반상흑운모화강암, 3—우백색화강암, 4—동계관입암체, 5—중성암맥, 6—산성암맥

관입암체는 리원암군 화강암류를 뚫었으며 신생대 현무암에 의하여 부정합적으로 덮혀있다.

관입암체와 배태암의 접촉부에서는 규화작용, 고령석화작용, 황철광화작용이 진행되였다.

관입암체를 이룬 암석은 화강섬록반암, 석영섬록반암이다.

구성암석의 암석학적 특징은 다음과 같다.

화강섬록반암과 석영섬록반암

회백색의 중립, 조립질괴상암석이다.

주성분광물은 사장석, **흑운모**, 각섬석, 석영, 카리장석 등이며 부광물은 린회석, 설석, 금홍석, **지르콘석**, 자철광 등이다. 반상구조를 이루며 석기는 세립반자형립상구조이다.

사장석과 석영은 반정으로 들어있는데 반정은 암석부피의 30%정도 차지한다. 사장석은 크기가 $2 \times 0.7mm$의 주상, 단주상결정을 이루는데 성분은 $20 \sim 35\%$ An이다.

석영은 최대 $1.5mm$까지의 둥근립상체로 나타난다. 석기에는 $0.1mm$ 내외의 세립반자형 및 타형인 사장석, 카리장석, 석영 등이 각각 30%정도 만큼 포함되고 부광물이 적게 들어있다.

이 암석들에는 Cu, Mo, Ba, Sr 등이 많이 들어있다.

암석들의 화학조성은 다음과 같다(표 2-15).

동계수입구에 발달되여있는 암석들의 화학조성, %　　　　표 2-15

암석	SiO_2	TiO_2	Al_2O_3	Fe_2O_3	FeO	MnO	MgO	CaO	Na_2O	K_2O	P_2O_5	H_2O	작열감량
1	60.93	0.48	14.96	1.56	3.52	0.85	2.33	7.57	5.85	2.68	0.29	0.32	2.12
2	63.72	0.42	14.47	3.27	1.85	0.08	1.50	3.75	5.84	2.71	0.21		4.47

동계관입암체의 몇가지 암석화학적지수를 보면 (분화지수 $FeO+Fe_2O_3$)/MgO $100 \cdot MgO/MgO+FeO+Fe_2O_3$ 리트만지수 3.17, 색지수 12.8, 고토지수 0.37, 분화지수 2.6이다. 따라서 이 관입암체는 암석화학적견지에서 반암형동광상이 운광암으로서의 전제를 가진다.

③ 서두관입암체

이 관입암체는 백암군 서두, 상황토부근에 분포되여있는데 분포면적은 $2.5km^2$이다. 관입암체는 남북방향으로 연장되는 2개의 병행맥상체로 되여있다.

관입암체는 지난 기간 리원암군 관모봉관입암체에 소속되여있었으나 1971년 축척 1/5만 산양대도폭과 백사봉도폭을 조사종합하는 과정에 처음으로 압록강암군으로 설정되였다.

관입암체는 리원암군의 흑운모화강암을 뚫었으며 신생대 현무암에 의하여 덮혀있다.

관입암체와 배태암 접촉부들에서 각암화작용, 규화작용이 진행되였다.

관입암체를 이룬 암석은 세립질화강반암이다.

세립질화강반암

회색, 회백색 괴상암석이다.

주성분광물은 사장석(30~35%), 카리장석(35~40%), 석영(20~25%), 흑운모 등이며 부성분광물은 각섬석이다.

부광물은 린회석, 설석 등이며 이차적광물은 록니석, 견운모 등이다.

사장석, 카리장석, 석영, 흑운모가 반정으로 들어있는데 반정은 암석부피에서 30%정도이다.

사장석은 크기가 0.5~2.5mm의 주상 및 판상결정을 이루고있는데 벽개면을 따라 약하게 견운모화되였다. 사장석의 성분은 23%An이다.

카리장석은 크기가 0.5~1.7mm의 판상결정을 이루고있는데 약하게 고령석화되였다.

석영은 1mm이하의 둥근알갱이를 이루고있다.

흑운모는 0.5mm내외의 판상 및 엽상을 이루고있는데 약하게 록니석화되였다. 석기부분은 세립타형인 사장석, 카리장석, 석영, 흑운모 및 부광물로 이루어져있다.

암석의 구조는 반상구조이며 석기는 세립타형립상구조이다.

이 암석에는 Zn, V, Ba, Zr가 많이 들어있다.

화강반암의 화학조성과 그 환산결수는 표 2-16과 같다.

서두화강반암의 화학조성(%)과 그 환산결수　　　　표 2-16

시료번호 / 화학조성	SiO_2	FeO_2	Al_2O_3	Fe_2O_3	FeO	MnO	MgO	CaO	Na_2O	K_2O	P_2O_5	H_2O	작열감량
1	62.78	0.62	15.23	2.47	2.39	0.01	1.44	4.06	4.82	2.95	0.50	0.38	1.09
2	70.56	0.20	14.55	1.60	1.09	0.04	0.69	1.85	5.92	4.03	0.03	0.20	0.96
3	61.79	0.50	17.27	1.92	2.53	0.03	1.83	4.02	4.61	2.67	0.49	0.51	1.59

시료번호 / 환산결수	a	c	b	s	a'	f'	m'	c'	n	φ	t	Q	a/c
1	14	32	16.4	67.4	—	22.7	62.5	14.9	71.2	9.8	0.8	21	6.4
2	75.5	2	3.6	78.9	—	63.6	60	5.5	44	16.4	0.3	24.8	7.8
3	14.4	4.7	8.2	72.7	—	53.8	33.3	6.8	72.2	20.5	0.6	12.3	3

（2）　상부백악기 관입암체(후창암군)

후창암군의 관입암류들은 중생대 중첩구조운동의 마지막단계에 생긴 크지 않은 단렬대를 따라 관입된 불규칙적인 소관입암체, 층상체 및 맥상체를 이루고있다.

이 관입암체들은 준분출성관입암체로서 반상구조를 가지며 배태암의 변화가 매우 약하다. 여기에 속하는 관입암체들은 류동관입암체, 신중관입암체와 혜산-운흥지구의 백상체들이다.

이 관입암체들은 큰 단렬대를 따라 서로 불련속적으로 **일정한 방향성을** 가지고 배렬되여있는데 주로 크지 않은 단렬대를 따라 분출암을 뚫고 올라왔으며 신생대 화산분출암에 의하여 부정합으로 덮혀있다.

① 류동관입암체

류동관입암체는 운흥군 령하구 유동에 분포되여있다.

관입암체는 남쪽으로 휘여든 소관입암체로서 분포면적은 0.2km²정도이다.

상원계 사당우통 상부층을 관입하였으며 신생대 조면암과 현무암에 의하여 덮혀있다.

관입암체와 배태암접촉부에서는 열변성작용이 진행되였다.

관입암체를 이룬 암석은 세립섬록암, 섬록분암이다.

섬록암

어두운 회색세립괴상암석이다.

주성분광물은 사장석(60∼65%), 카리장석(5∼7%), 석영(5∼10%), 각섬석(10∼15%), 흑운모(3∼7%) 등이며 부광물은 린회석, 설석, 금속광물 등이다.

사장석은 크기가 1mm정도의 반자형주상, 단주상결정을 이루고있으며 카리장석은 정장석으로서 크기가 0.3∼0.6mm의 타형판상결정을 이루고있다.

석영은 크기가 0.5mm정도의 타형알갱이로서 다른 광물알갱이에 들어있다.

각섬석은 록색보통각섬석으로서 크기가 0.2∼0.7mm의 주상 및 판상결정을 이루었으며 록니석으로 교대되였다.

흑운모는 크기가 0.1∼0.5mm의 판상, **엽상**을 이루었는데 많은 알갱이들이 록니석으로 약하게 교대되였다.

암석의 구조는 세립반자형립상구조이다.

섬록분암

연한 회록색반암상괴상암석이다.

반상구조를 가지며 석기부분은 미세립반자형 및 타형립상구조를 이루고있다.

주성분광물은 사장석, 보통각섬석, 석영, **흑**운모 등이며 부광물은 린회석, 설석, 금속광물 등이다.

사장석과 적은 량의 보통각섬석은 반정으로 들어있는데 반정은 암석부피에서 40∼60% 차지한다. 석기는 사장석, 보통각섬석, 적은 량의 석영, 카리장석, 흑운모로 이루어졌다.

② 혜산광상지구의 소관입암체들

혜산광상구역에는 상부백악기 형성물로 생각되는 소관입암체～맥상체들이 여러개 알려져있다. 이 암체들은 혜산동광상과 성인적으로 련계되여 있다.

지난 기간 일부 연구자들은 이 소관입암체를 압록강암군 또는 학무산암군으로 서로 다르게 보아왔으며 석영반암체로 기재하였다.

우리는 연구사업에 의하여 이 암체는 상부백악기에 형성된 후창암군이며 암석은 석영섬록반암, 화강섬록반암이라는것을 확인하였다. 지난 기간 이 암체가 석영반암으로 설정된것은 이 암체가 동광체와 공간적으로 밀접히 련계되면서 열수작용을 받아 심하게 탈색변질된 사정과 관련된다고 보아진다.

이 암체들은 혜산광상 갱안에서만 나타나고 땅걸면에서는 신기지층에 의하여 피복되여 제한된곳에서만 나타난다. 소관입암체는 춘동단층을 따라 3개의 맥으로 나타나는데 첫번째맥은 압록강기슭에서 시작하여 남쪽으로 연장되고 두번째맥은 춘동단층과 마산단층사이에서 대각선방향으로 놓여있으며 세번째맥은 춘동단층을 따라 남쪽으로 3km 정도로 연장되였다. 이 암체는 연장상에서 석영섬록반암, 화강섬록반암, 부분적으로는 화강반암 등으로 변화된다.

암석의 구조는 반상구조이고 석기부분은 주로 미정질구조, 잠정질구조이며 부분적으로는 미세립립상구조, 변교질구조 등을 이루며 극히 드물게 유리질잔류구조를 가진다.

반정들은 주로 사장석으로 되여있으며 적은 량의 석영, 흑운모, 각섬적 등으로 이루어졌는데 반정의 많은 부분이 분해되고 교대되여 원래의 모습이 잘 알리지 않는다. 사장석은 주로 중성장석으로서 일부 알갱이들에서 루대구조가 불명확하게 나타난다. 사장석은 방해석, 견운모, 수운모, 엽랍석 때로는 고령석 등으로 심하게 교대되였다.

석영은 사장석보다 훨씬 적게 반정으로 들어있다.

흑운모는 반자형판상을 이루고있는데 록니석으로 교대되였다. 보통 각섬석은 대단히 드물게 반정으로 들어있는데 반자형주상결정을 이루고있다. 대부분 알갱이들이 록니석과 방해석으로 교대되였고 일부 알갱이들에서 테두리를 따라 약하게 불투명화된 현상이 나타난다.

암석의 화학조성은 표 2-17과 같다.

화학조성, %

표 2-17

조성 암석	SiO_2	TiO_2	Al_2O_3	Fe_2O_3	FeO	MnO	CaO	MgO	Na_2O	K_2O	P_2O_5	H_2O	작열 함량
석영섬록암	62.09	0.45	14.97	3.95	3.27	0.03	1.83	1.96	3.63	5.83	0.45	0.35	0.78

석기가 주로 미정질, 잠정질이고 대단히 드물기는 하지만 석기부분에서 유리질 잔류구조가 관찰되며 반정으로 들어있는 각섬석알갱이테두리를 따라 불투명화된 현상 등이 나타나는데 이것은 이 암체가 지표가까이에서 산화포텐샬이 대단히 높은 매질조건에서 이루어졌다는것을 의미한다.

③ 신중관입암체

신중관입암체는 운홍군 신중지구에 분포되여있으며 드러난 면적은 0.7km²정도이다.

관입암체는 남대천통 운모편암과 중생대 장파리통 쇄설암을 뚫었다.

관입암체는 비교적 좁은 구간에서도 광물조성과 구조적특성이 심하게 달라지는데 관입암체의 북동부에서 남서부로 가면서 암석의 염기도가 점차 낮아진다.

관입암체를 이루고있는 암석은 섬록분암, 석영섬록반암 그리고 적은량의 세립섬록암 등이다.

섬록분암

연한 록색괴상암석이다.

주성분광물은 사장석, 보통각섬석, 흑운모, 석영 등이며 부광물은 린회석, 설석, 자철광 등이다.

이차적광물은 방해석, 록니석, 견운모 등이다.

사장석과 보통각섬석은 반정으로 들어있는데 반정은 암석부피의 20~25% 차지한다. 사장석은 크기가 0.8~2mm의 주상, 단주상, 판상결정을 이루는데 일부 알갱이들에서 루대구조가 나타난다. 사장석의 성분은 30~45% An이다

사장석의 알갱이들이 견운모, 방해석으로 교대되였다. 보통각섬석은 크기가 0.5~1.3mm의 주상결정을 이루는데 록니석으로 교대되였다.

석기부분은 미세립질사장석, 흑운모, 정장석, 방해석, 록렴석 등으로 이루어졌는데 그안에 린회석, 설석, 자철광 등이 적게 들어있다.

암석의 구조는 주로 반상구조이며 석기부분은 세립구립상구조, 미세립타형립상구조, 미정질구조를 이룬다.

석영섬록반암

연한 록색인 괴상암석이다.

주성분광물은 사장석, 각섬석, 흑운모, 석영 드물게 카리장석 등이며 부광물은 린회석, 설석, 자철광 등이다. 이차적광물은 방해석, 록니석, 견운모 등이다.

사장석, 적은량의 석영, 각섬석, 흑운모는 반정으로 들어있는데 반정은 암석부피의 20~25%를 차지한다.

반정인 사장석은 크기가 0.5~2mm의 주상 및 판상결정을 이루는데 알

갱이들이 견운모, 방해석으로 교대되였다.

각섬석은 록색 보통각섬석으로서 크기가 0.5~1.5mm의 주상결정을 이루고있다.

석기부분은 미세립반자형, 타형사장석, 석영, 카리장석, **흑운모**, 방해석, 록니석, 견운모, 부광물들로 되여있다.

관입암체를 이룬 암석들의 화학조성은 표 2-18과 같다.

신중관입암체를 이룬 암석들의 화학조성, %　　　　표 2-18

암석 \ 산화물	SiO_2	TiO_2	Fe_2O_3	FeO	Al_2O_3	MnO	MgO	CaO	Na_2O	K_2O	P_2O_5	H_2O	작열감량
섬록분암	53.93	0.94	6.76	6.05	14.97	0.20	5.29	4.12	3.91	2.44	0.29	0.58	0.89
석영섬록반암	61.41	0.52	1.03	6.14	14.85	0.13	3.34	3.16	5.26	3.20	0.27	0.50	2.94

관입암체의 성인을 규정할수 있는 몇가지 자료들을 묶어보면 표 2-19와 같다.

성인규정을 위한 몇가지 자료　　　　표 2-19

암석	중광물중에서 자철광 (%)	중광물중에서 티탄철광 (%)	자기감수률 10^{-6}CGSM	자 화 률	리만지수	K_2O/Na_2O	카리장석형
석영섬록반암	20	—	1027	0.3	3.2	0.58	정장석

표에서와 같이 신중관입암체는 만틀기원의 관입암체이다. 상부백악기 관입암체들은 하부백악기 관입암체들에 비하여 알카리도가 다소 높아지기는 하지만 기본적으로 석회알카리계렬과 만틀기원에 속한다.

이 상부백악기 소관입암체들과 성인적련계를 가지고 준분출성열수광상들이 형성되였다.

6) 중생대말-신생대관입암 (학무산암군)

학무산암군은 백두산-두류산을 련결하는 북서-남동방향의 주향을 가진 백두산심부단렬대를 따라 진행된 신기화산분출작용과 시공간적으로 밀접한 련계를 가지고 분포되였다.

구성암석은 반상섬장암, 반상조립화강반암, 세립화강반암, 화강섬장반암, 섬장섬록반암으로 되여있다.

학무산암군의 관입암체들은 천성, 반심성관입암체로서 공간적으로 시생대, 화산분출작용과 밀접한 련계를 가지고있는데 공간적으로 개별 관입암체들은 큰 분화구주변에 분포되여있다. 이 암군은 신생대 대각봉충을 뚫고 올라왔으며 신생대 점신세 현무암에 의하여 부정합으로 덮혀있다.

학무산 암군의 관입암체들은 탄탈-니오비움광상, 명반석-고령석광상, 류화철광상, 금, 은 광상, 옥수-마뇌광상, 중석광상형성과 성인적으로 련계되여있다.

학무산암군은 놓임새와 시대에 따라 중생대말-신생대초 관입암체, 제3기말-제4기 관입암체로 나누어진다.

(1) 중생대말-신생대초 관입암

이 시기의 관입암체에는 보천군 하오산 관입암체와 곽지봉관입암체, 운흥군의 춘산령관입암체, 혜산시 배나무골관입암체들이 속한다.

(2) 제3기말-제4기 관입암

이 시기 관입암체들은 백두산-두류산을 련결하는 백두산 심부단렬대를 따라 분포되여있으며 백두산을 형성한 화산작용과 시공간적으로 밀접히 련게되여있다. 따라서 이 암군을 《황봉암군》이라고 부르자는 견해도 있다.

이 관입암체에는 누른봉관입암체, 도화동관입암체, 대택관입암체, 북계수관입암체, 령하관입암체 및 아무산 관입암체들이 속한다.

① 누른봉관입암체

이 관입암체는 운흥군 대전평을 중심으로 운흥, 보천, 백암이 서로 접하는 황봉지구에 분포되여있다.

관입암체는 제4기 하세에 속하는 알카리조면영안암과 그 응회암 알카리조면암이 분포된 구역에 드러나있는데 그 면적은 $6km^2$ 정도이다. 관입암체는 관입암체의 남서변두리에서 배태암인 조면암질웅회암을 뚫었으며 동부접촉부에서는 배태암으로 점차 넘어갔다.

관입암체와 배태암의 경계가 뚜렷이 나타나는 부분도 있으나 많은 경우 불명확하게 나타나면서 점차적으로 넘어가는 경향성을 띤다.

관입암체를 이룬 암석은 회색반상섬장암으로 되여있는데 부분적으로 화강섬장암, 석영섬장암으로 변하지만 큰 범위에서는 단일암상을 이루고있다. 또한 조암광물알굵기에서도 조립, 세립, 반상으로 갈라지지만 공간적분포에서 뚜렷한 규칙성은 알리지 않는다.

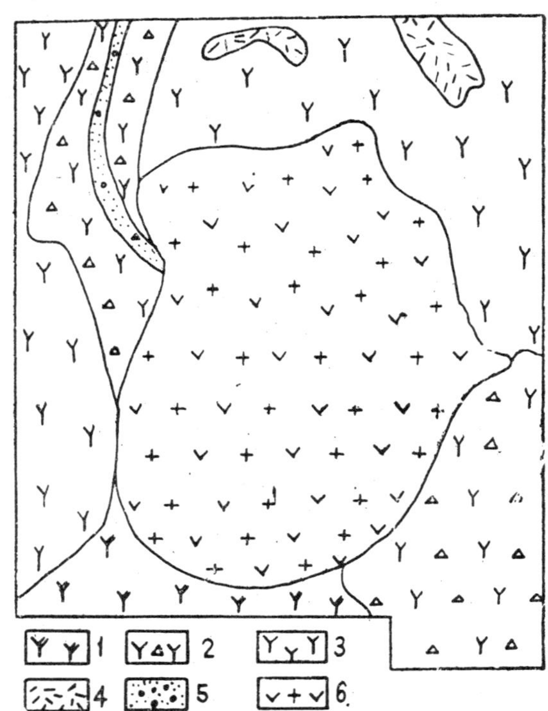

그림 2-5. 누른봉관입암체의 분포략도

1—조면영안암, 2—조면암질응회암, 3—조면암, 4—알카리류문암,
5—자갈모래, 6—화강섬장암

회색반상섬장암 회백색, 육홍색을 띠는 괴상 또는 반상암석이다. 반상
암석에서는 카리장석, 드물게 사장석이 반정으로 들어있는데 반정은 암석부
피의 15~20%, 최대 45%까지 달한다.

주성분광물은 정장석, 사장석, 소다장석, 석영, 드물게 각섬석, 흑
운모 등이며 부광물은 린회석, 금홍석, 지르콘석 등이다.

암석의 구조는 반자형립상구조, 문상구조, 미거정암구조인데 대부분
암석들에서 정장석과 석영, 소다장석과 석영이 규칙적인 합생체를 이루면서
문상구조, 미거정암구조를 이룬다.

조립섬장암 정장석(55~60%)은 크기가 1mm정도의 판상 또는 불규칙적
인 주상결정을 이루고 사장석(15~20%)은 크기가 0.7~1.5mm의 반자형주
상 및 판상을 이루고있으며 석영은 세립타형으로 다른 광물의 알갱이사이에
둘어있거나 소다장석 또는 정장석과 합생체를 이룬다.

세립섬장암 정장석(75~80%)은 크기가 0.03~0.5mm의 반자형~타형의
판상을 이루며 사장석(10~15%)은 크기가 0.4~0.8mm의 반자형주상결정을

이루고있다.

석영(5~10%)은 0.1~0.5mm의 타형립상으로 몇개의 알갱이씩 몰켜있다.

구조는 문상구조, 미문상구조, 미거정암구를 이룬다.

각섬석은 세립구상결정을 이루며 흑운모는 세립엽상으로 들어있다.

그밖에 알카리각섬석이 침상집괴를 이루면서 적게 들어있다.

세립섬장암과 조립섬장암안에 Nb과 Zn가 들어있다.

섬장암들의 화학조성과 그 환산결수는 표 2-20과 같다.

섬장암들의 화학조성(%)과 환산결수

표 2-20

조성, % \ 암석	SiO_2	TiO_2	Al_2O_3	Fe_2O_3	FeO	MnO	MgO	CaO	Na_2O	K_2O	P_2O_5
세립섬장암	67.13	0.40	14.06	2.56	2.77	0.11	0.11	0.66	4.86	6.66	0.08
중세립섬장암	66.58	0.45	14.36	2.36	4.66	0.14	0.6	0.99	5.52	5.15	0.04
조립섬장암	63.85	0.46	14.99	3.79	3.20	0.11	0.76	1.16	6.43	5.32	0.18

환산결수 \ 암석	a	b	c	s	a'	c'	m'	f'	n	k	φ	a/c
세립섬장암	18.5	5.0	0.6	75.5	13.8	16.4	3.8	79.7	54.4	45.6	29.1	30.8
중세립섬장암	18.2	7.9	0.4	73.5	10.6	15.6	13.0	71.3	61.4	61.4	20.6	45.5
조립섬장암	19.6	9.2	0.7	71.5	4.2	19.5	16.7	63.9	62.2	62.2	22.2	11.5

관입암체는 남쪽접촉부에서 배태암에 약한 열변성작용과 규화작용을 주었으며 관입접촉부를 따라 열수변질작용과 황철광화작용이 진행되였다.

누른봉관입암체의 형성시대를 제4기하세로 보자는 견해도 있는데 그 근거는 다음과 같다.

① 관입암체가 제4기 분출암인 알카리조면영안암과 그 응회암을 뚫고 올라왔으며 그 암석에 변질작용을 주었다.

지난시기 배태암을 백악기상세의 천제봉통으로 잘못본것은 이 부분암석이 관입접촉부구조를 따라 심하게 변질된 사정과 관련된다.

우리는 불출암이 신생대 제4기 하세에 해당되는 알카리조면영안암과 그 응회암(SiO_2 66.0%, $K_2O+Na_2O=11.7$%)이라는것을 확인하였다.

② 누른봉관입암체는 동부변두리 접촉부에서 이미 신생대층으로 규정되여 온 조면암층과 점차적인 이행관계를 가진다.

③ 누른봉관입암체의 구성암석과 주변배태암의 화학조성이 기본적으로 일치된다는것 등이다.

관입암체의 구성암석과 배태암의 화학조성은 표 2-21과 같다.

지난시기 이 관입암체에 대하여 서로 다른 견해들이 제기되였다.

축척 1:5만백사봉도폭조사지들은 이 관입암체를 학무산암군의 누른봉관입암체로 불렀다. 그후 량강도 조사측량대 조사자들은 이 관입암체가 신생제4기 형성물이라는 견해를 내놓았다.

우리는 이 관입암체를 제4기 관입암체로 보았다.

누른봉관입암체와 배태암의 화학조성(%)대비표 표 2-21

암석 \ 조성		SiO_2	TiO_2	Al_2O_3	Fe_2O_3	FeO	MnO	MgO	CaO	Na_2O	K_2O	P_2O_5
관입암	세립섬장암	67.13	0.40	14.06	2.56	2.77	0.10	0.11	0.66	4.86	6.66	0.08
	중립섬장암	66.58	0.45	14.36	2.36	4.66	0.14	0.60	0.99	5.52	5.15	0.04
	조립섬장암	63.85	0.46	14.99	3.79	3.20	0.11	0.76	1.16	6.43	5.32	0.18
배태암	알카리조면영안암	63.55	0.43	15.52	4.17	1.89	0.10	0.03	0.65	4.86	6.46	0.04
	관입접촉부외부대	65.30	0.37	15.80	1.09	4.80	0.11	0.32	0.51	3.94	7.00	0.07

② 도화동관입암체

이 관입암체는 백암군에 있는 두류산과 대각봉사이에 불규칙적인 타원모양으로 분포되였으며 드러난 면적은 $16km^2$정도이다. 이 암체는 함경남도 구역으로 연장되여있다.

관입암체는 동쪽에서 북대천통의 탄산염암석을 관입하였으며 남쪽에서는 중생대 룡성통(도창통)분출암을 관입하였다. 북쪽에서는 제4기 분출암과 점차적이행관계를 가지고있다.

관입암체를 이루고있는 암석은 조립섬장암, 화강섬장반암, 화강반암 등으로 되여있는데 이것들은 점차적이행관계를 가진다. 즉 관입암체의 중심부에 조립섬장암이 놓이고 주변부에는 화강섬장반암이 놓인다.

관입암체와 배태암의 접촉부에서 재결정화작용이 진행되였다.

조립섬장암

연한 회색의 괴상 또는 반상암석이다. 이 암석은 관입암체의 중간에 적은 면적으로 드러나있다.

반정은 주로 카리장석과 적은 량의 사장석, 흑운모로 되여있는데 반정은 암석부피 15~20%를 차지한다. 카리장석은 정장석으로서 크기가 0.8×1cm의 반자형주상 및 단주상결정을 이루고있다.

석기부분은 사장석(25%), 카리장석(40%), 석영(30%), 흑운모(5%)로 이루어졌으며 각섬석, 지르콘석, 금홍석, 린회석, 금속광물 등이 들어있다.

암석의 구조는 반상구조이며 석기는 세립타형립상구조, 문상구조이다.

화강섬장반암

황색을 띠는 회색 또는 **육흥색**의 반상암석이다. 암석은 화강섬장반암으로 되여있다.

반정은 카리장석으로 되여있는데 반정이 부피상 30%정도 차지한다. 카리장석은 1mm내외의 판상 및 단주상결정을 이루며 부분적으로 고령석화되였다.

석기는 카리장석, 사장석, 석영, **흑운모**로 이루어졌으며 적은량의 **알**카리각섬석, 금홍석, 지르콘석, 금속광물이 들어있다.

카리장석과 석영, 석영과 정장석이 규칙적으로 합생하면서   미문상구조,   미거정암구조를 이루었다.

화강반암

육흥색, 회색인 반상암석이다. 이 암석은 관입암체에   적게   나타난다.

반정으로 사장석이 들어있는데 반정은 부피상 15~20%에 달한다.

사장석은 최대 1.5×3cm인 반자형주상, 단주상결정을 이룬다.

석기는 정장석(60~65%), 석영(20~25%), 사장석(7~10%), 각섬석, 흑운모로 이루어졌다. 린회석, 금홍석, 금속광물 등 부광물이 들어있다.

암석의 구조는 반상구조이며 석기는 세정암구조, 미문상구조, 세립타형립상구조를 가진다.

도화동관입암체의 화학조성은 표 2-22와 같다.

도화동관입암체의 화학조성, %

표 2-22

조성 암석	SiO_2	TiO_2	Al_2O_3	Fe_2O_3	FeO	MnO	MgO	CaO	Na_2O	K_2O	H_2O
섬장암	60.08	0.65	15.71	3.01	4.12	0.11	1.61	1.31	5.71	5.29	0.41
〃	60.81	0.68	15.40	3.50	5.12	0.15	1.02	2.12	5.21	5.23	0.35
〃	62.41	0.61	15.41	2.05	4.82	0.12	0.61	2.21	4.70	4.72	0.48
화강섬장암	71.71	0.21	11.45	0.93	4.50	0.05	0.24	0.8	1.5	8.2	0.40
〃	69.40	0.32	12.31	0.65	2.92	0.07	0.51	2.31	1.01	5.72	0.46
〃	71.01	0.21	12.95	0.11	3.51	0.65	0.47	0.97	3.98	6.08	0.38
〃	72.25	0.24	12.25	0.41	3.81	0.07	0.75	1.31	3.21	6.45	0.32
〃	72.23	0.27	12.50	1.05	4.12	0.06	0.65	0.32	3.35	6.12	0.36
화강반암	75.01	0.12	11.52	0.41	2.12	0.11	0.50	0.51	1.82	6.03	0.45
〃	76.81	0.13	11.82	0.17	2.51	0.03	0.27	0.14	3.91	5.15	0.43
〃	75.82	0.19	11.62	0.83	3.02	0.04	0.34	0.23	1.05	7.91	0.47
〃	75.41	0.17	10.92	1.40	2.12	0.07	0.43	1.23	1.73	5.29	0.26

지난시기 도화동관입암체에 대하여 각이한 의견들이 제기되였다.

축척 1:20만도폭조사자들은 이 관입암체를 주변에 분포되여있는 리원암군에 소속시켰으며 축척 1:5만도폭조사자들은 이 관입암체를 압록강암군으로 설정하고 도화동관입암체로 이름붙이였다.

우리는 이 관입암체가 신생대 제4기 하세에 해당되는 분출암층과 뚜렷한 관입 혹은 피복관계를 가지지 않고 서로 점차적으로 넘어간다는것을 확인하고 제4기 관입암으로 규정하였다.

③ 대택—북계수관입암체

대택관입암체는 백암군 대택에서 북계수쪽으로 연장되는 동서방향의 긴 관입암체이다.

이 관입암체는 리원암군의 화강암을 뚫었으며 신생대 현무암에 의하여 덮혀있다. 관입암체접촉부에서 리원암군 화강암의 포로체들이 나타난다.

관입암체를 이룬 암석은 화강반암이다.

북계수관입암체는 백암군 북계수탄상 남동쪽 산등판에 분포되여있는데 신생대 현무암구역에서 지창형태로 나타난다.

관입암체를 이룬 암석은 화강반암이다.

화강반암은 육홍색, 회색을 띠는 반상암석이다.

암석의 구조는 반상구조이며 석기부분은 문상구조이다. 카리장석과 적은 량의 사장석이 반정으로 들어있는데 반정은 암석부피 10~26% 달한다.

반정인 카리장석과 사장석은 크기가 $2 \times 1.5 mm$의 판상결정을 이루고있다. 주성분광물은 카리장석, 사장석, 각섬석, 흑운모 등이며 부광물은 설석, 지르콘석, 린회석, 자철광 등이다.

화강반암의 화학조성과 환산결수는 표 2—23과 같다.

화강반암의 화학조성(%)과 환산결수   표 2—23

암석 \ 조성,%	SiO_2	TiO_2	Al_2O_3	Fe_2O_3	FeO	MnO	MgO	CaO	Na_2O	K_2O	P_2O_5	H_2O	작열감량
화강반암	74.40	0.23	11.85	0.72	2.05	0.01	0.84	0.14	3.32	3.84	1.35	0.40	0.28
〃	78.64	0.21	10.91	0.72	0.54	0.07	0.15	0.21	2.58	3.68	1.51	0.28	0.90
〃	76.84	0.70	10.66	1.76	1.15	0.02	0.51	1.88	2.32	4.46	0.03	0.20	1.15

암석 \ 결수	a	c	b	s	a'	c'	f'	m'	φ	n	Q	t
화강반암	12.4	1.6	3.8	87.2		13.8	63.5	14.4	1.7	54	46.4	0.24
〃	9.6	2.1	3.3	8.5		14.6	15.3	54	17	56	47.5	0.23
〃	9.6	1.4	4.1	83.3		38	67	20.5	12	46	40.7	0.72

④ 령하관입암체

관입암체는 운홍군 령하일대에 분포되여있는 중생대 도창통 중성응회암을 뚫고 올라온 소관입암체이다.

관입암체를 이룬 암석은 회색 화강반암이다.

⑤ 아무산관입암체

관입암체는 백암군 연암, 아무산동쪽 경사면의 신생대 분출암구역에 분포되여있는 타원모양의 소관입암체이다.

관입암체는 다섯개의 작은 암체로 알려지고있다.

개별적암체의 분포면적은 2km² 정도이다.

관입암체를 이룬 암석은 석영섬장반암으로 되여있다.

석영섬장반암

연한 육홍색, 회백색반상암석이다.

주성분광물은 카리장석(85～90%), 석영(5～10%) 드물게 사장석이며 부성분광물은 흑운모, 각섬석 등이다. 부광물은 지르콘석, 금홍석 등이며 이차적광물은 록니석, 록렴석 등이다.

카리장석은 정장석으로서 크기가 0.3～1.6mm의 판상 및 단주상결정을 이루고있다.

반정을 이루는 정장석은 1mm이상의 반자형판상결정으로 되여있다.

석영은 크기가 0.5mm정도의 타형알갱이를 이루고있다.

흑운모는 0.3mm안팎의 엽상으로 각섬석은 0.5mm이하의 불규칙적인 주상결정을 이룬다.

각섬석과 흑운모는 록니석으로 심하게 교대되였다.

암석에는 Cu, Pb, Zn, Ga 등이 많이 들어있다.

암석의 구조는 반상구조이며 석기부분에서 세립타형구조, 문상구조를 이룬다.

석영섬장반암의 화학조성과 환산결수는 표 2-24와 같다.

석영섬장반암의 화학조성(%)과 환산결수　　　　표 2-24

조성, % 암석	SiO_2	TiO_2	Al_2O_3	Fe_2O_3	FeO	MnO	MgO	CaO	Na_2O	K_2O	P_2O_5	H_2O	작열감량
석영섬장반암	66.29	0.58	14.82	2.05	2.85	0.95	0.56	0.01	5.85	5.62	0.10	0.22	0.80

환산결수 암석	a	c	b	s	a'	f'	m'	c'	n	φ	t	Q	a/c
석영섬장반암	19.1	1.6	4.56	74.5		57.60	26.0	15.6	72.3	0	0.7	9	12

누른봉암군의 관입활동과 련계되여 여러가지 분출성열수광상이 형성되였다.

도화동관입암체와 성인적으로 련계되여 Nb－Ta과 중석광화작용이 진행되였으며 황봉관입암체와 련계되여 동, 은광체들이 형성되였다. 관입분출작용과 련계되여 명반석, 고령석 등 비금속광상들이 형성되였다.

2. 분출암

1) 분출암의 분류

분출암은 시대에 따라 크게 중생대 분출암과 신생대 분출암으로 나누어 진다.

중생대 분출암은 대보구조운동시기의 산물로서 룡성통의 주요 구성암석을 이룬다. 룡성통의 하부층은 산성계렬의 석영반암과 그 응회암들이며 상부층은 중성계렬의 안산암과 그 응회암으로 되여있다. 그 암석들은 백두화산대에서 강, 하천에 의하여 지창이 난 바닥에 드러나있다.

중생대 분출암은 백두화산대 형성이전 산물로서 백두화산대기반의 한 부분을 이루고있다.

신생대 분출암은 중신세부터 제4기 현세에 이르는 사이 10단계에 걸쳐 분출하여 백두화산대를 이루었다. 신생대 분출암의 분포면적은 5350km²정도이다. 앞으로 백두화산대분출암이라고 할 때 신생대 분출암만을 념두에 둔다.

분출암은 또한 분출형식과 놓임특성, 폭발세기에 따라 용암대지형흐름상분출암, 폭발류출상분출암, 암탑형분출암, 폭발성분출암, 분기형분출암으로 나누어진다(표 2-48).

용암대지형흐름상분출암. 이 형의 분출암은 심부단렬대를 따라 흘러나온 점성이 약한 암장어 흘러내려 하나의 큰 대지를 이루었다.

화산대지의 자름면의 아래부분은 붉은색다공성현무암으로 되여있고 웃부분은 반정질현무암으로 되여있는데 백두화산대지의 바닥을 이루었다. 보천통현무암과 대평층현무암이 여기에 속한다.

폭발류출상분출암. 이 형의 분출암은 지하 매우 깊은(60~90km)곳에서 암장원과 지각표면을 련결하는 심부단렬대를 따라 암장이 짧은 시간동안에 매우 높은 속도로 폭발적으로 분출하여 이루어졌다. 복휘석질감람암을 포로하는 무반정흑색 치밀한 현무암이 여기에 속한다.

이 현무암은 보천군 룡덕, 청림, 운홍군 대전평에 분포되여있다.

암탑형분출암. 이 형의 분출암은 단렬대를 따라 흘러나온 점성이 매우 높은 암장이 멀리 흐르지 못하고 화도에서 용암의 웃부분이 굳어져 높은 봉우리 또는 탑형태를 이루었는데 비교적 조립질이다. 큰 카리장석반정이 많이 들어있다. 암석에 큰 카리장석반정이 들어있는것으로 보아 암탑형류출상분출이 진행될 때 용암이 지하에서 여러번 중간암장원을 거쳐 땅겉면에 터져나왔다고 보게 된다.

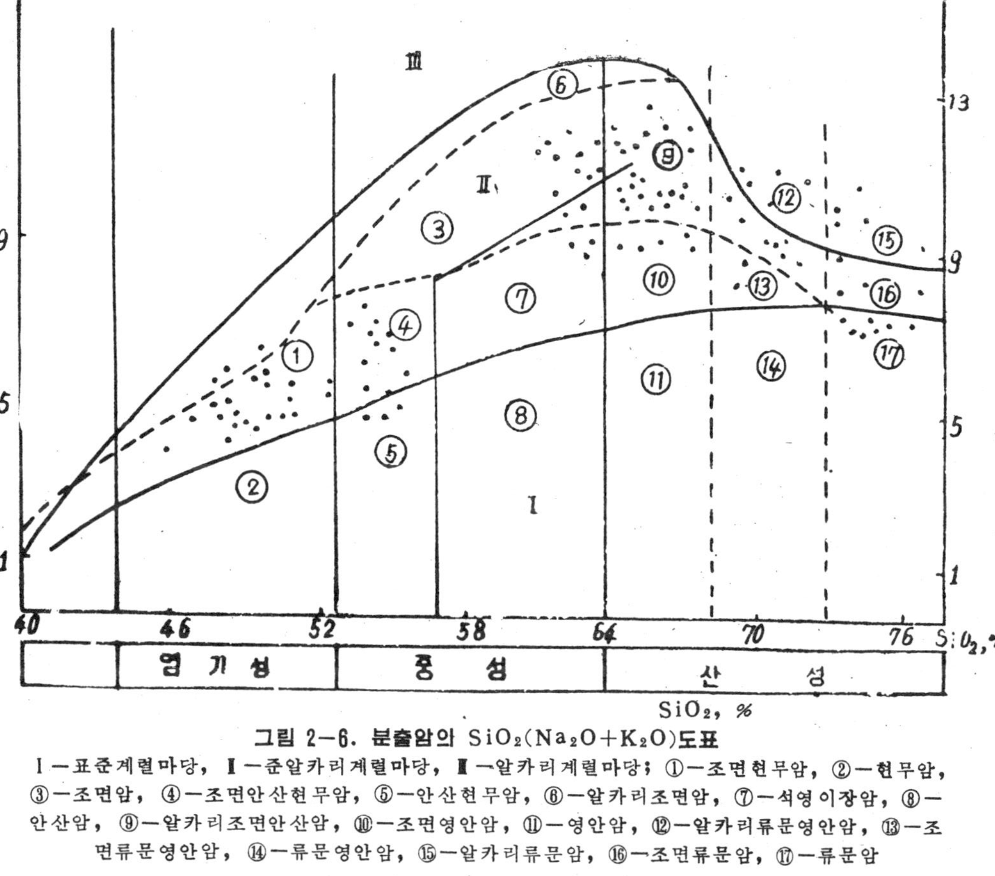

그림 2-6. 분출암의 SiO₂(Na₂O+K₂O)도표

Ⅰ一표준계렬마당, Ⅱ一준알카리계렬마당, Ⅲ一알카리계렬마당; ①一조면현무암, ②一현무암, ③一조면암, ④一조면안산현무암, ⑤一안산현무암, ⑥一알카리조면암, ⑦一석영이장암, ⑧一안산암, ⑨一알카리조면안산암, ⑩一조면영안암, ⑪一영안암, ⑫一알카리류문영안암, ⑬一조면류문영안암, ⑭一류문영안암, ⑮一알카리류문암, ⑯一조면류문암, ⑰一류문암

암족, 암종 ＼ 계렬 ＼ 암류	염기성분출암류, SiO_2 44~53%			중성분출암류, SiO_2 53~64%			산성분출암류, SiO_2 64~74%		
	암족	암종	유무	임족	암종	유무	암족	암종	유무
표준계렬 Na_2O+K_2O 1.5~4.5%	마그니현무암	마그니현무암	×	안산현무암	안산현무암	○	영안암	영안암	×
	현무암	감람석현무암	×					사장석류문영안암	×
		현무암	×		안산암	×		저알카리류문영안암	×
		우백현무암	×				류문영안암	류문영안암	○
		자소휘석현무암	×				류문암	류문암	○
준알카리계렬 Na_2O+K_2O 2.5~9.5%	준알카리현무암	준알카리감람석질현무암	◎	조면안산현무암	조면안산현무암	○	조면영안암	조면영안암	◎
		준알카리우백현무암	×		이장암	×	조면류문영안암	카리장석질조면류문영안암	×
		준알카리장석우백현무암	×	조면안산암 석영이장암	조면안산암	○		온곤암	×
		충석장석질현무암	○		석영이장암	×		조면류문영안암	◎
		회조장석질현무암	○				조면류문암	카리장석질조면류문암	×
		조면현무암	◎	조면암	조면암	◎		온곤류문암	×
		고카리조면현무암	×					조면류문암	◎
알카리계렬 Na_2O+K_2O 5~14%	염기성 포이지암	방비석질암	×	알카리조면암	알카리조면암	×	알카리조면 영안암	알카리조면영안암	○
		장석질하석암	×						
		장석질백류석암	×						
	알카리현무암	회색현무암	×	향암	하석향암	×	알카리류문 영안암	알카리류문영안암	○
		백류석질회색현무암	×						
		하석질조면현무암	×		백류향암		알카리류문암	알카리류문암	○
		백류석질조면현무암	×						
		알카리조면현무암	×						

×—백두산지구에 없는 암석, ○—백두산지구에 적게 있는 암석, ◎—백두산지구에 많이 있는 암석

집괴상조면암. 암맥형류문암이 이 형에 속하는데 백두산천지 변두리의 비루봉과 크고 작은 암탑, 암침을 들수 있다.

폭발성분출암. 이 형의 분출암은 희발성분 특히 물과 가스 함량이 높은 용암이 공중에 뿌려져 이루어졌다. 이때 공중에 뿌려진 용암이 공중에서 굳어졌을 때 화산탄이 형성되며 용암이 공중에서 굳어지지 못하고 땅에 떨어졌을 때 용암떡이 이루어지며 용암떡이 얼어붙어 용결응회암이 형성된다. 화산탄, 용암떡, 부석이 성암작용을 받으면 여러가지 응회암을 형성한다. 부석, 광재암, 부석상진주암, 용암떡이 이 형에 속한다.

분기형분출암. 이 형의 분출암은 SO_2를 포함하는 후분출용액이 주변암석에 작용하여 형성되였다. 이 형의 암석은 주로 백두산천지변두리와 북설령 —곽사봉, 대전평, 남설령 지구에 분포되여있다.

분출암은 또한 화학조성에서 Na_2O+K_2O함량에 따라 표준계렬, 준알카리계렬, 알카리계렬로 나누어지며 SiO_2함량에 따라 염기성분출암, 중성분출암, 산성분출암으로 나누어진다(표 2—25, 그림 2—6).

표 2—25, 그림 2—6에서 보면 백두산지구에 분포되여있는 대부분의 분출암류들이 준알카리계렬에 속하는 암석들로 되여있다.

2) 분출암의 분포특성

백두산지구에 발달되여있는 분출암들은 그것의 분포에서 일정한 특성을 가진다.

첫째, 분출암은 분포에서 수평, 수직으로 대상분포를 이룬다.

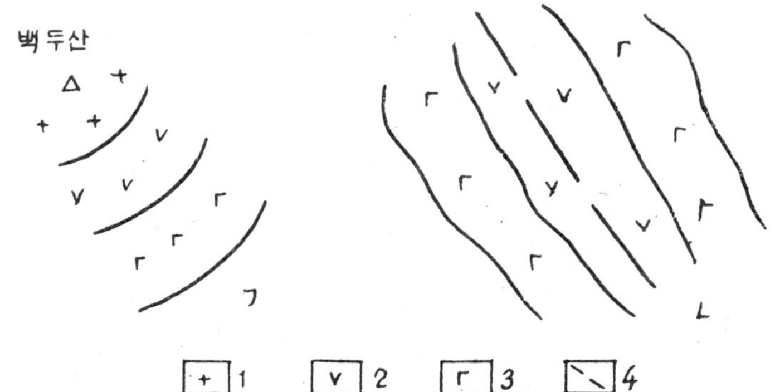

그림 2—7. 분출암의 수평대상분포

ㄱ—백두산천지에서 멀어지면서 나타난 수평대상분포, ㄴ—백두산심부단렬대를 중심으로 하는 수평대상분포

1—류문암, 2—조면영안암, 3—현무암, 4—심부단렬대

백두산본체로부터 멀어지면서 시대적으로 신기분출암으로부터 고기분출암으로 되는 대상 분포를 이루며 암석조성에서는 산성암으로부터 염기성암으로 이행하는 대상분포가 나타난다. 이러한 특성은 백두산심부단렬대를 중심으로 법칙적으로 나타난다(그림 2-7). 자름면상에서 분출암은 시대적으로 밑으로부터 우로 고기분출 암으로부터 신기분출암으로 이행하며 암석조성 에서도 염기성암으로부터 산성암으로 이행되는 수직대상분포가 명확히 나타난다(그림 2-8).

둘째, 분출암의 화학조성에서 대부분 준알 카리계렬에 속하는 염기성분출암과 산성분출암 으로 되여있는것이다(그림 2-9).

그림 2-9에서 보면 B값은 5~12구간과 18~25구간에 집중적으로 놓이는데 이것은 산성

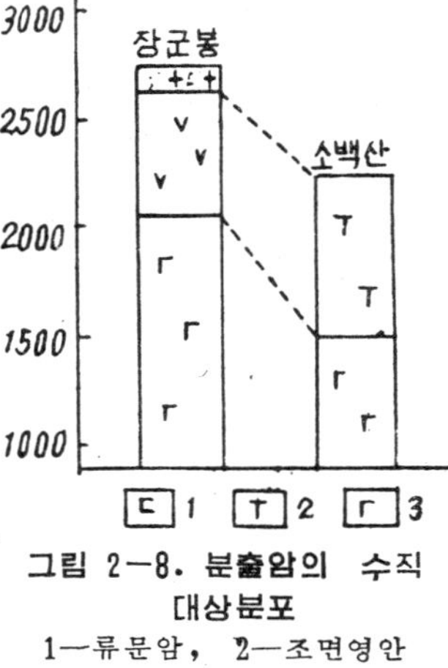

그림 2-8. 분출암의 수직
대상분포
1-류문암, 2-조면영안
암, 3-현무암

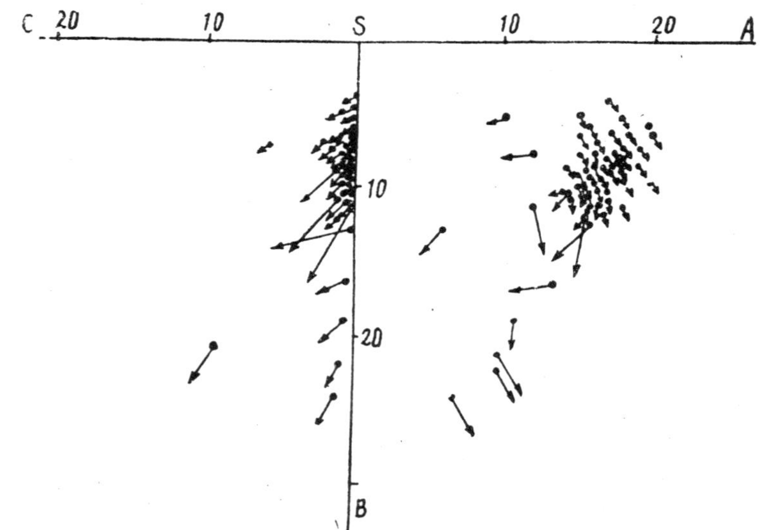

그림 2-9. 백두산분출암의 암석화학환수 도표

암석과 염기성암석이 대부분이라는것을 의미한다. 또한 A값은 산성암인 경우 14~20구간에 집중되며 벡토르방향이 좌우로 갈라지는데 이것은 과포화알카리계렬과 과포화알루미니움계렬이 많이 섞여있다는것을 보여준다. 그리고 벡토르방향이 B축방향으로 기울어지는것은 카리장석보다 나트리움장석이 더 많이 들어있기때문이다.

백두산지구 분출암의 화학조성에서 다른 하나의 특성은 량태성을 띠는것이다(그림 2-10).

SiO₂함량에 따르는 분출암의 출혈빈도를 보면 련결되지 않는 두개의 명확한 봉우리가 나타나는데 그중 한 봉우리는 염기성암석전부와 SiO₂함량이 낮은 중성암석을 나타내며 다른 봉우리는 산성암석전부와 SiO₂함량이 높은 중성암석을 나타낸다. SiO₂함량이 55~61%구간에 있는 중성암석은 극히 적게 나타난다. 이러한 현상은 리프트암장활동에서 특징적인 량태성이다.

백두산지구에서 염기성조성의 현무암은 백두용암대지를 이루었고 중성 및 산성 조성의 분출암은 현무암대지우에 높이 솟은 충상화산체를 이루었다. 이 충상화산체들은 백두산과 두류산을 련결하는 북서계렬의 백두산섭부 단렬대상에 줄지어 분포되여있다.

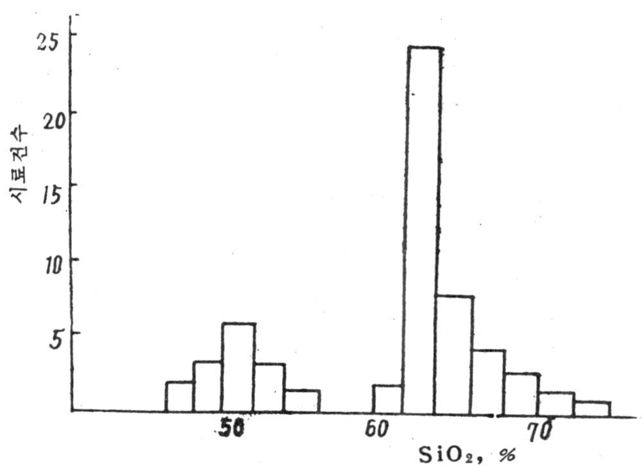

그림 2-10. SiO₂함량에 따르는 백두산분출암의 기동곡선

(1) 준알카리계렬의 염기성분출암

염기성분출암에는 SiO₂가 46~53% 함유되여있는 암석들이 속한다. 지구걸면에서 염기성분출암의 분포면적은 심성분출암보다 훨씬 넓다.

염기성분출암은 지구걸면에서뿐아니라 달에도 널리 분포되여있다.

준알카리계렬의 염기성분출암의 특성을 보면 표 2-26과 같다.

지난 시기 보천통 현무암은 반정광물에 따라 감람석질현무암, 사장석질현무암, 사장석휘석질현무암, 휘석감람석질현무암, 감람석사장석질현무암 등으로 구분하여왔다. 이 방법은 직감적이고 편리하나 암석의 중요구분단위인 알카리의 포화정도가 반영되지 못한다.

암　　족	준알카리 현무암,	SiO_2 44~53% Na_2O+K_2O 2.5~9.5%	
암족내 표형광물	P1(An 35~85), O1(Fa 10—70), CPX(보통휘석, 투휘석, 에기린), ±FsP(나트리미사장석, 정장석, 루장석)		
암　　종	준알카리감람석질현무암	중성장석질현무암	조면현무암
표형광물	PL(An35~85)<50% O1 (Fa 10~60) Cp (보통 휘석이 기본) ±Fsp$_2$±Bt	PL(A 30—60), OL(Fa 35—55), CpX(보통휘석, 사라휘석)±Fsp(나트리미사장석)	P1(Au 25—75) O1(Fa 10—70) CpX(보통휘석, 투휘석, 에기린, 사라휘석, ±Fsp, ±Bt
표준광물함량, %	P1 25~45 CpX 20~40 O1 10~25 Fsp 0~10 Rm 3~15 Bt 0~15 유리 0~1 (60까지)	P1 35~60 CpX 25~30 O1 5~30 Rm 0~5 유리 0~15	PL 15~55 CpX 5~35 O1 0~15 Fsp 0~5 Bt 0~5 Rm 0~5 유리 0~80

화학조성, %		준알카리감람석질현무암	중성장석질현무암	조면현무암
	SiO_2	45~49	46~50	47~53
	TiO_2	2~3.5	2~4	0.5~2.5
	Ai_2O_3	12~16	14~18	15~19
	Fe_2O_3+FeO	11~13	11~14	7~12
	MgO	6~10	4~6	2~7.5
	CaO	7~11	7~11	5~9.5
	Na_2O	2~4	3~4.5	3~5.5
	K_2O	0.5~1.8	0.8~2	1.9~3.5
Na_2O/K_2O계렬		1.4 Na계렬 ∣ 1—4 K—Na계렬	>4 나트리계렬	1—4 K—Na계렬
$f'=FeO++Fe_2O_3+MgO++TiO_2+MnO$		19—23	18—22	10—21

(※ 표의 기호는 표 2—5와 같다)

우리는 $SiO_2-(Na_2O+K_2O)$[14]도표와 $\dfrac{Al_2O_3}{Fe_2O_3+FeO+MgO}$ $\dfrac{Na_2O}{K_2O}$ 도표를 리용하여 보천통현무암을 준알카리계렬의 감람석질현무암, 중성장석질현무암, 회조장석질현무암, 조면현무암으로 구분하였다(그림 2—11, 2—12).

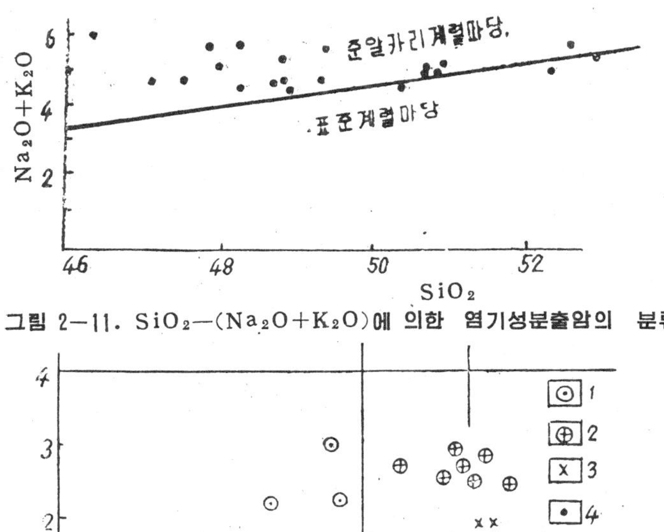

그림 2-11. $SiO_2-(Na_2O+K_2O)$에 의한 염기성분출암의 분류

그림 2-12. $\dfrac{Al_2O_3}{Fe_2O_3+FeO+MgO} - \dfrac{Na_2O}{K_2O}$ 도표에 의한

준알카리계렬 염기성분출암의 분류

1-감람석질현무암, 2-중성장석질현무암, 3-회조장석질
현무암, 4-조면현무암

감람석질현무암

이 암석은 보천, 태평, 리명수, 삼지연, 대홍단, 농산, 최가령, 백암 등
에 분포되여있는데 상신세 보천통 현무암층에 해당된다.

감람석질현무암은 큰 층상호름체를 이루었는데 분출회수는 10회나 달하
는데 개별적층들의 두께는 10~20m이다. 층상호름체의 조성상차이는 없으며
다만 반정광물들의 함량상차이가 나타날뿐이다. 층상호름체의 개별적부분들
은 불규칙적인데 층상호름체의 아래부분은 다공성을 며고 가운데부분에 괴상
또는 판상 주상 절리가 발달되여있으며 웃부분은 기공이 적고 치밀하다. 가
운데부분의 주상체들은 암층에 수직으로 배렬되여있는데 길이는 7~15m, 직
경은 30~50cm이다.

대진평-내곡사이의 가림천가에 있는 암층들에서는 방사상주상절리가 발

달되여있다.

감람석질현무암은 반상 또는 유리질구조를 이루는데 대부분 유리질구조로 되여있다. 암질은 비교적 고르롭다. 암석의 색은 회색, 암회색, 흑색, 갈흑색이다.

조암광물은 감람석, 사장석, 단사휘석 등이며 부성분광물은 자철광, 티탄자철광, 티탄철광 등이다. 이밖에 약간의 카리장석, 흑운모, 린회석, 록니석 등이 있다. 공소에는 탄산염광물, 록니석, 비석 등이 들어있다.

감람석, 사장석, 단사휘석은 감람석질현무암의 반정 또는 석기를 야룬다.

감람석은 록색 또는 황록색을 띤다. 반정으로 들어있는 감람석은 크기가 1∼2mm인 6각자형결정이다. 함량은 5∼10%이다.

석기속에 들어있는 감람석은 크기가 0.1∼0.3mm의 립상이다. 감람석은 록니석으로 교대되여 그 주변부가 갈색록니석의 띠로 둘러싸인것처럼 보인다.

굴절률은 $N_g=1.722$, $N_P=1.694$, 복굴절률 N_g-N_P 0.028이다.

광축각 $2V$ $N_P=80°$이다. 이 광학적특성에 의하면 감람석은 철감람석에 속한다.

사장석은 0.01∼2mm의 크기를 가진 주상, 판상 결정의 나트리장석이다. 사장석의 함량은 30∼50%이다.

반정을 이룬 사장석은 크기가 0.5∼2mm의 넓은 판상결정으로 되여있는데 벽개가 잘 나타나고 비교적 깨끗하다. 반정에 유리질물질이 들어있다. 석기를 이룬 사장석은 크기 0.01∼0.1mn의 긴주상결정 또는 립상으로 되여있다.

사장석의 조성은 넓은 범위에서 변하는데 반정은 중성장석으로부터 아회장석(An 40∼80)까지 그리고 석기는 중성장석(An 30∼50)이다.

사장석의 조성이 An 60이상 되는것도 있다. 현미경에서 보면 사장석의 변두리에는 소다미사장석 또는 카리장석의 띠가 있다. 이것들은 사장석에 비하여 굴절률이 낮으며 미정체들의 집합체로 되여있다.

반정광물의 광학적특성을 보면 사장석의 굴절률은 $N_g=1.557∼1.573$, $N_P=1.55∼1.563$, 복굴절률은 $N_g-N_P=0.007∼0.008$, 광축각 $2V=85∼82°$이다.

석기속에 들어있는 사장석은 반정으로 들어있는 사장석보다 An가 낮고 연장방향이 (−)로 나타난다.

사장석반정에 대한 주사현미경분석에 의하면 SiO_2 52.79%, Al_2O_3 30.89%, CaO 11.64%, Na_2O 4.14%, K_2O 0.54%이다.

휘석은 반정을 이룰 때는 크기가 1∼3mm의 짧은 주상결정이다. 교차벽개가 명확히 나타난다.

굴절률은 $N_g=1.725$, $N_P=1.695$, 복굴절률은 $N_g-N_P=0.030$, 광축각 2V$=58°$이다. 소광각 35~45°, 다색성은 N_P-회청색-연한 황갈색 N_m-연한 황록색-갈분홍색, N_g-회록색-황갈색이다. 광학적특성에 의하면 휘석은 보통 휘석과 티탄보통휘석에 속한다.

주사현미경분석에 의하면 휘석의 조성은 SiO_2 51.45%, TiO_2 1.57%, Al_2O_3 1.53%, FeO* 12.57%, MnO 0.23%, MgO 14.28%, CaO 18.53%, Na_2O 0.76이다.

감람석질현무암의 화학조성과 표준광물조성질량, %　　표 2—27

시료 번호	화학 조성											
	SiO_2	TiO_2	Al_2O_3	Fe_2O_3	FeO	MnO	MgO	CaO	Na_2O	K_2O	P_2O_5	작열 감량
152—1	48.10	1.80	17.15	9.99	4.71	0.61	4.17	8.84	3.60	1.20	0.53	3.36
194	50.92	2.00	11.96	6.45	7.35	0.20	8.82	6.46	3.20	1.40	0.32	0.04
267	48.62	1.93	11.89	5.17	6.16	0.01	4.70	7.90	3.20	2.45	0.34	3.82
269	48.10	2.54	14.03	5.24	7.58	0.12	6.06	6.61	2.66	1.32	0.44	2.50

표계속

시료 번호	표준광물조성										Na_2O $+K_2O$	$\dfrac{Na_2O}{K_2O}$	Ol'	f'
	Ap	Il	Mt	Or	Ab	An	Di	Hy	Ol	Q				
152—1	1.32	3.59	7.15	7.44	23.06	30.13	7.93	15.59	5.31		4.80	3.00	0.63	20.83
194	0.76	3.81	8.18	8.28	18.63	18.68	9.34	28.02	4.31		4.60	2.3	0.54	26.82
267	0.92	4.22	3.61	10.62	26.52	30.27	3.43	20.67	6.10		5.65	1.35	0.75	17.87
269	1.10	5.08	4.84	7.57	18.64	29.12		23.46	5.50		3.98	2.18	0.73	19.54

　＊ Ap—린회석, Il—티탄철광, Mt—자철광, Or—정장석, Ab—나트리움장석, An—회장석, Di—루휘석, Ol—감람석, Hy—자소휘석, Q—석영

석기의 조성은 SiO_2 63.29%, Al_2O_3 18.89%, CaO 3.00%, Na_2O 1.59%, K_2O 12.61%이다. 석기속에 카리장석이 미정으로 들어있는데 기인될것이다.

감람석질현무암의 화학분석결과는 표 2—27과 같다.

표 2—27에서 보는바와 같이 SiO_2 48~50%, TiO_2 1.8~2.5%, Al_2O_3 11~17%, Fe_2O_3+FeO 10~13%, MgO 4~8%, CaO 6~8%, $Na_2O=2.6~3.6\%$, $K_2O=1~2\%$이다.

감람석질현무암의 암석화학적특성을 보면 Na_2O+K_2O 5.2% 범위에서 변한다.

$Na_2O/K_2O=2.3$, 반토결수 al 0.5~1로서 감람석질현무암은 칼리움—나트리움계렬의 중간반토질암석에 속한다.

철의 산화도는 $Fe_2O_3/FeO=1~3$, $Al_2O_3/TiO_2=6~9$, $TiO_2/P_2O_5=3~6$로서 준알카리계렬의 감람석현무암특성을 가진다.

표준광물조성은 카리장석 7~10%, 사장석 40~60%, 휘석 20~38%, 감람석 4~6%이다.

AFM도표에서 준알카리감람석현무암은 분화경계선의 아래 또는 우에 놓이는데 이것은 알카리암의 분화경향성을 나타낸다.

중성장석질현무암(하와이암)

이 암석은 보천, 가림천, 태평, 백암 등지에 분포되여있다.

중성장석질현무암은 1931년에 하와이섬에서 처음으로 기재되였으므로 일명 하와이암이라고도 한다. 이 암석의 기본특징은 준성사장석을 가지고있는 것이다. 문헌에 의하면 이 암석에는 중성장석 59%, 보통휘석 28%, 감람석 5%, 자철광 8% 들어있다.

준알카리중성장석현무암은 처음에 대양섬호에서만 알려졌으나 최근에는 대륙에서도 알려졌다.

지난시기에 백두산지구에 조면현무암, 준알카리감람석질현무암만이 분포되여있는것으로 알려졌으나 우리는 백두산조사과정에 중성장석질현무암을 확인하였다.

중성장석질현무암은 회색, 암회색을 띠며 괴상 또는 다공상석리를 가진다.

외관상특징은 감람석질현무암과 비슷하다.

이 암석은 1~5cm 정도의 충상을 이루는데 상하반에는 갈색, 적갈색띠가 있다. 암석의 구조는 반상, 유리질미립치밀구조이다.

조암광물은 사장석, 감람석, 단사휘석 등이며 드물게 정장석이 있다. 부차적광물은 금속광물, 린회석 등이며 차생광물은 갈색록니석이다.

조암광물의 함량은 감람석 3~15%, 사장석 35~50%, 단사휘석 25~30%, 금속광물 2~5%이다.

사장석은 중성장석질현무암안에 반정 또는 석기로 들어있다. 사장석은 4각 또는 둥그스럼한 판상결정인데 크기는 0.5~2mm 드문 경우 3~4mm 되는것도 있다. 석기와의 경계는 예리하나 때로는 불명확한것도 있다. 소다장석쌍정이 나타나는데 쌍정대의 수는 한개의 장석알갱이에서 10개정도 된다. 개별적쌍정대의 너비는 일정하지 않다. 사장석은 $An_{35\sim45}$회 소다장석이다. 사장석은 매우 깨끗하고 투명하다. 드문 경우 유리질로 된 포파물이 들어있다.

주사현미경분석결과에 의하면 사장석의 조성은 SiO_2 54.53%, TiO_2 0.06%, Al_2O_3 27.24%, CaO 10.24%, Na_2O 5.97%, K_2O 0.22%이다.

석기를 이루고있는 사장석은 긴 주상 또는 침상결정으로 되여있는데 크기는 0.1~0.3mm이다. 연장성은 (-)이다. 이 사장석은 반정을 이룬 사장석보다 굴절률이 약간 낮다. 이것은 석기를 이룬 사장석은 반정을 이룬 사장석보다 더 산성을 띤다는것을 보여준다.

휘석은 반정 또는 석기를 이룬다. 색은 잡황색, 잡록색, 갈색 등을 띤다. 반정을 이룬 휘석은 짧은 주상결정을 이루는데 크기는 $1\sim2mm$이며 벽개가 잘 나타난다. 석기와의 경계는 명확하다. 광축각 $2V\ N_g=45\sim65°$, 굴절률은 $N_g-N_P=0.027\sim0.030$이다. 다색성은 N_P-밝은 갈황색, N_m-연한 갈황색, N_g-갈황색이다. 광학적특성으로 보면 이 휘석은 티탄보통휘석-보통휘석에 속한다.

주사현미경에 의하여 확정한 휘석의 조성은 SiO_2 43.50%, TiO_2 1.53%, $A1_2O_3$ 2.17%, FeO 9.32%, MgO 14.69%, CaO 20.01%, Na_2O 0.35%이다.

석기를 이룬 휘석은 미립질등장형, 짧은주상결정형태를 이루는데 크기는 $0.05\sim0.1mm$, 함량은 $30\sim40$%이다.

갈색다색성을 띠며 소광상태도 명확히 나타난다. 휘석은 석기안에 비교적 균등하게 널려있으므로 평행니콜아래에서 보면 유리판에 모래를 뿌려놓은 것 같은 인상을 준다.

감람석은 주로 반정으로 들어있다. 색은 연한 황색 또는 록황색을 띠며 크기는 $1\sim3mm$이다. 석기와의 경계는 뚜렷하지 못하며 때로는 주변부를 따라 갈황색의 띠가 있다. 복굴절률은 $N_g-N_P=0.037$, 광축각 $2V\ N_P=66°$이다. 광학적특성에 의하면 감람석은 Fa_{30-35}, Fo_{65-70}에 속한다.

석기는 사장석, 휘석, 감람석, 자철광, 티탄철광, 린회석, 유리질물질 그리고 굴절률이 낮은 무색투명한 장석과 비슷한 알갱이로 되여있다.

중성장석질현무암의 결정화는 가열된 현무암암장이 땅겉면에로 분출하는 과정에 판상 또는 주상 사장석, 감람석, 단사휘석의 큰 결정(반정)들이 먼저 정출되고 그 다음에 석기를 이루는 미립결정들이 결정화된다. 이때 자철광, 티탄철광도 함께 결정화된다.

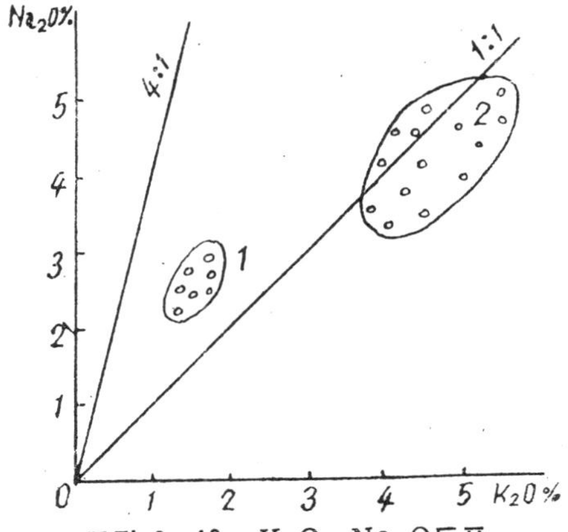

결정화의 제일 마지막단계에 카리장석이 형성되며 잔류용용체는 유리질로 된다.

중성사장석질현무암의 화학분석결과와 암석화학적지수 및 표준광물조성은 표 2-28과 같다.

화학분석결과로 계산한 중성장석질현무암의 표준광물조성은 정장석 $5\sim10$, 소다장석 $23\sim31$, 휘장석 $22\sim31$, 하석 $0\sim6$, 단사휘석 $9\sim18$, 사방휘석 $9\sim19$, 감람석 $0\sim10$, 자철광 $4\sim7$, 티탄철광 $4\sim6$, 린회석 $0.4\sim1$%이며 사장석의 조성은

그림 2-13. K_2O-Na_2O도표
1-염기성암, 2-중산성암

중성사장석질현무암의 화학분석결과, %

표 2—28

지구	시료번호	화학조성											
		SiO₂	TiO₂	Al₂O₃	Fe₂O₃	FeO	MnO	MgO	CaO	Na₂O	K₂O	P₂O₅	작열감량
리 명 수	45—1	48.88	2.10	16.85	3.28	8.05	0.10	5.96	8.85	3.60	1.20	0.19	1.76
삼 포	47	48.00	2.70	17.61	3.84	8.98	0.18	3.18	6.88	3.68	1.30	0.22	1.84
중 홍	52—1	51.02	2.30	15.57	2.80	8.79	0.12	3.68	9.65	3.78	1.47	0.41	0.36
중 홍	54	50.72	2.30	15.60	3.14	9.41	0.10	4.80	9.02	3.78	1.38	0.36	0.40
중 홍	65	50.64	2.20	16.45	2.96	8.77	0.10	3.69	8.68	3.45	1.20	0.40	0.36
선 오 산	83	46.73	2.88	19.26	7.70	5.18	0.14	4.60	7.26	3.15	1.20	0.24	0.43
곤 장 덕	252	52.82	3.02	12.72	2.71	8.96	0.12	4.31	6.36	3.84	1.30	0.37	1.37

표계속

지구	시료번호	표준광물조성										Na₂O+K₂O	Na₂O/K₂O	al′	f′
		Ap	Il	Mt	Or	Ab	An	Di	Ol	Hy	Q				
리 명 수	45—1	0.46	4.09	4.87	4.82	22.51	32.70	9.02		19.77	1.74	4.80	3.00	0.97	19.46
삼 포	47	0.53	5.22	5.66	7.80	31.63	25.15	11.88	6.54	12.60		4.98	2.83	1.10	18.88
중 홍	52—1	0.88	4.42	4.10	8.76	27.98	23.63	18.45		10.34	1.37	5.25	2.63	1.02	17.67
중 홍	54	0.85	4.37	4.54	8.14	27.68	23.86	15.41	0.47			5.16	2.70	0.90	19.75
중 홍	65	0.96	4.24	4.34	7.17	29.51	21.61	12.43	10.10	10.10		4.65	2.87	1.07	17.22
선 오 산	83	1.03	5.55	6.89	10.16	26.95	33.79		5.66	9.91		4.95	2.60	1.16	20.50
곤 장 덕	252	0.81	6.17	4.42	6.64	24.16	23.60					5.14	2.90	0.80	19.12

Aa 33〜48이다. 그리고 $Na_2O +$
$K_2O = 4.7\%$, $Na_2O/K_2O = 2.2$,
$al = 0.99$, $K\Phi = 73.8$, $f = 18.9$로서
칼리움－나트리움계렬의 중간반토질
암석에 속한다.

$$\frac{Al_2O_3}{Fe_2O_3 + FeO + Mg} - \frac{Na_2O}{K_2O} \text{ 도}$$

표에서는 그림 2－13과 같다. 또
한 AFM 도표에서 중성장석현무암의
분포구역은 그림 2－14와 같다.

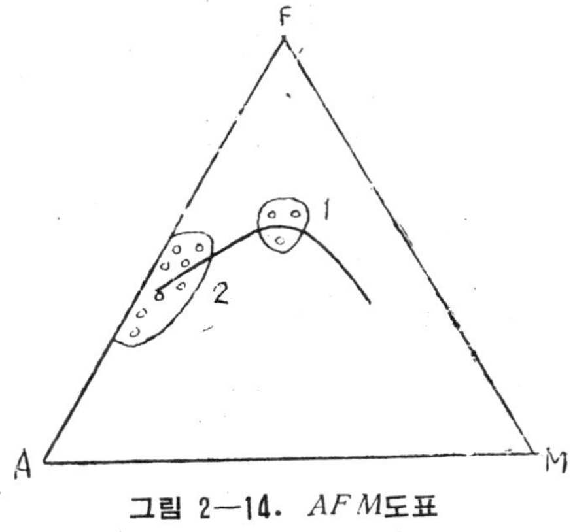

그림 2－14. AFM도표
1－염기성암,   2－중산성암

우의 그림들에서 보는바와 같이
백두산지구의 중성장석질현무암은 준
알카리계렬의 염기성암류에 속하며 K－Na계렬에 속한다.

회조장석질현무암

이 암석은 보천, 태평, 백암 등지에 분포되여있다.

백두산지구의 회조장석질현무암은 회색, 갈회색, 암회색, 흑색을 띠는
미립 또는 세립질암석이다. 보통 무반정질이며 반정은 비교적 적다. 흐름석
리 또는 흐름대상석리를 가지며 풍화면에서는 황갈색을 띤다. 반상암석인 경
우 반정으로는 장석, 감람석 드물게는 티탄자철광 등이 들어간다.

조암광물은 사장석(회조장석과 회조장석－중성장석), 감람석, 단사휘
석, 카리장석(소다미사장석, 소다투장석)이며 부성분광물은 금속광물, 린
회석, 각섬석, 흑운모 등이다. 차생광물은 록니석, 록렴석, 소다장석, 탄
산염, 비석, 철산화물 등이다.

조암광물의 함량은 사장석 50〜60%, 카리장석 10〜15%, 감람석 10〜
20%, 단사휘석 5〜10%, 금속광물 3〜7%, 린회석 1〜3%이다.

사장석은 흔히 석기안에서 판상, 엽상 또는 가늘고 긴 미립주상결정이
다. 쌍정을 이루는데 개별적개수는 3〜4개 정도이다. 연장방향은 (－)이고
굴절률은 $N_P = 1.542$, $N_g = 1.549$, 카나다발쌈보다 약간 높다. 복굴절률은
$N_g - N_P = 0.007$, 회조장석, 사장석은 일정한 방향으로 배렬되여있다.

카리장석은 석기안에 형태가 불규칙적인 미정체 또는 긴 알갱이로 들어
있다. 미정체들의 크기는 직경 0.1mm 정도이다. 무색투명하며 쌍정은 없
다. 굴절률은 $N_g = 1.530$, $N_P = 1.523$로서 광축각 $2VN_P = 50°$

감람석은 반정 또는 석기안에 자형 또는 불규칙적인 형태를 이룬다.

반정을 이룬 감람석은 6각판상을 이루는데 크기는 0.3〜0.6mm이다. 석
기안에 들어있는 감람석은 6각판상 또는 둥그스럼한 형태를 이루며 크기
는 0.07〜0.15mm이다. 표본에서는 약한 황록색을 띠나 박편에서는 무색

투명하다. 굴절률은 $N_g=1.770$, $N_p=1.728$, $N_g-N_p=0.042$, 광축각은 $2VN_p=75$이다. 광학적상수에 의하면 감람석의 조성은 Fo50에 해당된다.

휘석은 디립주상 또는 등방형의 알갱이로 석기안에 들어있다. 현미경에서 휘석은 갈황색을 띠며 다색성은 약하다. 크기는 $0.01\times0.05mm$이다. $C:N_g=34°$, 복굴절률은 $N_g-N_p=0.024$, 광축각 $2VN_g=48°$, 다색성은 N_p-연한 황갈색, N_m-연한 분홍갈색, N_g-황갈색이다. 티탄보통휘석에 해당된다.

금속광물은 석기안에 산광되여있다.

린회석은 주로 짧은 주상결정을 이루는데 드물게 긴주상결정을 이루는 경우도 있다. 높은 굴절률과 낮은 복굴절률, 특징적인 륜곽 그리고 투명하고 깨끗한것 등에 의해 석기를 이루고있는 장석들과 잘 갈라진다.

회조장석질현무암은 주로 유리구조, 미립반상구조를 이룬다. 장석들의 방향성배렬에 따라 조면암구조로 나타난다. 장석들의 사이에 감람석, 휘석 금속광물들이 정출되여있다. 유색광물의 함량은 $25\sim35\%$ 정도이다. 회조장 석질현무암이 미립반상구조를 이루는 경우 사장석, 감람석 드물게는 린회 석, 자철광 등이 반정으로 들어있다. 반정의 크기는 $0.3\sim0.5mm$이다. 석기 를 이룬 광물은 주로 회조장석이며 그밖에 카리장석(투장석, 정장석)이 있 다. 회조장석질현무암의 결정화정도는 암석의 구조에 따라 다르다.

유리질구조를 가진 회조장석질현무암은 처음에 사장석이 정출되고 뒤이 어 카리장석들이 정출되였다. 반상구조를 가진 회조장석질현무암은 처음에 사장석, 감람석, 금속광물, 린회석 등이 반정으로 정출되였으며 그 다음 석 기광물들이 정출되였다. 즉 결정화는 사장석-카리장석-감람석과 금속광물 -휘석의 순서로 진행되였다.

회조장석질현무암의 화학분석결과는 표 2-29와 같다.

회조장석질현무암은 $SiO_2-(Na_2O+K_2O)$ 도표에서 보면 준알카리계렬 에 속한다. 이 암석은 준알카리계렬의 염기성암석가운데서 Mg와 CaO의 함 량이 비교적 낮으며 또한 TiO_2과 총철이 높다. 또한 SiO_2, Al_2O_3함 량이 비슷한 준알카리감람석현무암보다 K_2O가 높다. 표준광물조성에서 회장 석의 함량은 $12\sim20\%$에 달한다.

회조장석현무암은 $K-Na$계렬에 속하며 반토결수$(al'=0.98-1.19)$가 높고 흑색도 결수 $f'=16\sim20$이다.

회조장석현무암은 준알카리 및 알카리계렬의 현무암층속에 호름체로 들 어있다.

조면현무암

이 암석은 곤장덕, 가림천, 리명수, 삼지연, 백암 등지에 분포되여있다.

조면현무암은 주로 호름체, 화산쇄설암간층 주입체로 나타난다.

호름체의 두께는 $5\sim10m$이다. 조면현무암은 흔히 중심형화산분화구와

회조장석질현무암의 화학분석결과

표 2—29

지구	시료번호	화학 조성, %											
		SiO_2	TiO_2	Al_2O_3	Fe_2O_3	FeO	MnO	MgO	CaO	Na_2O	K_2O	P_2O_5	작열감량
내곡	153	48.98	2.00	17.77	9.34	3.43	0.12	3.24	8.12	3.90	2.45	0.73	2.20
보천	154	48.60	3.00	17.12	9.25	2.75	0.16	3.26	9.02	3.60	2.45	0.73	2.80
온수평	373—1	48.32	2.86	16.10	9.27	3.00	0.12	4.13	7.71	3.75	2.18	0.50	0.61
실봉	519	48.40	2.52	18.22	6.67	6.04	0.16	3.04	8.06	3.85	2.23	0.51	0.16
남포태산	412	52.40	2.00	17.16	4.88	6.23	0.08	3.18	5.85	3.00	2.90	0.30	2.16

표계속

지구	시료번호	표 준 광 물 조 성, %										Na_2O $+K_2O$	$NaO/$ K_2O	al'	f'
		Ap	Il	Mt	Or	Ab	An	Di	Ol	Hy	Q				
내곡	153	1.79	3.94	6.24	8.86	25.38	32.28	4.07		12.95	4.49	4.35	2.00	1.10	18.33
보천	154	1.77	5.85	6.20	8.77	25.97	29.65	9.56		0.58	3.66	4.45	2.07	1.12	18.42
온수평	373—1	1.49	7.59	7.28	8.19	32.76	28.96	13.40	0.38			5.93	1.72	0.98	20.38
실봉	519	1.21	4.83	7.33	13.26	30.22	27.38	8.06	4.88	2.78		5.78	1.79	1.16	18.43
남포태산	412	0.73	3.92	6.64	11.56	26.13	28.07					4.90	1.58	1.19	16.47

련계되여있는데 용암이 흘러내린 거리는 0.5~3km 또는 10~12km에 달한다.

조면현무암은 준알카리감람석질현무암, 중성장석질현무암, 회조장석질현무암과 공반되여있다.

색은 주로 장미회색, 록회색, 밝은 회색, 암회색 드물게 흑색, 갈색을 띤다. 뚜렷한 반상구조를 이루고 극히 드물게 무반정구조를 이룬다.

이밖에 조면현무암의 호름체층의 웃부분과 아래부분이 더 다공성을 띠는데 슬라그모양의 대들이 있다. 가운데부분은 치밀한 괴상을 이룬다.

반정의 함량은 보통 15~40%이다. 반정은 주로 사장석으로 되여있는데 여기에 휘석, 감람석, 카리장석이 결합되여있다. 반정을 이룬 사장석은 뚜렷한 대상구조를 이루고 석기를 이룬 사장석은 호름상으로 배렬되여있다.

신생대 분출암에서는 잘 나타나지 않으나 고생대 및 중생대 현무암에서는 휘석, 각섬석 감람석이 교대되여 록니석, 유렴석, 방해석으로 넘어간다.

조면현무암에는 흔히 행인상공소들이 있는데 그안에 석영, 옥수, 록니석, 록렴석, 탄산염광물 그리고 비석, 방비석 등이 들어있다.

조암광물은 사장석, 단사휘석, 감람석, 카리장석 등이며 부성분광물은 자철광, 적철광, 티탄철광 등이다. 부광물은 린회석, 지르콘석 등이며 차생광물은 록니석, 록렴석, 탄산염광물 이링그석, 갈철광, 옥수, 비석 등이다.

조암광물의 함량은 사장석 15~50%, 카리장석 0~3%, 단사휘석 5~30%, 감람석 0~10%, 금속광물 0~5%, 유리질 10~70%이다.

사장석은 반정과 석기를 이루는 기본광물이다. 반정의 크기는 3~4mm 때로 7~8mm에 달하는것도 있다. 사장석은 3개의 세대로 구분되는데 세대에 따라 크기와 조성이 서로 다르다.

첫세대의 사장석은 중성장석(An 30~50)으로서 반정의 알갱이가 크고 테두리가 깨끗하지 못하다.

둘째세대의 사장석은 조회장석(An 55~65)으로서 반정이 투명하며 결정형태가 명확하다. 여러개의 대로 이루어진 쌍정 또는 루대상쌍정을 이룬다.

둘째세대의 사장석은 첫세대의 사장석보다 염기도가 높다. 셋째세대의 사장석은 좁은 판상 또는 침상 결정을 이루며 석기를 이루는 기본광물이다. 조성은 중성장석-조회장석 또는 조회장석(An45-65), 중성장석(An30-55), 회조장석(An_{20-30})에 해당된다. 이런 사장석에서 장장석알갱이의 함량은 20~22%까지 달한다. 석기를 이루는 사장석은 긴주상결정, 침상결정을 이룬다. 드문 경우 일정한 방향을 따라 배렬되여있는것도 나타낸다.

휘석은 보통휘석이며 무색, 밝은 갈색을 띤다. 반정으로 들어있는 휘석은 짧은 주상, 렬상을 이루는데 결정의 테두리는 명확하고 직선적이다. 크기는 0.2~2mm정도에 달한다. $C:N_g=30-35°$ 굴절률은 $N_g-N_p=0.026$, 광축각 $2VN_g=55°$ 다색성은 N_p-연한 황갈색 N_m-연한 분홍갈색, N_g-황갈색이다.

시생대 이전의 조면현무암안의 휘석은 일반적으로 록니석, 록렴석, 탄산염광물로 넘어가는데 백두산지구의 조면현무암에서는 그런 현상이 나타나지 않는다.

감람석의 함량은 0~5%로서 연한 황색을 띠며 비교적 드물게 나타난다. 반정의 크기는 0.3~0.5mm로서 다른 반정광물보다 작다. 형태는 주상결정, 결정모서리는 예리하고 직선적이다. 드문 경우 석기와 작용하여 용식상구조를 이루는것도 있다. 굴절률은 $N_g=1.742$, $N_p=1.705$, 복굴절률은 $N_g-N_p=0.037$, 광축각 $2VN_p=65$이다. 광학적특성에 의하면 감람석은 $Fa_{35} Fo_{65}$에 해당된다.

석기를 이룬 감람석의 크기는 0.1mm로서 반정보다 매우 작다. 결정형태를 나타내는것은 거의 없다. 일반적으로 신생대 이전의 고기조면현무암안의 감람석은 록니석, 자철광으로 넘어가나 백두산지구 조면현무암에서 감람석의 변화현상이 나타나지 않는다.

흑운모는 매우 적게 나타난다. 박편에서 갈색륙각판상결정을 이루며 벽개는 없다. 크기는 0.1~2mm이다.

린회석은 무색투명한 긴주상결정으로서 크기가 0.5~1mm이다.

카리장석은 침상 또는 주상 결정을 이루는데 석기속에 들어있다. 카리장석의 굴절률이 카나다발삼보다 낮고 무색투명하며 복굴절률이 낮다.

조면현무암은 반상, 세립반상, 무반정구조, 흐름상구조를 이룬다. 반정의 함량은 5~20%이고 유리질은 10~60%이다. 유리질의 굴절률은 1.560~1.580이다. 조면현무암의 유리속에는 장석, 휘석, 감람석 그리고 금속광물의 미정체들이 들어있다.

조면현무암의 화학분석결과는 표 2-30과 같다.

표에서 보는바와 같이 SiO_2 47.83~49.40%, TiO_2 1.70~2.00%, Al_2O_3 15.18~16.63%, Fe_2O_3+FeO 10~13%, MgO 4~6%, CaO 8~10%, Na_2O 3.6~3.9%, K_2O 2.3~2.6%의 범위에서 변한다.

조면현무암은 주로 흐름체, 화산쇄설암간층 주입체로 나타난다. 흐름체의 두께는 5~10m이다. 조면현무암은 흔히 중심형화산분화구와 련결되여있는데 용암이 흘러내린 거리는 0.5~3km 또는 10~12km에 달한다.

반정광물에 따라 조면현무암은 사장석질변종, 휘석사장석질변종, 루장석-휘석질변종, 감람석-사장석질변종으로 나눌수 있다.

조면현무암은 준알카리감람석질현무암, 중성장석질현무암, 회조장석질현무암과 공반되여있다.

적색다공성현무암(광재암)

광재암은 염기성용암의 폭발분출산물로서 원추형화산의 꼭대기부분을 이룬다. 현무암은 대연지봉, 소연지봉, 무두봉, 실봉, 후계봉 등에 발달되여있는 무두봉층에 속한다.

암석은 적색, 혈적색을 띠며 다공상석리를 이룬다. 이 암석이 다공상을

조면현무암의 화학분석결과

표2 -30

지구	시료번호	화 학 조 성, %											
		SiO_2	TiO_2	Al_2O_3	Fe_2O_3	FeO	MnO	MgO	CaO	Na_2O	K_2O	P_2O_5	작열감량
대 평	494	47.83	1.70	15.18	6.35	6.19	0.03	5.88	11.00	3.60	2.35	0.64	1.64
송 평	510	49.40	1.81	16.04	3.75	9.72	0.14	5.45	8.07	3.85	2.35	0.37	0.44
백두산	백—32	48.76	1.70	15.98	9.99	2.45	0.10	4.89	10.20	3.60	2.56	0.38	0.38
백두산	백—33	47.98	2.00	16.63	9.36	3.17	0.16	5.44	10.20	3.90	2.65	0.38	0.40

표 계속

지구	시료번호	표 준 광 물 조 성, %										Na_2O+ K_2O	$Na_2O/$ K_2O	al'	f'
		Ap	Il	Mt	Or	Ab	An	Di	Ol	Hy	Q				
대 평	494	0.84	3.20	1.75	13.76	21.79	22.61	17.74	7.94	2.30		5.95	1.53	0.82	20.15
송 평	510	0.87	5.44	5.43	7.97	32.55	22.50	12.63	13.14	1.41		6.20	1.64	0.85	20.89
백두산	백—32	0.90	5.28	3.46	15.25	22.18	24.58	19.64	6.11	1.27		6.16	1.40	0.92	19.13
백두산	백—33	0.94	3.97	7.19	16.34	25.59	25.61	20.10	0.24			6.55	1.47	0.93	20.13

$$al' = \frac{Al_2O_3}{Fe_2O_3+FeO+MgO}$$

$$f' = Fe_2O_3+FeO+MgO+TiO_2+MnO$$

광재암의 화학분석결과

지구	시료번호	암석	화학조성, %											
			SiO_2	TiO_2	Al_2O_3	Fe_2O_3	FeO	MnO	MgO	CaO	Na_2O	K_2O	P_2O_5	작열감량
무두봉	556	광재암	50.9	1.8	16.81	11.21	1.44	0.16	3.92	8.55	1.70	2.40	0.92	0.22
소연지봉	575	〃	50.76	3.6	15.11	12.63	1.44	0.16	4.07	8.01	3.60	1.55	0.22	0.64
보서	호 20/1	〃	51.7	2.30	15.70	11.93	1.05	0.20	4.16	7.94	2.70	2.10	1.22	0.69

이루는것은 용암안에 물이 많이 들어있은것과 관련되며 적색을 띠는것은 철분이 산화된것과 관련된다.

기공형태는 둥글며 직경은 $1\sim10mm$부터 $2\sim3cm$에 달한다. 기공률은 $20\sim40\%$, 드물게 $50\sim60\%$에 달하는것도 있다.

광재암의 화학분석결과는 표 2-31과 같다.

화학분석결과에 의하면 광재암은 준알카리계렬의 감람석현무암, 조면현무암 등에 속한다.

광재암은 반상 또는 무반상구조를 이룬다.

반정은 사장석, 휘석, 감람석으로 되여있는데 사장석반정은 모서리가 명확한 4각판상 또는 가늘고 긴 주상결정을 이룬다. 결정은 매우 깨끗하고 투명하다. 석기는 유리질에 가까운 미정질 또는 유리질이며 진한 암갈색으로 물들어있다.

현무암조성의 용암떡(화산탄)

용암떡은 백두산천지 부석층 웃부분과 그안에서 흑색을 띤 빵모양으로 나타난다.

화산탄은 땅겉면과 접한 부분에서 평편하고 납작하게 나타나는데 웃부분은 둥글둥글하게 돋아난 요곡부분들이 있어 마치 생강뿌리를 련상시킨다.

용암떡은 준알카리현무암질용암이 폭발될 때 용암이 공중으로 날렸다가 완전히 굳어지지 않은 상태에서 떨어져 형성되였다.

천지 외륜산꼭대기 부분에서 2차적이동이 없었다고 보는 절벽자름면에서 화산탄은 백색부석층안에 섞여있다. 용암떡은 부석층의 제일 밑바닥부분에는 없고 그로부터 $5\sim6m$이상되는 곳에서부터 나타난다. 이것은 화산탄이 부석과 거의 같은 시기에 분출하였다는것을 의미한다.

용암떡의 화학조성은 SiO_2 $48\sim53\%$, Na_2O+K_2O $3\sim4\%$로서 준알카리현무암조성을 가지고있다. 용암떡안에서 크기가 $3\sim4mm$인 사장석반정도 나타난다.

백두역부근에 있는 용암떡의 화학분석에 의하면 (%) SiO_2 53.60, TiO_2 1.92, Al_2O_3 17.99, Fe_2O_3 2.55, FeO 6.62, MnO 0.10, Fe_2O_3 2.55, FeO 6.62, MnO 0.10, MgO 3.99, CaO 5.20, Na_2O 4.23, K_2O 2.80, P_2O_5 0.26, 작열감량 0.08이다.

(2) 중성분출암

중성분출암에는 SiO_2이 53~64% 함유되는 암석들이 속한다.

중성분출암은 소백산, 포태산, 장군봉 등지에 분포되여있다.

백두산지구에는 분출형식이 다른 두가지 종류의 중성분출암이 있다. 그 중 하나는 용암류출성분출에 의해 형성된 표준계렬에 속하는 안산현무암과 준알카리계렬에 속하는 조면안산현무암, 조면안산암 및 조면암인데 거의 대부분 준알카리계렬에 속하는 조면안산현무암, 조면안산암 및 조면암으로 되여있다.

다른 하나는 폭발성분출에 의해 형성된 준알카리계렬의 조면암질부석이

백두산지구 준알카리 중성분출암의 특성도표　　표 2—32

암족	조면안산현무암——이장안산암	조면안산암—석영이장암	조면암
암족내 표형광물	Pl, ti—Aug, ti—Hbl	Pl, Fsp, ti—Aug, ti—Hbl	PL, Fsp, CpX, Hbl, Bt, Lep
암종	조면안산현무암	조면안산암	조면암
표준광물함량, %	반정: 10~40 PL(An 40—60), OL CpX, OpX, ti Hbl 석기: 60—90 Pl(An 40—50), Mt) ti—Aug, 유리	반정: 5~40 PL(An 30—40), CpX, OpX, Am, Bt, Ol 석기: 60—95 PL, OpX, CpX, Mt, 유리	반정: 5~60 PL(An 25—35), Fsp, CpX, OpX, Hbl, Zep 석기: 40—95 Fsp, Hbl, Bt, 유리
화학조성, % SiO_2	52.0~57.5	57.0~65.0	55.1~66.2
TiO_2	0.1~2.7	0.1~1.8	0.2~1.9
Al_2O_3	15.2~20.0	15.3~25.4	12.0~24.0
Fe_2O_3+FeO	2.3~16.8	1.9~12.0	1.2~15.1
MnO	0.06~0.2	0~0.2	0~0.4
MgO	1.4~5.5	0.6~4.7	0.1~2.3
CaO	2.7~7.6	1.5~6.2	0.1~2.3
Na_2O	1.6~7.1	1.9~8.0	0.8~4.5
K_2O	0.4~4.7	0.5~4.7	1.4~8.5
Na_2O/K_2O(계렬)	4—13 Na계렬 / 0.4—4 K—Na계렬	4—18 Na계렬 / 0.4—4 K—Na계렬	0.4—4 K—Na계렬 / 0.1—0.4 K계렬
$al'=\dfrac{Al_2O_3}{Fe_2O_3+FeO+MgO}$	1~3.5 / 0.75~3.5	1~3.5 / 0.75~3.5	0.75~4.5 / 2~4
$f'=Fe_2O_3+FeO+MgO+TiO_2$	6~14 / 6~17	2.5~14 / 6~17	2.8~17 / 5~8
$Ka=\dfrac{Na_2O+K_2O}{Al_2O_3}$	0.17~0.54	0.18~0.70	0.5~0.85 / 0.85~0.9

다. 조면암질부석은 물에 흘러내려 2차적으로 퇴적되여 흑색응회암층을 이루었다.

이 암석들의 암석학적특성은 표 2-32와 같다.

안산현무암

안산현무암은 리명수, 가림천, 보천 등지에 분포되여있다. 일반적으로 다른 지역에는 안산현무암보다 안산암이 더 많이 분포되여있으나 백두산천지 부근에는 안산암이 거의 없다. 안산현무암은 암황색, 암록색을 띠는 반상 또는 무반정상구조를 이룬다. 석리는 치밀괴상, 다공상, 흐름상, 행인상을 이룬다.

조암광물은 주로 사장석, 휘석으로 되여있으며 드물게 감람석도 있다. 부성분광물은 감람석, 흑운모, 석영 등이며 차생광물은 록니석, 소다장석, 록렴석 등이다.

반정은 휘석, 사장석, 드물게는 감람석들의 집합체로 되여있다.

사장석은 중성-조회장석(An40-60)에 속한다. 사장석은 긴주상결정을 이루며 크기는 0.3~1.5mm이다. 반정의 50~60%를 차지한다. 나트리움쌍정구조가 나타난다. 반정변두리는 용융침식되였다.

자료에 의하면 사장석의 결정화온도는 1350°C로부터 900~1100°C까지 사이에서 변한다. 결정화가 빨리 진행되면 결정의 모서리가 직선으로 되고 결정화가 오랜 시간동안 진행될 때에는 만곡된 용식상을 이룬다. 백두산지구 안산현무암안의 사장석의 모서리는 직선을 이룬다. 이것은 사장석의 결정화가 높은 온도에서 빨리 진행되였다는것을 보여준다.

휘석은 보통휘석으로서 함량은 20~30% 정도이다. 휘석은 반정 또는 석기를 이룬다. 이밖에 사방정계에 속하는 완화휘석도 있다.

안산현무암의 석기부분을 이루고있는 기본구성광물은 사장석, 보통휘석, 자철광 및 유리질물질이다. 유리질물질은 갈색, 흑색 드물게는 회흑색을 띤다.

안산현무암의 화학분석결과는 표 2-33과 같다.

안산현무암의 암석화학적분석결과에 의하면 $Na_2O+K_2O=4.25$, $Na_2O/K_2O=2.3$(6건평균)

반토결수 $al'=0.84$(6건평균)로서 안산현무암은 나트리움계렬의 중간반토성암석에 속한다.

$CIPW$방법으로 계산한 표준광물조성을 보면 K장석 8.0%, 사장석 45%(An46), 루휘석 14%, 자소휘석 15%, 석영 7%(6건평균)이다.

조면안산현무암

조면안산현무암은 푸른봉, 농산에 분포되여있다. 이 암석은 주로 흐름체를 이루는데 개별적흐름체의 두께는 5~20m이다.

조면안산현무암은 주로 암회색 또는 록흑색을 띤다. 구조는 반상구조,

백두산지구 중성 및 산성분출암의 화학조성과 표준광물조성, 질량%

시료번호	화학조성											
	SiO$_2$	TiO$_2$	Al$_2$O$_3$	Fe$_2$O$_3$	FeO	MnO	MgO	CaO	Na$_2$O	K$_2$O	P$_2$O$_5$	작열감량
보천 56	54.14	2.10	14.09	2.19	9.84	0.14	4.08	7.68	2.90	1.75	0.04	0.19
리명수 418	53.76	1.50	13.31	4.56	9.07	0.08	3.60	9.54	2.90	1.10	0.4	0.15
보서 312	54.5	2.17	15.47	4.94	8.26	0.05	5.85	8.04	4.15	0.53	0.39	0.26
청림 363	55.16	1.75	13.73	3.44	7.70	0.66	4.35	7.73	2.65	1.20	1.52	0.06
〃 365	54.14	1.50	13.63	2.99	7.78	0.70	5.42	7.34	2.60	1.50	1.73	0.09
〃 366	55.32	1.61	14.27	3.29	7.56	0.01	5.02	6.91	2.65	1.61	1.30	0.19

표계속

시료번호	표준광물조성								
	Ap	IL	Or	Ab	An	Mt	Di	Hy	Q
보천 56	0.45	4.03	10.43	23.74	20.44	3.20	14.66	16.35	6.28
리명수 418	0.38	2.87	6.53	24.64	21.14	6.64	21.90	8.62	8.20
보서 312	0.56	3.76	2.85	32.2	20.00	10.00	12.20	17.19	1.44
청림 363	0.14	3.37	10.74	22.64	20.47	5.04	14.76	13.26	9.59
〃 365	0.22	2.92	9.07	22.51	21.54	4.44	12.42	18.57	8.27
〃 366	0.46	3.11	9.55	22.76	22.64	4.84	9.01	16.91	10.60

석리는 괴상석리, 다공성석리, 행인상석리를 이루며 유리질 또는 부분적으로 재결정화된 물질들이 함유되여있다.

조암광물은 사장석, 단사휘석이며 그밖에 사방휘석, 각섬석, 감람석도 있다. 부성분광물은 자철광, 린회색 등이며 차생광물은 록니석, 사문석, 비석 등이다.

반정은 휘석, 사장석＋휘석, 감람석 등의 단광물 또는 집합체로 되여있으며 석기는 사장석, 단사휘석, 자철광, 화산유리 등으로 되여있다.

사장석의 조성은 An 40−55이다. 사장석은 독립적으로 또는 다른 광물과 결합되여 반정을 이루는데 주로 판상, 긴주상 자형결정으로 되여있다. 석기를 이루는 사장석은 가는 주상결정 또는 엽상으로 되여있다.

휘석은 티탄보통휘석 또는 보통휘석으로서 갈색, 회색을 띤다.

감람석은 자형을 이루는데 반정 또는 석기를 이룬다. 유리질물질은 갈색 또는 록회색을 떠는데 함량은 $10 \sim 30\%$ 이다. 부성분광물들인 자철광, 린회석, 형석 등은 자체의 결정형태를 가진다.

조면안산현무암의 화학분석결과와 표준광물조성은 표 2−34와 같다.

$$Na_2O + K_2O = 6.9, \quad \frac{Na_2O}{K_2O} = 2.3, \quad 반토결수 \ 0.84로서 \ 카리−나트리$$

계렬의 중간반토질암석에 속한다.

조면안산암

백두산천지, 소백산, 포태산, 장군봉 등지에 분포되여있다.

조면안산암은 암회색, 록−회색을 띠며 반상구조 또는 무반정구조를 이룬다. 조암광물은 주로 사장석, 단사휘석이며 드물게 각섬석이 있다.

부성분광물은 감람석, 사방휘석, 자철광, 린회석, 형석 등이고 차생광물은 록니석, 소다장석, 2차자철광 등이다.

반정은 사장석, 사장석＋휘석 드물게 감람석, 사장석＋각섬석 등의 단광물 또는 여러 광물들의 집합체로 되여있으며 석기는 사장석, 단사휘석, 자철광, 화산유리 및 탈유리화산물로 되였다.

반정을 이룬 사장석은 판상을 이루는데 그의 조성은 An35−50이다. 석기를 이루는 사장석은 An35−45로서 반정보다 더 산성을 띤다.

휘석은 티탄보통휘석, 보통휘석으로서 반정 또는 석기를 이루는 기본광물이다. 자소휘석과 감람석은 드물게 나타난다. 감람석의 조성은 Fa55−65에 해당된다.

각섬석은 현무보통각섬석으로서 극히 드물게 나타난다. 반정을 이루는 경우 자형을 띠며 석기를 이룰 때는 불규칙적인 형태를 가진다.

조면안산암의 화학분석결과를 보면 표 2−35와 같다.

$Na_2O/K_2O = 0.8 \sim 1.2$, 반토도($al'$)는 $1.6 \sim 2.8$로서 카리−나트리계렬의 중간−고반토형에 속한다.

조면안산현무암의 화학조성과 표준광물조성, 질량%

표 2—34

지명	시료번호	화학 조 성, %										
		SiO_2	TiO_2	Al_2O_3	Fe_2O_3	FeO	MnO	MgO	CaO	Na_2O	K_2O	P_2O_5	작열감량
서두수	278	53.7	1.73	13.24	3.99	6.75	0.13	6.45	6.52	5.86	1.16	1.73	0.69
서두수	279	53.26	1.40	13.25	4.1	6.43	0.02	4.16	6.36	5.55	1.97	1.69	0.97
리명수	290	54.91	1.12	16.33	1.12	7.48	0.11	4.60	6.86	5.50	1.33	0.17	0.84
서두수	291	55.41	1.61	15.13	3.15	7.45	0.04	2.25	7.4	4.11	1.64	1.16	0.86
리명수	393	53.84	0.13	19.43	2.68	7.28	0.05	1.94	4.93	5.00	3.10	0.20	0.01
북포태산	294	54.18	0.15	20.94	2.91	7.43	0.05	1.55	5.00	4.00	3.10	0.20	0.01
북포태산	295	53.29	0.15	19.74	2.89	8.39	0.05	2.43	5.92	4.80	2.50	0.17	0.01

표계속

지명	시료번호	표 준 광 물 조 성									
		Ap	IL	Or	Ab	An	Mt	Di	Hy	OL	Q
서두수	278	1.70	3.21	6.75	48.79	6.31	5.70	12.50	3.71	8.98	
서두수	279	1.76	2.78	12.12	48.86	5.66	6.19	18.62		4.23	
리명수	290	0.41	2.17	7.99	47.33	16.23	1.65	14.36		9.86	
서두수	291	2.74	2.20	9.66	34.65	19.58	4.55	8.58	11.75	—	6.29
리명수	393	0.49	0.26	18.18	43.84	22.21	4.03	1.63	—	8.58	
북포태산	294	0.48	0.29	18.40	33.99	13.73	4.24	2.36	14.99	—	1.53
북포태산	295	0.41	0.39	14.99	41.24	25.33	4.26	2.95	10.54		

조면안산암의 화학조성과 표준광물조성, 질량% 표 2—35

지명	시료번호	화 학 조 성											
		SiO_2	TiO_2	Al_2O_3	Fe_2O_3	FeO	MnO	MgO	CaO	Na_2O	K_2O	P_2O_5	작열감량
향도봉	197	63.58	0.20	11.1	3.51	2.01	0.12	0.92	0.64	4.25	5.50	0.01	1.08
청림	360	62.86	0.20	15.42	5.37	2.45	0.08	1.83	1.28	4.30	4.80	0.14	0.38
의화	392	63.44	0.05	17.03	3.26	3.32	0.05	1.24	0.65	5.90	4.70	0.04	0.04
호산	501	62.56	0.70	16.2	2.77	2.88	0.04	1.53	2.14	4.6	5.06	0.01	0.76
려수	601	63.54	0.60	17.43	3.75	1.95	0.08	0.27	0.99	4.28	5.50	0.06	1.07

표계속

지명	시료번호	표 준 광 물 조 성									
		Ap	IL	Or	Ab	An	Mt	Di	Hy	OL	Q
향도봉	197	0.03	1.44	35.21	28.69	9.04	0.21	2.83	4.80	—	17.76
청림	360	0.34	0.39	28.75	36.87	5.60	6.50	1.15	7.65		12.75
의화	392	0.10	0.10	27.85	50.06	3.00	4.74	1.15	6.51		6.50
호산	501	0.02	1.35	30.25	39.42	8.75	4.08	1.59	5.03		9.31
려수	601	0.14	1.16	33.02	36.78	4.63	4.58		1.91		14.93

조면암

조면암은 소백산, 백두산천지, 장군봉, 곽사봉, 청봉, 포태산, 두류산, 백암등지에 분포되여있다. 조면암은 회색, 암록색, 암회색을 띄며 반상 또는 무반정구조를 이룬다. 백두산천지, 백사봉지구에는 조면암질흑요암이 있는데 광택있는 진한 흑색을 띄며 반상 또는 무반정유리구조를 이룬다.

호상, 괴상, 흐름상석리를 가진다. 이 암석은 주로 주상절리를 이루는데 길이는 수십m에 달한다.

중요 조암광물은 카리－소다장석, 사장석, 단사휘석 등이며 부성분광물은 사방휘석, 감람석, 자철광, 적철광 등이다. 이밖에 유리질이 많이 있다.

카리－소다장석은 무색투명 또는 회백색을 띄며 반정 또는 석리를 이룬다. 반정의 크기는 1～4mm이며 현미경하에서 무색투명하고 결정륜곽이 명확하다. 주로 4각판상, 단주상을 이루는데 석기물질과 작용하여 용식상을 이루는것도 있다. 많은것들이 쌍정이 없으나 때로는 소다장석법칙에 따르는 단순쌍정 또는 복합쌍정이 나타난다. 반정의 함량은 10～30％이다.

조면암에 들어있는 침상 또는 미정체로 들어있는 카리－소다장석의 $a:N_P$는 9～10°, 5～8°의 두가지로 나타나는데 그가운데서 첫째 무리가 많고 둘째 무리에 속하는 루장석은 상대적으로 적다.

굴절률, 광축각, 소광각의 크기에 의하면 백두산지구의 조면암의 카리－소다장석은 나트리미사장석, 루장석으로 되여있다. 카리－소다미사장석은 반정 또는 석기를 이룬다. 작은 침상결정 또는 미정체를 이루는데 석기안에서 일정한 방향으로 배렬되여있다. 보천군에 있는 곽사봉 조면암에 반정으로 들어있는 카리－소다장석의 주사현미경에 의한 미소구역분석결과를 보면 표 2－36과 같다.

조면암반정과 석기의 조성, %

표 2—36

성분 \ 시료	원암	절15			절16			조면암질흑요암				
		장석	반정	석기	원암	반정	석기	원암	장석	감람석	휘석	휘석
SiO_2	63.98	65.74	59.67	62.48	64.00	65.87	60.38	63.50	65.73	38.02	49.33	49.20
TiO_2	0.70		0.25		0.60		0.58	0.53	0.00	0.04	0.49	0.39
Al_2O_3	15.10	21.58	19.85	19.42	14.40	21.67	21.06	16.70	19.27	0.07	0.71	0.68
Fe_2O_3	3.51		5.46	6.95	5.58		3.31	4.89				
FeO	2.01				1.29				0.00	24.38	20.84	21.70
MnO	0.12				0.08			0.12	0.00	0.41	0.82	0.85
MgO	0.92				0.46			0.37	0.00	37.27	5.87	5.82
CaO	1.64	1.32	1.12	1.29	1.28	1.52	0.21	1.49	0.64	0.20	19.74	20.30
Na_2O	4.25	4.44	6.70	3.41	4.30	5.45	8.68	5.81	6.39	0.00	0.44	0.40
K_2O	5.50	6.65	6.69	6.45	5.50	5.52	5.79	5.89	7.34	0.00	0.00	0.00
P_2O_5	0.01				0.11			0.10				
작열감량	8.00				1.64			0.23				

사장석은 반정과 석기를 이루는데 반정은 극히 적다. 반정을 이루는 사장석은 4각판상 또는 단주상결정으로 되여있는데 크기는 $2\sim3mm$ 이다. $N_g=1.548\sim1.552$, $N_P=1.542\sim1.545$, $2VN_P=65\sim70°$ 이다. 쌍정은 단순 또는 복합쌍정으로 나타난다. 쌍정대가 명확한 소다장석-깔바드쌍정에서 쌍정합생면(%)에 대한 소광각의 크기에 따라 사장석의 조성을 결정한데 의하면 회조장석(An15-25)에 해당된다. 석기안의 사장석은 침상 또는 길게 늘어진 미정체를 이루며 일정한 방향으로 배렬되여있다. 침상결정들에서 $a:N_P=5\sim15°$ 이다. 이에 의하면 그의 조성은 An15~25이다.

휘석은 반정과 석기를 이룬다. 반정으로 들어있는 휘석은 단주상결정을 이루는데 크기는 $0.8\times0.6mm$ 이다. 박편에서 휘석은 연한 록색을 띠며 자름면은 모서리가 없는 정4각형으로 나타나며 두방향으로 교차벽개가 명확히 나타난다. 휘석반정과 석기와의 경계가 매우 예리하며 2차적변화가 나타나지 않는다. $C:N_g=40-45°$, 굴절률은 $N_g-N_P=0.023$, N_P-밝은록색, N_m-밝은 황록색, $N_g=$흑색이다. 석기안에 들어있는 휘석은 보통휘석에 속한다.

일반적으로 조면암에는 각섬석, 흑운모가 일정한 량으로 들어있는데 백두산지구의 조면암에서는 거의 나타나지 않는다.

감람석은 반정으로 들어있는데 극히 적다. 박편에서 무색투명하며 결정륜곽이 뚜렷하지 못하고 용융잔류체모양을 가진다. 석기물질로 둘러싸인 변두리부분에 록색 또는 암록색의 휘석떠가 있다.

자철광, 티탄철광, 린회석은 자형 또는 불규칙적인 형태를 가지고 석기안에 미립질로 들어있다. 유리질물질은 회색 또는 암록색, 갈회색을 띤다. 유리함량은 넓은 구간에서 변한다. 주사현미경으로 분석한 석기의 조성은 표 2-36과 같다.

구조는 조면암구조, 유리반암상구조이다.

백두산지구 조면암의 화학분석결과와 표준광물조성은 표 2-37과 같다.

표에서 보는바와 같이 주요 조암산화물들의 함량은 SiO_2 61~64%, TiO_2 0.03~1%, Al_2O_3 15~19%, Na_2O 5~6%, K_2O 5~6%, $Na_2O+K_2O=10\sim12%$ 이다.

조면암의 암석화학분석결과에 의하면 $Na_2O/K_2O=0.8\sim1.2$ 이고 반토성 $\left(al'=\dfrac{Al_2O_3}{Fe_2O_3+FeO+MgO}\right)$ 은 $2\sim4$ 로서 카리-나트리계렬의 매우 높은 고반토형에 속한다.

흑색응회암

흑색응회암은 압록강과 두만강의 본류와 지류에 화산재, 흑색부석이 운반퇴적되여 성암작용을 받아 형성된 분출응회암이다. 이 암석은 압록강 상류 기슭에서 잘 나타나는데 잘 로출된곳은 천궁바위부근인데 그 두께는 $20\sim40m$

조면암의 화학조성과 표준광물조성, 질량% 표 2—37

지구	시료번호	화 학 조 성, %											
		SiO_2	TiO_2	Al_2O_3	Fe_2O_3	FeO	MnO	MgO	CaO	Na_2O	K_2O	P_2O_5	작열감량
보천	102	61.52	0.04	17.47	3.43	4.83	0.04	0.21	0.66	5.70	5.50	0.05	0.14
향도봉	107	63.16	0.03	19.37	6.41	0.57	0.02	0.24	0.66	5.70	5.20	0.03	0.04
보서	165	63.44	0.70	16.88	1.35	4.24	0.08	0.57	1.91	4.83	5.90	0.11	0.04
푸른봉	170	62.00	0.03	19.66	4.21	3.43	0.04	0.0	0.66	5.20	4.90	0.05	0.04
〃	225	61.9	0.75	16.88	3.28	2.01	0.03	0.98	1.6	4.9	6.15	0.06	0.96
〃	226	63.14	0.30	17.66	4.55	0.86	0.08	0.60	1.00	5.75	5.80	0.05	0.56
가림천	365	63.48	0.65	15.04	4.56	3.67	0.20	0.92	1.70	5.30	4.70	0.14	0.44
리명수	397	63.76	0.05	18.63	2.73	2.53	0.04	0.81	1.32	4.50	5.90	0.70	0.04
향도봉	573	63.9	0.6	14.32	4.05	2.73	0.16	0.69	1.16	5.60	4.8	0.11	0.28
선오산	667	60.97	0.55	17.02	3.07	3.98	0.12	0.41	1.29	5.80	5.58	0.05	0.62

표계속

지구	시료번호	표 준 광 물 조 성									
		Ap	IL	Or	Ab	An	Mt	Di	Hy	OL	Q
보천	102	0.12	0.00	32.66	48.46	3.00	5.00	1.06	9.66		2.97
향도봉	107	0.07	0.06	30.37	47.66	3.06	5.50	3.20	2.00		7.43
보서	165	0.26	1.33	34.86	40.85	6.97	1.96	1.61	6.24		5.92
푸른봉	170	0.12	0.06	28.89	43.89	2.97	6.09	4.71	2.86		10.42
〃	225	0.14	1.45	33.88	42.06	6.00	4.44	1.34	2.29		5.39
〃	226	0.12	0.57	31.88	48.80	4.68	4.51	0.22	2.56		4.15
가림천	365	0.19	0.48	28.69	33.37	5.67	5.49	0.23	6.4		19.48
리명수	397	1.64	0.09	31.48	37.65	2.41	3.92	3.91	4.34		11.67
향도봉	573	0.27	1.16	28.9	47.83	2.12	5.47	4.28	1.26		10.41
선오산	667	0.12	1.06	3.34	49.62	3.98	4.50	1.88	4.18		10.28

에 달한다.

암석은 흑색, 회흑색, 갈흑색을 띠며 굳지 못하고 쉽게 부스러진다.

흑색응회암안에 **흑색부석덩어리들이 들어있는데 걸면은 유리질로 되여있**고 안에 구멍이 있다. 형태가 둥글거나 길게 늘어진 타원체를 이룬다. 이것은 암장이 분출될 때 완전히 굳어지지 않은 반용용체상태로 땅걸면에 떨어져 굴러가면서 생겼기때문이다.

흑색부석에는 루장석반정이 있다.

（3） 산성분출암

산성분출암에는 SiO_2 64%이상 함유되는 암석들이 속한다.

백두산지구에는 분출형식이 다른 두가지 종류의 산성분출암이 있다.

그중 하나는 용암류출성분출산물이다. 여기에 속하는 산성분출암은 대부분 준알카리계렬의 조면연안암, 조면류문영안암, 조면류문암 그리고 적은 량의 표준계렬의 류문영안암, 류문암, 알카리계렬의 **알카리조면영안암, 알카리류문영안암, 알카리류문암이다. 호름상분출과정에 용암이 급랭하였을 때 흑요암이 형성되였다.**

다른 하나는 폭발성분출에 의해 형성된 분출산물이다. 여기에는 백색부석과 그 응회암이 속한다.

백두산지구에 분포되여있는 산성분출암가운데서 대부분이 준알카리계렬에 속하는 분출암이다.

이 암석들은 백두산천지, 북설령, 곽사봉, 백사봉, 누른봉, 백암, 두류산지구에 분포되여있다.

류문영안암

류문영안암은 류문암과 영안암의 중간조성에 해당된다.

류문영안암은 백두산천지부근의 백두산층 그리고 북설령, 곽사봉, 누른봉, 백암지구에 분포되여있다. 이 암석은 흔히 산성계렬의 류문암, 조면류문영안암, 조면영안암 등과 공반되여있는데 량적으로 적다. 색은 회색, 청회색, 연한 갈분홍색을 띤다. 반정은 카리－소다장석, 사장석, 석영 등과 부광물로 들어있는 자철광, 지르콘석, 린회석, 갈렴석 등으로 되여있다.

사장석은 대성을 이루며 광학적특성은 회조장석에 해당된다. K－Na장석은 소다미사장석 또는 투장석이다. 각섬석과 **흑운모는** 매우 드물게 **나타**난다.

류문영안암은 규창암구조, 구과상구조, 미정체구조, 유리질구조를 가진다.

류문영안암의 화학분석결과와 표준광물조성은 **표 2－38**과 같다.

표에서와 같이 이 암석은 표준계렬의 카리나트리계렬($Na_2O/K_2O=$ 0.81)에 속한다. 섬호지역의 류문영안암은 나트리움보다 칼리움을 많이 가지

류문영안암의 화학분석결과와 표준광물조성, 질량% 표 2—38

지구	시료번호	화 학 조 성											
		SiO_2	TiO_2	Al_2O_3	Fe_2O_3	FeO	MnO	MgO	CaO.	Na_2O	K_2O	P_2O_5	작열감량
곽사봉	687	69.1	0.4	18.02	1.99	1.75	0.12	0.72	0.28	3.38	4.38	0.10	0.93
〃	401	69.20	0.4	10.3	0.63	5.47	0.08	3.60	0.01	4.00	3.80	0.14	3.52
〃	463	70.52	0.15	12.01	0.52	5.76	0.08	1.22	0.57	3.30	4.60	0.03	0.04
장군봉	676	70.72	0.55	13.52	2.94	2.85	0.01	0.11	0.30	3.03	3.38	0.03	1.04
〃	115	68.90	0.10	14.17	1.56	1.66	0.10	0.28	0.69	2.50	3.20	0.11	5.36
〃	417	68.64	0.50	16.42	3.60	2.66	0.16	0.34	2.39	5.00	5.80	0.11	1.02
〃	710	71.89	0.20	17.68	2.26	2.30	0.12	0.27	0.30	4.20	3.20	0.08	1.35
〃	192	71.50	0.30	6.16	3.82	5.47	0.16	0.98	3.74	3.30	4.20	0.70	0.20

표계속

지 구	시료번호	표 준 광 물 조 성								
		Ap	IL	Or	Ab	An	Mt	Pi	Hy	Q
곽사봉	687	0.23	0.87	25.79	28.49	0.80	2.87		2.83	30.7
〃	404	0.34	0.77	22.81	32.65		0.17	2.27	17.55	21.91
〃	463	0.14	0.86	27.42	28.16	2.49	0.76		12.68	26.27
장군봉	676	0.07	1.07	20.43	26.21	1.31	4.36		2.98	39.01
〃	115	0.28	0.20	20.28	22.69	2.98	2.42		2.47	42.68
〃	417	0.25	0.94	33.74	41.61	5.16	5.14	4.31		28.77
〃	710	0.17	0.39	19.59	36.81	1.11	3.39		3.02	34.55
〃	192	1.65	0.57	21.70	8.26			12.4	6.79	33.93

고있으나 대륙지역의 류문영안암은 칼리움과 나트리움의 함량이 비슷하다. K－Na계렬의 류문영안암은 지향사발전의 조기단계에 형성되며 칼리움계렬의 류문영안암은 지향사발전의 마지막단계에 형성된다.

류문암

백두산지구에서 류문암은 량적으로 극히 적다. 류문암은 주로 괴상 또는 호름상석리를 가진다. 괴상석리를 가지는 류문암은 록색, 회색, 백색을 띠며 호름상석리를 가지는 류문암은 백색, 장미색, 회청색을 띤다. 호름상석리는 흔히 색갈에서 차이나는 미세한 호상물질돌로 이루어진다. 류문암의 색갈은 조암성분과 함께 암석의 결정화정도에 많이 관계된다. 일반적으로 유리질인 경우는 광택있는 흑색, 암록색을 띠며 결정질이 많아짐에 따라 연회색, 회색, 장미색, 백색으로 된다. 심한 유리질암석은 백두산천지부근과 백사봉지구에서 나타난다.

류문암은 반정과 석기로 이루어졌다. 반정은 석영 K－Na장석, 사장석이며 이밖에 드물게 각섬석과 휘석이 있다. 석기는 알카리장석, 유리질물질, 산성사장석, 방석영, 린석영, 석영 등으로 이루어졌다.

석영은 반정중에서 적으며 자름면이 둥글거나 또는 6각형이다. 크기는 0.1∼0.5mm정도이다. 반정으로 들어있는 석영이 적은것으로 보아 대다수의 석영은 석기속에 미립으로 들어있을것이다.

사장석은 조성이 An15－25인 회조장석에 해당되는데 반정과 석기안에 있다. 사장석반정의 함량은 1∼10％이다. 대상구조를 이루며 바른 기둥모양을 이룬다.

알카리장석은 투장석 또는 소다미사장석에 해당되는데 대부분 반정으로 들어있다. 알카리장석의 규칙배렬도는 낮다. 결정은 흔히 주상결정이며 길이는 0.5∼3mm이다.

류문암에는 부광물로 각렴석, 지르콘석, 린회석 등이 들어있다. 각렴석은 0.4mm의 주상결정이며 지르콘석과 모나주석은 길이 0.05mm정도의 명확한 짧은 주상결정을 이룬다. 린회석은 외형이 명확한 주상결정이다.

류문암은 흔히 주파상구조, 미정구조, 유리질구조 등을 가진다. 이와 같은 구조는 한 암석에서도 나타나는것으로 보아 암석의 형성조건 주로는 랭각조건에 관계되는것임을 예상할수 있다. 구파상구조는 침상장석과 석영의 방사상집합체로 이루어졌다.

자료에 의하면 류문암의 반정은 1370∼800°C 그리고 석기는 1000∼670°C에서 형성되며 석영은 1350∼800°C, 사장석은 1280∼920°C, 투장석은 1150∼850°C에서 형성된다.

류문암의 화학분석결과와 표준광물조성은 표 2－39와 같다.

백두산지구에서 류문암은 산성계렬의 층상화산체를 이루었는데 그 분포면적이 작다. 주로 준알카리계렬의 산성분출암들인 조면류문영안암, 조면영

류무암의 화학조성과 표준광물조성, 질량%　　　　　　표 2—39

지구	시료번호	화 학 조 성											
		SiO_2	TiO_2	Al_2O_3	Fe_2O_3	FeO	MnO	MgO	CaO	NaO	K_2O	P_2O_5	작열감량
누른봉	723	73.42	0.10	13.5	1.67	1.61	0.05	0.27	0.98	2.55	4.20	0.08	0.64
누른봉	679	74.59	0.30	13.45	1.95	1.40	0.01	0.78	0.54	3.4	4.1	0.07	0.21
설령	654	75.44	0.12	12.64	0.75	0.75	0.01	0.01	0.55	3.72	4.2	0.08	0.24
설령	658	76.05	0.15	12.48	0.93	0.74	0.01	0.08	0.13	2.36	5.16	0.02	0.41
설령	685	74.55	0.20	11.68	0.96	2.58	0.04	0.98	0.01	3.95	3.55	0.04	2.46
곽사봉	691	74.81	0.51	10.75	1.99	3.35	0.05	0.62	0.03	3.43	3.28	0.40	0.87
곽사봉	708	74.28	0.20	11.75	2.85	2.44	0.06	0.54	0.16	3.90	3.35	0.08	0.15
곽사봉	128	73.44	0.30	15.50	1.75	3.25	0.01	0.52	0.36	3.40	4.00	0.05	0.34
누른봉	122	73.06	0.30	15.26	2.47	0.01	0.01	0.78	0.54	3.6	4.0	0.07	0.34
누른봉	462	73.65	0.3	12.31	3.39	2.3	0.08	0.91	0.01	3.1	4.2	0.07	0.16
북계수	685	77.67	0.56	10.75	1.99	3.35	0.05	0.52	0.03	4.43	3.28	0.02	0.89
북계수	658	70.05	0.15	12.45	1.29	0.42	0.01	0.08	0.13	2.36	5.16	0.02	1.94
곽사봉	691	74.56	0.2	11.68	0.93	2.58	0.04	0.98	0.01	3.95	3.55	0.04	2.46
곽사봉	708	74.28	0.2	11.75	2.85	2.44	0.06	0.54	0.15	3.9	3.35	0.06	0.15

표계속

지구	시료번호	표 준 광 물 조 성								
		Ap	Il	Or	Ab	An	Mt	Di	Hy	Q
누른봉	723	0.19	0.19	25.20	21.90	4.45	2.45		2.25	40.14
누른봉	679									
설령	654	0.19	0.23	25.24	32.00	2.30	1.10		0.66	37.10
설령	658	0.05	0.29	31.07	20.34	0.51	1.37		0.57	42.88
설령	685	0.02	0.39	21.29	33.91		1.41		6.21	55.41
곽사봉	691	0.05	1.01	20.22	33.29	0.03	3.01		5.52	59.6
곽사봉	708	0.14	0.32	19.80	33.11	0.44	4.15		3.26	37.08
곽사봉	128	0.11	0.56	23.03	28.03	1.45	2.47		5.19	34.23
누른봉	122	0.17	0.57	23.63	30.45	2.27	1.86	4.18	2.38	34.50
누른봉	462	0.02	0.57	21.97	28.38		4.46	2.72	1.93	38.93
북계수	685	0.05	1.04	18.85	36.04		2.62	0.26	5.15	35.83
북계수	658	0.05	0.29	31.08	20.35	0.54	2.84		0.57	42.89
곽사봉	691	0.02	0.38	21.28	33.90		1.41		6.20	35.4
곽사봉	708	0.14	0.38	19.87	33.11	0.44		4.14	3.25	37.08

안암 등과 공반되여있다.

① 준알카리계렬의 산성분출암

백두산지구에서 준알카리계렬의 산성분출암은 두류산-누른봉-포태산-소백산-백두산을 련결하는 북서계렬의 심부단렬대를 따라 발달되여있다. 대표적인 지역은 백두산, 소백산, 북포태산, 남포태산, 백사봉, 북설령, 장군봉, 곽사봉, 누른봉 등이다. 이 산성분출암에는 조면영안암, 조면류문영안암, 조면류문암 등이 속하는데 이 암석들은 보천통 현무암층우에 높이 솟은 산체를 이루었다.

준알카리계렬의 산성분출암의 특성은 표 2-40과 같다.

백두산지구 준알카리산성분출암의 특성도표　　　　표 2-40

암족	조면영안암 SiO_2 64~68%	조면류문영안암 SiO_2 68~73%	조면류문암 SiO_2 73% 이상	
암족내표형광물	Q, Fsp, PL, ±M	Q, Fsp, PL	Q, Fsp, Pl	
암종	조면영안암	조면류문영안암	조면류문암	
표준광물함량, %	반정: 5~40 Pl 10-15, Fsp 10-15, Bt 5-8, Am 2-5, Cpx 1-2 석기: 60-95 Fsp, 유리	반정: 2-35 Fsp 10-15, Pl 8-10, Q 5-6, Bt 4-6 석기: 65-98 Fsp, 유리	반정: 1~50 Fsp 10-15 Q 8-12 Pl 8-10, Bt 1-5 석기: 50-99 Fsp, 유리	
화학조성, % SiO_2	64.0-68.0	68.0-73.0	73.0-77.5	
TiO_2	0.05-1.5	0.1-0.7	0.1-1.0	
Al_2O_3	14.0-18.0	12.0-16.0	11.5-16.5	
Fe_2O_3+FeO	0.2~9.5	0.1~6.0	0~6.0	
MnO	0~0.5	0~0.5	0~0.1	
MgO	0.1~4.0	0~1.5	0-1.0	
CaO	0.5~4.5	0.5~3.0	2.0-2.5	
Na_2O	3.5~7.0	0.5·6.0	2.0-6.0	
K_2O	3.0~7.0	3.5~9.7	3.5-8.0	
Na_2O/K_2O계렬	0.5~2.0 K-Na계렬	0.5~1.5 K-Na계렬	0.4-1.5 K-Na계렬	0-0.4 K계렬
$al' = \dfrac{Al_2O_3}{Fe_2O_3+FeO+MgO}$	1.5~9	1-10	2-10	1-2

(※ 표의 기호는 표 2와 같다)

조면영안암

조면영안암은 백두산천지, 소백산, 포태산, 장군봉, 곽사봉, 백암 주변에 분포되여있다.

암석의 색은 회색 또는 청회색, 갈회색 때로는 붉은색을 띤다.

석리는 괴상 또는 흐름상이다. 이 암석의 조성과 구조는 조면암과 비슷하다. 구조는 주로 반상이며 무반정상구조는 극히 드물다. 중요 조암광물은 카리-소다장석, 사장석이며 이밖에 휘석, 감람석, 각섬석이 있다. 부차적광물은 린회석, 자철광 등이다.

카리-소다장석은 주로 반정으로 들어있다. 형태는 주상 또는 4각판상을 이루며 크기는 0.5~0.8mm이고 함량은 25%이다. 현미경에서 매우 투명하고 깨끗하며 석기와의 경계는 직선적인것도 있지만 드문 경우 석기물질과 작용하여 용식상을 이루는것이 있다. 쌍정은 드물게 나타난다. 카리-소다장석은 소다장석법칙 또는 혼합법칙에 의한 쌍정을 이룬다. $a:Np=5-10°$, $2VNp=40~50°$이다. 광학적특성에 의하면 카리-소다장석은 투장석 또는 소다미사장석에 속한다.

장석의 주사현미경에 의한 X선미소구역분석결과에 의하면 석기안에 들어있는 미정질장석들은 침상, 가는 주상, 길게 늘어진 미정체를 이루며 일정한 방향으로 배렬되여있다.

사장석은 반정으로 들어있는데 주로 짧은 판상을 이룬다. 반정의 크기는 0.2~8mm이다. 현미경하에서는 매우 투명하며 깨끗한 결정으로 나타난다. 흔히 대상구조를 이룬다. 이런 경우 사장석의 중심부는 주변부보다 더 염기성을 띤다. 석기물질과의 경계는 명확하고 직선적이나 때로는 호상간의 작용으로 용식상을 나타내기도 한다. 석기안의 사장석은 가는 주상결정, 침상결정 등을 이루며 일정한 방향으로 배렬되여있다.

휘석은 비교적 드물게 나타난다. 현미경하에서는 청록색을 띠며 단주상 또는 불규칙적인 형태를 이룬다. 광학적특성은 $C:Ng=40-45°$, $Ng-Np=0.225$, $2V=55°$, $Np-$밝은 청록색, $Nm-$밝은 록색, $Ng-$회록색이다.

광학적특성에 의하면 휘석은 보통휘석에 속한다. 석기안의 휘석은 짧은 주상을 이루며 배렬성이 있다.

감람석은 매우 드물게 나타난다. 크기는 0.1~0.3mm이며 자형을 이루지 못하고 용식상을 이룬다.

석기는 조면암구조, 유리반암구조, 미정질구조를 가진다. K-Na장석과 사장석의 주상결정 또는 늘어진 미정체들의 배렬로 흐름상을 잘 나타낸다.

조면영안암의 화학분석결과는 표 2-41과 같다.

조면류문영안암

조면류문영안암은 백두산천지, 북설령, 북포태산, 남포태산, 백사봉, 곽사봉, 누른봉, 설령, 령하, 두류산 지구에 분포되여있다. 층서적으로는 북설령층과 천지층의 분출암안에 들어있다.

조면영안암의 화학조성과 표준광물조성

표 2—41

지구	시료번호	화 학 조 성											
		SiO_2	TiO_2	Al_2O_3	Fe_2O_3	FeO	MnO	MgO	CaO	Na_2O	K_2O	P_2O_5	작열감량
향도봉	70	64.06	0.5	15.02	8.22	1.01	0.18	0.82	1.28	4.0	5.0	0.10	0.
호산리	121	64.94	0.9	15.83	4.94	0.91	0.01	0.65	1.08	4.10	5.70	0.09	0.76
소백산	196	64.76	0.5	14.92	5.02	1.62	0.20	0.63	1.02	4.70	4.4	0.08	0.51
향도봉	456	66.38	0.45	13.36	6.97	1.91	0.22	1.09	1.14	4.6	4.8	0.07	0.01
향도봉	457	64.94	0.5	14.92	6.15	1.06	0.20	1.09	1.14	4.4	5.0	0.07	0.28
호산리	561	64.44	0.4	14.88	4.03	3.74	0.16	0.56	1.16	4.3	5.3	0.02	0.06
가림천	618	65.9	0.5	14.31	4.3	2.52	0.11	0.95	1.79	4.35	5.15	0.1	0.30
두류산	639	66.1	0.59	15.24	2.94	1.62	0.16	0.48	0.72	3.74	5.01	0.29	2.49
가림천	736	65.06	0.52	15.72	4.56	1.39	0.10	0.56	0.98	3.75	5.20	0.15	0.75
려 수	743	67.66	0.4	14.54	2.46	2.35	0.09	0.64	0.41	5.15	4.45	0.04	0.77

표계속

지구	시료번호	표 준 광 물 조 성								
		Ap	Il	Or	Ab	An	Mt	Di	Hy	Q
향도봉	70	0.24	0.95	29.55	33.81	5.76	6.92	0.92	5.40	16.41
호산리	121	0.21	1.73	31.05	35.06	4	4.64		2.11	16.09
소백산	196	0.19	0.95	26.03	21.42	14.51		3.81	18.83	13.76
향도봉	456	0.17	0.86	28.33	28.86	1.91	1.41	2.86	12.72	12.85
향도봉	457	0.17	0.96	29.69	23.41	3.27	0.22	0.35	15.15	10.77
호산리	561	0.05	0.76	31.63	36.73	5.69	5.90		4.59	14.60
가림천	618	0.23	0.95	30.44	36.81	4.32	5.45	3.24	2.51	15.97
두류산	639	0.71	1.15	30.51	32.61	1.92	3.61		2.37	23.91
가림천	736	0.36	1.01	31.38	32.40	4.06	4.64		3.08	20.51
려 수	743	0.09	0.77	26.50	43.90	1.81	3.59		5.24	17.46

조면류문영안암은 회백색 또는 밝은 회색을 띤다. 주로 반상구조를 이루며 무반정구조는 드물다. 석려는 흐름상석리, 충괴상석리이다. 반정광물은 주로 카리-소다장석, 사장석으로 되여있는데 함량은 5~15%이다. 이밖에 적은 량의 휘석이 있다.

카리-나트리움장석은 반정과 석기의 구성광물로 들어있는 기본광물이다. 반정은 주상 또는 길고 둥그스럼한 형태를 이룬다. 현미경에서 반정은 깨끗하고 투명하다. 쌍정은 나타나지 않으며 벽개는 명확하다. 석기와의 접촉부는 선명하다. 드물게 반-응연변부가 나타난다. 주상결정들에서 $a:Np=5-10°$, $2V=35-50°$이다.

렌트겐구조분석에 의하면 카리-소다사장석은 소다미사장석에 해당된다.

사장석은 반정 또는 석기안에 들어있다. 반정의 크기는 0.5~2mm이며 4각판상 긴주상을 이룬다. 쌍정은 소다장석법칙으로 되여있다. 석기와의 경계는 비교적 명확하다. 때로는 용식상을 이루는것도 있다(010): $Np=4~10°$ 광학적특성에 의하면 사장석의 조성은 An10-20에 해당되는 회조장석이다.

휘석은 반정광물이기는 하지만 매우 드물다. 반정들의 크기는 0.3~0.8mm정도이며 단주상자형이며 벽개가 명확하다. $C:Ng=30~45°$, $2VNg=45~65°$, $Ng-Np=0.024~0.027$, $Np-$밝은 록색, $Nm-$밝은 황록색, $Ng-$갈록색, 석기는 반정광물의 미립들과 석영, 유리질물질, 금속광물 등으로 되여있다.

장석반정과 석기조성, % 표 2-42

암석 반정과 석기 조성	조면영안암(장10)			조면류문영안암			조면영안암		
	원암	장석	석기	원암	장석	석기	원암	장석	휘석
SiO_2	66.45	64.70	57.92	68.42	67.90	62.54	67.48	66.63	47.85
TiO_2	0.50			0.30			0.28	0.04	0.36
Al_2O_3	12.40	23.44	19.06	13.42	20.30	17.64	14.99	19.92	0.89
Fe_2O_3	1.25		7.35	4.09		5.75	2.35		
FeO	5.62			1.87			2.08	0.18	26.39
MnO	0.16			0.16			0.14	0.11	0.97
MgO	0.30			0.46			0.06	0.30	2.83
CaO	0.71			0.64	0.02	0.32	0.96	0.21	19.55
Na_2O	6.10	4.24	11.30	6.46	4.77	7.81	5.43	7.06	1.29
K_2O	5.50	7.62	4.37	4.60	7.00	6.04	5.17	6.32	0.00
P_2O_5	0.05			0.04			0.05		
	0.44			0.54			0.77		

조면류문영안암의 화학조성과 표준광물조성, 질량%

지구	시료번호	화학 조성											
		SiO₂	TiO₂	Al₂O₃	Fe₂O₃	FeO	MnO	MgO	CaO	Na₂O	K₂O	P₂O₅	작열감량
향도봉	419	68.4	0.3	12.04	4.55	2.74	0.12	0.52	1.43	5.40	4.80	0.09	0.01
장군봉	488	70.9	0.30	11.07	2.80	5.25	0.12	0.01	0.36	5.00	3.25	0.02	0.04
장군봉	530	71.32	0.80	11.21	3.44	2.66	0.04	0.53	0.23	4.75	4.15	0.04	0.68
장군봉	537	72.68	0.40	9.05	6.23	1.1	0.01	0.28	0.38	4.9	4.35	0.04	0.54
장군봉	538	70.5	0.30	10.78	1.89	3.82	0.01	0.01	0.77	5.45	4.6	0.04	0.4
장군봉	539	73.26	0.4	9.87	3.41	3.53	0.01	0.01	0.39	4.6	4.35	0.05	0.88
장군봉	544	69.78	0.4	11.27	5.23	2.52	0.01	0.01	0.59	5.15	4.60	0.03	0.24
누른봉	593	70.66	0.68	10.74	5.67	2.74	0.20	0.26	0.18	4.00	4.75	0.08	0.56
설령	597	69.36	0.4	12.33	7.11	0.83	0.06	0.25	0.47	3.90	4.45	0.04	0.96
설령	709	71.37	0.2	11.25	2.93	2.66	0.04	0.54	0.26	4.1	3.8	0.09	1.3

표계속

지구	시료번호	표준광물조성								
		Ap	It	Or	Ab	An	Mt	Di	Hy	Q
향도봉	419	0.21	0.57	23.25	35.08	9.28	1.49	5.63	2.82	16.07
장군봉	488	0.04	0.57	19.19	42.26		4.00	1.48	6.32	25.95
장군봉	530	0.09	0.15	21.90	35.09		2.51	0.77	4.37	27.01
장군봉	537	0.09	0.77	25.09	22.51			1.44	5.83	31.11
장군봉	538	0.09	0.58	27.68	30.89			3.21	4.92	25.09
장군봉	539	0.72	0.76	25.72	26.58			1.45	5.08	30.12
장군봉	544	0.07	0.76	27.31	32.51		1.18	11.21	3.18	22.28
누른봉	593	0.19	1.29	28.09	28.83			0.36	3.84	28.04
설령	597	0.09	0.77	26.58	33.34	2.11	0.11		3.04	27.60
설령	709	0.22	0.33	23.08	35.65	0.78	4.36		3.64	31.73

석영은 반정 또는 석기안에 크기가 0.001∼0.01mm의 미정체로 들어 있다.

석기는 규장암구조, 미정체구조, 조면암구조이다. 알카리장석과 석영, 방석영, 규산광물의 집합체 등은 규장암구조를 이루고 알카리장석, 규산광물, 유리질물질의 집괴 그리고 그안에 들어있는 사장석의 엽편들은 미정체구조를 이루었다. 그리고 알카리장석, 산성사장석 약간의 규산광물들이 조면암구조를 이루었다. 암석에 들어있는 소다미사장석단광물의 화학분석결과는 표 2-42와 같고 조면류문영안암의 화학분석결과는 표 2-43과 같다.

K보다 Na가 많은 조면류문영안암은 대양 및 해양 리프트대의 분출암에서 특징적이며 Na보다 K가 많은 조면류문영안암은 대륙가동대의 분출암에서 특징적이다.

조면류문영안암은 반정광물과 석기의 구조에 따라 투장석질변종, 정장석질변종, 흑운모질변종, 각섬석질변종, 석영-자소휘석질변종으로 구분되는데 백두산지구에는 투장석질변종만이 알려져있다.

백두산지구에서 조면루문영안암은 명반석, 고령석광상과 성인적으로 련계되여있다.

조면류문암

이 암석은 백두산화산대의 중부지구에 있는 북설령, 곽사봉, 백사봉, 북포태산, 누른봉지구 등에 있다. 이 암석이 들어있는 기본암층은 장군봉층과 북설령층이다. 곽사봉지구에서 조면류문암은 백색, 회백색을 띠며 다른 암석보다 립도가 좀 좋다. 조면류문암은 조면류문영안암, 조면영안암, 류문암과 공반되여있으며 그것들과 접하여 이행관계를 가진다.

구조는 반상구조이며 조암광물의 립도차이로 나타나는 호상석리를 가진다. 호롤의 너비는 0.1∼5mm이다.

조암광물은 알카리장석, 사장석, 휘석이고 드물게 흑운모, 금속광물이다. 부광물은 지르콘석, 티탄철광, 린회석, 각렴석 등이다.

알카리장석은 투장석과 소다미사장석으로 되였다. 반정 또는 석기의 조성광물로 들어있다. 현미경하에서 무색투명한 단주상 또는 4각판상결정이며 석기와의 경계는 직선적이다. 드물게 용식상을 이루는것도 있다. 반정의 크기는 0.3∼2mm이다. 주상결정의 $a:Np=5-8°$, $2V=45°$ 사장석은 반정 또는 석기의 조성광물로 들어있다. 반정으로 들어있는 사장석은 단주상결정이며 크기논 0.4∼1mm이다. 사장석의 조성은 조장석(An 5-15)에 해당한다. 현미경하에서 무색투명하며 직교니콜아래에서는 대상소광을 나타낸다. 대상사장석의 중심부의 조성은 회조장석에 그리고 바깥부분은 조장석에 해당된다.

휘석은 조성상 회철휘석에 해당된다. 비교적 드물게 반정광물로 들어있으며 단주상결정을 이룬다. 크기는 0.05∼2mm이다. 휘석의 변두리에는 반응연식부가 없다. $C:Ng=45°$, $Ng-Np=0.030$, $2V=62°$, $Np-$밝은 청록색, $Nm-$밝은 황록색, $Ng=$밝은 청록색이다.

　석기는 미정질로 되여있으며 내부에 미립구과상집합체 또는 유리질물질이 섞여있다. 미정체로는 가는주상알카리장석, 사장석, 방석영, 린석영 등이다. 조면류문암은 암석의 화학조성으로 보아 석영이 반정 또는 석기속에 많이 들어있어야 하나 현미경하에서는 석영알갱이가 나타나지 않는다. 분석결과에 기초한 표준광물조성은 석영이 35~40%에 달한다.

　이것은 암석속에 들어있는 유리규산이 석영을 형성하지 못하고 방석영 또는 린석영으로 결정화된것과 관련된다고 본다. 백두산지구의 산성분출암의 대부분은 석영을 반정으로 거의 포함하지 않는다.

　석기속에 들어있는 미정구과체는 알카리장석의 침상체들과 방석영 또는 린석영의 방사상집합체로 되여있는데 직경은 0.05~1mm이다. 방사상집합체의 중심에는 티탄철광 또는 휘석이 들어있는것도 있다.

　조면류문암의 화학분석결과와 표준광물조성은 표 2-44와 같다.

　암석화학적분석에 의하면 $Na_2O/K_2O=0.8-1$로서 K-Na계렬에 속하며

$$al' = \frac{Al_2O_3}{Fe_2O_3 + FeO + MgO} = 4.5$$로서 매우 높은 반토계렬에 속한다.

　곽사봉지구에서 조면류문암은 명반석광체의 상하반을 따라 발달되여있다.

조면류문암의 화학조성과 표준광물조성, 질량%　　　　표 2-44

지구	시료번호	화학조성											작열감량
		SiO_2	TiO_2	Al_2O_3	Fe_2O_3	FeO	MnO	MgO	CaO	Na_2O	K_2O	P_2O_5	
곽사봉	218	74.92	0.2	8.24	1.57	0.93	0.01	0.01	0.36	4.4	4.5	0.03	3.92
곽사봉	305	76.8	0.03	12.8	1.26	0.31	0.01	0.23	0.42	3.78	4.58	0.01	1.16
설령	657	76.52	0.18	12.84	1.20	1.43	0.01	0.06	0.07	4.26	4.64	0.02	3.64
설령	686	77.67	0.28	9.94	0.68	1.83	0.03	0.28	0.01	3.78	4.83	0.07	0.71

표계속

지구	시로번호	표준광물조성								
		Ap	It	Or	Ab	An	Mt	Di	Hy	Q
곽사봉	218	0.08	0.40	27.94	18.22	4.39		1.50	0.91	42.87
곽사봉	305	0.02	0.06	27.00	31.91	2.02		1.28	1.00	35.83
설령	657	0.04	0.34	28.41	35.50	0.22	1.71		1.47	31.81
설령	686	0.02	0.57	28.72	24.40				3.66	39.83

② 알카리계렬의 산성분출암

　알카리계렬의 산성분출암에는 SiO_2 68%이상, Na_2O+K_2O 12~9.5%

이상의 분출암이 속한다.

백두산지구에서 알카리계렬의 산성분출암은 백두산천지, 곽사봉, 령하, 설령, 두류산지구에 분포되여있다. 이 지역들에서 알카리계렬의 산성분출암은 준알카리계렬의 산성분출암과 공반되여있다.

알카리계렬의 산성분출암에는 알카리조면영안암 SiO_2 64~68%, 알카리류문암(꼬멘지르암) $SiO_2 > 73\%$, $Na_2O + K_2O > 9\%$ 이다.

알카리조면영안암

이 암석은 백두산천지, 곽사봉, 령하, 설령, 두류산지구에 분포되여있는데 현무암대지우에 생겨난 원추형화산체를 이룬다. 이 암석은 알카리계렬의 산성분출암가운데서 규산함량이 제일 낮다. 알카리조면영안암은 알카리조면암 및 알카리류문영안암과 광물 및 화학조성에서 점차적이행관계를 가진다. 이로부터 암석학적 및 지구화학적특성이 비슷하다.

알카리조면영안암은 반상 또는 무반정상암석이다. 반정은 주로 알카리장석과(20%까지) 석영으로 되여있으며 이밖에 휘석(10%까지), 감람석, 각섬석, 석영 등이 있다. 알카리장석은 소다미사장석과 투장석에 해당된다. 반정은 4각판상자형을 이루며 크기는 0.5~2mm정도이다. 알카리장석에는 휘석과 금속광물이 들어있다.

휘석은 에기린-보통휘석으로서 단주상을 이루며 록색을 띤다. 반정의 크기는 장석보다 작다. 복굴절률은 $Ng - Np = 0.036 \sim 0.040$, $C:Np = 15 - 20°$, 광축각 $2VNg = 75 - 80°$, $Np -$록색, $Nc -$밝은 록색, $Ng -$록황색이다.

석기는 반정으로 들어있는 광물들의 미립자들과 유리질로 되여있다. 흔히 조면상구조를 이루며 장석은 일정한 방향으로 배렬되여있다.

알카리조면영안암의 화학분석결과와 표준광물조성은 표 2-45와 같다.

알카리조면영안암은 알카리류문영안암, 알카리류문암과 공반되여있다.

알카리조면영안암은 조암광물에 따라 휘석질변종, 각섬석질변종, 에기린-보통휘석변종으로 구분된다. 또한 구조에 따라 무반정질, 반정질변종, 흑요석질, 부석질, 진주암질 등으로 구분되는데 백두산지구에서는 이 모든것이 다 있다.

알카리류문영안암

이 암석은 포태, 푸른봉, 장군봉, 설령, 누른봉 일대에 분포되여있는데 흐름체, 준분출암체를 이룬다. 이 암석은 알카리류문암과 공간적으로 련계되여있는데 광물 및 화학조성에서 알카리류문암과 점차적이행관계를 가진다. 그러므로 이 두 암석들은 암석학적 및 지구화학적성질에서 비슷한 점들이 많다. 알카리류문영안암은 암록색, 흑색을 띠며 치밀한 괴상, 광재모양의 유리질집괴를 이룬다.

알카리류문영안암은 반상 및 유리질구조를 이룬다. 반정광물은 K-Na장

조면영안암의 화학조성과 표준광물조성, 질량% 　　　　　표 2—45

지구	시료번호	화 학 조 성											
		SiO_2	TiO_2	Al_2O_3	Fe_2O_3	FeO	MnO	MgO	CaO	Na_2O	K_2O	P_2O_5	작열감량
향도봉	81	64.94	0.30	12.76	7.39	1.92	0.12	1.83	1.09	5.7	4.9	0.03	0.01
향도봉	82	66.42	0.3	13.48	6.00	3.52	0.14	1.57	1.09	5.5	4.6	0.18	0.32
북계수	132	65.9	0.4	17.00	4.41	0.9	0.08	0.13	1.98	4.6	5.6	0.51	0.04
소백산	210	66.19	0.3	14.71	1.55	4.03	0.12	0.2	0.64	5.2	5.00	0.01	0.8
포태	300	64.72	0.36	13.3	3.82	0.36	0.01	0.91	1.26	5.96	4.6	0.05	2.87
포태	302	64.12	0.36	14.65	1.29	1.22	0.01	0.71	0.84	4.6	6.6	0.05	5.4
청림	352	63.56	0.6	13.3	5.14	2.55	0.16	1.07	1.28	4.3	7.2	0.15	0.12
청림	449	65.1	0.4	16.89	3.55	1.65	0.12	1.59	0.53	5.2	5.25	0.01	0.01
향도봉	547	66.02	0.3	14.74	1.8	4.61	0.01	0.28	1.17	5.5	5.00	0.06	0.04
누른봉	664	66.83	0.37	17.01	0.52	1.3	0.01	0.42	0.09	5.47	6.30	0.03	0.89

표계속

지구	시료번호	표 준 광 물 조 성								
		Ap	It	Or	Ab	An	Mt	Di	Hy	Q
향도봉	81	1.07	0.57	28.73	38.06	8.61	3.22	4.31	7.29	9.14
향도봉	82	0.44	0.59	27.83	4.33	4.45	6.40	6.23	9.57	40.16
북계수	132	0.26	0.76	28.33	38.88	9.17	3.49	0.14	1.14	13.29
소백산	210	0.02	0.58	29.85	44.14	2.06	2.27	0.92	8.45	11.40
포태	300	0.12	0.72	28.54	44.96	7.04		5.2	2.49	10.94
포태	302	0.13	0.73	41.28	40.89	0.27	1.85	3.35	0.99	10.59
청림	352	0.36	1.15	42.85	28.54	7.13	3.00	4.59	3.76	8.63
청림	449	0.02	0.26	30.94	40.88	2.56	4.26	1.71	5.09	10.76
향도봉	547	0.14	0.57	29.68	46.75	0.78	2.62	3.12	5.05	10.25
누른봉	664	0.07	0.71	37.84	47.03	0.27	0.76		2.44	9.73

석, 휘석, 각섬석이다. 카리—소다 장석은 투장석과 소다미사장석으로 되여 있는데 반정은 보통 5∼10%이며 30%를 넘는것이 드물다. 크기는 0.5∼2mm 때로는 3∼4mm에 달한다.

휘석은 록색을 띠며 자형단주상을 이룬다. 조성은 투휘석 또는 에기린— 브롱·휘석에 해당한다.

각섬석반정의 조성은 소다철섬석에 해당된다. 석기는 결정화정도가 각이 한 미립결정들과 유리질물질로 되여있다. 유리질물질은 암록색 또는 밝은 황색을 띠며 흐름상구조를 나타낸다.

유리질물질안에 K—Na장석의 미정체들이 있다. 미립결정들은 반정광물 의 미립들로 되여있다.

알카리류문영안암의 화학분석결과는 표 2—46과 같다.

알카리류문영안암의 화학조성과 표준광물조성, 질량%　　표 2—46

지구	시료번호	화학조성										
		SiO_2	TiO_2	Al_2O_3	Fe_2O_3	FeO	MnO	MgO	CaO	Na_2O	K_2O	P_2O_5	작열감량
포태	307	72.3	0.17	13.11	2.02	1.06	0.01	1.36	0.56	5.52	5.39	0.01	0.38
푸른봉	311	69.38	0.35	14.16	2.9	0.32	0.01	0.56	0.52	4.61	6.21	0.02	0.59
장군봉	475	70.89	0.5	10.02	2.49	3.88	0.12	1.02	0.36	6.1	4.7	0.05	0.04
설령	533	73.12	0.2	10.64	4.3	3.17	0.04	0.81	0.23	4.1	5.9	0.04	0.8
누른봉	698	71.53	0.25	10.31	3.15	2.46	0.14	1.80	0.25	4.8	5.55	0.09	0.12

표계속

지구	시료번호	표준광물조성								
		Ap	It	Or	Ab	An	Mt	Di	Hy	Q
포태	307	0.02	0.32	31.27	37.00	5.36		2.18	4.14	19.04
푸른봉	311	0.48	0.67	37.08	38.67	0.64	2.42	1.98	0.84	17.65
장군봉	475	0.12	0.85	27.73	25.34	7.19		1.16	3.38	24.82
설령	533	0.09	0.37	33.98	21.34		0.57	0.73	6.66	25.72
누른봉	698	0.71	0.47	32.56	21.98	0.29		0.57	8.48	24.02

다른 암석과의 차이는 알카리의 함량이 높은것이다.

자료에 의하면 알카리류문영안암에는 지르콘, 니오비움, 불소, 베릴리 움, 석, 딴딸, 희토류(란딴, 쩨리움, 이트리움) 등이 많이 들어있다. 유리질 알카리류문영안암에서 희토류원소의 함량은 반토결수(al')와 상관관계를 가 지는데 유리의 함량이 많아지면 Rb, Be, Pb, Zn, Y, La, Zr, Nb가 많 아지고 K/Rb는 작아진다. 유리질암에서 Sr, Ba의 함량은 반토결수(al')와 반비례관계를 가진다.

알카리류문영안암은 일반적으로 대륙리프트의 지질동력학적조건에서 형 성된다. 대륙리프트지역에서 알카리가 부화된 암석의 지구대에서 알려졌다.

알카리류문영안암의 형성기원에 대하여서는 여러가지 견해들이 있다.

첫째로, 알카리류문영안암과 알카리규산질암석은 현무암암장이 결정분화될 때 잔류용용체의 랭각에 의해 형성된다는것이다.

둘째로, 알카리규산질암석은 $SiO_2-Al_2O_3-Na_2O-K_2O-H_2O$계에 해당되는 산성암장의 결정분화작용에 의해 형성되였다는것이다.

백두산지구에서 알카리류문영안암을 비롯한 알카리산성분출암은 첫째가설과 같이 현무암암장의 암장결정분화작용에 의해 형성된것이라고 보아진다. 그것은 백두산지구에서 중성 및 산성 분출암의 부피는 염기성분출암의 10~15％정도에 달한다. 이것은 현무암암장이 결정분화될 때 형성되는 염기성분출암과 중산성분출암의 부피비와 비슷하다.

알카리류문암

이 암석은 백두산지구에서 극히 적게 알려졌다. 알카리류문암은 알카리류문영안암, 알카리조면영안암과 공반되여있다.

알카리류문암은 알카리류문영안암과 매우 비슷한데 이 암석은 더 희고 밝은 색을 떠며 반상구조를 가진다.

반정광물은 알카리장석, 석영, 삼사각섬석, 소다회철휘석, 알카리각섬석 등이다. 조암광물의 호상관계, 결정화순서는 알카리류문영안암과 같다. 석리는 괴상 또는 흐름상 석리이다. 흐름상석리를 이룰 때 흐름체의 개별적부분에는 장석과 석영, 암색광물이 농집되여있다.

알카리류문암의 화학조성은 알카리류문영안암과 표준계렬의 석회－알카리류문암사이에 해당된다. 반로결수는 1보다 크다. 희토류원소, 니오비움, 지르콘, 딴딸은 알카리류문영안암보다 적다.

알카리류문암의 화학분석결과와 표준광물조성은 표 2-47과 같다.

알카리류문암의 화학조성과 표준광물조성, ％   표 2-47

지구	시료번호	화 학 조 성											
		SiO_2	TiO_2	Al_2O_3	Fe_2O_3	FeO	MnO	MgO	CaO	Na_2O	K_2O	P_2O_5	작열감량
포 태	304	74.22	0.55	10.52	4.69	0.32	0.01	1.02	0.77	4.65	5.22	0.01	0.29
포 태	306	73.74	0.2	11.11	2.02	0.39	0.01	0.51	0.41	5.97	5.05	0.01	0.6
누른봉	674	74.83	0.01	12.78	1.58	1.12	0.03	0.07	0.10	3.85	6.22	0.01	0.16

표계속

지구	시료번호	표 준 광 물 조 성								
		Ap	It	Or	Ab	An	Mt	Di	Hy	Q
포 태	304	0.02	1.04	30.59	24.85	8.3		3.32	0.93	29.84
포 태	306	0.02	0.38	30.82	29.22	4.26		1.65	1.99	28.75
누른봉	674	0.02	0.02	36.52	30.92		1.64	0.37	1.11	28.09

백색부석과 그 응회암

백색부석은 백두산천지를 중심으로 삼지연, 포태산, 소백산 지구에 많이 분포되여있다.

백색부석은 분출활동의 가장 마지막 단계의 형성물로서 색은 백색, 연회색, 연분홍색, 연한 갈흑색 등 여러가지 색을 띠는데 늘 희게 나타난다.

암석학적분류에 의하면 백색부석은 준알카리계렬의 산성분출암인 조면영안암, 조면류문영안암, 조면류문암의 조성에 해당한다. 부석의 분석결과는 표 2-48과 같다.

백색부석은 물을 비롯한 여러가지 휘발성성분을 많이 가지고있는 준알카리계렬의 산성암장이 폭발적으로 터질 때 생기였다. 부석폭발분출시기 백두산에서 강한 폭발분출로 인하여 휘발성성분을 많이 가지고있는 암장이 용융상태로 공중에 뿌려놓았다. 용융체속에 들어있던 물기는 밖으로 빠져나오므로 암석에 많은 구멍을 이루어 놓았다. 부석의 구멍은 긴 판묶음모양을 이루며 공중에서 굳어진 상태로 떨어졌다. 부석은 여러차례에 걸쳐 터져나왔다. 백두산지구에서 보게 되는 백색부석은 마감분출산물로서 아직 성암단계를 거치지 못한 상태로 지표에 쌓여있다.

향도봉에서 천지층을 조사하여 여러단계에 거쳐 터져나온 부석을 볼수 있다. 백색부석의 이전의 부석은 이미 성암단계를 거쳐 응회암을 이루었거나 이 부석분출후에 흘러나온 용암에 의하여 용결된 응회암으로 볼수 있다.

흑요암과 진주암

흑요암과 진주암은 급랭조건에서 호름성분출에 의하여 형성되였다.

흑요암은 물함량이 2%미만이고 진주암은 2~7%인데 백두산지구에서 진주암은 적고 대부분 흑요암이다. 흑요암과 진주암의 화학조성상차이는 없다.

백두산지구에서 흑요암은 백두산천지 외륜산을 이루고있는 장군봉, 향도봉, 제비봉 등과 남포태산 남쪽 백사봉지구에서 층 또는 맥으로 들어있다.

흑요암은 피상, 호상 또는 각력상석리를 가지며 유리광택, 진한 흑색 또는 암록색을 띤다. 깨여진 면에서는 패각상단구를 나타낸다.

흑요암안에는 백색투명 또는 회백색의 투장석 또는 소다미사장석이 반정으로 들어있다. 현미경으로 보면 석기는 호름무늬를 나타내는 미세한 호상물질과 구과상옥수집합체로 되여있다.

흑요암의 화학조성은 표 2-48과 같다. 흑요암과 진주암은 준알카리 계렬의 산성암이다.

부석상진주암

부석상진주암은 열운형식의 분출산물이다. 용암이 고열상태로 분화구에서 분출되여 많은 량의 가스와 함께 빠른 속도로 비탈면을 흘러내려 형성되였다.

부석상진주암은 장군봉층형성의 마감단계에 형성되였는데 백두산 남쪽사

기타 분출암의 화학분석결과와 표준광물, 질량% 표 2-48

시료번호	암석	화 학 조 성											
		SiO_2	TiO_2	Al_2O_3	Fe_2O_3	FeO	MnO	MgO	CaO	Na_2O	K_2O	P_2O_5	작열감량
440	부석	66.44	0.40	16.07	1.03	3.21	0.02	0.24	1.37	5.48	5.38	0.26	1.65
205	〃	67.36	0.30	13.00	3.39	1.30	0.20	0.12	0.96	3.60	4.20	0.10	3.25
433	〃	67.86	0.32	11.02	1.89	2.40		0.69	0.53	4.53	3.85		0.48
426	〃	72.21	0.32	10.12	4.85	1.34	0.10	0.08	0.27	4.81	4.29	0.02	1.45
427	〃	71.70	0.22	11.20	3.50	2.70		1.01	0.61	4.92	3.72		1.05
211	〃	62.54	0.40	14.35	6.76	0.16	0.36	0.92	0.64	4.60	5.30	0.07	2.84
184	〃	64.52	0.46	15.68	4.77	0.71	0.12	0.39	1.09	6.04	4.79	0.09	0.60
185	〃	62.66	0.39	16.33	5.18	0.45	0.12	3.30	0.80	5.21	5.20	0.05	0.40
백77	흑요암	66.19	0.30	14.71	1.55	4.03	0.12	1.20	0.64	5.20	5.00	0.01	0.80
178	〃	69.96	0.76	11.16	1.03	6.34	0.12	0.28	0.40	5.01	4.16	0.04	0.44
459	〃	72.00	0.30	10.82	5.26	0.19	0.08	1.63	0.38	4.20	5.00	0.05	0.40
462	〃	73.65	0.30	12.34	2.30	3.39	0.08			3.90	4.20	0.07	0.16

표계속

시료번호	암석	표 준 광 물												비고
		Ap	IL	Or	Ab	An	Ac	Mt	Di	Hy	OL	Q	C	
440	부석													백색
205	〃	0.25	0.61	21.27	28.65	4.42		2.92		6.07		33.14	2.64	〃
433	〃	0.03	0.66	24.88	32.40	2.79		2.97		4.39		31.8		〃
426	〃	0.05	0.61	25.51	33.95		6.17	1.98	1.04	2.92		27.74		회색
427	〃	0.02	0.02	22.36	31.89		9.20	0.52	2.51	6.07		27.42		〃
211	〃	1.32	0.79	32.29	40.12			0.69		14.76		8.95	1.8	회흑색
184	〃	0.22	0.89	28.68	51.77	1.56		1.04	9.70	7.16		5.73		〃
185	〃	0.12	0.75	30.81	44.20	9.69		0.65		16.97		2.02	0.77	〃
백77	흑요암													흑색
178	〃	0.10	1.54	26.07	28.09	1.86		1.58		11.07		31.33	6.35	〃
459	〃	0.12	0.38	29.49	27.77		0.05		1.35	13.46		25.23		〃
462	〃	0.02	0.57	24.97	28.38			4.46		1.93		38.93	2.72	〃

백두산지구의 중성 및 산성 분출암의 화학조성(%)과 희유—희토류원소조성(ppm)

표 2—49

시료번호	SiO_2	TiO_2	Al_2O_3	Fe_2O_3	FeO	MnO	MgO	CaO	Na_2O	K_2O	ㅈㄱ	P_2O_5	Ni	Rb	Sr	Ba	Y
K—316	60.27	0.77	17.25	3.26	2.27	0.07	0.94	3.35	3.75	5.20	2.73	0.24	16	115	25	1453	31
K—304/2	62.80	0.60	14.49	4.21	2.21	0.12	0.38	2.45	4.75	5.81	1.61	0.07	11	260	39	53	73
W—15	62.80	0.30	14.16	5.07	4.75	0.16	1.46	0.96	4.50	4.40	7.04	0.01			.		
K—303/4	63.20	0.40	14.79	2.59	3.85	0.10	1.52	1.90	4.75	4.60	1.32	0.09	10	278	39	75	60
K—303/3	63.23	0.30	13.74	2.82	3.98	0.20	0.78	1.91	5.40	5.30	1.77	0.08	7	290	15	60	87
K—304/3	63.56	0.50	14.35	3.55	3.58	0.10	0.70	2.43	5.75	4.70	0.79	0.07	13	255	38	48	83
W—24	64.00	0.60	13.40	5.58	0.29	0.08	0.46	1.28	4.30	5.50	4.64	0.11					
K—304	64.65	0.50	14.82	4.23	2.30	0.12	0.27	1.50	5.00	5.86	0.50	0.08	11	111	58	45	38
K—303/6	64.68	0.40	12.51	3.61	4.55	0.16	0.76	0.71	6.60	5.10	1.35	0.07	15	210	25	55	95
K—303/2	65.20	0.45	14.36	2.60	2.80	0.14	0.20	1.10	6.10	5.15	1.35	0.05	4	250	20	94	46
W—8	65.20	0.30	10.55	5.10	1.44	0.16	4.90	1.02	4.40	5.60	0.04	0.15					
K—304/1	66.02	0.54	15.32	4.51	2.20	0.08	1.09	3.40	4.62	3.41	1.35	0.15					
K—303	66.24	0.36	13.55	4.68	2.35	0.14	0.29	0.79	6.00	4.98	0.50	0.04	13	109	56	72	19
K—303/7	67.40	0.60	11.60	6.81	2.85	0.15	0.58	1.10	5.55	4.55	0.90	0.06	16	231	23	61	96
W—13	68.40	0.30	12.04	4.55	2.74	0.32	0.52	1.43	5.40	4.80	0.02	0.70	11	282	26	67	83
W—23	70.10	0.30	9.16	3.82	5.47	0.16	0.93	0.74	4.30	4.20	0.02	0.70					
K—303/1	70.94	0.30	10.45	6.65	2.50	0.12	0.20	0.24	6.00	4.24	0.50	0.04	23	309	17	52	141
K—303/5	71.27	0.30	12.40	3.69	3.20	0.15	0.60	0.38	3.90	3.96	0.41	0.06	13	179	8	25	82
K—303/8	71.66	0.20	12.59	3.66	2.60	0.15	1.10	0.55	4.85	3.59	1.10	0.05	14	210	43	49	49

시료번호	Zr	La	Ce	Nd	Sm	Eu	Gd	Er	Yb	FeO*/MgO	Al₂O₃/TiO₂	TiO₂/P₂O₅	Ti/Zn	Zn/Y	La/Ti	(N) La/Ce	(N) La/Sm	(N) La/Yb
K—316	115	53	96							5.23	22.4	3.5	52.15	3.71	0.16	1		
K—304/2	217	125	307							15.7	24.15	8.57	16.58	2.97	0.053	1		
W—15		90	165	67.7	13.5	0.9	9	3.9	3.6	6.38	47.2	3.0			0.0395	1	3	13
K—303/4	158	125	320							4.06	36.98	4.44	15.18	2.63	0.0529	1		
K—303/3	136	110	280							8.36	45.8	4.29	13.23	1.56	0.0621	1		
K—304/3	256	81	165	70.6	10.7	0.9	10	4.1	2.9	9.68	28.7	7.14	11.71	3.08	0.0274	1	5	19
W—24		80	100	60.2	12.8	0.9	11	4.5	4.2	11.55	22.33	5.45			0.225	2	4	13
K—304	100	62	142	62.30	11.3	0.9	11	4.0	3.2	22.62	27.64	5.0	29.98	2.63	0.021	1	3	13
K—303/6	90	176	285							10.26	31.28	5.71	12.67	2	0.0745	2		
K—303/2	125	105	250	65.4	12.7	0.9	11	4.1	3.2	25.7	31.91	9.0	21.59	2.72	0.0395	1	5	2
W—8		95	180	70.5	12.1	0.7	13	8.2	7.5	1.23	35.17	2.0		1.26	0.0536	1	5	9
K—304/1	100	35	258							5.74	28.39	3.60	32.38	5.26	0.0109			
K—303	260	174	319	95.6	17.1	0.8	16	5.7	5.5	22.62	37.64	9.0	8.38	2.70	0.0819	1	6	21
K—303/7	160	203	354							15.48	19.33	10.0	22.49	1.92	0.0573	1		
W—13		133	280	15.4	96.3	0.5	18	6.8	4.8	13.14	40.1	3.33			0.075	1	5	19
W—23		150	310	25.7	120.3	0.9	23	9.3	7.9	9.58	30.53	0.43			0.847	1	4	13
K—303/1	387	226	464							42.43	33.70	7.76	4.87	2.74	0.1235	1		
K—303/5	255	160	298	125	254	1.1	24	4.2	2.6	10.87	41.33	5.0	7.05	3.11	0.0903	1	4	14
K—303/8	253	183	290							5.36	62.95	4.00	4.74	5.16	0.1550	2		

$$FeO^* = 0.9Fe_2O_3 + FeO$$

백두산지구 분출암의 화학조성(평균값), 질량%

표 2-50

№	암석	화 학 조 성											
		SiO_2	TiO_2	Al_2O_3	Fe_2O_3	FeO	MnO	MgO	CaO	Na_2O	K_2O	ㅈㄱ	P_2O_5
1	조면현무암	49.56	2.07	16.90	7.41	5.50	0.14	3.94	7.93	3.06	1.66	0.24	0.11
2	안산현무암	54.45	1.77	14.08	3.57	8.37	0.26	4.72	7.81	2.97	1.28	0.16	0.08
3	조면안산현무암	54.08	0.84	16.95	2.98	7.32	0.05	3.34	6.14	4.98	2.12	0.21	0.09
4	조면안산암	63.19	0.45	15.44	3.73	2.52	0.07	1.16	2.14	4.66	5.12	0.57	0.12
5	조 면 암	62.72	0.37	17.29	4.11	2.88	0.08	0.51	1.19	5.32	5.44	0.88	0.16
6	류문영안암	70.05	0.37	13.54	2.17	3.48	0.12	0.97	1.18	3.59	4.43	0.13	0.07
7	류 문 암	74.87	0.28	12.37	2.15	2.22	0.04	0.53	0.21	3.55	3.92	0.08	0.05
8	조면영안암	65.91	0.50	14.87	4.35	1.93	0.14	0.75	1.07	4.31	5.01	1.04	0.07
9	조면류문영안암	70.77	0.43	10.91	4.32	2.78	0.04	0.25	0.51	4.13	4.31	0.89	0.32
10	조면류문암	76.47	0.16	10.95	1.17	1.12	0.02	0.15	0.21	4.05	4.69	0.13	0.21
11	알카리조면영안암	65.38	0.36	14.78	3.54	2.17	0.08	0.97	0.99	5.20	5.50	0.15	0.17
12	알카리류문영안암	71.44	0.29	11.68	2.97	2.64	0.06	1.11	0.38	4.93	5.53	0.36	0.08
13	알카리류문암	74.26	0.29	11.47	2.76	0.61	0.02	0.20	0.42	4.82	5.49	0.41	0.09

№	암석	표 준 광 물 조 성										Na_2O/K_2O	분석건수
		Ap	Il	Or	Ab	An	Mt	Di	Hy	OL	Q		
1	조면현무암	1.09	3.62	12.21	27.99	27.59	6.87	10.85	11.47	7.2	2.45	1.8	76
2	안산현무암	0.37	3.34	8.21	24.92	21.04	5.69	14.17	15.15		7.39	2.3	16
3	조면안산현무암	1.17	2.19	12.57	42.67	15.87	4.38	7.21	10.25		6.41	2.3	7
4	조면안산암	0.16	0.64	31.04	38.37	6.20	4.02				12.25	0.9	5
5	조면암	0.21	0.51	32.77	42.89	4.34	4.62	2.03	3.97		9.35	1.0	24
6	류문영안암	0.39	0.72	24.35	30.38	2.62	3.16	6.34	5.18		32.73	0.8	8
7	류문암	0.12	0.57	24.30	29.41	2.21	3.16	3.45	3.88		36.75	0.9	11
8	조면영안암	0.19	0.19	28.40	33.88	6.37	3.29	1.99	13.03		13.44	0.8	22
9	조면류문영안암	0.21	0.57	28.25	35.08	9.28	1.49	5.63	2.82		18.67	1.1	65
10	조면류문암	0.06	0.21	27.34	25.06	3.47	3.32	1.32	0.98		40.85	0.8	5
11	알카리조면영안암	0.17	0.67	32.29	36.08	5.16	3.49	3.54	6.47		10.66	0.9	11
12	알카리류문영안암	0.21	0.65	32.03	33.66	4.39	2.42	1.78	2.78		20.50	0.9	5
13	알카리류문암	0.02	0.71	30.75	27.04	6.28	3.48	2.46	1.46		29.29	0.9	3

준알카리염기성분출암의 화학조성(%)과 희유 및 희토류원소조성(ppm)과 특성지수　　　표 2-51

	SiO_2	TiO_2	A_2O_3	Fe_2O_3	FeO	MnO	MgO	CaO	Na_2O	K_2O	작열 감량	P_2O_5	Ni	Rb	Sr	Ba
K-305	46.10	2.10	17.61	5.20	7.50	0.16	5.51	8.50	2.60	1.28	2.60	0.50	53	8	320	410
K-301/1	49.28	2.01	16.20	2.09	7.69	0.14	6.72	7.15	4.41	1.44	0.15	0.34	53	49	320	410
K-305/1	49.47	2.10	17.60	5.08	6.90	0.15	3.84	8.60	2.95	1.66	2.50	0.70	61	73	429	327
K-302/1	50.10	2.34	16.51	3.56	6.80	0.15	5.60	7.73	4.03	2.28	0.75	0.56	71	20	420	360
W-6	50.40	1.30	14.13	3.80	7.70	0.12	4.70	5.13	3.45	2.40	1.16	0.16				
K-305/2	50.65	2.21	15.40	5.33	5.65	0.15	6.66	7.40	3.20	1.45	1.50	0.05	74	61	367	281
W-4	50.98	1.20	15.90	2.80	9.40	0.12	6.07	8.16	2.65	1.40	0.84	0.14				
K-302	51.65	2.57	15.68	2.32	9.25	0.17	4.86	8.18	3.34	1.38	0.80	0.62	65	30	411	559
K-305/3	51.70	1.80	16.10	4.00	5.20	0.15	6.14	6.10	3.51	1.60	2.80	0.61	35	53	419	316
K-301	52.12	1.38	15.50	2.15	9.00	0.17	7.78	8.41	3.07	1.34	0.80	0.07	147	8	237	182
W-1	52.38	2.85	16.12	9.63	2.95	0.12	3.50	3.90	4.40	4.00	0.04	0.30				
K-306/2	53.69	2.12	15.39	11.00	8.83	0.15	0.45	6.88	3.12	2.91	0.01	0.19	113	12	307	290
K-301/2	54.24	2.75	16.07	1.17	8.21	0.17	6.39	7.54	3.17	1.96	0.65	0.22	123	23	314	295
X-39	52.5	1.76	14.3	11.4		0.15	7.30	7.93	3.07	0.82	0.07	0.26				
X-42	48.2	1.93	13.3	11.6		0.15	3.29	5.20	3.34	3.38	6.93	0.69				
X-40	51.3	1.42	16.1	11.4		0.15	6.50	8.82	3.28	0.62		0.20				
X-34	49.7	1.27	14.7	9.11		0.15	9.23	8.97	2.67	2.12	1.31	0.37				

	Y	Zr	La	Nd	Ce	Sm	Eu	Gd	Er	Yb	FeO*/MgO	AbO₃/TiO₃	TiO₂/P₂O₅	Ti/Zr	Zr/Y	La/Ti	(N)La/Ce	(N)La/Sm	(N)La/Yb
K—305	30	120	25	35.6	55	8	3.5	7.5	2.3	1.5	2.21	8.39	4.20	104.96	4	0.0019	7.18	2	11
K—301/1	30	120	25		55						1.46	7.33	5.91	100.46	4	0.0020	1.8		
K—305/1	23	127	55		102						2.98	8.38	3.00	99.17	5.52	0.0044	1.43	1	
K—302/1	25	130	25		50						1.79	7.06	4.18	107.96	52	0.0017	1.3	1	
W—6			23	30	58	8.4		9	3.5	3.7	2.37	10.87	8.13		4.85	0.0080	1.67	5	12
K—305/2	33	100	43		90						1.58	6.97	44.2	82.84		0.0032	1.24		
W—4			20	30	45	83	20	7	2.3	1.7	1.96	13.25	8.57			0.0027	1.15	2	8
K—302	29		20	29.6	55	5.3	1.9	6	2.7	1.7	2.33	6.10	4.15			0.0012	0.98	2	8
K—305/3	28	105	40		31						1.43	8.94	3.0	108.2	3.75	0.0037	3.36	2	
K—301	18	150	30	28.4	55	5.2	2.1	6	3.0	1.9	1.40	11.23	19.71	55.18	8.33	0.0036	1.48	4	11
W—1			17	25.5	28	15.2	0.5	18	2.5	2.0	3.32	5.65	9.5			0.00107	1.58	1	6
K—306/2	25		16	23.0	39	6.6	2.1	6.5	2.4	1.7	1.8	7.26	11.16			0.0012	1	2	6
K—301/2	26		10		30						1.45	5.84	12.5			0.0006	1		
X—39			12.8	15.0	26.0	4.27	1.55			1.76									
X—42			28.3	31.0	39.0	7.81	4.25			2.22									
X—40			14.4	1.50	29.0	3.65	1.31			1.71									
X—34			21.5	22.0	43.0	4.34	1.51			1.76									

면을 거쳐 멀리 사기문폭포, 백두폭포아래까지 분포되여있다.

부석상진주암은 반정과 한 방향의 호름석리를 가진 다공성암석이다. 반정은 루장석으로 되여있는데 그 함량은 30%정도이다.

부석상진주암의 화학조성은 조면류문암의 화학조성과 같다.

3. 암장진화과정

1) 분출암을 형성한 원시암장의 동일성

백두산지구 암장은 70~90km의 깊이의 상부만틀에서 형성되였다.

분출암들은 서로 다른 시기에 분출하였지만 시원암장은 분출시기와 분출장소에 관계없이 같은 원시암장에서 진화되여 분출한 산물이다.

그것은 백두산지구 여러 분출암에 대한 규산염완전분석과 미량원소와 희유원소 함량을 서로 대비한 자료를 보고 알수 있다.

일반적으로 암장이 결정분화작용을 받을 때 고온고압하에서 정출되는 광물이 있고 그 보다 온도와 압력이 낮을 때 정출되는 광물이 있다.

보엔의 반응계렬에 의하면 결정화작용이 진행될 때 암장의 온도와 압력이 낮아지면서 감람석→사방휘석→단사휘석→각섬석→흑운모→카리장석 → →석영계렬과 염기성사장석→산성사장석계렬로 정출된다. 암장에서는 먼저 Mg^{2+}, Fe^{2+}, Ca^{2+}가 소모되며 Si^{4+}, Al^{3+}, K^+, Na^+등은 마지막까지 암장에 남는다.

미량원소 역시 암장에서 결정화작용이 진행될 때 결정상에 들어가는 원소와 용융체속에 남아있는 원소도 있다.

결정상에 들어가는 원소를 상용원소, 용융체에 남아있는 원소를 불상용원소라고 한다.

상용원소는 액상에서의 함량에 대한 결정상에서의 (분배결수)가 1보다 크며 불상용원소는 1보다 작다.

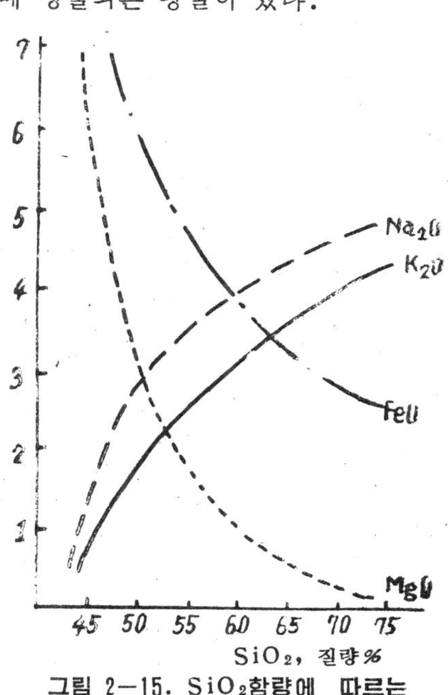

그림 2-15. SiO₂함량에 따르는
산화물의 의존성도표

결정분화작용의 각이한 단계에서 원소들의 분배결수는 분화작용정도에 따라 다르다(표 2-52).

표 2-52에서 보면 Ni, Ti, Sr, Eu, La가 상용원소이고 나머지는 2단계의 불상용원소이다.

암장에서 결정분화작용이 일어날 때 SiO_2 함량은 체계적으로 늘어나고 그에 따라 Na^{1+}, K^+성분의 함량은 정비례적으로 늘어나고 Mg^{2+}, Fe^{2+}성분은 반비례적으로 감소되는데 백두산지구에서 보면 분출암에서 SiO_2함량변화에 따라 Na^+, K^+함량은 계통적으로 늘어나는 정상관관계에 있으나 Mg^{2+}, Fe^{2+}함량은 감소되는 부의 상관을 이룬다(그림 2-15).

미량원소 분배결수

표 2-52

구 분	Rb	Sr	Ba	Ti	Ni	La	Eu
감람석—액체	0	0.0004	0	0.3	13	0	0
사방휘석 〃	0	0.0004	0	0.7	6.6	0.002	0.01
단사휘석 〃	0.003	0.1	0.02	1.3	4	0.07	0.3
석류석 〃	0	0.001	0	?	0.8	0.005	0.21
사장석 〃	0.05	1.66	0.3	0.03	0.26	0.1	1.2
첨정석 〃	0	0	0	0.8	16	0.04	0.04
자철광 〃	0	0	0	1.00	12	0	0
린회석 〃	0	2	0.01	0	0	8.6	9.6
각섬석 〃	0	0.3	0.5	?	12	0.2	1.1

이것은 분출암들이 같은 암장원에서 진화되여 형성되였다는것을 보여준다.

자료에 의하면 동일암장원에서 ^{87}Sr과 ^{86}Sr의 함량비가 0.705를 넘지 않는다.

백두산지구 분출암들을 분석한데 의하면 ^{87}Sr과 ^{86}Sr의 함량비는 0.705를 넘지 않는데 이것은 이 암석들이 같은 암장원에서 진화되였다는것을 보여준다.

또한 분출암에 들어있는 희토류원소의 함량분포를 보면 법칙적으로 변하는데 희토류원소는 염기성암석

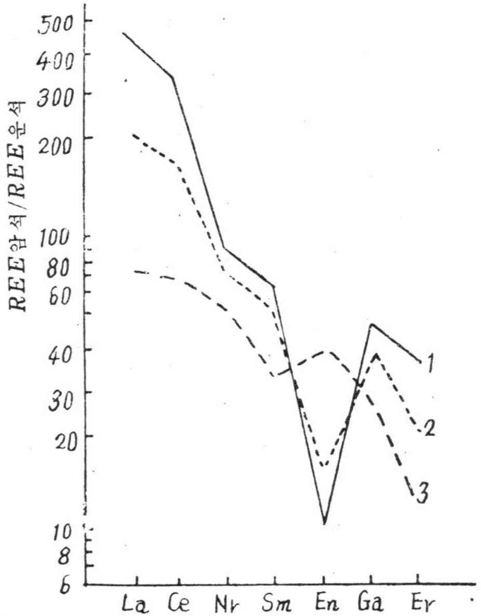

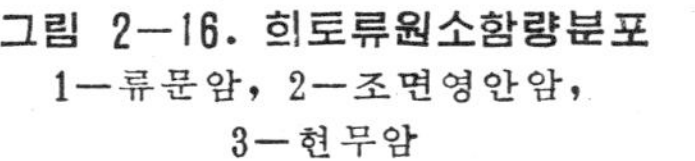

그림 2-16. 희토류원소함량분포
1—류문암, 2—조면영안암,
3—현무암

에 적게 들어있고 산성암석에 많이 들어있다(그림 2-16).

이것은 백두산지구 분출암이 시대와 조성에 **관계없이** 모두 하나의 원시암장으로부터 진화하였으며 결정분화작용을 기본으로 하여 진화하였다는것을 보여준다.

2) 분출암의 암장진화과정

백두산지구 분출암의 진화과정을 고찰하는데 *AFM*도표를 리용하였다.

일반적으로 분출암의 암장진화는 결정화작용과정에 암장안의 철의 함량이 점차로 증가하였다가 감소하는 톨레이트형암장진화계렬③과 철과 마그네시움함량이 동시에 점차적으로 감소하는 칼크-알카리형암장진화계렬①이 있으며 그 두계렬의 중간 형태를 띠는 알카리형암장진화계렬②이 있다(2-17).

그림 2-17에서 보면 백두산지구 분출암은 ②형과 ③형의 중간을 따르는데 알카리형암장진화계렬②에 더 가깝다. 그리고 분출암들의 투영점들이 단일한 곡선주위에 떨어지는데 이것은 염기성암장이나 산성암장이 다 같은 암장원으로부터 출발하였으며 암장이 결정분화 방법으로 주로 준알카리형암장 진화④를 하였다는것을 보여 준다.

분화결수에 따르는 주요조암성분의 진화를 보면 그림 2-18과 같다.

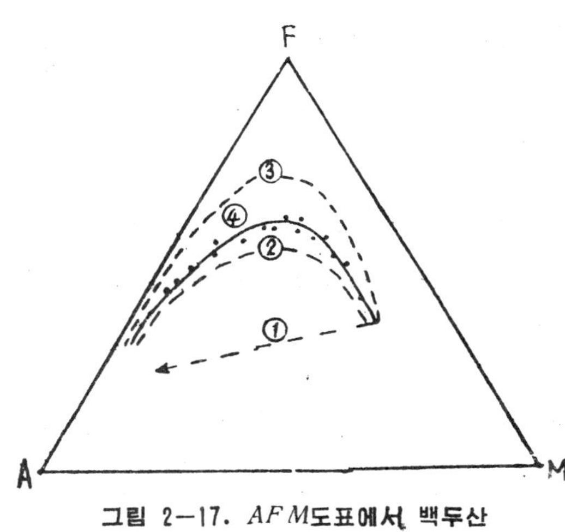

그림 2-17. *AFM*도표에서 백두산 분출암의 암장진화특성

①-칼크-알카리형암장진화, ②-알카리형암장진화, ③-톨레이트형암장진화, ④-준알카리형암장진화

그림 2-18에서 보면 SiO_2함량이 체계적으로 증가하는것은 규산성분이 결정화작용의 첫시기에 적게 소모되므로 상대적으로 많아지는것과 관련되며 Al_2O_3, MgO, Fe_2O_3+FeO함량이 체계적으로 감소하는것은 철고토광물이 진화과정의 첫시기에 정출하고 마지막에 알루모규산염이 정출한것과 관련된다.

그리고 Na_2O+K_2O함량이 체계적으로 증가하는것은 결정화작용의 마지막단계에 알카리성분들이 용융체에 남아있었다는것을 의미하며 TiO_2, P_2O_5함량은 결정화작용첫시기에는 증가하다가 점차 감소되는것은 이 성분들이 분

화작용의 중간단계에 결정
화작용에 참가하였다는것
을 의미한다.
　따라서 백두산지구 분
출암의 암장진화과정의 기
본은 결정화산물이라는것
을 보여준다.
　희유원소함량의 변화
과정을 보면 함량변화가
매우 심한데 이것을 만틀
에서 직접 분출하였다고 인
정하는 하와이현무암내 희
유원소함량분포와 잘 대비
된다(그림 2-19).
　특징적인것은 상용원
소들의 함량이 적어지고
불상용원소들의 함량이 증
가하는것이다. 이것은 백
두산지구 분출암이 결정분
화작용을 위주로 하여 진

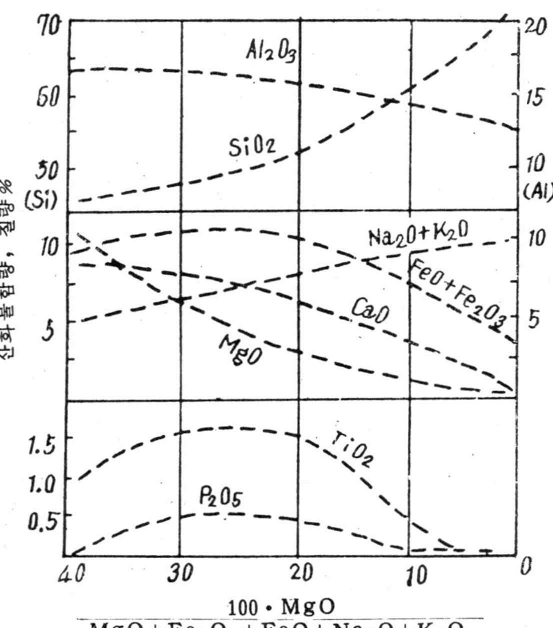

$$\frac{100 \cdot MgO}{MgO + Fe_2O_3 + FeO + Na_2O + K_2O}$$

그림 2-18. 주요조암성분의 진화과정

화하였다는것을　보여
준다.
　넷째, 반정광물의
진화과정을 보아도 알
수 있다.
　분출암에서 반정광
물은 해당한 온도, 압
력 등 물리화학적조건
을 반영하며 반정광물
의 크기는 일정한 물리
화학적조건이　얼마나
지속되였는가를　반영

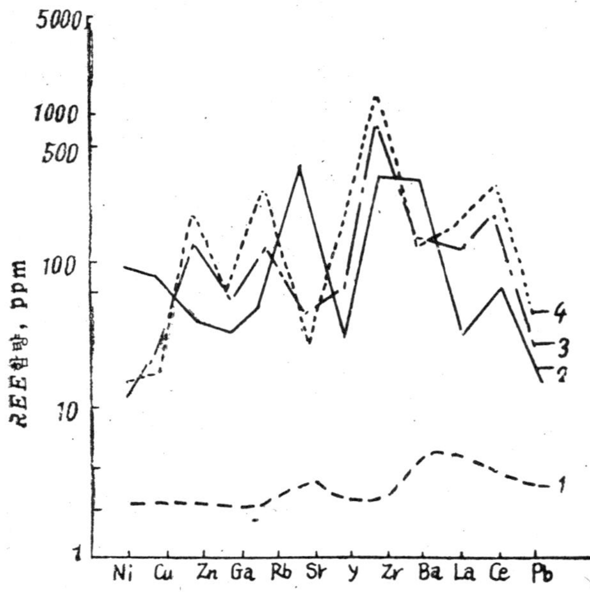

그림 2-19. 희유원소
들의 진화특성
1-하와이현무암,
2-현무암, 3-조면암,
4-류문암

한다.

　백두산지구 염기성분출암에서 반정광물은 감람석→사방휘석→사장석→
단사휘석의 순위로 정출하였다. 감람암심성포로체를 가지고있는 조면현무암
은 무반정현무암이다. 그러나 층서자름면의 상부로 올라가면서 반정이 있는
현무암으로 이행하는데 이 현무암에서 반정광물은 감람석→사방휘석→단사휘
석의 순위로 유색광물이 나타나며 사장석이 나타난다. 어면 박편에서는 감
람석반정주변에서 휘석의 반응테두리를 볼수 있는데 이것은 감람석이 정출할
수 있었던 물리화학적조건 즉 한중간암장원으로부터 휘석이 정출할수 있는
더 천성중간암장원으로 암장이 상승하여 머물러있었다는것을 보여준다.

　산성분출암에서 반정광물은 투장석과 조미사장석이다. 이것은 산성분출
암이 염기성분출암을 형성한 중간암장원보다도 훨씬 더 천성조건에 머물러있
었다는것을 의미한다.

3) 원시암장의 형성깊이와 암장생
성방법

(1) 원시암장의 형성깊이

　백두산지구에서 원시암장의 형성깊이는 초기 분출물인 현무암안에 심성
포로체가 있다는것과 이 포로체를 품고있는 현무암이 무반정현무암이라는것
을 념두에 두어야 한다.

　원시암장의 형성깊이는 심성포로체가 형성된 깊이로 판단하여보면 $40\sim$
$130km$이다.

　그것은 다음과 같은 자료에 의하여 예측할수 있다.

　보천군 룡덕, 청림, 운흥군 대전평에 심성포로체를 품고있는 흑색무반정
현무암이 발달되여있는데 이 심성포로체의 화학조성이 세계 여러지역에서 나
오는 화학조성과 비슷하다(표 2-53).

　심성포로체는 고토감람석, 사방휘석, 단사휘석으로 되여있는데 X선구조
분석에 의하면 고토감람석이 다수를 차지한다.

　심성포로체의 화학조성은 복휘석질감람암의 화학조성과 일치된다.

　주사현미경에 의한 화학분석값으로 표준광물을 계산한데 의하면 감람석
단광물은 고토감람석성분과 철감람석성분의 비가 81:19인 고토감람석이다(표
2-54).

　이 심성포로체는 형태가 잘 마모된 계란모양을 이루고있는것으로 보아

백두산지구 심성포로체의 화학조성, 질량%   표 2-53

№	시료번호	SiO_2	TiO_2	Al_2O_3	Fe_2O_3	FeO	MnO	MgO	CaO	Na_2O	K_2O	작열감량	P_2O_5	채취점
1	적-1	45.53	0.10	3.00	3.01	4.75	0.08	40.81	1.42	ㅎ	ㅎ	0.04	0.07	통덕
2	륙-1	44.46	0.20	4.70	4.00	4.61	0.08	40.19	1.42	0.10	0.15	0.04	0.07	〃
3	ス-16-1	44.77	0.20	3.35	0.41	9.01	0.12	39.19	1.67	0.30	0.13	ㅎ	0.06	〃
4	ス-16-2	43.82	0.20	3.53	0.20	9.48	0.14	40.50	1.39	0.30	0.13	ㅎ	0.07	〃
5	ス-2ㄱㄱ-1	43.66	0.20	2.90	4.31	6.50	0.20	39.83	1.50	0.40	0.10	0.84	0.06	대전평
6	ス-2ㄱㄱ-2	45.08	0.30	4.55	1.17	9.40	0.52	36.81	1.25	0.40	0.20	0.38	0.05	〃
7	ス-2ㄱㄱ-3	43.24	0.30	1.03	4.48	4.76	0.20	42.83	1.50	0.40	0.80	0.28	0.07	〃
8	세계여러곳종합(384건)	44.20	0.13	2.50	8.29		0.13	42.21	1.92	0.27	0.06	ㅎ	ㅎ	

전자탐심법에 의한 심성포로체의 화학조성, %   표 2-54

시료번호 화학조성	ス-16-1			ス-16-2		
	Z-12/1	Z-12/2	Z-12/3	Z-13/1	Z-13/2	Z-13/3
SiO_2	42.60	38.88	38.34	46.57	37.17	29.62
Al_2O_3	—	4.49	16.75	4.88	7.22	12.07
Fe_2O_3	10.74	16.01	9.13	15.76	24.47	43.32
MnO	—	—	—	—	—	4.14
MgO	46.66	40.62	35.78	32.77	31.13	10.82
	감람석결정		석기	감람석결정		석기

신생대 형성산물이며 용암이 올라오면서 전 지질시대의 감람암을 포로하지 않은 심성포로체라는것을 보여준다.

심성포로체의 형태가 잘 마모되였다는것은 용암이 상승할 때의 속도가 높은데 있는데 이런 용암이 지표에 터져나오는 순간의 속도는 400m/s이다. 또한 심성포로체와 용암(무반정현무암)사이에는 아무런 변질대가 없다. 이것은 용암의 온도와 압력이 심성포로체의 온도와 압력과 같았다는것을 보여주며 상승과정에 용암의 조성에서 변화가 없었다는것을 의미한다.

복휘석질감람암은 상부만틀에서 가장 전형적인 암석이다. 이 암석은 모

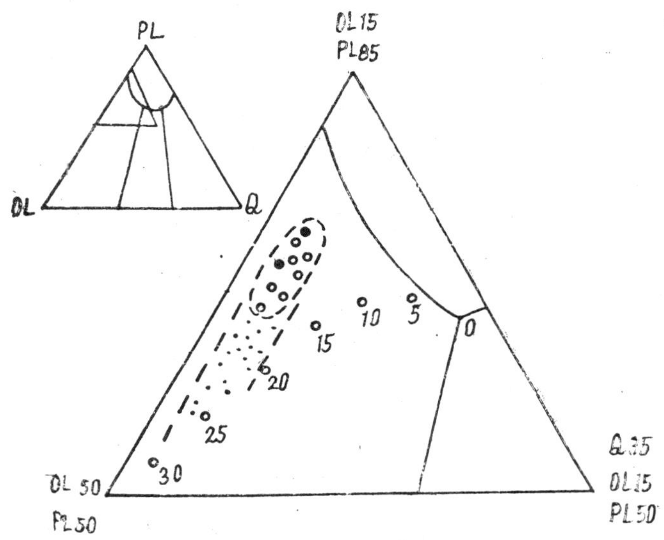

그림 2-20. OL-PL-Q도표에서 무반정
현무암의 압력조건
수자는 압력(Kb)이다.

호로비츠면으로부터 30~180km깊이에 있다.

. 흑색무반정현무암의 표준광물에 의한 원시암장원의 깊이는 60~90km
이다.

흑색무반정현무암은 준알카리계렬의 조성을 가진 암장의 분출산물이다.
이런 암장은 적어도 깊이가 60km보다 더 깊은곳에서 생긴다.

백두산지구에서 무반정현무암을 형성한 원시암장의 압력은 20~30×
10^8Pa이며 따라서 그 형성깊이는 60~90로 된다.(그림 2-20).

Ⅲ 백두산지구의 지질구조와 지체구조

아세아대륙의 동쪽에 있는 백두화산대는 지질학적으로 조중륙대의 동쪽변두리에 놓여있다. 조중륙대는 북쪽의 씨비리륙대와 남서쪽의 인도륙대, 동남쪽의 태평양요함지들 사이에 있다. 조중륙대와 씨비리륙대 사이에는 몽골—오호쯔크습곡대와 바이깔습곡대가 지나간다.

판구조설에 의하면 백두산지구는 우리 나라 다른 지역과 같이 대륙형지각으로 된 아세아판괴와 대양형지각으로 된 태평양판괴의 이행대에 놓여있다.

백두산지구는 혜산—리원 요곡지와 두만강습곡대의 경계부에 있으며 마천령륭기대에 소속되여있다(그림 3—1). 동쪽으로 두만강상류의 대홍단지구에서부터 서두수를 따라 남쪽으로 백두산단렬대에 의하여 경계지어지며 남서쪽은 혜산—허천—단천을 련결하는 심부단렬대에 의하여 경계지어진다. 서쪽과 북쪽은 압록강과 두만강 상류에 의하여 중국쪽으로 계속된다.

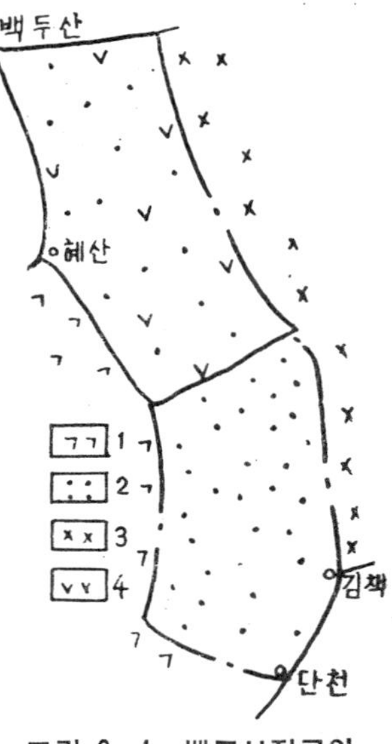

그림 3—1. 백두산지구의 지체구조적놓임새

1—혜산—리원요곡지, 2—마천령륭기대, 3—두만강습곡대, 4—백두화산대

1. 구조운동

백두산지구는 오랜 지질시대를 거치면서 발전하여왔다.

백두산과 백두화산대를 형성하는데서 중요한 역할을 논것은 중생대이후의 구조운동이다. 백두산지구의 화산대기반은 시생대와 하부원생대에 진행된 습곡작용과 변성작용, 관입작용에 의하여 이루어졌다.

백두산지구 지체구조적운동과 구조적특성을 지질시대에 따라 다음과 같이 나누었다.

① 중생대이전 구조발전단계

륙대기반우에서 요곡지들의 **형성과** 발전시기
② 중생대구조발전단계
단렬운동과 변성작용을 동반한 암장활동시기
③ 신생대구조발전단계
단렬운동과 화산분출활동이 심하게 일어난 시기

1) 중생대이전의 구조발전단계

백두산지구에서 시생대지층은 나타나지 않았다. 그러나 백두산지구 서쪽에 드러나있는 랑림층군의 결정편암이 심히 요란되여있고 높은 단계의 변성작용을 받았다. 이것은 시생대에 백두산지구가 활동성이 강한 지향사조건에 있었으며 이때 생긴 랑림층군의 암석들은 지향사발전의 늦은 단계의 습곡작용과 암장작용을 받았기때문이라고 추측할수 있다.

하부원생대에도 백두산지구는 여전히 지향사로 있었다. 하부원생대 지향사발전은 시생대보다 구조운동의 선회와 암장활동이 뚜렷하게 나타났다. 이시기 성진통, 북대천통, 남대천통이 두껍게 퇴적되고 산성분출활동(리원암군)이 있었다. 하부원생대말에 습곡대로 전환되였다.

하부원생대 후기 지향사활동은 마천령지향사에서 있었다. 마천령지향사활동은 하부원생대 전기의 얇은 기반층우에서 북북서계렬의 고기단렬대가 가동하여 침강하는 단렬로부터 시작하였다.

마천령지향사의 퇴적작용은 하나의 큰 선회로 진행되였는데 퇴적 및 분출암으로 된 하부층(성진통)은 비교적 빨리 침강하는 단계를, 중부층(북대천통)은 침강이 지배하는 비교적 안정한 단계를 반영하고있다. 쇄설암으로 된 상부층(남대천통)은 지향사에서 습곡과 암장활동이 진행되기전 강한 륭기단계를 반영하고있다.

남대천통 혹운모편암에서 잰 절대나이는 17억년정도이다. 마천령지향사는 하부원생대 말기에 있는 강한 조산작용에 의하여 습곡대로 전환되였으며 이때 습곡작용과 함께 리원암군의 산성암장관입작용이 진행되였다.

상부원생대에 들어서면서 백두산지구에서 바다는 물러가고 륭기단계에 들어섰다. 륙대기반은 상부원생대로부터 중생대초에 이르는 오랜기간 린접한 지향사들의 구조활동선회와 해침 및 해퇴가 뒤따르는 완만한 지역적률동운동을 받았다.

마천령구조운동이 끝난뒤 오래동안 륭기되였던 넓은 지역이 상부원생대에 들어서면서 침강작용을 받았는데 바다는 륙대기반을 다 덮지 못하였다. 침강작용은 거의 같은 지질시대에 혜산—리원요곡지에서 바다가 밀려들었는데 북쪽의 림강, 중강으로부터 들어왔다. 바다범위가 점차 확대되여 요곡지의 모든 구역은 물론 랑림지괴의 **중심을 제외한** 북쪽 변두리까지 덮었는데 이때 백두산서남부에는 **력암, 규암을 비롯한** 류원성쇄설암층으로 된 직현통이 퇴적되였다. 직현통의 두께는 **124m**이다.

2) 중생대구조발전단계

중생대구조발전단계는 백두산지구에서 가장 격렬한 지각운동시기로 특징지어진다.

중생대 지각발전은 송림구조운동단계, 대보구조운동단계, 재령강구조운동단계로 구분된다.

송림구조운동 백두산지구에서 송림구조운동은 습곡구조운동으로 시작하여 단렬구조운동으로 끝났다. 송림구조운동은 습곡작용을 거의 받지 않은 상태로 놓여있던 모든 퇴적피복층을 강하게 습곡시킨 구조운동으로서 단렬지괴운동단계에 앞서 일어났다.

송림구조운동의 마지막단계에 혜산-리원요곡지의 동(마천령지괴)부와 서부(랑림지괴)로부터 올라가는 **수평압축력에** 의하여 퇴적피복층은 북서, 북북서방향의 습곡구조로 습곡되였다. 습곡은 지괴의 핵부와 돌출부들에서 단순하고 지괴의 날개부에서 복잡하다.

습곡운동의 세기가 점차 증가함에 따라 퇴적피복층이 얇게 덮인 기반돌출부와 지괴들의 주변에서는 충상단층들과 역단층 및 누은습곡들이 형성되였다.

송림구조운동이 있은후 상대적으로 짧은 안정기가 있었다.

송림구조운동은 요곡지의 퇴적피복층을 강하게 습곡요란시켰을뿐아니라 일부 기반의 변성암층까지 흔들어놓았다.

송림구조운동의 마지막단계의 단렬형성작용은 두가지 형태로 **나타난다.** 그 하나는 전기구조단계에 이미 생긴 단층을 계승하여 진행된것이고 다른 하나는 이미 생긴 습곡구조를 자르는 방향의 후기단렬형성작용이다. 여기서 주되는 작용은 두번째 경우이다.

백두산지구에는 송림구조운동시기의 구조방향을 자른 북동방향의 압록강단렬대와 북서방향의 장파리단렬대가 형성되였다.

송림운동의 결속기에 작은 단렬과 이미 있던 단렬대를 따라 혜산암군의 화강암류들이 관입되였다.

송림구조운동에 의하여 륙대피복층과 삼첩기 상세-유라기하세층 사이에는 뚜렷**한** 경사부정합이 **나타났다.**

대보구조운동 대보구조운동이 일어나면서 백두산지구의 구조발전은 근본적으로 달라졌다. 대보구조운동의 초시기에는 국부적인 지역이 침강되여

구조요함지들이 생기였는데 그 대부분이 선상을 이루었으며 규모는 크지 못하였다. 구조요함지들은 단렬 및 **암장활동**이 강하지 않은 **환경**에서 형성되였으므로 심부적성격을 띠지 못하였으며 분출퇴적물이 적게 쌓였다.

삼첩기상세부터 일어난 륙지의 **침강작용**은 유라기하세까지 계속되였고 그 다음은 점차 륭기하기 시작하였다. 유라기중세부터 륭기되기 시작한 구조운동의 후기작용은 주로 단렬형성작용과 암장관입작용이다. 대보구조운동의 기본방향은 북동방향과 북서방향이였다.

대보구조운동시기에 장파리단렬대와 허천강단렬대를 따라 구조요함지가 생겼으며 그 북쪽에 자리잡은 백두산지구에서도 **관입작용**과 함께 강한 분출작용이 진행되여 거대한 단천암군**관입**과 룡성통이 형성되게 되였다. 이 시기 분출활동을 통제한 구조들은 북동방향의 심부단렬대이다.

재령강구조운동 재령강구조운동은 송림구조운동과 대보구조운동에 비하여 활동성이 **약**하였다.

이 구조운동에 의하여 이미 **형성된** 지층들이 단층과 미끄럼습곡을 동반한 구조적변형을 받았다.

백두산지구에서도 이 구조운동의 영향으로 서부에서 단렬구조운동과 압록강암군의 관입을 받았다. 그 뒤를 이어 장파리단렬대주변에 형성된 크지 않은 구조요함지들에서 약간의 퇴적작용이 있었다. 중생대시기에 진행된 세차례의 구조운동을 받아 백두산지구는 백두화산대지의 기반을 이루게 되였다.

3) 신생대구조운동

중생대 구조운동이 있은후 신생대 고제3기까지 백두산지구를 포함하여 우리 나라는 전반적으로 륭기작용을 받았다. 따라서 삭박작용이 우세하였으며 준평원화작용으로 두꺼운 풍화각이 형성되였다.

신생대 구조운동은 시신세로부터 시작하여 여러 단계에 거쳐 현세까지 진행되고있는데 단렬지괴운동으로 특징지어진다. 이것은 아세아대륙가까이에 있던 클라판(태평양판괴)이 우리 나라쪽 대륙판괴 밑으로 잠겨들어가는것과 이때 발생한 높은 열흐름에 의해 대륙지각이 인장파괴된것과 관련된다. 따라서 중생대시기에 형성된 단렬들을 부활시키는 한편 북동방향의 새로운 단렬들을 형성하였으며 이 단렬을 따라 독특한 암장활동과 강한 분출작용이 진행되였다.

이 시기 지각발전은 이전시기에는 볼수 없었던 일련의 특징을 가지고있다. 중생대 구조운동시기에 발생한 호형구조대는 후기까지 지속되였고 준알카리성암장의 관입과 분출작용이 진행되였으며 그것이 량태성을 띠였다. 이 암장활동은 다시 가동된 북서남동방향의 백두산단렬대를 따라 진행되였다.

신생대초 암장관입작용으로 학무산암군이 형성되였는데 이 관입암체들은 백두화산대의 동남쪽에서 나타나며 백두산과 푸른봉지구에서 후기 분출활동시기 섬장암 화산탄으로 나타난다. 이것은 관입활동이 백두산 심부단렬대의 전지역에 걸쳐 활발하였다는것을 보여준다.

신생대 중신세로부터 백두산심부단렬대는 부채형지구대(리프트)적성격을 띠였으며 그에 거의 수직으로 사귀는 평행단렬대들이 정단층계를 이루어 10여km의 너비를 가진 지구대와 지루대들을 이루어놓았다. 이 심부단렬대가 가동할 때마다 강한 분출작용이 진행되였다.

중신세—상신세에 분출작용은 준알카리염기성용암이 다량적으로 분출하여 백두용암대지를 이루어놓았으며 방패형화산을 이루어놓았다. 제4기에 북서방향의 백두산단렬대와 20~25km의 간격으로 거의 평행한 다섯개의 북동방향의 심부단렬대가 교차한 곳들에서 강한 중—산성용암의 분출작용이 진행되여 종상화산을 이루어 높은 산체들이 생겨나게 되였다.

신생대 분출작용이 강하게 진행되게 된것은 백두산지구가 이 시기에 매우 빠른 속도로 륭기한 상승지체구조운동을 심하게 받은것과 관련된다.

신생대에 10단계에 거쳐 진행된 염기성암장의 분출작용과 산성암장의 분출작용을 받아 백두화산대가 형성되였다.

2. 지질구조

백두산지구에는 중생대 구조운동과 신생대 구조운동에 의해 단렬구조, 파렬구조, 단층이 발달되였으며 단렬구조들에 의하여 생긴 블로크들의 륭기구조와 함몰구조들이 있다.

백두화산대는 하천에 의하여 밑바닥까지 창이 난 일부 구역을 제외한 나머지 구역들에는 신생대 분출피복층으로 덮혀있으므로 여기서 론의하는 지질구조들은 신생대 지질구조를 념두에 둔것이다.

백두산지구의 분출피복층에서 습곡구조들은 국부적인곳에서 요소적으로 관찰되는데 용암의 분출시기와 기본적으로 일치된 시기에 형성되였으므로 주로 산성분출암에만 나타난다(그림 3—2).

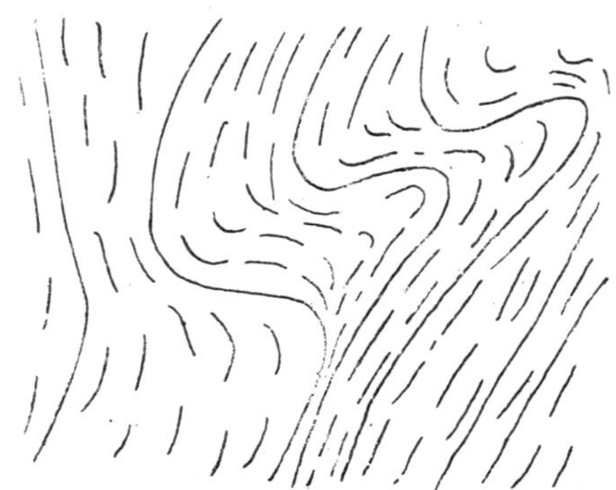

그림 3—2. 사기문폭포에서 주름습곡구조

사기문폭포는 부석상류문암이 습곡구조로 나타나고있는데 그 진폭은 수
십cm~1m이며 파장은 최대 2~3m이다. 이것은 용암이 자체의 점성에 의하
여 흘러내릴 때 생긴것이며 구조운동의 직접적산물은 아니다.

이와 같이 백두산지구에서 지질구조는 기본적으로 단렬구조로 되여있고
여기에 륭기구조와 함몰구조가 있다.

우주사진에서 단렬구조는 선형구조로 나타나는데 선명하지 못하고 길이
가 짧다(그림 3-3). 그것은 단렬구조가 백두화산대를 이루고있는 분출암(용

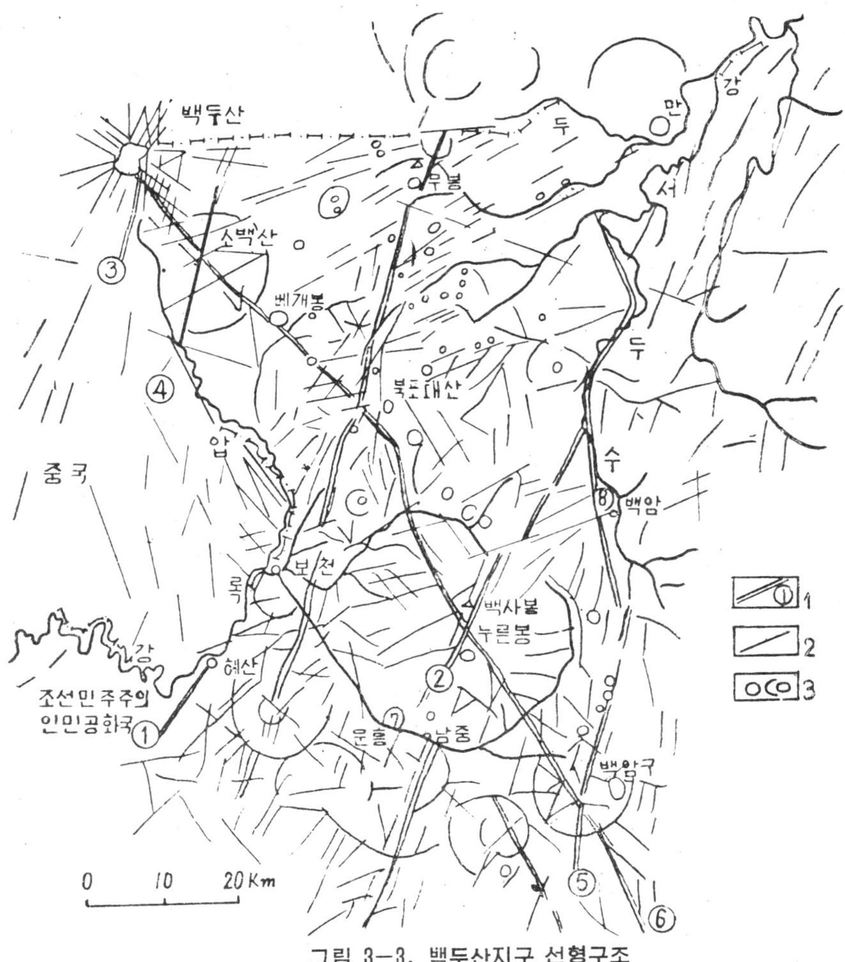

그림 3-3. 백두산지구 선형구조

1-긴선형구조, 2-짧은 선형구조, 3-고리형구조, ①-압록강선형구조, ②-남
중-백사봉선형구조, ③-백두산선형구조, ④-소백산선형구조, ⑤-백암선형
구조, ⑥-백암-백두산선형구조, ⑦-보천선형구조, ⑧-서두수선형구조

암)이 덮히기전에 이미 완성되였고 그 구조를 통하여 분출활동이 진행되였으며 용암이 덮인 다음에 신기지체구조운동에 의하여 나타난 지형기복이 선형구조로 반영되였기때문이다.

백두산지구선형구조들을 묶어보면 북동계렬선형구조와 북서계렬선형구조로 되였다.

북서계렬의 선형구조는 백두산단렬대와 압록강상류 단렬대와 서두수단렬대를 반영하므로 비교적 길고 선명하다.

북동계렬의 선형구조는 후창－백두산단렬대, 소백산단렬대, 보서단렬대, 대전평단렬대와 대각봉단렬대의 지표반영으로서 선명하고 길며 평행으로 연장되여있다.

백두산지구에는 북서계렬과 북동계렬의 선형구조밖에도 해명되지 않은 짧은 동서방향과 자오선방향의 선형구조들이 있다. 특히 중심형고리구조를 이루고있는 백두산, 소백산, 포태산, 누른봉, 백암지구에 짧은 선형구조들이 조밀하게 분포되여있고 북동, 북서 방향의 선형구조들이 서로 사귀여있다. 즉 거의 직교하는 북동계렬의 선형구조묶음과 북서계렬의 선형구조묶음이 겹쳐 교차됨으로써 분출작용이 유리한 통로를 마련하였다.

1) 단렬구조

백두산지구에는 크기와 형태가 다른 여러개의 단층, 단렬 파렬구조가 있다. 이 단렬대들은 규모에 의하여 3개의 부류로 나누어진다.

1부류에는 길이가 70km이상되는 백두산단렬대, 서두수단렬대, 대하－룡암단렬대, 중강－백두산단렬대, 후창－백두산단렬대, 대전평단렬대, 보서리단렬대, 대각봉단렬대, 장안－양곡단렬대 등 심부단렬들이 속한다(그림 3－4).

2부류에는 길이가 30～70km 구간에 놓이는 삼포단렬대, 농산단렬대, 푸른봉단렬대, 덕립단렬대, 소골강단렬대, 소홍단수단렬대, 북대천단렬대 등이 속한다.

3부류에는 작은 규모의 단층과 방사상구조선들이 속한다.

단렬대들의 특징은 다음과 같다.

백두산심부단렬대 이 심부단렬대는 백두산으로부터 백암을 거쳐 무수단으로 연장되여있는데 우리 나라 경내에서만도 근 320km에 달한다. 평균너비는 20km정도이며 주향은 320～330°이다.

이 단렬대는 신생대 분출활동에 의하여 생긴 암석들에 피복되여있으므로 그 모습을 가려보기 힘들다. 이로부터 백두산단렬대가 없는것으로 생각하는 사람들도 있었다. 그러나 백두산단렬대는 지각은 물론 상부만틀까지 미치는 심부단렬대라고 볼수 있다.

그것은 첫째로 백두산심부단렬대를 따라 백두산, 소백산, 남북포태산,

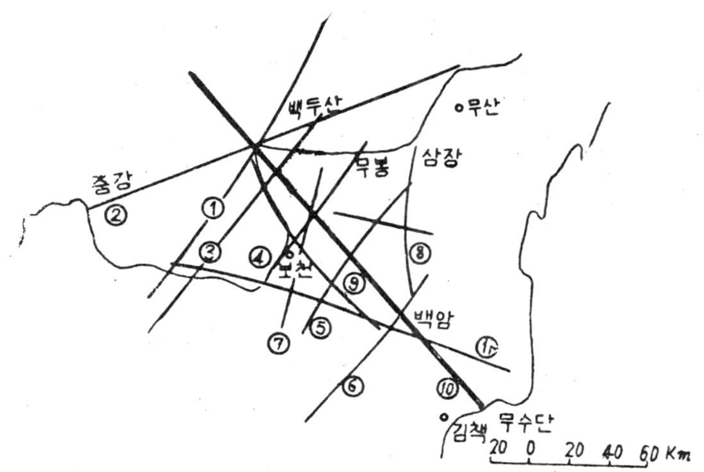

그림 3-4. 백두산지구 심부단렬대

1—심부단렬대, 2—단렬대, ①—후창—백두산단렬대, ②—중강—백두산단렬
대, ③—소백산단렬대, ④—보서단렬대, ⑤—대전평단렬대, ⑥—대각봉단
렬대, ⑦—단렬대, ⑧—서두수단렬대, ⑨—압록강상류단렬대, ⑩—백두산단
렬대, ⑪—장안—양곡단렬대

장군봉(보서리), 곽사봉, 누른봉, 대각봉(백암), 두류산과 같은 화산체들이
놓여있다. 이 화산체들을 이룬 용암은 깊이가 30~70km 되는곳에서 올라
온것이다.

둘째로, 축적 1:400만 우주사진에서 보면 백두산과 무수단을 지나는 여
러개의 선형구조묶음이 발달되여있다. 심부연장은 110km 정도이다. 또한
무게중력이상도에서 보면 이 단렬대방향을 따라 깊은 골짜기와 마루가 발
달되여있으며 항공자기이상도에서 보면 정 혹은 부의 선형국부이상축이 놓
이며 그의 량쪽에서 이상축들의 방위가 달라지고있다.

지구물리적방법과 지체구조 및 암장진화적 견지에서 결정한 백두산단렬
대의 깊이는 얕은곳에서 70km 정도이고 깊은곳에서 120km이다.

이와 같은 백두산단렬대는 상부만틀까지 통과한 매우 깊고 폭이 넓은 심
부단렬대이다.

서두수단렬대 이 단렬대는 현재의 서두수계곡을 따라 놓여있는데 길이
는 150km 정도이고 니비는 0.5~2.0km까지인데 연암이남에서 넓고 북쪽으
로 가면서 점차 좁아진다. 단렬대의 주향은 남쪽에서 310°로부터 점차
330°로 변하여 북쪽 천수리부근에서 북동 40°, 원봉저수지부터 북동 60°까지
변한다.

우주사진에서 보면 이 단렬대는 길고 뚜렷한 선형구조로 나타난다. 부

계중력이상도에서 이 단렬대는 부의 깊은 골짜기와 일치하는데 연암남쪽에서 더 뚜렷하게 나타난다. 단렬대의 동쪽 관모봉관입암체 높이와 서쪽의 현무암대지의 높이를 대비하여보면 거의 같다. 현무암의 두께가 400여m된다는 것을 고려하면 서쪽지괴가 400여m 떨어졌다는것을 의미한다. 중력이상자료에 의하여 계산하여 보면 이 단렬대의 락차는 900∼1200m에 달한다.

단렬대의 심부연장은 40∼50km로서 지각을 절단한 심부단렬대이며 백두산선형지구대(리프트)의 동쪽 어깨를 이룬다.

대각봉단렬대 이 단렬대는 남서쪽 문락평으로부터 백암, 대각봉과 상황토를 지나 약간 전위된 다음 관모봉지괴를 지나 계속 연장되여있는 단렬대이다. 길이는 75여km, 깊이는 40km 정도로서 지각을 절단한 정도이다. 서두수단렬대에 의한 전치량은 약 8km이다. 이 단렬대를 따라 곳곳에서 현무암이 분출되였는데 이 단렬대와 백두산단렬대와의 사귐점에서 분출활동이 강하게 진행되였다. 단렬대의 방위는 북동 30∼35°이며 우주사진에서 긴선형구조로 나타난다. 서쪽으로 경사져있다.

대전평단렬대 이 단렬대는 남서쪽 갑산으로부터 누른봉지구를 거쳐 서두수계곡의 마전까지 연장된 긴 단렬대이다. 서두수단렬대에 의하여 북쪽으로 약간 전위된 다음 두만강까지 연장되여있다. 단렬대의 길이는 100km, 너비는 1.5km, 주향은 북동 30°이다.

이 단렬대상의 고기퇴적층이 드러난 백암, 아무산 등 곳에서는 퇴적층들의 전위가 있었으며 분출암피복구역인 백두산 단렬대와의 사귐점에서 강한 분출작용이 있었다.

우주사진에서 보면 이 단렬대가 다른 단렬대에 비하여 고기구조를 가지고있고 중력이상도에서 극소점들이 줄을 지어 놓이거나 구배선들이 다르게 나타난다. 이 단렬대의 깊이는 30∼35km이다.

보서리단렬대 이 단렬대는 남서쪽 의하리, 보서리로부터 남포태산과 북포태산줄기를 거쳐 무봉까지 연장되여있다. 단렬대의 길이는 70여km정도, 너비는 1km정도, 주향은 북동 30°이다. 우주사진에서 선형구조대로 나타난다. 중력이상 극소점들과 자력이상점들이 이 선을 따라 배렬되여있다.

이 단렬대를 따라 분출활동이 있었는데 북동쪽으로 무봉천과 소홍단수계곡을 따른다. 이 단렬대와 백두산단렬대와의 사귐점에서 분출활동이 심하였으며 많은 분화구들이 남아있다. 그러나 량끝단에서는 분출작용이 매우 약하였다.

이 단렬대의 깊이는 백두산심부단렬대와 교차되는 부근에서 40km정도 되지만 량쪽에서는 깊지 못하다.

소백산단렬대 이 단렬대는 남서쪽 장진강 하류로부터 중국경내를 거쳐 소백산과 쌍두봉을 지나 계속 연장되여있는데 길이는 우리 나라 경내에서 30여km정도, 너비 1km정도, 심부연장은 10km정도이다. 주향은 북동 30∼35°이다. 백두산 심부단렬대와의 사귐점에서 강한 분출작용이 진행되여 소백산화산무리를 이루었다.

남서쪽 중국 경내와 북동쪽 국경근방에서 이 선을 따라 분화구들이 줄지어있다. 우주사진에서 이 단렬대는 선형구조와 작은 고리형구조들의 사슬로 련결된것으르 나타난다.

후창-백두산단렬대　이 단렬대는 후창과 백두산을 통과하는 단렬로서 그 연장은 약 320km인데 우리 나라 경내에서만 50여km정도이다. 그의 주향은 북동 25°이다. 단렬대는 청천강단렬대가 연장된것으로서 연포천과 압록강에서 만곡부를 이루었다. 폭은 12km, 깊이연장은 90∼110km이다.

중강-백두산단렬대　이 단렬대는 중강-백두산-무산을 련결하는 단렬대로서 신기에도 가동하였다. 단렬대를 따라 신생대 현무암들이 전위되었으며 천지호반에서 매우 깊은 계곡을 형성하였다. 주향은 북동 70°이며 길이는 400km정도이다.

압록강상류단렬대　이 단렬대는 삼포지구로부터 북쪽으로 압록강상류를 따라 백두산동쪽 사면으로 연장되여있는데 길이는 우리 나라 경내에서 30km정도이며 주향은 근 자오선방향이다.

단렬대는 여러개의 평행단렬을 수반하며 그 락차는 백두산 동쪽기슭에서 100여m인 정단층계와 련결되여있다. 이 단렬대는 사기문폭포부근에서 잘 나타난다(그림 3-5).

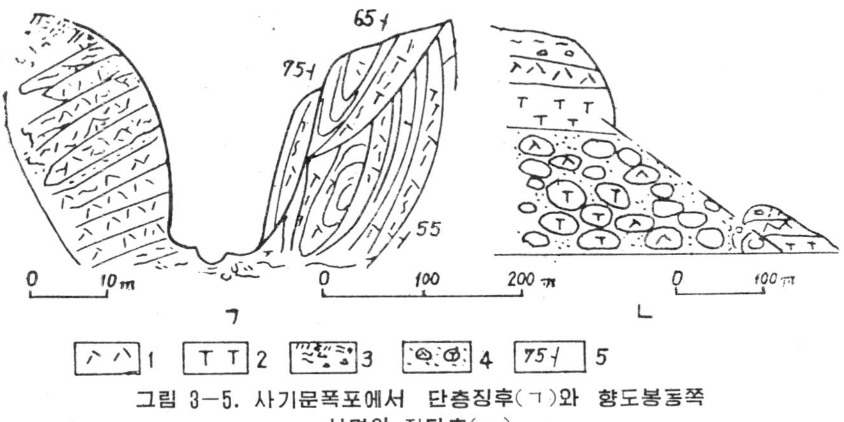

그림 3-5. 사기문폭포에서 단층징후(ㄱ)와 향도봉동쪽
사면의 정단층(ㄴ)

1-흑요암, 2-조면영안암, 3-표토, 4-애추, 5-지층경사각

사기문폭포부근에서 단렬대는 전위가 있는 벌림렬하라는것을 보여준다.

우주사진에서 보면 이 단렬대는 선형구조를 나타내는데 단렬대의 동쪽지괴가 서쪽지괴에 비하여 좀 떨어졌다.

농산단렬대　이 단렬대의 북서쪽 절반은 압록강계곡을 따라 연장되여있으며 남동쪽절반은 청림과 내곡을 지나 계속 연장되여있는데 길이는 19km 정도, 주향은 북서 320°이다. 이 단렬대는 백두산단렬대와 평행으로 달리는 수반단렬대이다.

대하리－룡암단렬대 이 단렬대는 남동쪽 운흥으로부터 북서쪽 보천군 신흥까지 연장되는 토막구조들의 묶음으로 되여있다. 이 단렬대는 백두산부채형지구대(리프트)의 서쪽 어깨를 차지한다. 단렬대의 길이는 100~120km 정도, 주향은 북서 310°이다.

덕림단렬대 이 단렬대는 북포태산지구의 백사봉으로부터 덕림동수계곡을 따라 서두수와 합수하는곳까지 연장되여있는데 길이는 34km정도이고 주향은 근 동서이다. 이 단렬을 따라 산성용암의 분출활동이 없이 현무암대지를 절단한것으로 보아 신기단렬의 하나이다.

소골강단렬대 이 단렬대는 남서쪽에서 소골강계곡을 따라 북동쪽에서 서두수계곡으로 연장되여있는데 길이는 40여km이고 주향은 북동 55°이다. 단렬대의 동남쪽지괴는 들리고 북서쪽지괴가 침강되였는데 그 락차는 250~300m정도이다. 이 단렬은 소홍단수단렬대와 함께 백두산부채형지구대(리프트)의 횡단지구대의 경계를 이룬다.

소홍단수단렬대 이 단렬대는 소홍단수계곡을 지나 소로은산 동남쪽 사면까지 연장되여있다. 길이는 26km정도이고 주향은 북동 60°이다. 단렬대는 대홍단벌에 자리잡은 백두산부채형지구대(리프트)의 횡단지구대의 서북쪽 경계를 이룬다.

무봉단렬대 이 단렬대는 서북쪽에서 무봉방향으로 연장되여있는데 길이 16km정도이다. 주향은 북서 320°이다. 단렬대의 동북쪽지괴와 서남쪽지괴가 약 8km 수평전위되였다.

이 단렬대의 북서쪽끌에 무봉화산이 있고 동남쪽끌에도 작은 화산이 있다. 단렬대는 백두산 부채형지구대(리프트)의 북동쪽륜곽을 이룬다.

3부류에 속하는 보다 작은 단층

3부류에 속하는 단층구조들가운데서 백두산과 소백산 구역에 있는 단층들만 보기로 한다(그림 3－6).

백두산과 소백산 구역에 있는 단층들은 놓임방향에 따라 근동서계렬의 단층구조, 북서계렬의 단층구조, 북동계렬의 단층구조로 나누어볼수 있다.

근동서계렬의 단층구조에는 그림 3－6에서 단층 15, 16, 21, 24, 56, 58, 등이 속한다. 그가운데서 단층길이가 제일 긴것이 향도봉, 신무성을 련결하는 단층 ㉔이다. 이 단층의 길이는 19km정도이며 백두산쪽으로 가면서 단층 ⑳과 사귀여있다.

단층 ⑯을 경계로 하여 북쪽 지괴는 룡기되였다. 단층 ㉞는 길이

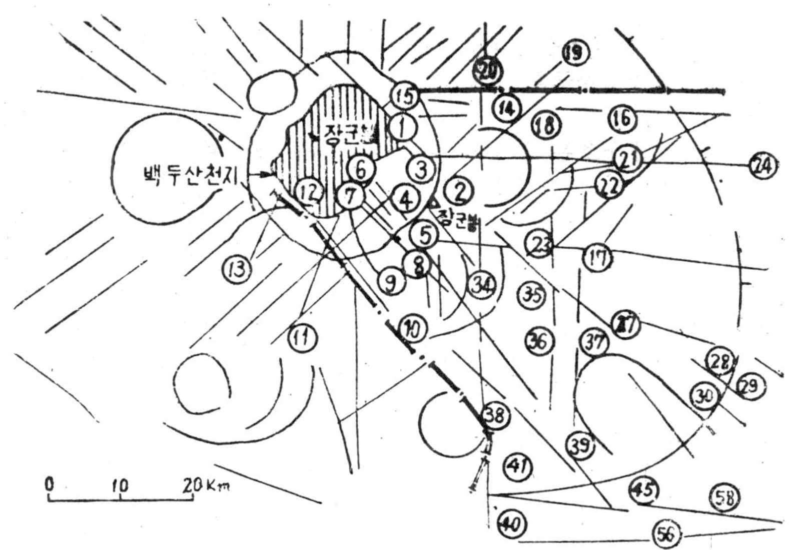

그림 3-6. 백두산 단렬구조략도

가 10km 정도 되는데 단층벼랑으로 나타난다.

백두산과 소백산 사이에 북서계렬의 단층이 15개정도 있는데 그가운데서 제일 긴 것이 10km 정도이다.

백두산천지와 그 부근의 외륜산에는 북동 45° 주향을 가진 8개의 평행묶음 단층과 북서 315° 주향을 가진 9개의 평행묶음단층이 발달되여있는데 이 두 계렬의 단층묶음들은 천지에서 거의 수직으로 사귄다. 단층들은 계곡을 따라 지나가는 단층에 의하여 그 기슭에 삼각벼랑을 만들어놓았는데 단층 ㉗

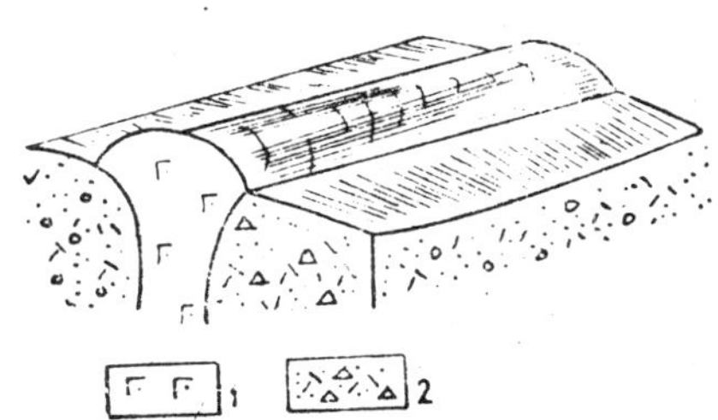

그림 3-7. 광재암선형분출구조
1―맥상적갈색다공상광재암,
2―부석층

과 ㉘에서 잘 나타난다. 소연지봉과 무두봉사이에서 단층을 따라 적갈색 다공성광재암이 흘러나와 선형분출구조를 이루었다(그림 3-7). 그의 연장은 1km 정도이다. 또한 대연지봉, 소연지봉, 중암산을 련결하는 하나의 직선상에 5개의 분화구가 있다.

백두산지구에서 땅겉면에 나타나고 있는 다른 하나의 단층 징후로서는 부석동굴을 들수 있다. 부석동굴은 단렬구

조우에 놓이는데 동결층이 녹을 때 지하수의 이동통로로 되고있다. 소연지봉과 무두봉사이에 직경 80cm 되는 부석동굴이 여러개 있다.

중심형화산분출구조에서 나타나는 방사상단층구조들의 특성은 다음과

같다.

백두화산대에서 백두산심부단렬대를 따라 백두산, 소백산, 포태산, 누른봉 등은 중심형화산분출구를 이루는데 이 분출구조의 정점으로부터 단층들이 방사상으로 놓여있다.

중심형화산분출구조는 돌물이 올려미는 힘과 점성이 높은 분출물이 쌓이는것에 의하여 생긴다. 돌물은 한번 올라오는것으로 끝나는것이 아니라 여러번 올라왔으므로 그때마다 방사상균렬이 단층으로 완성되여갔다. 방사상구조는 돌물이 올려미는 힘과 함께 올라온 돌물이 식으면서 응축되는 힘에 의하여 생기였다.

이 방사상단층들은 하나하나 떼여놓고 보면 직선으로 나타나는데 그 길이는 다 비슷하다. 륭기된 구역을 벗어나지 않으며 중심으로부터 해살방향으로 퍼진다.

백두산 천지주변 방사상구조

백두산천지 외륜산을 따라 우리 나라쪽에만도 16개의 방사상단층구조가 발달되여있다(그림 3-8). 그림에서 단층 ②~⑩들은 주향 310~340°이며 단층 ⑫와 ⑭, ①, ④는 주향이 240~270°이며 단층 ⑪은 30°, 단층 ⑬은 25°이다.

방사상구조들은 천지외륜산 릉선을 따라 고르롭게 분포되지 않고 어느 방향을 따라 밀집되여 있는데 북동계렬의 단층이 16개 정도이고 북서계렬의 단층이 20개 정도 된다. 그 대부분이 수직경사를 가진다.

방사상구조 ①은 쌍무지개봉과 천지동쪽 국경까지 사이의 안장부에서 시작하여 260°의 주향방향으로 뻗어있다. 이 구조의 형성으로 생긴 천지외륜산의 동

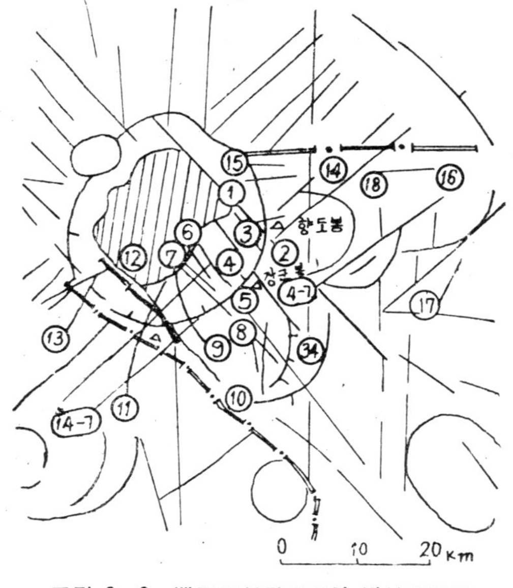

그림 3-8. 백두산천지주변의 방사상구조

쪽사면의 골짜기는 조면암의 버랑으로 되여있는데 버랑의 높이는 50m 정도 된다. 단구들에 의하여 골짜기에 폭포가 생겼다. 단층의 량쪽 지피는 전위가 없다.

방사상구조 ②는 향도봉넘어 첫번째 안장부에서 주향 310°방향으로 연장되여있는데 그 길이는 4.5km이다.

방사상구조 ③과 ④는 장군봉과 향도봉 사이를 지나는 단층으로서 서로 평행으로 놓여있다(그림 3-9). 단층 ④의 주향은 310°이고 그 길이는 3.5km이다. 이 구조들은 정단층 ㉞에 의하여 절단되였다.

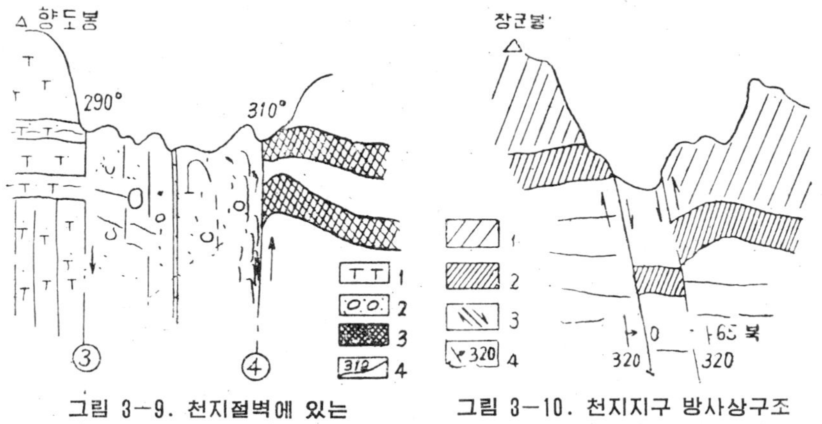

그림 3-9. 천지절벽에 있는
단층 ③과 ④
1-조면영안암, 2-애추구역,
3-류문암, 4-단층

그림 3-10. 천지지구 방사상구조
1-류문암, 2-흑요암, 3-지
괴의 이동방향, 4-단층방위

방사상구조 ⑤의 주향은 320°이고 길이는 4km정도이다. 벌림단층으로서 외륜산에서 그의 벌림너비는 20m이다(그림 3-10).

방사상구조 ⑭-ㄴ는 장군봉 안부를 지나는 벌림구조이다. 벌림너비는 3m정도, 길이는 200m정도이다. 이 구조는 천지외륜산릉선과 비루봉사이에 발달되였는데 천지쪽지괴의 침강과 관련하여 형성되였다.

백두산천지주변에는 이밖에도 단층 ⑫, ⑬을 비롯하여 여러개의 단층이 발달되여있다.

소백산지구 방사상구조

소백산, 중암산, 간백산, 사자봉을 련결했을 때 원에 가까워진다. 원의 중심방향으로 10개의 큰 방사상구조가 있다. 가장 큰 방사상구조는 간백산

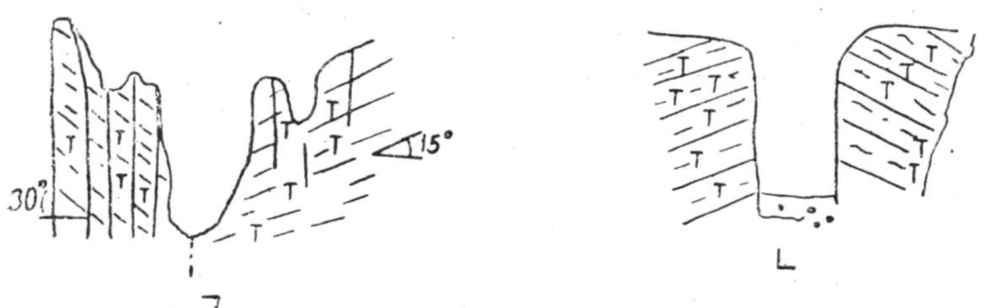

그림 3-11. 소백수골짜기단층의 입구ㄱ와 측부
(간백산)의 ㄴ자름면

-정일봉을 련결하는 소백수골짜기의 근동서방향의 단층이다(그림 3-11).

포태산지구-방사상구조

포태산지구는 여러개의 화산들을 포괄하는 중심형분출구조를 이루는데 24개의 방사상구조가 발달되여있다(그림 3-12).

대표적인 방사상구조는 ①, ②, ⑥, ⑨, ⑫, ⑰들이며 ㉒, ③, ④, ⑦, ⑬, ⑭, ⑮ 등은 수반단렬들이다.

북포태산과 남포태산은 방사상구조의 중심으로 되고있으나 고리의 중심은 북쪽으로 치우쳐있다. 방사성구조 ①과 ②사이, ②와 ⑥사이에는 길이가 짧은 서로 사귀는 망상구조들이 발달되여있는데 이것은 방사상구조와 관계없는것이다.

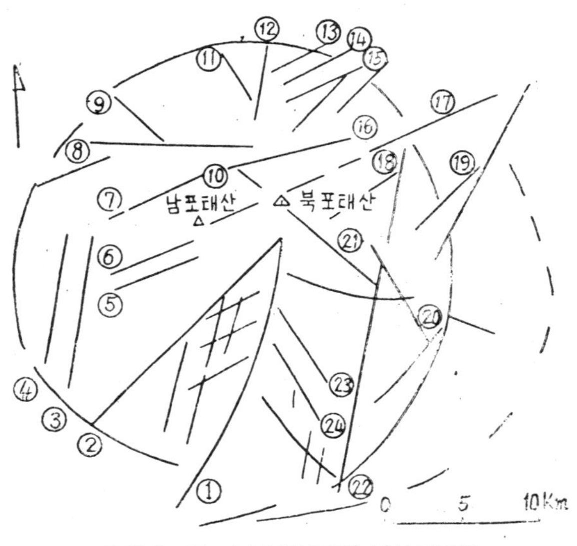

그림 3-12. 포태산지구의 방사상구조

포태산지구의 방사상구조의 특징은 조밀하지 않고 연장이 짧으며 구조를 따라 침식삭박작용이 심하게 진행되지 않은것이다. 그러나 북쪽에서는 연장이 짧고 남쪽에서는 긴데 백두산이나 소백산의 방사상구조에 비하여 연장이 길고 침식계곡이 깊다.

누른봉지구의 방사상구조

누른봉고리구조에 발달되여있는 방사상구조는 큰것만 하여도 20여개나 된다(그림 3-13).

누른봉지구의 방사상구조는 중심모임점부근에서는 뚜렷하지 않고 멀어지면서 점차 뚜렷해질뿐아니라 거의 등간격을 이루고있다. 모든 방사상구조들이 한점에서 출발하지 않고 두개 지점에서 출발하고있다. 그러나 두 지점의 간격이 크지 않다.

방사상구조들가운데서 길이가 긴것은 ①, ③, ④, ⑤, ⑨, ⑰인데 20km 정도, 짧은것은 7km이다. 단층 ⑥, ⑬, ⑧은 휘여들었거나 새로운 아지를 가지고있다.

방사상구조들을 따라 침식작용이 심하게 진행되여 비교적 깊은 계곡을

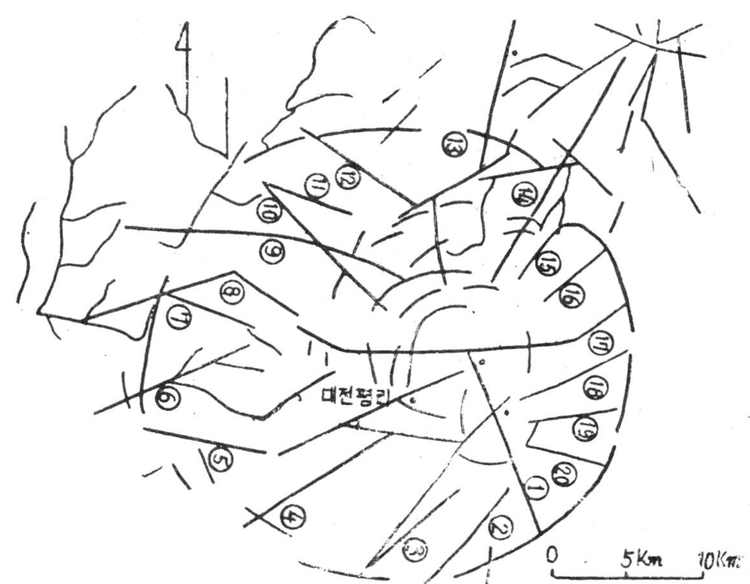

그림 3-13. 누른봉지구 방사상구조

이루었다.

설령지구와 화동령지구의 방사상구조

설령지구의 방사상구조는 길이가 거의 같은 세개의 단층이 등간격으로 발달되여있는데 이것은 중심형륭기운동에 의한 터짐렬하이다. 방사상구조의 길이는 10km 미만이다.

화동령지구의 방사상구조는 우주사진에서 볼수 있는 타원형고리구조의 긴축방향으로 긴 단층들이 놓이고 다른 방사상구조들은 이 구조를 등간격으로 절단하면서 거의 평행으로 발달되여있다. 이 방사상구조들은 길이가 짧고 밀도가 성근것이 특징이다.

2) 륭기 및 침강 구조

백두산지구에서 륭기 및 침강구조는 10단계에 걸치는 화산의 분출과 밀접히 련관되여있다. 이와 같은 륭기구조와 침강구조들은 백두산으로부터 백암에 이르는 백두산단렬대를 따라 발달되여있는데 하나의 륭기축을 이루었다.

이구조들은 암장의 상승에 의한 분출피복층의 궁륭상륭기운동과 용암이 분출된 다음 이 층의 침강운동결과에 의하여 형성되였다.

륭기구조의 특징은 다음과 같다.

백두산천지를 중심으로 반경이 35km정도인 원형륭기구조는 순상화산(현무암)우에 올라 앉은 종상화산(조면영안암, 조면류문암)구역이다. 순상화산단계에 궁륭상륭기구조의 중심의 절대높이는 변두리인 삼지연지구의 높이에 비하여 500~600m 높다.

이러한 궁륭상 륭기구조는 백두산에서뿐아니라 포태산지구와 누른봉, 설령, 화동령지구에서도 나타나는데 륭기높이는 약 200m정도 된다.

백두산화산대는 백두산—포태산—누른봉—설령을 축으로 하여 전반적으로 륭기되였는데 축부분은 변두리부분에 비하여 500~800m정도 더 륭기되여 마치 축부분만 륭기된것처럼 보인다. 축부분에서도 1부류 심부단렬대가 교차하는 지점들에서 200m정도 더 륭기되였다. 이 지점들에서 종상체부분을 이룬 중—산성분출암이 흘러나와 궁륭상구조들을 더욱 부각시켰다(그림 3—14).

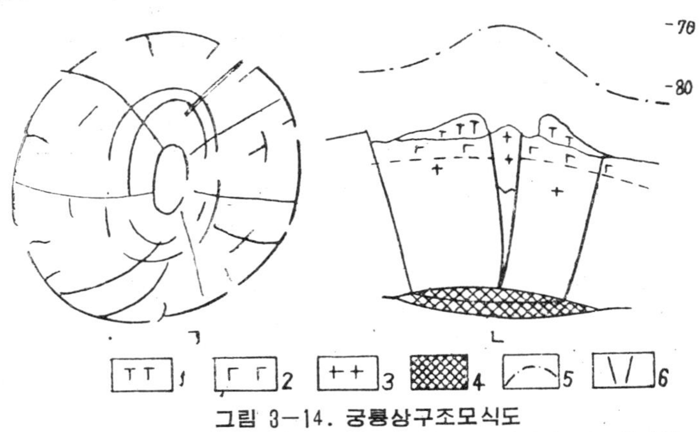

그림 3—14. 궁륭상구조모식도

ㄱ—평면도, ㄴ—자름면도, 1—조면영안암, 2—현무암, 3—화강암,
4—암장원, 5—중력이상곡선, 6—단렬대

제3기퇴적층들은 륭기구조의 변두리에서는 350~400m두께를 가지는 현무암밑에 놓여있지만 륭기구조안에서는 수십m의 두께를 가질뿐이다.

현무암대지의 축부분인 아무산일대에 발달되여있는 퇴적층은 30여m의 두께를 가지는 현무암층에 의하여 피복되였지만 변두리부분은 박천수와 서계수계곡사이에서는 같은 제3기퇴적층이 500~600m 두께를 가진 현무암층에 의하여 덮혀있다. 아무산부근에서 제3기층웃면 해발높이가 현무암층의 해발높이와 비슷하지만 변두리에서는 해발 높이차가 600~700m에 달한다. 따라서 제3기층의 경사각은 10°정도 된다. 대진평에서 진행한 시추자료에 의하면 제3기퇴적층의 경사는 남쪽으로 10° 정도이다. 이것은 궁륭상륭기운동의 산물이다.

침강구조의 특징은 다음과 같다.

백두산지구에서 침강구조는 역시 화산활동과 관련된 구조이다.

침강구조는 함몰형분화구에서 특징적이다. 그 특징에 대하여서는 분화구를 서술한 부분에서 보기로 한다.

백두용암대지에서 습지와 호수(못)가 발달되여있는데 이것은 침강구조이다. 지구물리자료에 의하면 간장늪, 박천늪과 대홍단지구의 크고작은 습지들은 기반블로크의 침강에 의하여 생긴 침강구조이다.

침강구조의 다른 류형으로서 화산의 폭발분출에 의하여 산사면의 일부가 날려간 결과에 생긴 분지를 들수 있다. 장군봉(보서리)에서 서쪽으로 4km정도 떨어진곳에 동시 길이가 530m정도, 남북방향으로 길이가 600m

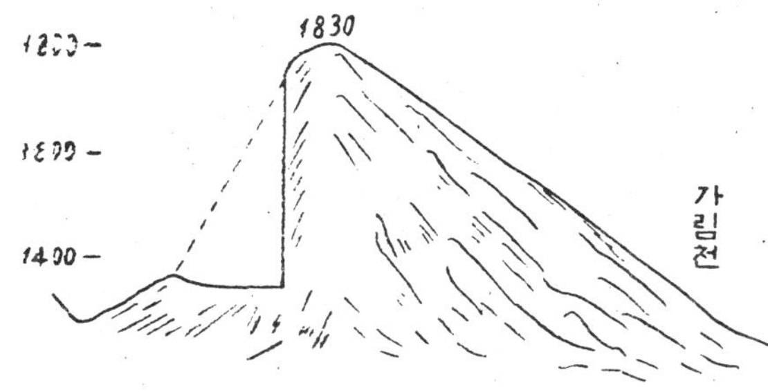

그림 3-15. 화산폭발에 의하여 날려간 화산분지

정도, 깊이가 400m 되는 타원모양의 분지가 있다(그림 3-15).

이 분지의 동쪽 산정점방향은 높은 절벽으로 되여있고 절벽밑에는 화산력과 화산암 애추들이 있다. 침강한 부분들은 그사이에 놓인다.

중심형분출구조에 동반되는 방사상구조들의 침식깊이와 길이에 대한 분석을 진행하면 화산활동이 동남쪽에서부터 백두산쪽으로 가면서 순서대로 끝났다는것을 알수 있다. 그것은 동남쪽인 누른봉 중심형분출구조에서 방사상구조들의 침식이 깊고 넓고 길며 포태산중심형분출구조, 백두산 중심형분출구조쪽으로 가면서 침식이 얕고 좁고 짧다.

따라서 원시암장원으로부터 암장의 상승은 백두산단렬대의 전구간에서 동시에 진행되지 않고 남동쪽에서부터 점차 북서쪽으로 이동하면서 진행되였는데 동남쪽에서부터 륭기하였던 지각블로크들이 먼저 침강하였다. 중심형고리구조에서 방사상구조밀도를 결정한데 의하면 설령고리구조에서 0.52, 누른봉고리구조에서 0.34, 포태산고리구조에서 0.29, 백두산고리구조에서 0.049이다. 구조밀도가 분출활동이 정지한 때로부터 지나간 시간이 길수록 크다는것을 고려하면 우에서 지적한대로 화산활동이 설령에서 백두산쪽으로 가면서 정지하였다는것을 알수 있다.

3) 우주사진에서 나타나는 선형 및 고리형 구조

백두화산대를 찍은 우주사진은 7대역에서 축척 1:100만으로 촬영한 *MSS*사진이다.

우주사진에 의하면 백두산지구에는 많은 선형구조와 고리형구조가 나타난다.

선형구조는 골짜기와 산릉선들로 련결되는 분출활동이전의 구조를 반영한다면 고리형구조는 높은 지형체들의 륜곽과 우무러진 테두리를 특징짓는 분출활동이후의 구조를 반영한다. 그러므로 고리형구조는 선형구조에 비하여 더 뚜렷하게 나타난다.

백두산지구의 고리형구조의 특성은 다음과 같다.

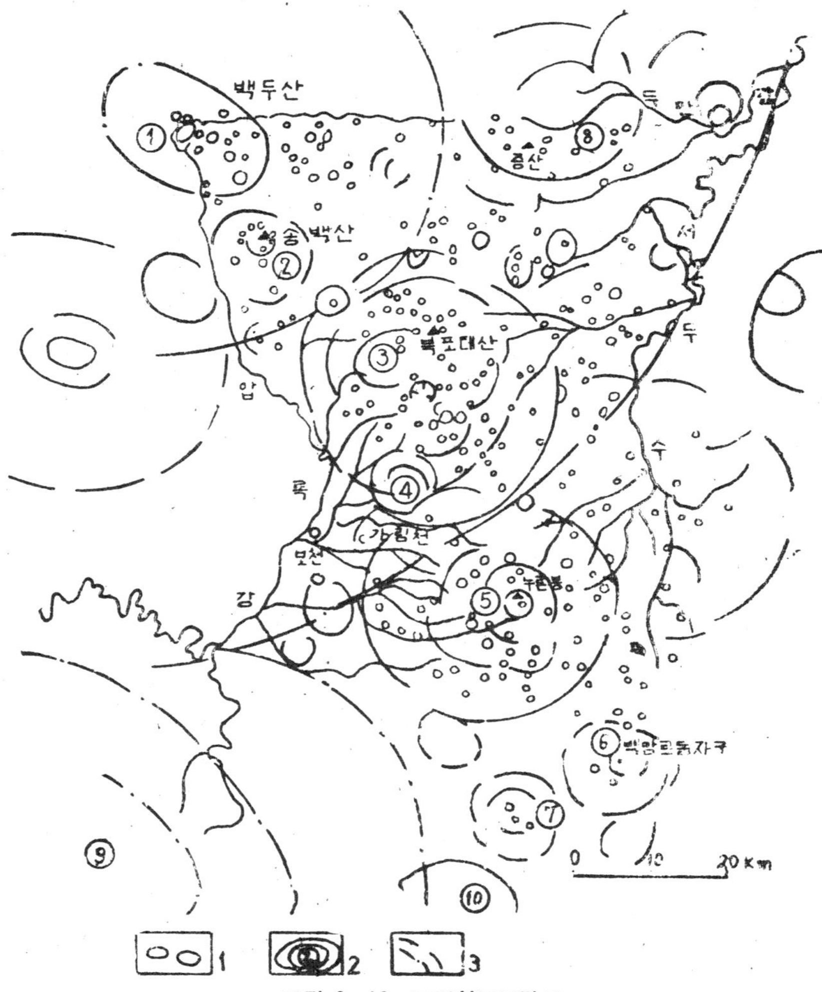

그림 3-16. 고리형구조략도

1—작은 고리형구조(1부류), 2—중간고리형구조(2부류), 3—큰고리형구조(3부류), ①—백두산중심형고리구조, ②—소백산중심형고리구조, ③—포태산중심형고리구조, ④—푸른봉중심형고리구조, ⑤—누른봉중심형고리구조, ⑥—설령중심형고리구조, ⑦—화동령중심형고리구조, ⑧—증산—로은산중심형고리구조, ⑨—두운봉중심형고리구조, ⑩—갑산고리구조

백두산지구에 발달되여있는 고리형구조를 모양에 따라 고리구조, 반고리구조, 호구조들로 나눌수 있다.

백두산지구에는 450여개의 고리형구조가 있다. 그 가운데서 큰고리형구조의 직경은 150km정도이고 작은고리형구조의 직경은 수백m된다.

직경이 2km미만인 고리형구조들은 백두화산대의 모든 구역에 다 있지만 주로 백두산단렬대의 변두리에 몰켜있다. 직경이 10km넘는 고리형구조들은 하나의 고리로 되여있지 않고 2∼4개의 동심원으로 된 겹고리를 이루고있다(그림 3−16).

이것은 화산분출활동구역인 백두산지구의 고유한 특성이다.

직경이 10km넘는 고리형구조들가운데서 중심형고리형구조는 7개이고 반고리구조는 3개이다.

고리형구조들은 직경의 크기 (D)에 의하여 세개의 부류로 나누어진다.

작은 고리형구조(1부류) 직경이 5km미만, 중간고리형구조(2부류) 직경이 5∼10km, 큰고리형구조(3부류) 직경이 10km이상이다.

1부류의 고리형구조는 440여개, 2부류의 고리형구조는 12개 있는데 그중 8개가 중심형고리형구조이다. 3부류 고리형구조에는 1개의 백두산중심형고리형구조가 있다.

직경이 5km미만 되는 고리형구조는 무수히 많은데 그가운데서 2km이상 되는것은 불과 10여개이고 대부분 2km미만이다.

1부류 고리형구조는 대부분이 개별적화산의 분화구인데 백두산단렬대우에 집중적으로 분포되여있고 중간 및 큰 고리형구조안에 밀집되여있다.

백두산지구에서 직경이 5km이상 되는 중간 및 큰 고리형구조는 모두 2중, 3중, 4중 동심원고리로 이루어진 중심형고리구조들이다.

중간고리형구조는 암장의 상승과 관련되여 형성되였으며 큰 고리형구조들은 암장의 상승과 함께 만틀물질의 지각에로의 침투와 그로 인한 그 부분 지각의 륭기와 관련되여 형성되였다.

백두산중심형고리구조 이 고리구조는 제3기말부터 현세까지의 사이에 백두산단렬대와 후창−백두산단렬대, 중강−백두산단렬대가 교차되는 백두산지각의 륭기와 용암의 분출−퇴적작용에 의하여 형성되였다.

백두산을 중심으로 하여 압록강과 가림천, 서두수 계곡으로 이루어진 전형적인 화산륭기형고리구조로서 직경이 150km정도이다. 이것은 네개의 겹고리로 되였는데 안의 세개는 긴축방위가 북서 315°인 타원형이다. 세번째 고리의 긴축길이는 77km정도이고 짧은축은 62km정도이다. 두번째고리는 선오산, 소연지봉, 무두봉, 대각봉 계선을 지나간다. 중심으르부터 첫번째 고리는 백두산천지 외륜산줄기를 따른다.

제일 밖의 고리안에 140여개의 작은 고리가 있다. 두번째 고리안(우리나라 경내)에 30개정도의 작은 고리가 있다.

중심으로부터 첫번째고리구조는 천지칼데라의 함몰작용에 의하여 생긴것이며 둘째고리는 암장의 상승과 분출작용에 의하여 생긴것이다. 세번째고리는 만틀물질의 지각에로의 침입과 그로 인한 이 지구 지각의 륭기에 의해 생긴것이다.

　　소백산중심형고리구조　소백산중심형고리구조는 북서계렬의 백두산단렬대와 북동계렬의 소백산단렬대의 교점인 간백산칼데라지구에서 암장의 상승에 의한 지각의 륭기와 여러차례에 걸치는 분출작용에 의하여 형성되였다.

　　이 고리형구조는 백두산중심형고리구조안에 놓이는 2중겹고리구조로서 장군봉으로부터 20km정도 떨어져있다. 이 고리구조안에 작은 고리형구조가 12개이상 있는데 직경은 15km정도이다.

　　포태산중심형고리구조　포태산중심형고리구조는 북서계렬의 백두산단렬대와 북동계렬의 보서리단렬대, 남북방향의 청림단렬대가 교차되는 포태지구에서 만틀물질이 지각에로의 침입과 암장의 상승에 의한 지각의 륭기 그리고 여러 차례에 걸치는 분출퇴적작용에 의하여 형성되였다.

　　이 구조는 소백산중심형고리구조의 중심으로부터 약 30km정도 떨어진 동남쪽에 놓여있다. 북포태산과 남포태산, 백사봉과 장군봉을 포괄하는 이 고리구조는 세개의 겹고리로 이루어졌는데 제일 밖의 고리의 직경은 35km정도이다. 이 고리형구조안에 80여개의 작은 고리형구조들이 있다.

　　누른봉중심형고리구조　누른봉중심형고리구조는 북서방향의 백두산단렬대와 북동방향의 대전평단렬대가 교차되는 누른봉지구에서 만틀물질의 지각에로의 침입과 암장의 상승에 의한 지각의 륭기 그리고 여러차례의 분출퇴적작용에 의하여 형성되였다.

　　이 구조는 포태산중심형고리구조의 중심으로부터 동남쪽으로 약 35km 떨어져있다. 누른봉, 백사봉, 관두봉, 태을봉을 포괄하여 중심을 이루는 이 고리형구조는 3개의 겹고리로 이루어졌는데 밖의 고리의 직경은 34km정도이다. 이 고리형구조안에는 50여개의 작은 고리형구조가 있다. 이 고리구조는 원에 가까운 형태를 가지며 다른 중심형고리구조에 비하여 깊은 침식계곡이 발달되여있는것이 특징이다. 이것은 분출활동이 먼저 끝났다는것을 의미한다.

　　설령중심형고리구조　설령중심형고리구조는 북서계렬의 백두산단렬대와 북동방향의 대각봉단렬대가 교차되는 설령지구에서 만틀물질의 지구에로의 침입과 암장의 상승에 의한 지각의 륭기 그리고 여러차례에 걸치는 분출퇴적작용에 의하여 형성되였다.

　　이 구조는 누른봉중심형고리구조의 중심으로부터 남동쪽으로 약 25km 떨어져있다. 이 고리구조는 겹고리로 이루어져있는데 밖의 고리의 직경은 14km정도이다. 이 고리구조는 절반이 뚜렷한 계곡으로 나타나며 북동쪽 절반은 경계가 뚜렷하지 않은데 그것은 침식계곡이 발달한것과 관련된다. 중심부분에 대각봉과 소대각봉이 놓여있다.

　　화동령중심형고리구조　화동령중심형고리구조는 북서방향의 양곡—장안

단렬대와 북동방향의 대각봉단렬대가 교차하는 화동령지구에서 만튤물질의
지각에로의 침입과 암장의 상승으로 인한 지각의 륭기 그리고 여러차례의 분
출퇴적작용에 의하여 형성되였다.

이 구조는 설령중심형고리구조의 중심으로부터 15km정도 떨어져있
다. 세개의 겹고리로 이루어졌는데 그 직경은 13km정도이다.

푸른봉중심형고리구조 푸른봉중심형고리구조는 남북방향의 청림단렬대
와 백두산단렬대의 수반단층과 교차되는 푸른봉지구에서 암장의 상승에 의한
지각의 륭기와 두차례에 걸치는 분출퇴적작용에 의하여 형성되였다.

이 구조는 포태산과 누른봉중심형고리구조가 접하는곳에 있는데 중심은
푸른봉이다. 겹고리로 된 이 고리형구조는 직경이 10km로서 중심형고리구
조가운데서 가장 작다.

증산반고리구조 증산반고리구조는 두만강단렬대와 서두수단렬대가 교차
되는 증산지구에서 지각의 륭기와 분출퇴적에 의하여 형성되였다.

이 구조는 우리 나라 경내에 절반, 중국쪽에 절반차지하고있는 중심형
고리구조이다. 백두산의 장군봉으로부터 동쪽으로 50km정도 떨어진 증산
을 중심으로 하고있다. 직경은 24km정도 되는데 이 구조안에 10여개(우리
경내)의 작은 고리형구조가 발달되여있다.

침식계곡이 발달한 정도는 설령고리구조, 누른봉고리구조, 포태산고리구
조, 백두산고리구조 순서인데 이것은 분출활동이 끝난 시기와 일치한다. 즉
백두산지구에서 분출활동은 남동쪽에서 북서쪽으로 백두산심부단렬대를 따라
진행되였다.

우에서 기재된 모든 고리형구조들은 화산활동형성물이다.

3. 신기지체구조운동

우리 나라에서 신생대 구조운동은 중생대 구조적특성을 물려받았으며 륭
기와 침강작용, 단렬운동과 분출활동 등으로 특징지어진다.
신생대 제4기 구조운동은 현재 지구걸면의 지질구조를 완성시킨 최신기 지각
지질구조운동으로서 현대 지질구조가 생기기 시작한 때로부터 현세까지의 시
기를 포괄하고있다.

신기 지체구조운동의 산물은 현대 지형지질구조이다. 따라서 현대 지형
의 골격구조를 이루는 지형지질구조는 심부지질작용의 산물로서 침식삭박작
용에 의하여 생기는 지형일반과는 다른 개념이다.

백두산지구의 지형구조는 다른 지역보다 매우 복잡하며 높고 낮음의 차
가 1000~1500m로서 매우 심하다. 이로부터 백두산지구 지형지질구조형성에
대한 견해들이 다르다.

일부 연구자들은 백두산지구의 지형기복이 제4기 하세 이전에 형성되였다고 보면서 이미 형성된 지형기복에 따라 백두산에서 용암이 흘러나와 곡지를 채운것으로 화강암산들은 우회단구로 보았다.

다른 연구자들은 지형기복이 제4기 하세의 평탄화된 평원에서 용암이 흘러나와 대지 현무암을 이루고 그후의 신기지체운동에 의하여 상대적으로 륭기침강되여 현재와 같은 지형기복이 이루어졌다고 보았다.

백두산지구의 지형구조는 심부지질작용에 의하여 형성되였다.

1) 신기지체구조운동시기

백두산지구에서 신기지체구조운동은 중신세―제4기 하세에 일어났다. 고제3기에 학무산암군의 관입활동으로 생긴 지형구조는 중신세에 들어서면서 파괴되고 일부 두드러진 구역은 삭박되여 우묵한곳에 퇴적되였으며 분출작용도 있었다. 특히 이 시기 백두산지구(백두고원)는 륭기되여 완만한 방패형궁륭체가 형성되였다.

중신세～제4기하세에 백두산지구의 지형구조는 최대로 륭기되였고 백두산, 포태산, 누른봉, 백암에서 륭기구조로 인한 방사상단렬구조와 환상단렬구조들이 형성되였다. 륭기작용으로 인하여 지각의 상층부에서는 인장력이 커지고 단렬대는 확장되여 지구대들이 형성되기 시작하였다. 지구대는 지각의 약선대로서 분출활동을 일으킬수 있는 구조적전제로 되였다. 이러한 지구대를 따라 중심형분출과 름형(선형)분출이 일어났다. 그러므로 중신세―제4기 하세 현무암층들은 쇄설암층과 호층되여 있다.

이것은 이 시기 용암의 호름상 분출이 상당한 중단기를 가지고 진행된데 있다. 절대나이는 2200만년～200만년이다.

중신세―제4기 하세시기에 백두산지구의 지형지질구조형성에서 특징은 다음과 같다.

중신세―제4기 하세 백암통, 보천통의 현무암의 두께는 50～600m로서 심히 차이나는데 현무암

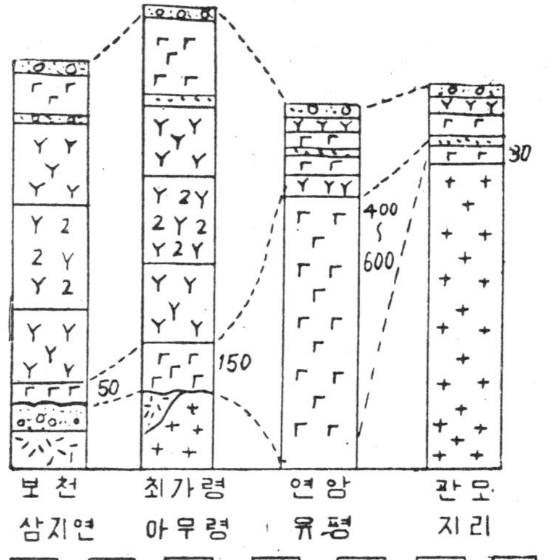

그림 3―17. 백두산지구 지질주상도

1―력암, 2―유라기화강암, 3―보천통 현무암, 4―조면암, 조면영안암, 5―중생대 분출암, 6―사력층, 7―조면영안암, 조면류문암

의 피복전에 지형기복이 있었던것과 관련된다. 류동성이 심한 현무암질용
암이 곡지를 메우면서 흘러내렸다. 현무암의 두께는 유평지구에서
400~600m이며 최가령, 곽사봉지구에서는 150m정도이다. 현무암의 직
하반에는 화강암풍화각 또는 두꺼운 쇄설암층이 있다(그림 3-17).

2) 신기지체구조운동의 성격

백두산지구의 신기지체구조운동의 성격은 선상룡기작용과 침강작용 및
불로크룡기와 궁룡상룡기작용으로 특징지어진다. 이 운동을 야기시킨것은
만톨물질의 상승침입에 의한 궁룡룡기부의 형성과 지각의 장력이다.

신기지체구조운동에 의하여 백두산심부단렬대가 재가동하였다. 심부단
렬대들은 지각의 구조요소들의 경계로 되거나 룡기구역과 침강구역의 경계로
되였다. 심부단렬대의 재가동에 의하여 중첩된 지구대형분지들이 형성되였
으며 암장활동이 일어나게 되였다.

이러한 심부단렬대와 그에 평행된 단렬구조 묶음에 의하여 일정한 구역
이 침강룡기되였다.

신기지체구조운동을 특징지어주는 단렬대들의 방향은 북동방향과 북서방
향이다. 여기서 북동계렬의 단렬대들은 보다 신기구조이며 북서계렬의 단렬
대는 고기이다. 방향별 출현빈도를 보면 북동계렬의 선형단렬구조는 20~
30°의 주향을 가지는 북북동계렬과 50~60°의
주향을 가지는 북동계렬의 구조가 발달되여있
다. 북서계렬의 선형단렬구조는 주향 310~
330°와 340~350°범위에서 발달되여있다(그
림 3-18).

선형단렬구조들에 의하여 백두산지구 지
각은 블로크들로 나누어졌다. 북서계렬의 단
렬구조를 경계로 선상 룡기작용과 침강작용에
의하여 선상룡기구조, 선상침강구조 계단블로
크구조들이 형성되였다. 구조들과 계단상단층
계를 경계로 지구대와 지루대들이 형성되
였다.

선상침강작용은 서두수단렬대와 백두산단
렬대사이에서 진행되였고 선상룡기작용은 백
두산단렬대 서쪽에서 진행되였다. 블로크구
조운동과 궁룡상 구조운동은 북동계렬의 단렬
대들과 북서계렬의 단렬대들에 의하여 포위된
구역에서 진행되였다. 이 구조운동은 만틀물

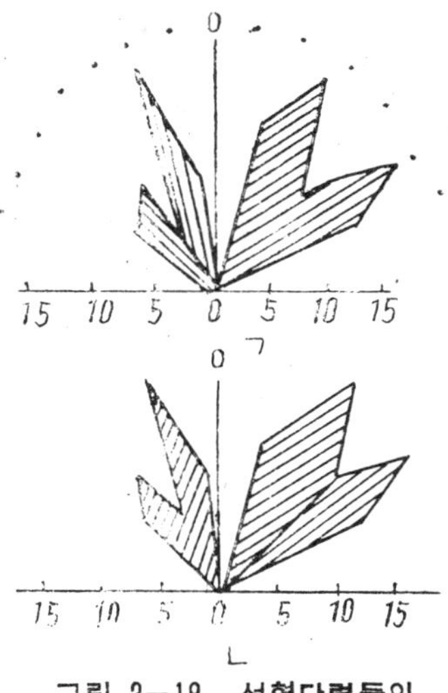

그림 3-18. 선형단렬들의
장미원도

ㄱ—개수에 의한 분포,
ㄴ—길이에 의한 분포

질의 상승침입에 의한 지각의 변형이다.

백두산지구를 포함한 넓은 지구에서 연질권(저속도층)의 깊이는 70~120km로서 깊지 않다. 흔히 연질권은 대륙지각밑 150~250km에 있다.

백두산지구에서 지각의 두께는 36~38km 부게중력이상값은 백두산에서 $-105.10^5 m/s^2$로서 제일 두꺼운 곳중의 하나이다. 그러나 이것은 만틀물질의 상승침입과 관련된다고 보아진다.

백두산지구에서 분출활동이 다른 지역과 달리 매우 깊은곳에서 진행되였다. 분출암의 규토지수를 보면 중부지역의 현무암들은 30으로서 크며 백두산지구 현무암은 22로서 낮다. 나트리, 카리 함량비(Na_2O/K_2O)가 중부지역에서 1.90이고 백두산지구에서 2.37로서 높다. 특히 현무암암장의 형성깊이를 반영하는 Sr, Y, Rb의 함량이 백두산지구에서 훨씬 높다.

백두산지구 암장활동은 량태성을 띠는데 이것은 리프트암장활동의 고유한 특징으로 되고있다.

백두산단렬대의 성격

지각발전력사는 지각의 륭기와 삭박작용, 침강과 퇴적작용, 습곡작용과 암장활동 등 다양한 지각운동이 어떻게 발전하여왔는가에 의하여 특징지어진다. 지각의 활동성과 안전성은 지각에 생긴 일차적인 심부단렬대들이 어느 정도로 활동하였는가에도 관계된다. 그러므로 심부단렬대들은 지각발전의 력사적특징을 규정해주는 중요한 인자로 된다.

백두산지구에서 가장 큰 심부단렬대는 백두산과 두류산을 련결하는 북서계렬의 백두산단렬대이다. 암장활동은 신생대이전시기부터 백두산단렬대를 따라 진행되였지만 중신세-제4기에 들어서면서 분출작용이 폭발적으로 진행되였다. 또한 백두산단렬대의 동쪽으로 침강하고 서쪽으로 륭기하였으며 더 서쪽으로 다시 침강하는 특성을 가지고있다. 따라서 심부단렬대로서의 백두산단렬대의 성격을 다음과 같이 고찰할수 있다.

1. 백두화산대의 리프트(부채형지구대)적성격

지각이 패여져 벌어진 긴틈(긴골자기)을 판지체구조론적으로 리프트라고 하는데 대양의 긴틈을 대양리프트, 대륙의 긴틈을 대륙리프트라고 한다.

대륙리프트는 지구대뿐아니라 지루대까지 포괄하는 복잡한 정단층계이며 만틀물질과 암장의 상승을 촉진시켜주는 대륙지각의 장력대이다.

지체구조적으로 대륙리프트는 만틀까지 연장되는 심부단렬대이며 땅겉면에서는 심한 장력이 작용한다. 지각의 장력대에서 형성되는 리프트를 구조-지형학적특징에 의하여 틈형리프트, 궁륭분출형리프트로 나누어진다.

대륙안에 발달되여있는 틈형리프트와 궁륭분출형리프트의 구조-지형학적특징은 표와 같다.

표에서 보면 틈형리프트는 지구대의 길이가 짧고 깊으며 길지 않고

2급 구조형	궁 룡	톰 형 리 프 트
지구대	길이가 길고 명확치 않으며 깊이는 깊지 않다	길이가 짧고 깊다
룡기대	지구대 발생결과에 고립되며 길고 넓다	너비가 작고 길이는 길지 않다 지구대가 생긴후에 룡기
횡단지구대와 장력균렬대	거리가 길며 룡기부의 변두리를 절단한다	흔히 짧고 지구대축으로부터 멀어지면서 급격히 침멸된다
횡단룡기대와 대각룡기대	없거나 약하게 나타난다	넓게 분포되며 현저한 진폭을 가진다
단렬대의 부채형으로 확장	넓게 분포하며 리프트대 절반이상 차지한다	없다

넓지 않다. 그리고 단렬대는 확장되지 않는다. 그러나 궁룡분출형리프트는 지구대의 길이가 대단히 길지만 명백치 않으며 깊지 않다.

백두산심부단렬대가 리프트적성격을 띠는 근거는 다음과 같다.

첫째, 백두산지구가 지형학적으로 방패형궁룡부를 이루고있다.

방패형궁룡부의 변두리는 백두산대지현무암분포와 대체로 일치되는데 이 변두리를 따라 백두산화산대고리구조가 지나간다. 이 고리형구조는 축척 1:50만 또는 1:270만 우주사진에서 잘 판독된다.

둘째, 백두산을 중심으로 하는 세방향의 심부단렬대가 발달되여있다.

세방향의 심부단렬대는 백두산을 중심으로 방사상으로 놓여있다. 그 하나는 백두산에서 동남쪽으로 향하는 백두산심부단렬대이며 다른 하나는 백두산에서 중국쪽으로 향하는 서부방향의 정우 심부단렬대이며 다른 하나는 백두산에서 안도쪽으로 향하는 북동방향의 안도심부단렬대이다(그림 3-19).

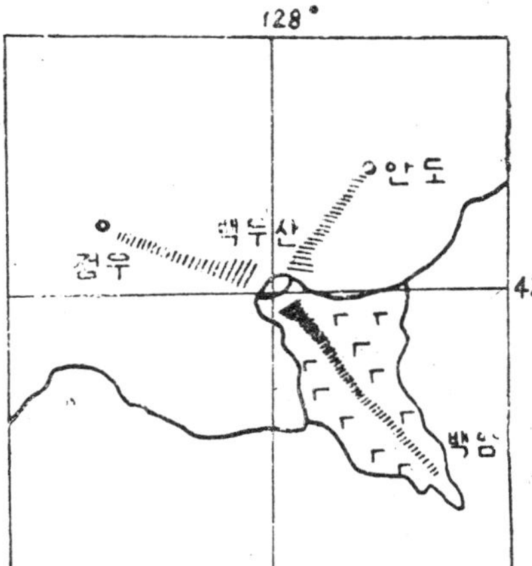

이러한 심부단렬대는 만틀물질의 침입에 의하여 생긴 시초지각단렬로서 용암의 분출통로로 되였다.

셋째, 백두산단렬대를 따라 명확한 중력이상이 나타난다.

백두산의 부게중력이상값은 $-105.10^{-5} m/s^2$로서 예상값보다 높다 (그림 3-20).

백두산-안도방향의 부계이상은 $-40 \cdot 10^{-5} m/s^2$, 백두산-정우방향의 부계이상은 $-25 \cdot 10^{-5} m/s^2$, 백두산-길주방향 $-25 \cdot 10^{-5} m/s^2$로서 계단식으로 점차 높아진다.

그림 3-19. 백두산을 중심으로 하는 세방향의 심부단렬대

백두산-길주자름면에서 부계중력이상값의 중력구배를 보면 이 구배가 동해바다가에서 급하고 백두산에 가까워질수록 완만해진다.

그림 3-20에서 보는바와 같이 길주-두류산-푸른봉-소백산-백두산을 련결하는 방향에서 중력계곡을 이루고있다. 이 계곡은 백두산단렬대와 일치된다. 이것은 이 계곡을 따라 만틀물질이 올라와 있다고 예상할수도 있다.

백두산단렬대우에 크고 작은 중심형고리구조가 발달되여 있으며 중심형화산들이 렬을 지어있다.

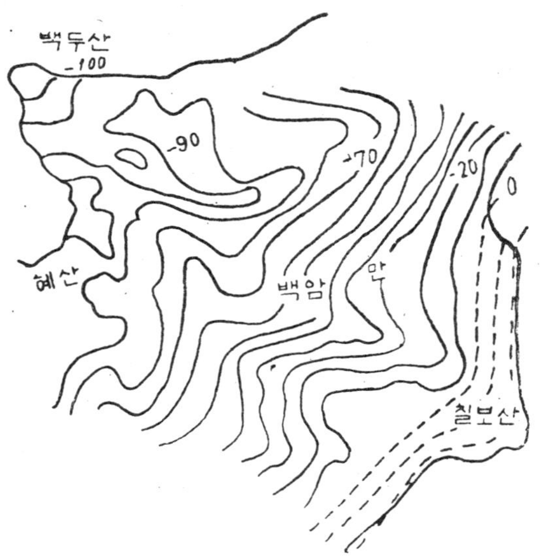

그림 3-20. 백두산지구 부계중력이상도(m/s²)

백두산화산대로부터 동쪽으로 20~30km 떨어진곳에 서두수단렬대가 놓여있다. 서두수단렬대를 경계로 백두산이 있는 서쪽 지괴가 떨어져 지구대를 이루었다.

서두수단렬대와 백두산심부단렬대 사이에는 크고 작은 정단층들이 발달되여있다. 정단층들은 직선벼랑으로 나타나며 주위지질체를 일정한 깊이로 절단전위시키였다.

백암 형제수골짜기에서 나타나는 직선벼랑은 5km나 연장되여있다. 또한 정단층면을 따라 파쇄대가 발달되여있는데 이 파쇄대를 따라 보다 후기의 현무암맥들이 올라왔다(그림 3-21).

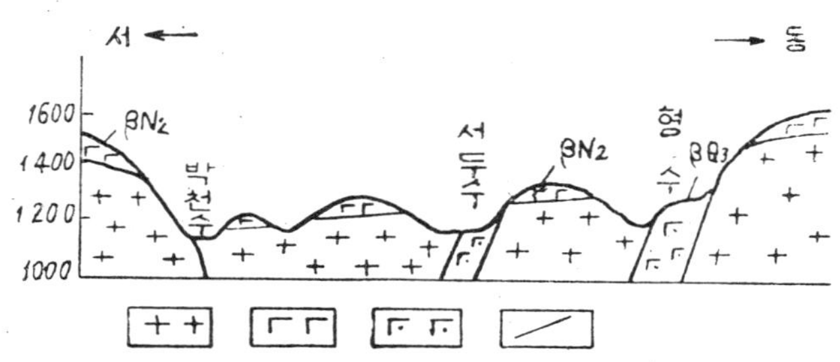

그림 3-21. 연암지구 지질자름면
1-신생대 이전시기 화강암, 2-상신세-제4기 하세 현무암, 3-제4기 상세 현무암, 4-구조선

백암군 동계지질자름면에서는 서로 반대되는 경사를 가진 정단층에 의하여 작은 지구대를 이루었는데 화강암암체들이 떨어져있고 균렬에 늦은 시기의 현무암이 채워져 마치 곡지현무암처럼 나타나고있다(그림 3-22).

구조벼랑돌과 단렬대에 주입된 현무암맥들은 백두산화산대의 서쪽 지괴에서도 잘 나타나고있다.

넷째, 백두산단렬대를 따라 독특한 지형-지질구조가 형성되였다. 백두산지구의 지형-지질구조는 룽기구조운동과 제4기 하세이후 중심형화산활동에 의하여 복잡한 치형구조를 가지게 되였다. 대표적인 룽기산지는 남포태산, 장군봉, 누른봉, 삼포산 등이다(그림 3-23).

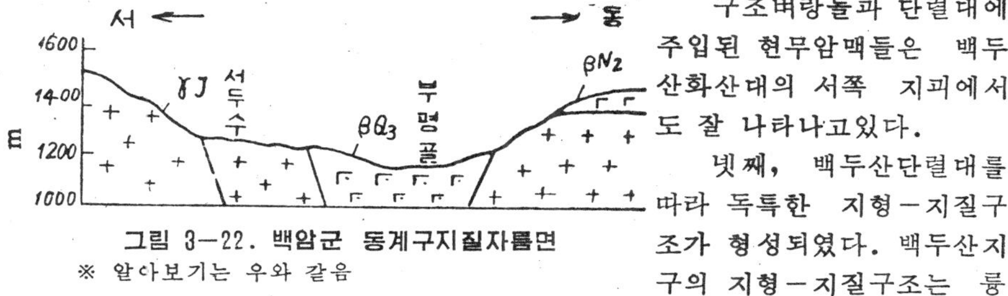

그림 3-22. 백암군 동계구지질자름면

※ 알아보기는 우와 같음

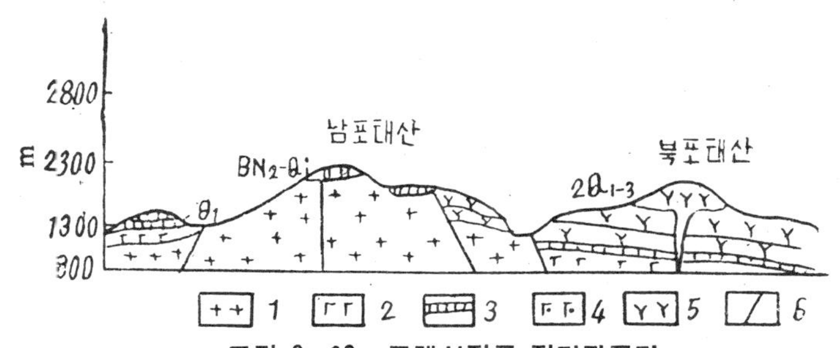

그림 3-23. 포태산지구 지질자름면

1-신생대이전 화강암, 2-상신세 제4기하세 현무암, 3-제4기 하세사력층, 4-제4기 중세현무암, 5-제4기 중세조면암과 류문암, 6-구조선

지난 시기에는 이러한 높은 산체들을 중신세-제4기 하세 현무용암이 흘러나올 당시의 우회잔구로 보았다. 우리는 이 산체들이 상신세-제4기 하세이후 구조운동에 의하여 룽기된 산체라는것을 확증하였다.

그 근거는 다음과 같다.

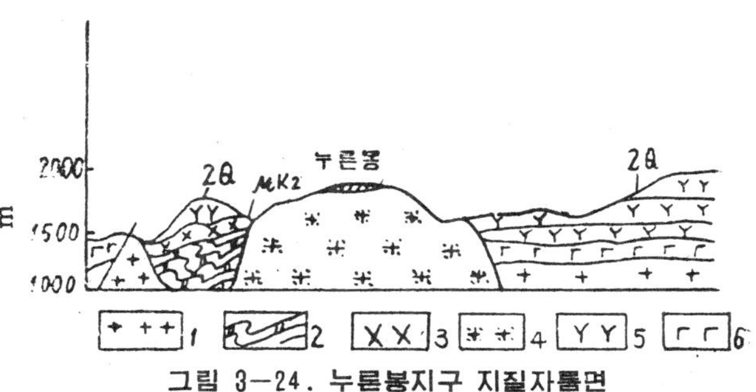

그림 3-24. 누룬봉지구 지질자름면

1-신생대이전 화강암, 2-하부원생대 퇴적암, 3-백악기분출암, 4-백악기-제3기 화강사장암, 5-제4기 하세 조면암, 6-상신세-제4기현무암,

① 륭기된 산정부에 중신세-제4기 하세현무암층과 제4기 하세의 기저지
질면인 평탄면이 보존되여있다.
② 고기의 화강암암체들이 각이한 시대의 지층과 접하고있다.
③ 분출암들의 접촉면이 각이한 높이에서 접하고있다(그림 3-25).

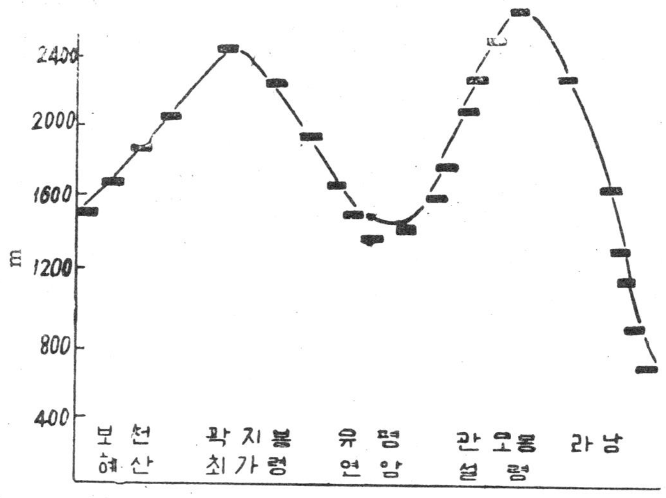

그림 3-25. 백두산지구 상신세-제4기 현무암의 높이 분포

현재 지형-지질구조의 분포상태와 형태학적특징은 그것들이 최신기의
지질시기에 형성되였다는것을 보여준다. 그것은 지형-지질구조가 복잡하고
각이한 지층내에 상신세-제4기 하세층이 그대로 보존되여있다.

다섯째, 백두산단렬대를 따라 계단상정단층계로 이루어진 지질구조가
형성되였다.

백두산지구에 발달되여있는 기본 단렬구조의 방향은 북서, 북동 방향이
다. 단렬구조들은 아무산-복개봉, 백사봉-궤상봉, 고두산-황토산 자름면
에서 잘 나타난다(그림 3-26).

그림 3-26에서 보는바와 같이 백두산지구의 지질구조는 북서-남동방향
의 정단층계에 의하여 가운데지괴가 떨어져 지구대와 기루대 형태로 나타나
고있다. 지루대는 고두산으로부터 포태산에 이르기까지 연장되나 자주 북동
방향의 단렬대에 의하여 절단되고 제4기 하세이후 화산작용에 의하여 형성된
고리형구조에 의하여 명백히 나타나지 않는다. 그리고 지구대 역시 북동방향
의 단렬들에 의하여 각이한 높이로 전위되고 지구대를 횡단하는 작은 돌출대
에 의하여 서로 분리되여있다.

이와 같은 현상은 백암탄상의 지질자름면에서 잘 나타난다(그림 3-27).

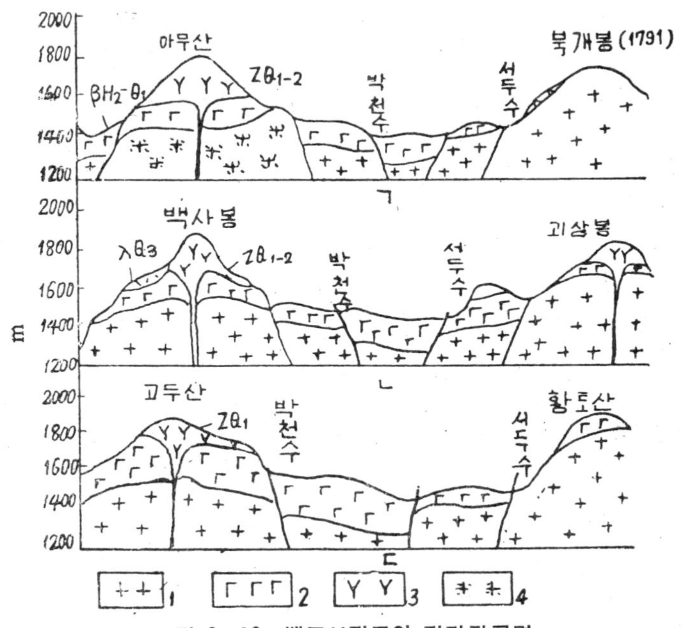

그림 3-26. 백두산지구의 지질자름면

ㄱ-아무산-북개봉지질자름면, ㄴ-백사봉-괴상봉지질자름면,
ㄷ-고두산-황토산지질자름면

※ 알아보기는 같음

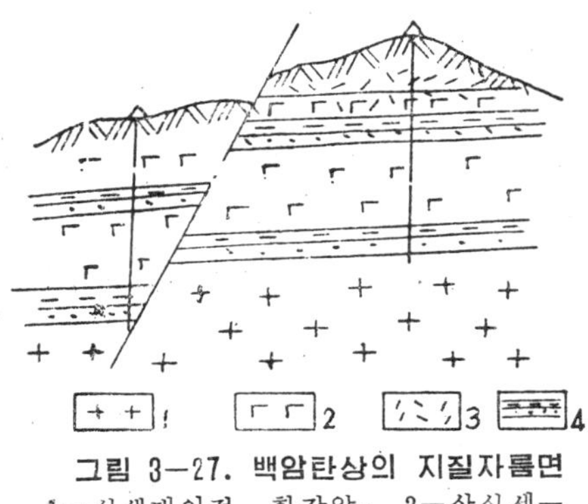

그림 3-27. 백암탄상의 지질자름면
1-신생대이전 화강암, 3-상신세-
제4기현무암, 3-함탄쇄설암,
4-류문암(Q)

그림 3-27에서 보는바와 같이 백암탄상은 도화동단층, 원동단층, 북계수단층에 의하여 상대적으로 떨어진 지괴들이다.

여섯째, 백두산단렬대안의 단층들은 지금도 가동하고있는 활동단렬이다.

활동단렬은 그 활동의 신기성으로 하여 현재의 지형지질구조에 잘 나타나는데 보천지구와 백암지구에서 잘 나타난다. 그림 3-28에서 보면 보천지구에서 활동단렬은 제4기 하세현무암들을 전위시키였다.

또한 대평지구의 련암산에서도 활동단층은 제4기 중세 조면암을 전위시키였다(그림 3-29).

백암에서 신기 활동단층은 신생대이전의 화강암을 비롯하여 중신세-

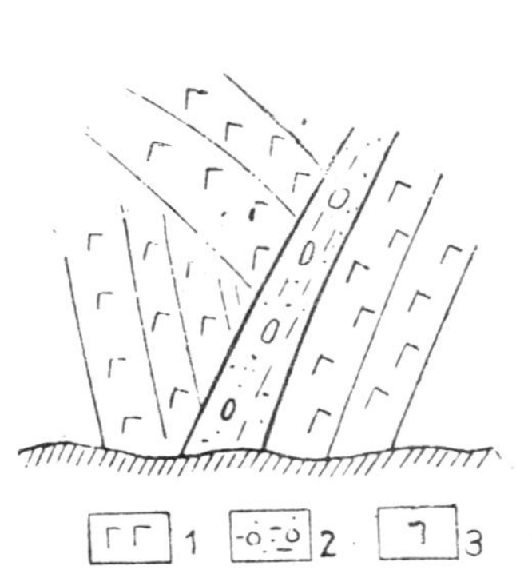

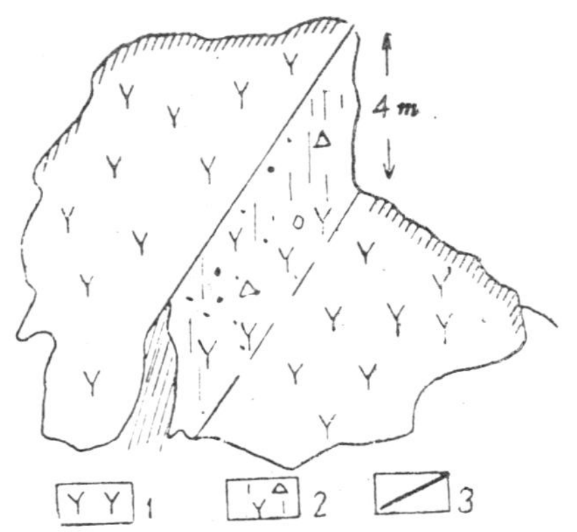

그림 3-28. 신기 횡단층에 의한
현무암층의 전위현상
1—현무암, 2—단층각력암,
3—단층

그림 3-29. 신기횡단층에 의한 조면암의
전위현상(령암산)
1—조면영안암, 2—단층면,
3—단층

제4기 현무암은 물론 제4기 중세 류문암까지 전위시키였다. 대표적인 실례로 양홍에서 1978년 8월 20일부터 8월 23일 기간에 신기단렬들이 가동하여 철길로반을 아래로 1.4m, 옆으로 10m나 움직여놓았다. 이러한 수직, 수평전위는 이 지구가 수평장력을 받고있다는것을 보여준다.

이와 같은 지층의 전위현상은 백두산으로부터 동남쪽으로 뻗은 신기단렬들이 현세에도 가동하고있다는것을 보여준다.

백두산지구에는 많은 지열이상구역이 나타나고있으며 지표열호름량도 높다. 이것은 백두산지구 온천탐사의 리론적전제로 된다.

이상에서 보는바와 같이 백두산지구는 만틀물질의 침입에 의하여 전반적으로 룡기되는 과정에 천정부근에 금이 가고 가운데가 떨어져 궁륭분출형리프트가 생기였다. 즉 백두산지구는 중신세 제4기에 들어서면서 분출활동이 최대로 강해지면서 리프트적성격을 띠게 되였다.

Ⅳ 백두산지구에서 화산분출작용

백두산지구에서 화산분출작용은 중생대 유라기 상세로부터 시작되어 일정한 중단기를 두고 신생대 제4기까지 진행되었다.

중생대 유라기 상세－백악기 하세기간에 있은 첫분출작용은 보천군 대진평, 문암, 려수 등지에서 있었는데 당시 화산분출물은 배두용암대지의 기반을 이루어놓았다.

이 시기 화산분출작용은 흐름성분출과 폭발성분출이 동반되였는데 백두산지구 남쪽에서는 산성분출용암의 흐름성분출과 폭발성분출이 동시에 진행되였고 북쪽에서는 중성분출용암의 흐름성분출이 진행되였다.

화산분출작용은 신생대 중신세부터 활발하게 진행되여 약 5400여 km²에 달하는 넓은 화산대지를 이루어놓았다.

그러므로 백두산지구에서 화산분출작용이라고 하면 신생대 분출작용을 념두에 두므로 이 책에서는 신생대 분출작용에 대하여서만 기재한다.

1. 백두화산대 형성의 지체구조적환경

백두산과 백두화산대는 중생대말～신생대 제4기 및 현세에 이르기까지 복잡한 지질발전과정을 거쳐 형성되였다. 그 과정을 네개의 단계로 구분하여 모형화할수 있다.

1단계는 중생대 유라기에 있은 강한 압축단계인데 대보구조운동시기에 해당된다.

이 시기에 서태평양북부에 있던 쿨라판라는 대양판괴가 북서방향으로 아세아대륙판밑으로 침하하고있었다(그림 4-1). 이때 침하속도는 7～18cm/년으로서 대단히 빨랐다.

이와 함께 대서양도 급속히 확대되고있었으므로 아세아대륙의 동쪽변두리는 대양과 대륙의 량쪽으로부터 매우 강한 압력을 받았다.

그의 영향으로 조선반도는 륭기되기 시작하였고 이와 동시에 북북서－남남동방향 특히 북서－남서방향의 단층들의 형성과 함께 작은 분지들이 형성되면서 중생대층이 퇴적되였다.

한편 침하대부근의 지각심부에서는 판괴들의 마찰로 시알각이 부분적으

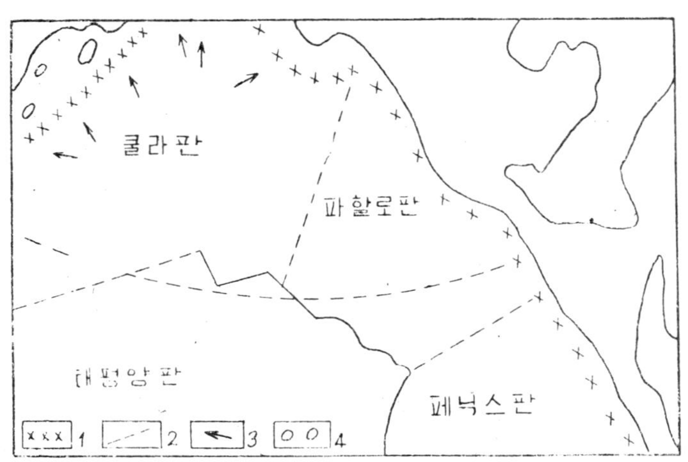

그림 4-1. 태평양에서 판괴들의 놓임새(1억1천만년전)
1—침하대, 2—판괴의 경계, 3—침하방향, 4—섬호

로 녹으면서 지각기원의 화강암암장이 형성되었다. 그러나 이 암장은 밀려오는 압력에 의하여 렬하가 크게 열리지못하였으므로 지표까지 흘러나오지못하고 지각심부에 굳어졌다. 이것이 백두산서쪽에 넓게 드러난 단천암군의 화강암이다.

2단계는 유라기 상세부터 백악기 상세까지 작용한 약한 압력과 장력이 교체되는 단계이다.

이 시기에 들어서면서 압력이 약해지면서 강해지기 시작한 장력에 의하여 북동방향의 단층들이 더 크게 렬개되면서 여기에 유라기 상세—백악기 하세에 해당되는 륙성층이 퇴적되었다(그림 4-2).

당시에는 아직 조선동해가 알려져있지 않았으며 바다홈도 우리 나라 동해안을 가까이 지나갔다.

이리하여 아세아 대륙의 동쪽변두리를

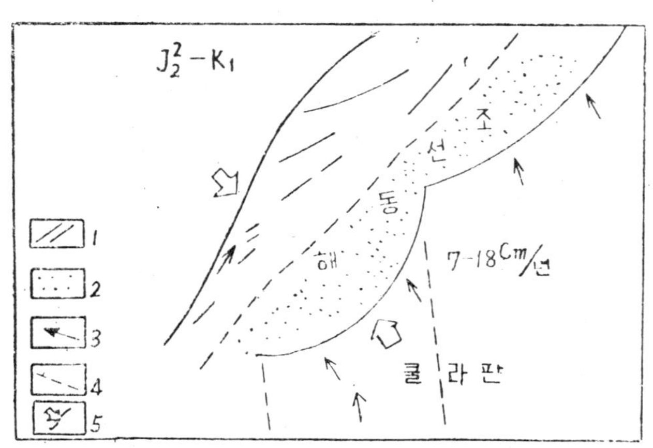

그림 4-2. 유라기—백악기시기의 대양판괴들의 이동
1—단렬대, 2—옛조선동해, 3—힘의 방향, 4—대륙과 대양의 경계선, 5—기본힘의 방향

따라 깜차뜨까반도로부터 우리 나라와 중국의 동쪽해안선을 따라 침하대에 특징적이며 암장의 근원지가 상대적으로 얕은 안산암과 그 응회암을 위주로 하는 중성화산암 특히는 석회알카리계렬의 화산작용이 강하게 진행되였다.

우리 나라에서 유라기와 백악기하세에 여러곳에 북동방향의 단렬분지가 형성되였는데 여기에 안산암과 그 응회암을 위주로 하는 화산암들이 넓게 퇴적되였다.

이때의 암장작용에 의하여 백두산과 그 부근 혜산일대에 안산암과 그 응회암(도창통), 석영반암, 규장암 및 응회암(창평통)이 분포되였다.

3단계는 상부백악기－고제3기기간의 벌림단계에 해당된다(그림 4－3).

이 단계에 판괴의 침하속도는 4cm/년으로 줄어들었으며 곳에 따라서는 벌림작용이 활발해졌다.

이때 벌림작용이 있었다는것은 일본렬도가 대륙으로부터 떨어져나가기 시작한것으로 알수 있다.

판괴가 벌어진 원인은 아직 밝혀지지 않았으나 침하되는 대양판괴가 일정한 깊이에 들어가면 자체의 취약성으로 하여 두쪼각으로 꺾어진다. 이 꺾어진 판들이 우로 밀리 워간것으로 생각된다.

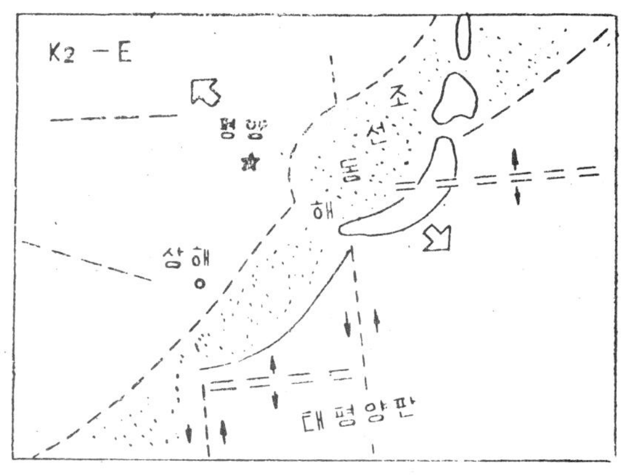

그림 4－3. 백악기－고제3기시기의 판괴들의 운동

이때의 장력에 의하여 우리 나라 동해안변두리에서는 북동방향의 균렬들이 많이 형성되였는데 그 대표적인것이 길주－명천지구대이다.

여기에 고제3기 및 신제3기 퇴적암들이 두껍게 퇴적되였다.

벌림균렬은 압축균렬보다 더깊이 열렸으므로 균렬들은 지각을 절단하고 만틀까지 도달한 심부단렬대로 발전하였다. 이 단렬대를 따라 암장이 상승하였는데 이때 염기성암장활동과 산성암장활동만이 진행되였다. 이러한 량태성암장활동에 의하여 길주－명천지구대는 대륙리프트로서의 특징을 가지게 되였다.

길주－명천지구대가 형성될 때 그에 사교되는 방향으로 백두산단렬대의 싹들이 자라나기 시작하였으며 일부곳에서는 북북서방향의 작은 요함지들이,

4단계는 신제3기부터 현세까지를 포괄하는 장력단계이다.그림 4－4

이 시기에 장력이 강하게 작용하였다는것은 중신세부터 조선동해가 본격적으로 열리기 시작하였으며 또한 조선동해의 해변가와 백두산단렬대를 따

라 신제3기층과 제4기 화산암들이 두껍게 퇴적된것으로 알수 있다. 지금도
조선동해가 확장되고있다는것은 1868년부터 현세까지 일본렬도가 동남쪽으로
500～600m 이동되였는데 년평균이동속도가 5m이상인것으로 알수 있다.

이 장력에 의하여 백두산단렬대는 보다 크게 열리였으며 만틀로부터 다
량의 현무암질용암이 류출되여 백두용암대지가 완성되였다.

4단계에 들어서면서 백두산은 대륙형열점으로서의 특징을 나타냈다.

동해바다가 열리고 일본해구가 아세아대륙으로부터 멀리 떨어져나가면서
백두화산대는 침하대까지의 길이가 점차 길어졌으며 이에 따라 침하대와 지
각을 바탕으로 하는 석회—알카리계렬의 화산작용이 끝나고 만틀과 열점을
바탕으로 하는 새로운 형식의 현무암조면암 및 조면암의 량태계렬의 화산작
용이 강하게 진행되였다.

백두산이 열점으로 작용하게 된 기본원인은 백두산이 북서—남동, 북
동—남서 등 여러방향의 심부단렬대의 교차점으로 되여있으며 압력이 낮아져
만틀물질이 쉽게 용융된데 있을것이다.

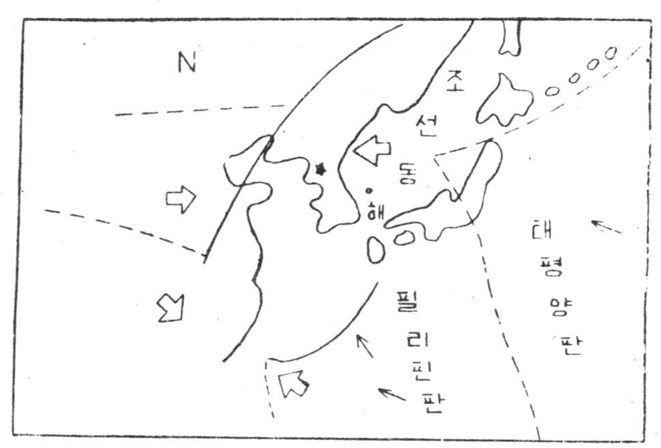

그림 4—4. 신제3기—제4기시기의 판괴틀의 운동

2. 백두화산대의 분출단계

화산대의 분출은 분출중단면, 암석화학조성의 본질적변화, 분출형식변화
와 절대나이, 고생물화석에 기초하여 밑으로부터 10개의 단계로 구분하였
다(표 4—1).

제1분출단계 이 단계의 분출작용은 중신세—상신세 백암통 현무암의 호
름성분출이다. 이 단계에 현무암이 3번 분출되였다.

단계	층	최대두께, m	암석	분출형식	조성, %		절대나이, 년		
					SiO₂	Na₂O+K₂O	K—Ar	고지자기	X선 열형광
X	천지층	20	백색부석	폭발	66—74	8—11	820～870*		
IX	장군봉층	50	준알카리 류문암	용암류출	70—74	8～9			8만, 5.7만
VIII	향도봉층	150	조면영안암	용암류출 및 폭발	68—70	8～11		15만	13만, 10.1만
VII	무두봉층	50	적색다공성 현무암	폭발	48—53	4～5		19만	17만
VI	대평층	200	준알카리 현무암	용암류출	48—51	4—5			35만
V	북포태산층	650	조면암, 조면영안암	용암류출	63—68	8—11	39만	58만	40만, 56만
IV	북설령층	300	명반석질응회암, 준알카리류문암	용암류출 및 폭발	68—74	8～10	185만	70만	80만
III	푸른봉층	400	조면암, 조면영안암	용암류출	60—68	7～10	200만	220만	198만
II	보천통	600	준알카리 현무암	용암류출	47—51	4～5		243만	350만
I	백암통	200	준알카리 현무암	〃	46—50	4～5	380만	2211만 1010만 2100만	

＊ —¹⁴C법으로 측정한 절대나이

　　첫번째분출은 2000만년±30년(고지자기나이)에, 두번째분출은　1300만년(K—Ar나이), 1010～1300만년(고지자기나이)에,　세번째분출은　770～900만년(고지자기나이)에 있었다.

　　분출물은 무반정현무암 또는 감람석반정이 10%정도 들어있는　감람석현무암이다.　첫분출물에는 복휘석감람암(만틀산물)을 포로하고있는 **흑**색무반정현무암이 있다.

　　백암통 현무암들사이 분출중단면에 니암, 분사암, 력암,　갈탄층이 퇴적되였는데 분사암안에서 담수골뱅이류,　식물화석, 포자화분,　규조화석이 나온다.

　　백두화산대의 서북쪽지역에서 K—Ar절대나이에 의하여　확정된 중신세 현무암이 알려졌는데 밑으로부터 마안산현무암, 중봉산현무암과 내두산 현무암이다.

　　제1단계에 분출한 현무암은 백두용암대지의 밑바닥에 깔려있다.

　　제 II 분출단계 이 단계의 분출작용은 상신세―제4기초 현무암의　흐름성 분출이다.

　　고지자기적방법으로 년대를 측정한 결과를 종합하여보면　상신세에 들어서면서부터 분출활동은 중신세에 비하여 훨씬 **활발해졌다.**

상신세에는 분출중단이 거의 없이 지속적인 활동으로 넘어갔으며 분출활동은 하부로부터 상부로 가면서 점차적으로 활발해졌는데 이때 백두산, 포태산, 아무산, 간장늪, 두류산 등 높은곳들이 분화구로 되였다.

보천통 현무암은 감람석현무암, 사장석현무암, 조면현무암으로 이루어졌다.

분출회수는 가림천계곡에서 13회이상, 압록강류역의 농산버랑에서 25회이상이다.

보천통 현무암의 두께는 압록강상류에서 600m, 서두수에서 400∼500m, 대홍단에서 100∼200m, 리명수에서 300∼350m, 혜산지구에서 30∼100m이다.

Ⅱ단계에 분출한 현무암의 분포면적은 약 5500km²에 달하며 그 가운데서 개석되고 현재 남아있는 면적만하여도 5350km²정도나 된다. 평균두께는 200m정도이다.

Ⅱ단계의 분출작용에 의하여 백두산천지지구에는 원만한 경사(3∼7°)를 가진 넓은 화산대지가 형성되였다. 이때 분출물은 2100m수준에 있었다.

제Ⅲ분출단계 이 단계의 분출작용은 제4기하세 백두산통 푸른봉층의 조면암, 조면영안암의 흐름성분출이다. 푸른봉층조면암의 절대나이는 200만년(K−Ar나이), X선열형나이 198만년, 고지자기나이 220만년으로서 제4기하세를 지시한다.

암석은 보천군 푸른봉, 곽사봉, 북포태산일대에 분포되여있는데 최대두께가 400m정도이다. 그밖에 누른봉, 두류산, 대각봉 일대에도 알려졌다.

제Ⅳ분출단계 이 단계의 분출작용은 제4기 백두산통 북설령층의 조면영안류문암, 조면류문암의 흐름성분출과 폭발분출이다. 북설령층 조면류문암의 절대나이(K−Ar나이 185만년)(고지자기나이 70만년, X선 열형광나이 80만년)는 제4기 하세를 지시한다.

분출암은 북설령, 곽사봉, 북포태산, 남설령, 누른봉 일대에 분포되여있는데 그 두께는 50∼300m에 달한다.

제Ⅴ분출단계 이 단계의 분출작용은 제4기중세 백두산통 북포태산층의 조면영안암 등 산성분출암의 흐름성분출이다.

북포태산층 조면영안암의 절대나이(K−Ar나이 39만년, 고지자기나이 58만년, X선 열형광나이 56만년)는 제4기중세를 지시한다. 서북쪽 백두산에서 채취한 이 암석의 절대나이는 28∼61만년(6건)이다.

북포태산층암석은 백두산, 소백산, 북포태산, 장군봉(보서리), 누른봉, 대각봉, 두류산을 분화구로 하여 분출되였는데 암석은 종모양의 거대한 종상체를 이루었다.

이 단계에 백두산지구 중성 및 산성분출암의 분출용량이 제일 많았다.

두께는 200∼650m에 달한다. 자름면이 제일 잘 나타나는곳은 백두산천지 외륜산의 절벽, 소백산, 간백산, 장군봉(보서)이다.

백두산천지변두리에서 이 단계에 분출된 조면영안암의 두께는 천지수면 우로부터 약 400m인데 분출회수를 나타내는 단구와 층적징후는 4회정도 나타난다. 이 암석은 천지수면밑으로 200∼250m 더 계속된다. 여기에서 $K-Ar$ 절대나이로서 명확히 갈라지는 세개분출 시기가 있다(28만년, 44만년, 61만년). 따라서 백두산천지 지구에서 이 시기 분출은 7번 있었으며 그 두께는 650m 달한다. 북포태산층의 지형경사는 35∼60°로서 보다 완만하다.

Ⅴ 단계의 분출로 백두화산대의 현무암대지우에 백두산본체의 급경사산체부분인 종상화산체가 형성되였다. 산경사면은 10∼30°로서 급하여졌다. 이것은 조면영안암질용암의 점성이 현무암질용암의 점성보다 1000∼10000배나 더 높았던것과 관련된다.

이 단계의 분출작용에 의하여 백두산의 높이는 400∼500m 더 높아졌으며 절대높이가 2600m정도 도달하였을 것이다.

제Ⅵ분출단계 이 단계의 분출작용은 제4기중세 백두산통 대평층의 준알카리현무암용암의 흐름성분출이다.

이 단계에 분출된 분출물의 량은 많지 않았으며 백두산천지지구에서는 나타나지 않았다.

제Ⅶ분출단계 이 단계의 분출작용은 제4기중세 백두산통 무두봉층의 준알카리현무암용암의 폭발성분출이다.

무두봉층암석은 적갈색다공성현무암(스코레아)이다. 이 현무암의 절대나이(X선열형광나이 17만년)에 의하면 제4기중세에 해당된다. 무두봉층과 대평층은 퇴적순서에서 시기를 론의할만한곳은 아직 관찰하지 못하였다. 그러나 다른 층들과의 호상관계에 의하면 무두봉층이 대평층보다 후기산물이다. 분출형식에서 대평층은 흐름성분출산물이고 무두봉층은 폭발분출산물로서 명확한 차이를 가진다.

무두봉층은 크지 않은 원추체를 이루는 분화구암상으로 되여있는데 보천통이나 북포태산층암석우에 기생화산으로 나타난다.

무두봉층 적색다공성현무암 20건의 규산염완전분석 평균값은 SiO_2 48−53%이며 Na_2O+K_2O: 4∼5%로서 준알카리계렬의 염기성암에 해당된다.

이 암석은 언제나 용광로 슬라크와 같이 다공질이고 철분이 산화되여 붉게 보인다. 무두봉층은 대연지봉, 소연지봉, 무두봉, 실봉, 후계봉을 비롯하여 크지 않은 화산추를 이루었다.

이 단계의 분출면적은 제Ⅵ단계의 분출면적보다 작다.

제Ⅷ분출단계 이 단계의 분출작용은 향도봉층(제4기 중세말)의 준알카리조면영안암질용암의 폭발분출과 흐름성분출의 엇바뀜이 여러번 진행된 분출이다. 향도봉층암석의 절대나이(X선열형광나이 13만년, 10.1만년)에 의하면 제4기중세말에 해당한다. 백두산천지 외륜산북쪽에서 잰 K-Ar절대나이는 9.8만년, 10.1만년으로 같은 시기를 지시한다.

이 단계의 암석들은 백두산천지지구에만 분포되여있다.

천지수면으로부터 400m정도 올라오면 북포태산층과 향도봉층사이 분출중단면이 있는데 분출중단면은 지형상 명확히 갈라지는 계단상단구로 나타난다. 천지층안벽지형경사는 70~90°로서 매우 급한 벼랑을 이루고 북포태산층의 경사는 35~60°로서 보다 완만한 벼랑을 이루고있다.

그리고 암석조성에서 북포태산층암석은 괴상조면암, 괴상조면영안암과 조면연안암질용회암 등이 크지 않은 두께를 가지고 여러번 반복되여있다. 따라서 향도봉층을 《루대층》 혹은 《다람쥐층》이라고 부른다. 이것은 분출형식에서 명백한 차이를 두고있는것과 관련된다. 그리고 천지외륜산 중요봉우리(장군봉, 향도봉, 쌍무지개봉, 해발봉, 단결봉, 락원봉)의 천지쪽 절벽자름면을 조사한데 의하면 북포태산층암석은 언제나 일정하게 괴상조면영안암이고 천지바깥으로 경사졌으나 향도봉층암석들은 매 자름면들마다 층의 개수와 분출형식이 다른 분출물로 되여있다.

이것은 북포태산층이 분출하던 시기는 분화구가 하나였고 향도봉층이 분출하던 시기는 분화구가 여러개였는데 화도가 보이지 않는것으로 보아 현재 천지외륜산의 중요봉우리로부터 천지중심쪽으로 좀 더 들어가 있었다는것을 의미한다.

향도봉층의 두께는 쌍무지개봉에서 30~35m, 향도봉에서 70~76m, 장군봉에서 110~120m, 해발봉에서 107m, 단결봉에서 51m, 락원봉에서 23m이다.

이시기 백두산의 절대높이는 얼마 높아지지 않았다.

제Ⅸ분출단계 이 단계의 분출작용은 제4기하세백두산통 장군봉층의 준알카리류문암용암의 흐름성분출이다.

장군봉층 준알카리류문암의 절대나이(X선열형광나이 8만년, 5.7만년)에 의하면 제4기상세에 해당된다. 천지외륜산 북쪽에서 측정한 K-Ar절대나이도 8.7만년으로 같은 시기를 지시한다.

천지층이 분출된 다음 길지 않은 분출중단을 두고 장군봉층이 분출되였는데 장군봉층이 향도봉층(루대층)을 절단하면서 분출되였다.

장군봉층은 백두산천지변두리에서 천지외륜산 높은 봉우리들과 릉선들에 발달되여있다.

백두산남쪽사면에는 이 시기의 가장 마감분출물이 흘러내렸는데 폭발분출과 흐름성분출이 겹친 열운형식의 분출산물인 부석상진주암이 멀리 백두폭포까지 흘러내렸다. 지금도 우주사진에서 보면 부석상진주암의 흐름단구수를 17개나 볼수 있다. 장군봉자름면을 보면 충의 두께는 보통 10~20m, 최대 50m정도이다.

이시기 백두산의 높이는 얼마 높아지지 않았다.

이 단계의 분출분화구는 천지를 중심으로 사방으로 뻗어난 방사상균렬들이다.

제 Ⅹ 분출단계 이 단계의 분출작용은 제4기현세 백두산통 챤지층(부석층)의 준알카리류문암용암이 폭발분출하여 다량의 백색부석이 덮이고 련이어 붕락되여 현재와 같은 천지칼데라가 완성된 단계이다. 부석층에 의하여 타저 묻힌 탄화목의 절대나이는(C¹⁴) 820~870년전이다.

천지층은 회백색부석층, 흑색옹회암층과 화산쇄설암층으로 이루어져 있다.

백두산천지외륜산에서 부석층의 두께는 4~20m인데 천지로부터 멀어지면서 점차 작아진다. 부석덩어리의 크기의 직경은 평균 4~5cm, 최대 30cm인데 천지주변에서 멀어지면서 점차 작아진다.

부석의 처음 분출은 현재 천지의 제일 깊은곳(384m)에서 가장 세게 진행되고 련이어 그 변두리의 6개의 지점에서 분출이 진행되였다.

이 분화구와 분화구사이에 남은 기둥이 부석분출과 얼마 시간을 두지 않고 함몰됨으로써 지금 볼수 있는 천지칼데라가 완성되였다.

백색부석 이전분출물이 백색부석이 터질 때 밖으로 뿌려지지 않고 붕락되였다는것은 다음과 같은 사실로서 인차 리해할수 있다.

이미 분출한 웃부분의 암석이 백색부석이 폭발할 때 천지외륜산밖으로 뿌려져나가 현재와 같은 모습을 가졌다면 천지용적과 맞먹는 약 100억m³에 달하는 막대한 량의 화산폭발쇄설물이 널려져있어야 한다.

약 100억m³의 화산폭발쇄설물로는 백두산 용암대지 전체면적을 2m두께로 덮을수 있다. 백두산천지자름면의 암석구성으로 보아 이 쇄설물은 조면영안암, 조면류문영안암, 조면현무암이여야 한다.

그러나 천지주변에는 이런 쇄설물이 약간 널려져있을뿐이다.

이것은 칼데라가 형성될 때 이미 분출된 조면영안암, 조면류문영안암이 밑으로 함몰되였다는것을 의미한다. 백두산천지 칼데라가 형성된 다음 분출활동이 있었다는것은 인류력사기록에도 남아있다.

이 단계에 준알카리현무암조성의 용암이 분출되여 공중에서 굳어지지 않은채 땅에 밀어져 화산탄을 이루었는데 땅겉면과 접한 부분은 평탄하고 납작한데 웃부분은 빵모양을 이룬다.

백두산천지외륜산 꼭대기부분에서 화산탄은 백색부석이 분출될 때 동시에 분출하였다는것을 보여준다.

이런 화산탄은 바람의 영향이 세게 미치는 산릉선에서는 부석알갱이가 날려가고 화산탄만 남은곳도 있다.

이와 같이 백두산화산대는 10단계의 분출작용가운데서 백두산본체에서는 Ⅰ단계, Ⅲ단계, Ⅳ단계, Ⅵ단계 분출중단기가 있었다. 따라서 백두산본체는 여섯개의 단계를 거쳐 형성되였다.

3. 화산분출형식과 형태

1) 화산분출형식

백두산지구에서 화산분출형식을 크게 용암흐름성분출, 용암폭발성분출, 열운분출로 나누어볼수 있다.

용암흐름성분출 이 분출형식은 백두산지구 화산분출작용에서 **기본분출형식**이다.

화산이 분출될 때 류동성이 큰 현무암질용암은 화산의 경사면을 따라 **얇**은 판자모양으로 멀리 흘러내려 방패형화산을 형성하였고 류동성이 적은 조면암, 조면영안암, 조면류문암질용암은 점성이 높았으므로 멀리 흐르지 못하고 언덕과 같은 종모양의 화산체를 형성하였다.

백두용암대지는 백두산, 포태산, 아무산, 간장늪, 두류산, 화동령 등 산봉우리들의 주분화구로 부터 현무암질용암이 여러번 흘러나와 이루어졌다.

이 형의 분출작용으로 백암통, 보천통현무암이 쌓이고 그우에 백두산통 푸른봉층 조면암, 조면영안암, 북포태산층 조면암, 조면영안암, 대평층 준알카리현무암, 향도봉층 조면영안암질용암이 형성되였다.

용암폭발성분출

폭발성분출은 신생대 제4기 중세로부터 현세까지의 기간에 주로 있었다. 이 분출형식에 의하여 백두산통 무두봉층 준알카리현무암과 백색부석층이 형성되였다.

천지층(부석층)은 분출된 용암이 공중에 높은곳까지 뿜어올랐던 부석알갱이들이 공중에서 굴러떨어져 형성되였는데 이때 큰 알갱이들은 분화구 가까이에 떨어지고 작은 알갱이들은 멀리 날려가 여러곳에 떨어졌으므로 부석층의 분포면적이 대단히 넓다.

무두봉층은 폭발성분출에 의하여 공중에 뿜어져올라간 용암이 얼마 높이 올라가지 못하고 떨어져 층형태를 이루었는데 후에 계속되는 같은 방법의 분출에 의하여 원추형을 이루었다. 대표적인 화산은 백두산주변의 대연지봉, 소연지봉, 무두봉, 대각봉 등이다.

열운분출

열운이란 고열상태의 돌물이 화구에서 분출되여 많은 량의 가스와 함께 빠른속도로 화구의 경사면을 따라 흘러내린것을 말한다. 이 형식은 용암이 공중에 높이 올라갔다가 떨어지는 형식과 보통 용암이 땅겉면을 따라 흘러내리는 형식의 과도형이다.

열운은 가스를 많이 함유한 용암이 화구에서 흘러나와 흘러내릴 때 가스가 끊임없이 나와 형성된다. 따라서 열운분출물은 다공질용암으로 이루어져있다.

우에서 지적한 화산분출형식 밖에 용암흐름성분출과 폭발성분출, 용암흐름성분출과 열운분출 형식이 서로 교체되면서 분출되는 결합형분출형식이 있다.

백두산통 무두봉층, 향도봉층은 용암흐름성분출과 폭발성분출에 의하여 형성되였고 백두산통 장군봉층은 용암흐름성분출과 열운분출에 의하여 형성되였다.

2) 화산들의 분포

백두산지구에는 385여개의 화산과 분화구들이 분포되여있다(표 4-2).

지구별분화구류형과 수량, 개

표 4-2

№	지구	광재암분화구	성층회산	방패형화산	화산봉우리	용암언덕형	함몰형	암침	분기공	계
1	백두산, 소백산	56	20	1	1	4		7	9	101
2	남북포태산	7	60	3	8		3			81
3	푸른봉		1	1						2
4	누른봉	4	17	12	13	6	4			56
5	백암		2		1	1				4
6	룡암				2					2
7	로은산	10	16	8		7	1			42
8	덕림		2	17		7	2			28
9	곽지봉			12		12				24
10	궤상봉	2	3	2		3				10
11	보천		3	5		2				10
12	기타		3	9	4	9				25
13	계	79	127	73	29	51	9	8	9	385

표 4-2에서 보면 화산 및 분화구들은 백두산본체와 소백산지구에 제일 많이 집중되여있고 다음 포태산지구와 누른봉지구에 집중되여있다(그림 4-5).

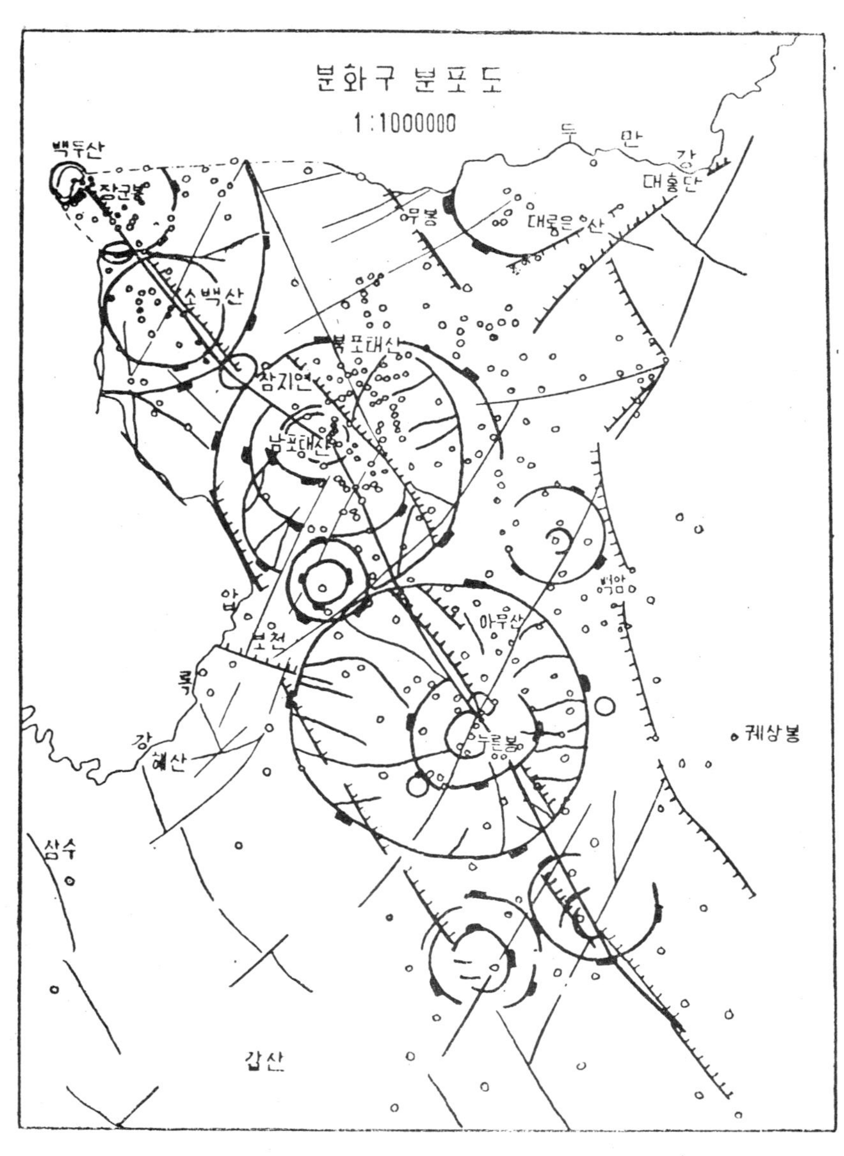

그림 4-5. 백두산지구화산 및 분화구분포략도
1—화산 및 분화구, 2—심부단렬대, 3—단렬, 4—리프트
구조, 5—고리형구조

백두산지구에서 화산들은 그 분포에서 몇가지 특징을 가진다.

하나는 화산들이 주화산을 중심으로 일정한 반경의 고리구조안에 집중되여있는것이고 다른 하나는 현무암대지의 긴축방향을 따라 일정한 폭에 거쳐 길게늘어져있는것이다.

백두산지구의 중심형고리구조들에서 분화구들의 분포정형을 보면 백두산제2고리구조안의 우리 나라측에서 48개, 소백산고리구조안에 24개, 포태산고리구조안에 81개, 누른봉고리구조안에 56개, 푸른봉고리구조안에 2개, 설령고리구조안에 4개, 화동령고리구조안에 2개, 증산고리구조안에 10개, 그밖의 지역에 70개가 있다.

이 화산분화구들의 고리구조별 분포밀도를 보면 표 4-3과 같다.

고리구조별 화산 및 분화구분포밀도

표 4-3

№	고리구조별	분포밀도 개/km^2
1	백두산고리구조	0.44
	1) 백두산본체고리구조	0.32
	2) 소백산고리구조	0.12
2	남북포태산고리구조	0.076
3	누른봉고리구조	0.066
4	기타 지구	0.035
5	현무암대지에서 평균밀도	0.060

백두산단렬대를 따라 백두산으로부터 남동방향으로 백암까지 화산분포밀도를 보면 그림 4-6과 같다.

그림 4-6에서 보면 화산분포밀도는 백두산에서부터 백암구쪽으로 멀어짐에 따라 지수함수적으로 감소한다. 이것은 화산활동의 세기도 백두산에서 멀어질수록 지수함수적으로 작아졌다는것을 의미한다. 즉 백두산에서 화산활동이 가장 강하였다.

화산들은 또한 백두산단렬대를 따라 약 40km의 너비를 가지고 백두산에서 두류산까지 약 120km의 연장상에 분포되여있다.

백두산단렬대에 직교하는

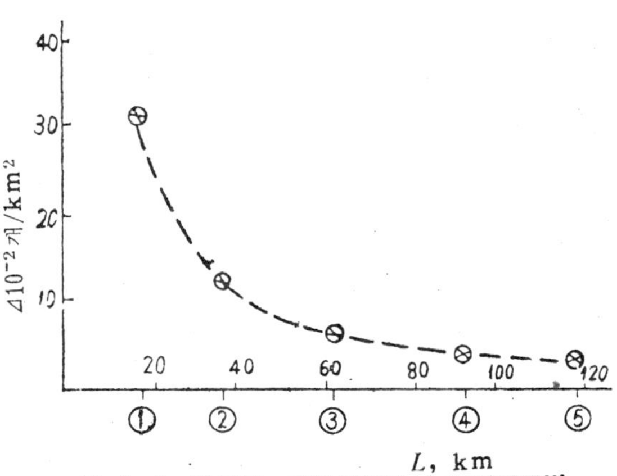

그림 4-6. 백두산-백암선상에서 고리구조별 화산분포밀도곡선
①-백두산지구, ②-소백산지구, ③-포태산지구, ④-누른봉지구, ⑤-설령지구

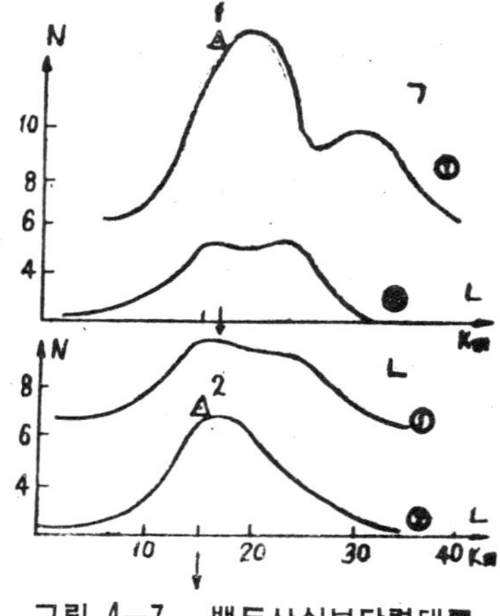

되지 않는다.

4개 자름면에서의 화산들의 분포상태는 그림 4-7과 같다. 세로축에는 일정한 면적안에 있는 화산의 수를, 가로축에는 백두산 장군봉으로부터의 거리를 표시하였다. 화살표는 백두산단렬대의 위치이다.

그림에서 보는바와 같이 40km의 폭을 가지는 백두화산대에서 분화구와 화산의 분포밀도는 백두산단렬대를 기준으로 량쪽으로 멀어지면서 급격히 작아진다.

분화구밀도가 가장 높은곳은 남포태산 부근인데 최고 19개/100km^{2}이다. 그로부터 약 20km번두리로 나가면 그 수도 급격히 작아진다. 이것은 백두산장군봉으로부터 멀어질수록 그리고 백두산단렬대에서 좌우로 멀어질수록 작아져 령으로 수렴한다. 백두산단렬대우에서도 고리구조안에서는 더 조밀하고 그 련결부들에는 몇개

4. 백두화산형성의 분출활동과정과 화산들

백두화산은 크게 백두화산(본체)과 소백산지구 화산무리로 나누어진다.

1) 백두화산(본체)형성의 분출활동과정과 화산들

(1) 백두화산(본체)형성의 분출활동과정

백두화산은 신제3기부터 진행된 여러차례의 분출작용에 의하여 자기의 모양을 다 가지게 되였다.

백두화산을 형성한 분출암의 시초암장은 상부만틀을 이루고있는 첨정석복휘석질감람암이 15~20% 정도 부분용융된 용융체로서 암장원은 지표로부터 60~90km깊이에 있었던것으로 보아진다.

암장이 올라온 통로는 원시암장원을 지나는 매우 깊은 북서방향의 백두산단렬대와 북동방향의 후창-백두산단렬대, 중강-백두산단렬대가 교차한 지점인 지금의 백두산천지지구이다.

백두산천지지구에서 분출활동이 더 맹렬히 진행된것은 이곳이 세개방향으로 달리는 심부단렬대가 사귄곳이기때문이다.

백두산지구에서 암장이 분출하거나 지층가까이에 상승하게한 원동력은 태평양판괴가 대륙을 밀므로써 생기는 열대류에 의한 연질권의 상승과 암권판괴의 누름압력이다. 이로부터 암장이 올라온 백두산지역은 큰 궁륭구조를 이루게 되였고 암장상승이 계속되여 지붕암이 탄성한계를 벗어나면서 제일 높은 정점으로부터 해살모양으로 사방으로 땅이 째지게 된다. 한편 이 정점을 원점으로 하여 중심원을 그리면서 땅이 째지게 되였다.

백두산지구에서 분출작용을 일으킨 다른 원동력은 암장안에서 생기는 자체 압력이다. 암장이 식으면 그안에서 감람석, 사방휘석, 단사휘석, 각섬석의 순서로 그리고 염기성사장석으로부터 산성사장석으로 결정들이 정출되게 되는데 그때마다 제2비등점에 이르게 되는데 이때 가스가 생기게 된다. 가스의 증가에 의한 암장의 내압이 외압을 이기면 분출작용이 진행되게 된다.

원시 암장원으로부터 직접 백두산지구에 분출한 흑색무반정현무암은 깊이 패인 골짜기들(보천군 룡덕리, 운흥군 대전평구)에서만 볼수 있는데 이 암석에 상부만틀물질인 복휘석질감람암 포로체가 들어있다.

암장을 올려미는 원동력에 의하여 일부는 분출하고 일부는 보다 지표가까이에 머무르게 되는데 이런 중간정류소를 중간암장원이라고 하였다.

백두화산에서는 원시암장원에서 대부분의 용암이 40km정도 지표가까이로 올라와 지표로부터 깊이 25~35km 되는곳에 고이게 되였다. 이것을 제1차 중간암장원이라고 한다. 백두산에서 모호로비츠불련속면의 깊이가 36km라는것을 고려하면 이 면의 직상반인 현무암권에 있었다는것을 의미한다.

1차 중간암장원에 있던 암장이 또다시 내압이 외압을 이겨 처음 터져올라온 현무암이 백두산을 형성한 첫분출물이다. 이 분출물이 터진 분화구는 현재 천지의 가장 깊은곳(수심 384m)부근인데 한곳에서 중심분출하였다. 이때 용암의 끈기는 $10^2 \sim 10^3$ Pa·s로서 매우 묽은엿정도였으며 분화구를 벗어질 때 용암의 온도는 1150~1250°C였고 용암이 식어서 굳어진 준알카리현무암의 밀도는 2.7~2.8g/cm³, 자기감수률은 $50 \sim 200 \cdot 10^{-6}$SI이였다.

이때 용암의 화학조성은 SiO_2 46~52%, $K_2O + Na_2O$ 3~6%인 준알카리현무암조성이였다.

용암은 흐름성분출형식으로 같은 분화구에서 여러번 분출하였는데 크게 두개시기에 흘러나왔다. 리명수폭포가 있는곳에서 관찰하여 보면 지하수가 나오는곳이 분출중단면이다. 이 중단면을 기준으로 아래 현무암이 흘러나오기가 끝난시기와 웃현무암이 흘러나오기가 시작한 시기사이에 약 150만년의 중단기가 있었다.

고지자기방법으로 측정한 이 현무암의 절대나이는 148∼277만년이며 백두폭포일대에 있는 현무암의 고지자기절대나이는 243만으로서 마감분출시기는 상신세—제4기초에 해당한다. 이것이 백두화산형성의 제1단계 분출이다. 이 분출산물이 보천통 현무암층이다.

제1단계 분출작용에 의하여 형성된 보천통 현무암층의 두께는 400∼600m이다.

백두산에서 분출한 용암은 흘러서 동쪽으로 무봉—삼지연을 련결하는 계선까지, 남쪽으로는 리명수천까지 흘러내렸다. 사실 용암은 더 흐를수 있었으나 포태분화구에서 나온 용암에 의하여 무봉—삼지연—리명수계선에 머물렀으며 이 계선이 제일 낮은 지형을 이루었다. 이때 화산의 지형경사는 삼지연에서 신무성까지는 1∼3°이며 신무성에서 무두봉까지는 3∼5°이고 무두봉부터 당시 백두산정점까지는 5∼7°정도였다.

사진 4—8. 1단계에 분출된 준알카리현무암

현무암질용암이 흘러나온 면적은 우리 나라 경내에서만 900여km²이며 부피는 3000억m³에 달한다.

1단계 현무암분출이 있은 다음 오래동안 휴식기에 들어갔다.

1차 중간암장원에 오래동안 고여있던 잔류암장은 감람석, 휘석, 사장석이 정출되고 지붕을 이루고있는 암석일부가 떨어져들어감으로써 보다 산성조성으로 변하였다.

1단계 분출작용이 끝난 다음 약 120만년이 지나서 2단계의 분출이 진행되였다. 1차 중간 암장원의 잔류암장의 내압이 또다시 외압을 이길 때 터져나와 굳어진 조면암, 조면영안암이 백두산을 형성한 둘째분출물이다. 이 분출물이 터져 나온 분화구도 역시 1단계의 현무암이 터져나왔던 현재의 가장 깊은곳(수중 384m지점)부근인데 한곳에서 중심분출하였다. 이때 용암의 끈기는 처음에 $10^6 \sim 10^8 Pa \cdot s$이고 마감시기에는 $10^8 \sim 10^{10} Pa \cdot s$였다. 분화구를 벗어날 때 용암의 온도는 처음에 $1000 \sim 1100°C$정도였고 마감시기에는 $850 \sim 950°C$정도로 떨어졌다.

용암이 식어서 굳어진 조면암과 조면영안암의 밀도는 $2.38 \sim 2.54g/cm^3$이고 자기감수률은 $8 \sim 25 \times 10^{-6} SI$이다. 이때 용암의 화학조성은 SiO_2 58~69%, $K_2O + Na_2O$ 7~12%인 준알카리계렬의 중성—산성조성이였다.

용암은 흐름성분출 형식으로 여섯번 같은 분화구를 통하여 분출하여 현재 천지수면우에 네개층, 천지수면아래로 두개층을 형성하였다.

이 시기 조면암, 조면영안암질용암은 1단계 현무암질용암의 끈기보다 백만배~1억배이상 높았으므로 멀리 흐르지 못하고 종모양을 이루게 되였다. 첫시기 용암의 끈기보다 마감시기 용암의 끈기가 100~1000배 더 높아진것은 온도가 낮아진데 있다.

2단계 분출작용으로 백두산은 자기의 모양을 기본적으로 갖추게 되였다. 첫시기 화산의 경사는 $15 \sim 25°$정도였으나 마감시기에는 $30 \sim 40°$까지 이르렀다. 그리하여 당시 백두화산의 높이는 3200m정도 되였으며 현재 장군봉의 높이보다도 650m정도 더 높았었다.

K—Ar방법으로 측정한 조면암, 조면영안암의 절대나이는 천지수면우에서 39만년이고 열형광나이는 58만년이며 천지수면아래에서 44~61만년으로서 제4기중세에 해당한다. 이 분출산물이 북포태산층에 해당하는 조면암, 조면영안암층이다. 2단계의 분출단계는 백두화산에 분출단계의 Ⅴ단계에 해당한다.

제2단계 분출작용에 의하여 형성된 북포태산층의 두께는 1000~1300m (분화구부근)이다. 현재 천지칼데라안벽에서 이 층의 두께는 천지수면우에서 400m이고 천지수면밑으로 200m정도로서 600m의 두께를 가진다.

제2단계 분출작용시 대연지봉, 무두봉, 대각봉, 소연지봉 선오산 북쪽산에서도 조면영안암질용암이 흘러나와 백두산의 위성화산을 이루었다. 백두화산과 위성화산에서 흘러나온 북포태산층 조면암, 조면영안암의 분포구역은 동쪽으로 대각봉과 무두봉을 련결하는 계선과 동남쪽으로 무두봉과 소연지봉을 련결하는 계선이며 남쪽으로 백모래강을 사이에 두고 선오산으로 련결된다. 이 면적은 우리 나라 경내에서만 약 $84km^2$이며 그 부피는 약 $25km^3 (250억 m^3)$에 달한다.

제1차 중간암장원에서 지표가까이 우로 올라온 일부 현무암질암장이 지하 14~16km깊이에 머물러 다른 중간 암장원을 이루고있었다. 백두산에서 콘라드면의 깊이가 16km라는것을 고려하면 이 경계면이 제3차 암장원으로 된다.

이 암장원에서 용암은 지하수의 영향을 받았고 암장의 온도가 낮아짐으로써 감람석, 휘석, 사장석을 정출시켜 내부압력이 매우 높았다. 그러나 다른 화학조성에서는 별로 차이가 없었다.

이 용암은 백두산천지부근에서는 분출하지 못하고 소연지봉, 대연지봉, 무두봉, 대각봉, 배개봉, 간삼봉 등 수많은 기생화산들과 위성화산들에서 분출하였다. 그 중에서 제일 많이 분출한 화산이 소연지봉화산이다.

용암은 폭발분출형식으로 분출하였으며 용광로 슬라그와 같은 다공성적 갈색현무암을 이루었다. 분출은 맥동적으로 매우 자주 진행되였다. 따라서 돌물이 굳어질만하면 폭발하고 또 폭발하여 큰화산쇄설물형태로 깨여져있으며 화산의 모양이 늘 원추형을 이루었다. 소연지봉에서 화산의 경사는 23°이다. 이것이 백두산지구 분출단계의 제3단계분출이다. 대연지봉 동남쪽에서 채취한 적색다공성현무암의 X선열형광질대나이는 17만년이다.

백두산의 위성화산들과 기생화산들에서 제3단계분출물의 분포면적은 약 $1km^2$정도이며 그 부피는 약 $0.025km^3$(2500만m^3)이다.

3단계분출이 끝난 다음에 제3차중간암장원은 더 활동하치 못하였으며 자기의 존재를 끝내였다.

제2단계 분출작용과정에 분출하지 못한 일부 조면영안암질용암은 새로운 또 하나의 중간 정류소에 머물러있었으며 그 깊이는 지표로부터 5~10km 지점이다. 이것을 제2차 중간암장원이라고 하였다.

이 암장원에서 용암은 약 10만년정도 머물러있었는데 이 기간 투장석을 비롯한 광물들이 많이 결정화되고 주변의 암석들을 일부 동화하여 보다 산성 조성으로 변하였으며 지하수의 영향도 받게 되였다.

용암은 내압이 높아지자 먼저 분출한 지붕암을 밀어올리면서 방사상틈새와 환상틈새를 더 벌려놓았으며 중앙부분은 피스톤처럼 밀어지내렸다.

전단계에 조면암질용암의 끈기가 높아 화도를 메워버렸으므로 중심화구로만 분출하지 않고 방사상틈새와 첫번째 환상틈새가 사귀는 점들에서 분출작용이 진행되였다. 이 분화구는 13개정도인데 백두산천지 외륜산들인 장군봉, 향도봉, 쌍무지개봉, 해발봉, 제비봉, 락원봉, 청석봉, 백운봉, 록명봉, 차일봉, 백암봉, 천문봉 부근에 있었다.

분출작용은 매 분화구들에서 폭발성분출과 호름성분출이 교체되면서 여러번 진행되였다.

실례로 장군봉에서는 호름성분출 8번, 폭발성분출 6번을 엇바꾸어 크지 않는 분출이 14번 진행되였으며 향도봉에서는 호름성분출 6번, 폭발분출 6번을 엇바꾸어 크지 않는 분출이 12번 진행되였으며 쌍무지개봉에서는 호름성분출과 폭발분출이 각각 두번씩 엇바꾸어 4번 분출하였다.

소규모의 호름성분출과 폭발성분출이 엇바꾸어 자주 진행된것은 암장원이 얼마 크지 않은데도 원인이 있으나 중요하게는 지표로부터 흘러드는 물의 영향을 받았기때문이다.

이러한 분출작용에 의하여 매개 화산들은 성충화산을 이루었다. 그러나 백두산의 절대높이는 얼마 높아지지 않았다(3320m정도). 이것이 제4단계 분출로서 백두화산대 분출단계의 8단계분출에 해당된다.

제4단계 분출작용에 의하여 매 봉우리(화산)들은 제각기 각이한 두께와 모양의 성충화산을 이루었는데 암석의 화학조성에서는 별로 차이가 없다. 준알카리계렬의 조면영안암류에 해당하는 용암호름성분출산물인 조면영안암 과 폭발분출산물인 조면영안암질웅회암, 용결웅회암 및 급랭산물인 **흑요암**, 진주암 등이다.

이 시기 13개 분화구에서 제각기 자기나름대로 분출하였다 하더라도 분출물의 놓임새에서 일정한 특징을 가지고있다. 백두산천지수면으로부터 400m높이까지는 2단계 분출산물인 조면암, 조면영안암층이 있는데 조성에서나 암석의 구조석리에서 차이를 가려볼수 없게 균일하다. 그우에 4단계의 분출산물이 놓여있는데 이 층의 맨 아래에 2~3개의 얇은 흑요암(흑색)층이 있다. 이 층의 우로 두껍지 않은 여러개의 층이 성층상으로 쌓여 루대구조를 이룬다.

4단계 분출산물은 천지외륜산에서만 나타난다. 이 단계의 분화구 화도는 마지막 용암호름성분출에 의하여 메워졌다.

제4단계 분출작용산물은 천지칼테라의 바깥으로 우리 나라 경내에 9.5km^{2}의 면적에 덮여있으며 그 부피는 약 0.375km^3(3억 7500만 m^3)이다.

4단계 분출물인 향도봉층 조면영안암의 열형광절대나이는 10~13만년이며 제4기중세말에 해당한다.

4단계 분출후 약 2~4만년간 제2차중간암장원은 휴식기에 들어갔다. 이 시기 암장은 루장석의 정출로 더 산성으로 변화되였으며 분화구가 막힘으로써 이미 분출한 화산분출물을 우로 올려밀었다. 이로 인하여 방사상틈새를 더 벌려놓았다.

다음 단계 분출작용은 벌려진 방사상틈새들을 통하여 더 산성인 류문암질용암이 흘러나왔다. 용암의 화학조성은 SiO$_2$ 70~72%, K$_2$O+Na$_2$O 8~9%였다. 분화구를 넘어나올 때 용암의 끈기는 10^{11}Pa·s정도로서 매우 높았고 그때 온도는 700~800°C였다. 이 용암이 굳어진 조면류문암의 밀도는 2.36~2.44이며 자기감수률은 2~8·10^{-6}SI이다.

방사상틈새로 흘러나온 분화구는 천지쪽에서 보면 버섯모양이고 그 수직되는 쪽에서 보면 넓은 판자모양이다.

현재 백두산사면의 중요 릉선들은 방사상틈새를 채운 류문암으로 되여있다. 이것이 제5단계의 분출이다(장군봉층).

5단계분출의 마감에 류문암질용암은 가스(주로 수증기)함량이 8~10%로서 특별히 높았다. 이 용암이 장군봉줄기와 제비봉줄기사이를 흘러내려 멀리 사기문폭포, 백두폭포가 있는곳까지 백두산 남쪽사면을 약 10m두께로 덮어놓았다. 지금도 우주사진에서 보면 류문암의 흐름무늬가 17개나 나타난다(사진 4-9).

이때 분출형식은 열운이다. 류문암질용암이 10%나 되는 수증기를 가지고있었으므로 끈기는 $10^3 \sim 10^4$Pa·s정도밖에 되지 않았으므로 빠른 속도로 백두산 남쪽경사면을 흘러내렸다.

용암에 포함되여있던 가스가 흘러내릴 때도 끊임없이 방출되여 다공질로 되였으며 부석상진주암을 이루어놓았다. 이 용암이 분화구를 넘어 나올 때 온도는 700°C정도로서 낮았으며 이 용암이 식어서 굳어진 부석상진주암의 밀도는 1.40~1.60g/cm³이고 자기감수률은 2~8·10^{-6}SI이다.

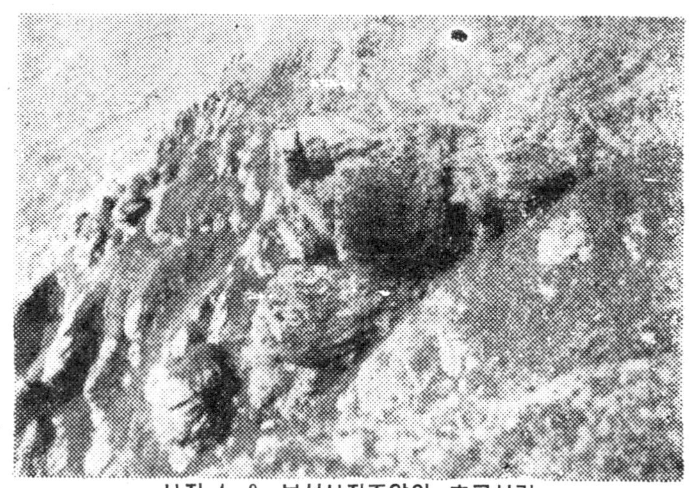

사진 4-9. 부석상진주암의 흐름석리

제5단계 분출산물인 조면류문암의 K-Ar절대나이는 8만, 5.7만년으로서 제4기상세를 지시한다.

5단계 분출산물이 덮인 구역은 우리 나라 경내에서 약 7.5km²이며 부피는 0.038km³(3800만m³), 백두산전체구역에는 0.078km³정도 될것으로 예견된다. 산의 높이는 3400m정도 되였다.

5단계 분출이 있은 다음 약 7만년간 휴식기가 있었다. 이 시기 제2차 중간암장원은 지표수의 영향을 심하게 받아 암장내 물의 함량은 8~13%정도 들어있었다. 그리하여 암장은 높은 증기압으로 요란한 폭발분출이 진행되였다. 분출은 현재까지의 가장 깊은곳(수심 384m지점)에서 처음 진행되였는데 가장 강하였고 힘빼기역할을 놀았다. 뒤이어 그 주변의 여섯개 분화구들에서 련이어 폭발분출하였다.

이 분출시기 분화구를 벗어난 용암은 모두가 공중에 뿌려졌으며 밀도가 $2.4\sim2.5g/cm^3$인 류문암질용암이 밀도가 $0.3\sim0.7g/cm^3$인 다공성백색부석으로 되여 땅에 떨어졌다. 이것은 마치 자기습도조건에서 건조한 강냉이를 밀폐한 조건에서 $150°C$정도 구으면 자체습기가 빠져나와 밀폐한 공간의 압력이 12기압이 될 때 갑자기 대기압조건으로 터쳐놓으면 다공성을 가지면서 자기 부피의 $3\sim5$배로 늘어나면서 튀여지는것과 같은 현상이다.

백색부석은 용암이 대기중에 뿌려졌다가 땅에 떨어지기전에 굳어진 일종의 화산분출쇄설물이다.

백색부석은 매우 넓은 구역에 떨어졌는데 큰 덩이리들은 백두산천지부근에 떨어졌고 알갱이가 작아지고 보드라울수록 멀리 떨어졌다.

백색부석층의 두께는 천지부근에서 20m까지 되지만 멀어지면서 점점 얇아진다. 부석층의 두께가 0.5m 되는 지점을 련결하면 그 모양이 서쪽에서 동쪽으로 긴 타원형을 이루고있는데 동쪽으로는 무봉—북포태산계선까지, 남쪽으로 삼포산남쪽까지이다.

백두산을 기준으로 서쪽은 짧고 동쪽으로 6.5km나 더 길다. 이것은 아마도 부석이 분출할 때 서쪽에서 불어오는 바람의 영향을 받은것 같다. 백색부석먼지는 동쪽으로 멀리 일본에까지 날아갔다고 한다.

백두산천지 칼테라의 부피로 예견하여 보면 부석을 형성한 용암의 부피는 약 $100억m^3$에 달한다. 이것을 부석으로 환산하면 $500억m^3$에 달하는 백색부석이 뿌려진것으로 된다.

백색부석이 터지기전에 백두산기슭에 바늘잎나무가 울창하였는데 백색부석이 터져나와 나무들을 덮어버렸다. 이 매몰목으로 절대나이를 측정(^{14}C법)한데 의하면 백색부석은 $820\sim870$년전에 분출하였다. 이것이 제6단계 분출이다.

백색부석분출작용과 얼마 시간적차이를 두지 않고 함몰단계를 거치였다. 부석이 분출한 분화구와 분화구사이 잔주들이 무너져내림으로써 현재와 같은 천지칼테라를 완성하였다.

함몰된 천지칼테라의 규모는 대단히 크다. 칼테라는 남북으로 길죽한 타원형을 이루었다. 칼테라의 바깥테두리의 둘레는 20.63km, 면적은 19.81km², 장경은 5.24km, 단경은 3.5km, 최고높이 2750m, 칼테라의 바닥에서 장군봉의 높이 944m이다.

천지칼테라의 바깥테두리에서 제일 높은곳은 장군봉(2750m)이며 제일 낮은곳은 달문(2199m)이다. 달문에서 장군봉까지의 높이는 560m이다. 달문수준까지 물이 고여 호수를 이루고있는데 이것이 천지이다. 천지의 둘레는 14.4km, 최대너비 3.55km, 평균너비 1.975km이며 최대길이 4.64km, 최대수심 384m, 평균수심 213m이며 천지물량은 19억 5500만m³이다.

백두산에서 분출작용의 마감활동은 력사기록에 있는것만 해도 세번이나 된다.

화산학에서 지금 분출활동이 진행되고있는 화산을 활화산이라고 하고 인류력사기간에 한번도 활동하지 않는 화산을 사화산이라고 하며 인류력사기간에 다문 몇번이라도 활동한바있는 화산을 휴화산이라고 한다. 따라서 백두화산은 휴화산에 속한다.

백두산천지호반에 두개의 온천이 있는데 백두온천의 물온도는 73°C이며 백암온천의 물온도는 46°C이다. 달문에서 송화강을 따라 1850m 내려가면 장백온천이라고 하는 수많은 온천무리가 있는데 이 온천의 물온도는 82°C이다. 백두온천의 수질은 메타류산함량이 높은 중탄산나트리움이다. 광물질 총량은 2.351mg/l, 온천물의 화학성분식은

$$M_{2.3} \frac{HCO_3 90}{(K+Na)95} pH\, 8.0 T_{73}$$ 이다.

이것은 온천물안에 가스성분이 다분히 들이있다는것을 보여준다.

이와 같이 백두화산은 여섯단계에 걸치는 분출작용과 함몰작용에 의하여 형성되였는데 성충화산과 용암둥근언덕, 성충화산과 함몰분지의 형태가 합쳐진 복합화산이다.

(2) 외륜산의 화산들

외륜산을 이루고있는 봉우리들은 백두화산형성의 **5단계**와 **6단계**의 화산들이다. 이 화산들은 장군봉화산, 해발봉화산, 백운봉화산, 록명봉화산, 차일봉화산, 백암봉화산, 천문봉화산, 쌍무지개봉화산, 향도봉화산들이다.

① 장군봉화산

장군봉화산은 천지칼데라의 동남쪽 외륜산에 놓여있다.

장군봉화산분출은 백두화산형성의 제4단계로 시작되여 제6단계에 끝났다.

제4단계의 분출물은 백두산천지수면에서 400m수준까지 덮은 다음 용암이 우로 올려밀어 현재 비루봉줄기가 있는 동남 135°방향의 방사상단층(이 단층은 바깥사면에서 2.5km의 장군봉줄기를 이룬다.)과 첫번째 환상 단층과의 교점(현재 장군봉의 정점에서 천지쪽으로 20m정도 들어가있다)에서 분출하였다. 폭발성분출과 흐름성분출이 엇바뀌면서 14번 진행되였다. 이때 흘러나온 용암이 조면영안암이다.

얼마간 시간적중단을 두고 제5단계 분출이 진행되였는데 이때 점성이 강한 류문암질암장이 지붕암을 올려밀므로서 방사상단층을 향도봉충까지 깨뜨

리면서 벌려놓았고 이 좁고 긴 단층선을 거쳐 제5단계 류문암질용암이 올
라왔다(사진 4-10). 용암의 끈기는 $10^8 \sim 10^{10}$Pa·s로서 매우 컸으므로 멀
리 흘러가지 못하고 장군봉층을 형성하면서 줄기를 이루었다. 천지쪽에서
보면 이 화구는 버섯모양을 이루고있는데 향도봉층은 물론 북포태산층도 절
단하고 올라왔다. 《버섯》기둥의 너비는 5~7m, 《버섯갓》의 너비는 500~
550m이다. 《버섯갓》의 높이는 최고 34m이다.

사진 4-10. 비루봉에서 본 장군봉화산

　　장군봉에는 제6단계의 분출물인 백색부석이 1~20m 묘여있다. 함몰단
계에 천지쪽 장군봉이 밀어져내려 급경사를 이루고있는데 절벽에서 장군봉층
의 벼랑경사는 85°이며 향도봉층의 평균벼랑경사는 75°~80°이며 북포태산층
의 벼랑경사는 55~65°로서 급한 절벽을 이루고있다. 그러나 바깥경사는
20~25°이다.

　　장군봉의 천지쪽절벽의 자름면은 천지수면으로부터 우로 다음과 같다(사
진 4-11).

　　1. 회록색-회흑색 조면영안암, 조면암(북포태산층)‥‥‥404m

　　밑부분은 담색이고 우로 올라가면서 암색을 띤다. 치밀하고 굳으며 투
장석반정이 있다. 암석은 아래 부분에서는 괴상석리, 웃부분은 흐름상석리
를 나타낸다. 아래로부터 우로 네개의 계단을 이루었다.

　　2. 황색응회암(향도봉층)‥‥‥‥‥‥‥‥‥‥‥2m

　　층상석리를 이루며 굳지 않다. 쇄설물은 회흑색조면영안암, 적갈색부석
과 간혹 현무암쪼각이 있다.

　　3. 흑요암(향도봉층)‥‥‥‥‥‥‥‥‥‥‥1m

사진 4-11. 장군봉자름면

흑색이며 조가비모양의 단구를 이룬다.

SiO_2 63~68%로서 조면영안암조성의 흑요암이다. 이따금 루장석반정이 있다.

4. 자색 조면류문영안암(향도봉층) · · · · · · · · 22m

호름상석리를 이루며 굳고 치밀하다. 신선한 면에서 암갈색을 띤다. 카리장석반정이 있다.

5. 연한 황색응회암(향도봉층) · · · · · · · · · 2m

층상석리를 가지며 쇄설물이 거의 없이 비교적 굳어진 응회암이다.

6. 암흑색흑요암(향도봉층) · · · · · · · · · 1m

SiO_2 66~69%인 조면영안암질유리로 되여있다. 조가비모양의 단구를 이루나 구상석리도 볼수 있다.

7. 조면영안암(향도봉층) · · · · · · · · · · 8m

호름상석리를 가지는 회흑색의 치밀한 암석이다. 루장석반정이 들어 있다.

8. 황색쇄설응회암(향도봉층) · · · · · · · · · · · · · 10m

암갈색, 회흑색조면암, 조면영안암의 덩어리들로 이루어졌다. 쇄설물의 크기는 1~15cm이다.

9. 백색-회황색 풍화면을 가진 조면영안암(향도봉층) · · · 20m

풍화작용을 많이 받은 면에서는 백색-회황색을 띤다. 균렬이 많으며 폭발에 울리여진것같이 보인다.

10. 쇄설응회암(향도봉층) · · · · · · · · · · 16m

자파쇄각력암으로 보인다. 화학조성에서는 변화가 없는 조면영안암질덩어리로 이루어졌다. 쇄설물의 크기는 매우 각이한데 매 덩어리모서리가 예리하다.

11. 흑요암(향도봉층) · · · · · · · · · · · · · 2m

조면영안암질조성의 유리이다.

흑색조가비모양의 단구를 이루며 드물게 투장석반정이 나타난다.

12. 황색부석질응회암(향도봉층) · · · · · · · · · · · · · ·13m

조면영안암조성의 부석으로 이루어진 응회암이다. 크기가 2〜10mm되는 부석이 25%정도 섞여있는데 이것이 부석질재로 고결되였다. 몹시 부실부실하며 절벽면에서(11〜13번) 웃부분과 아래부분암석에 비하여 1.2〜2m 패여져들어갔다.

13. 흑요석질조면영안암(향도봉층) · · · · · · · · · · · ·11m

흑요석줄무늬와 조면영안암줄무늬가 교체되면서 흐름상석리를 이루고있는 암갈색암석이다. 투장석반정이 20〜25% 들어있다.

14. 연황색응회암(향도봉층)· · · · · · · · · · · · · · · ·1m

미세한 조면영안암조성의 재로 이루어진 응회암이다. 드물게 크기가 2mm정도 되는 조면영안암쪼각의 쇄설물이 있는데 비교적 잘 굳어졌다.

15. 백색풍화면을 가진 조면영안암(향도봉층) · · · · · · · ·9m

흐름상석리를 가진 회갈색암석이나 풍화면에서 백색을 띤다. 균렬이 많다.

향도봉층의 총두께는 118m이다.

16. 조면류문암(장군봉층) · · · · · · · · · · · · · · · ·34m

SiO_2 70〜72% 들어있는 준알카리류문암조성의 암석이다. 흐름상석리를 가지며 용암이 흐르던 상태의 흐름무늬와 흑색의 흑요암과 회백색의 류문암의 호상석리가 나타난다. 줄무늬의 연장방향은 장군봉줄기와 같은 동남방향이다.

장군봉화산의 절대높이는 2750m로서 우리 나라에서 제일 높은 화산이다.

② 향도봉화산

사진 4—12. 향도봉

향도봉화산은 장군봉화산에서 북동쪽으로 0.98km(정점들사이거리) 떨어진 외륜산에 있는데 천지칼테라의 남쪽으로 좀 치우친 동쪽 외륜산우에 놓여있다.

향도봉화산은 백두화산형성의 4단계분출만으로 끝났다.

제4단계까지의 분출물이 천지수면우로부터 440m수준까지 덮인 다음 제5단계 용암이 천지 바깥사면에 1.2km길이의 향도봉줄기방향인 동남 115°방향의 방사상단층과 첫번째 환상단층이 사귀는 교점(현재 향도봉가운데 봉우리정점에서 천지쪽으로 좀 들어가있다)에서 분출하였다.

향도봉화산에서 제4단계분출은 크지 않은 폭발성분출과 용암흐름성분출이 엇바뀌여 12번 진행되였다. 향도봉꼭대기에는 6단계분출물인 백색부석이 1~15m 덮여있다. 함몰단계에 천지쪽향도봉이 떨어져내려 급경사를 이루고있는데 이 절벽에서 향도봉층의 벼랑경사는 75~80°이며 북포태산층 벼랑경사는 45~65°이다. 그러나 바깥경사는 25~30°로서 장군봉바깥경사보다 훨씬 더 급하다.

향도봉의 천지쪽절벽의 자름면은 천지수면으로부터 우로 다음과 같다.

1. 회흑색조면영안암, 조면암(북포태산층) · · · · · · · · · 440m

밑에서는 보다 담색이고 우로 올라가면서 암색을 띤다. 치밀하고 굳으며 루장석반정이 있다. 암석은 아래부분에서는 괴상석리, 웃부분에서 흐름상석리가 나타난다. 아래로부터 네개의 계단이 나타난다.

사진 4-13. 향도봉자름면

2. 황색응회암과 흑요암(향도봉층) · · · · · · · · · · · · · · 1m

황색응회암이 0.4m의 두께로 있다. 이 층안에는 적갈색을 띠는 2~

6cm의 부석(부피질량 0.89g/cm³)이 들어있다. 응회질고결물은 황색을 띠
지만 약간 붉은색띠가 있다. 잘 굳어지지 않았다. 회흑색조면영안암쪼각의
쇄설물이 있다. 우에 두께가 0.6m되는 흑요암이 쌓여있는데 흑색을 띠며
조면영안암조성의 유리질이다. 드물게 투장석반정이 있다.

  3. 갈색조면영안암(향도봉충) · · · · · · · · · · · · · · · ·11m
  흐름상석리를 가진 치밀한 암석이다. 투장석반정이 들어있다.

  4. 응회암(향도봉충) ·5m
  담회색이다. 쇄설물로 5~15cm의 알갱이의 부석이 들어있는데 아래부
분에는 흑색부석(부피질량 1.23g/cm³), 가운데부분에 황색부석(부피질량
0.91g/cm³), 웃부분에는 갈색부석(부피질량 0.69g/cm³)이 들어있다.
  부석의 함량은 20%정도이다.

  5. 회록색조면영안암(향도봉충) · · · · · · · · · · · · ·10m
  흐름상석리를 가지는 굳고 치밀한 암석이다. 투장석반정이 있다. 충밀
에 얇은 흑요암이 있다.

  6. 쇄설각력응회암(향도봉충) · · · · · · · · · · · · · ·3m
  용암폭발분출과정에 자파쇄된 각력으로 되여있다. 각력의 크기는 20~
50cm이며 그보다 더 큰것도 있다.

  7. 갈흑색조면영안암(향도봉충) · · · · · · · · · · · · ·9m
  흐름상석리를 가지는 굳고 치밀한 암석이다. 투장석반정이 있다.

  8. 갈색조면영안암질응회암(향도봉충) · · · · · · · · · · ·2m
  용암폭발분출과정에 생긴 자파쇄각력으로 되여있는 응회암이다. 각력응
회질물질의 화학조성상차이는 없다. 각력은 크기가 5~20cm의 예리한 모를
가지고있다. 잘 고결되지 않아 몹시 부실부실하다.

  9. 회흑색조면영안암(향도봉충) · · · · · · · · · · · · ·12m
  흐름상석리를 가지고있는 매우 굳은 암석이다. 투장석반정이 매우 드물
게 나타난다.

  10. 흑갈색조면영안암질응회암(향도봉충) · · · · · · · · · ·3m
  화학조성상 차이가 없는 응회질물질과 각력으로 이루어진 응회암이다.
각력에 비해 응회질물질이 적다. 각력의 크기는 30~70cm로 비교적 크다.

  11. 회갈색조면영안암(향도봉충) · · · · · · · · · · · · ·7m
  흐름상석리를 가진 치밀한-암석이다. 투장석반정이 있다.

  12. 담갈색조면영안암질응회암(향도봉충) · · · · · · · · · ·9m
  화학조성의 차이없는 응회질물질로 된 응회암각력이다. 층상석리가 약
하게 나타나며 잘 굳어지지 않았다.

  13. 조면영안암질광재암과 조면영안암(향도봉충) · · · · · · ·4m
  층의 아래부분은 3m정도의 두께를 가진 용광로 슬라그모양의 적갈색
광재암으로 되여있고 웃부분은 회흑색 조면영안암으로 되여있는데 조성에서

는 거의 차이가 없다. 투장석반정이 있다.

　14. 부석(천지층)·······························2m

　　아래부분에는 연분홍색 부석(부피질량 0.68g/cm³)이 깔려있는데 제일
큰 덩어리의 직경은 1m이다. 웃부분에 평균크기가 5~15cm정도되는 백색
부석이 있는데 부피질량은 0.48g/cm³이다. 부석알갱이속에 흑색의 준알카
리현무암질용암떡이 널려있다.

　　자름면의 총 두께는 518m이다. 그중 북포태산층의 두께는 440m, 향도
봉층의 두께는 76m이며 천지(부석)층의 두께는 2m이다. 북포태산층은 천
지수면밑으로 더 연장되여있다.

　　향도봉화산은 세개봉우리로 되여있는데 세봉우리의 놓임새가 같지 않
으며 두께도 다르다.

　　이것은 향도봉화산이 분출할 때마다 분화구가 조금씩 움직였다는것을 의
미한다.

　　향도봉화산은 백두산중심화산의 4단계 분출과 6단계 마감 함몰작용에 의
하여 형성되였다.

　③ 해발봉화산

　　이 화산은 장군봉화산에서 남서쪽으로 0.98km(정점들사이거리) 떨어진
천지칼테라의 남쪽경사면에 놓여있다.

　　해발봉화산에서 제4단계분출은 크지 않은 폭발분출과 흐름성분출이 엇바
뀌면서 11번 진행되였다. 화산분출은 제4단계까지의 분출물이 천지수면으로
부터 418m수준까지 덮은 다음 용암의 상승에 의하여 천지바깥사면에서
4.7km길이의 해발봉줄기방향인 남남동방향의 방사상단층과 첫번째환상단층
이 사귀는 교점인 해발봉정점부근에서 분출하였다.

　　얼마간 시간적중단을 두고 제5단계의 분출이 진행되였는데 이 단계에는
방사상단층을 더 벌려놓았고 이 틈새를 통하여 제5단계 마감분출인 휘발분이
많은 류문암암장의 열운분출이 진행되였다. 용암은 백두산 남쪽사면으로
4.7km정도나 흘러내려갔다. 지금도 해발봉줄기에서 흐름무늬를 17개나 볼
수 있다. 해발봉 방사상틈새에 용암이 흘러나온 제일 웃부분은 현재 산정점
에서 줄기를 따라 23m 내려가서 있는데 꼭대기에 제6단계 분출한 백색부석
이 1~15m 덮여있다. 함몰단계에 천지쪽 해발봉이 떨어져나가 급경사절벽
이 이루었는데 이 절벽에서 향도봉층의 벼랑경사는 65~75°이다. 북포태산
층의 벼랑경사는 45~60°이며 바깥경사는 13~22°이다.

　　해발봉 천지쪽절벽의 자름면은 천지수면으로부터 우로 다음과 같다.

　　1. 회록색－회흑색조면영안암, 조면암(북포태산층)·····418m

　　밑으로부터 우로 올라가면서 네개의 계단이 뚜렷이 나타난다. 치밀하고
굳으며 투장석반정이 있다. 아래부분에서는 괴상석리가, 웃부분에서는 흐름

상석리가 나타난다.

2. 황색응회암(향도봉층)·····················3m

충상석리를 이루며 굳지 않다. 회흑색조면영안암쪼각과 부석으로 된 쇄설물이 있다.

3. 흑요암(향도봉층)·······················2m

흑색조면영안암조성의 유리질암석이다. 이따금 투장석반정이 있다.

4. 조면영안암질쇄설응회암(향도봉층)···········16m

폭발분출할 때 생긴 자파쇄각력질응회암이다. 쇄설물과 응회질물질의 화학조성상차이는 없다. 부실부실하다.

5. 조면영안암(향도봉층)···················11m

암회색이며 풍화면에서 더 밝은 색을 띤다. 굳고 치밀하며 투장석반정이 있다.

6. 황색쇄설응회암(향도봉층)··············17m

자파쇄각력암이다. 풍화면에서 황색을 띠나 신성한 면은 회록색이다.

7. 조면영안암(향도봉층)··················12m

흐름상석리가 있는 굳고 치밀한 암석이다. 투장석반정이 있다.

8. 황색응회암(향도봉층)···················6m

쇄설물이 거의 없이 고결된 응회암이다.

9. 조면영안암(향도봉층)··················10m

흐름상석리가 희미하게 나타나는 치밀한 괴상암석이다. 투장석반정이 있다.

10. 흑요암(향도봉층)·····················2m

흑색의 조면영안암조성의 유리질암석이다. 투장석반정이 있다.

11. 연황색응회암(향도봉층)···············8m

크기가 5~10cm의 조면영안암, 흑요암으로 된 쇄설물이 15%정도 섞여있는 응회암이다.

12. 조면영안암(향도봉층)·················20m

청흑색 괴상석리를 띠는 굳고 치밀한 암석이다. 절벽면에서 주상절리가 나타난다.

13. 부석(백색부석층)···················2~5m

모래처럼 보드라운 백색부석이다.

자름면의 총 두께는 525m이다. 이 가운데 북포태산층이 418m, 천지층이 107m이다.

자름면의 구성에서 나타나지 않으나 향도봉층을 덮은 장군봉층의 부석상진주암의 평균두께는 10m정도이다.

부석상진주암은 흐름방향과 일치하게 판모양의 공소가 많이 있다. 투장석이 20~30%정도 반정으로 들어있는데 크기는 2~4m이다. 투장석의 배렬방향은 흐름방향과 일치한다.

④ 단결봉화산

이 화산은 해발봉화산에서 남서방향으로 0.6km, 장군봉화산에서 1.56km 떨어진 외륜산에 있다.

단결봉화산은 제4단계까지의 분출물이 천지수면으로부터 416m수준까지 덮은 다음 용암이 천지바깥사면에서 1.1km길이의 단결봉줄기방향인 남북방향의 방사상단층과 첫번째 환상단층이 사귀는 교점인 단결봉정점부근에서 분출하였다.

단결봉에서 향도봉층을 형성한 제4단계의 분출은 크지 않은 폭발분출과 용암흐름성분출이 엇바뀌면서 6번 진행되였다.

해발봉화산에서 제5단계 열운분출이 진행될 때 호응이나 하듯이 단결봉 방사상단층이 벌어지면서 용암이 동시에 흘러내렸다. 단결봉정점으로부터 약 25m 내려와서 분출이 진행되였다. 그러나 이 틈새로 흘러나온 용암의 량은 해발봉화산에서 나온량의 10분의 1도 되나마나한 적은량이였다.

꼭대기에 6단계에 분출한 백색부석이 8m까지의 두께로 덮여있다. 함몰단계에 천지쪽단결봉이 떨어져내려가 급경사벼랑이 이루어졌는데 이 절벽에서 향도봉층의 절벽경사는 85°로서 매우 급하다. 바깥사면의 경사는 20~25°이다.

단결봉 천지쪽절벽에서 자름면은 천지수면으로부터 우로 다음과 같다(사진 4-15).

1. 회록색조면영안암(북포태산층) ··················416m
치밀하고 굳은 괴상석리를 이룬다. 투장석반정이 있다.

2. 황색응회암(향도봉층) ··················3m
층상석리를 이루며 잘 굳어지지 않았다. 회록색조면영안암쪼각의 쇄설물이 들어있다.

3. 흑요암(향도봉층) ··················2m
흑색조면영안암질조성의 유리질암석이다.

4. 응회암(향도봉층) ··················7m
자파쇄쇄설응회암이다.

5. 조면영안암(향도봉층) ··················13m
갈회색, 회흑색이다. 풍화면에서 담색을 띤다. 굳고 치밀하며 투장석반정이 있다.

6. 응회암(향도봉층) ··················6m
쇄설물이 거의 없는 연한 황색응회암이다.

7. 조면영안암(향도봉층) ··················20m
흐름상석리가 약간 알리는 굳고 치밀한 암석이다. 투장석반정이 있다.

8. 부석(천지층) ·8m

비교적 분급이 잘 되였다. 밑에서부터 2/3높이까지는 조립질이고 우로 올라가면서 알갱이가 작아지는데 그안에 준알카리현무암조성의 흑색용암력이 들어있다.

자름면의 총 두께는 467m이다. 그 가운데서 북포태산층이 416m, 천지층이 51m이다.

자름면에서 알수 있는바와 같이 단결봉화산에서 북포태산층은 용암흐름성분출산물이며 향도봉층은 용암흐름성분출과 폭발분출이 6번 엇바뀌여 반복되여 이루어진 층이다.

해발봉화산에서와 같이 자름면구성에서는 보이지 않치만 향도봉층은 장군봉층의 부석상진주암이 평균 10m두께로 덮여있다. 부석상진주암의 모양은 해발봉화산에서와 같다.

⑤ 락원봉화산

락원봉화산은 단결봉화산에서 북서서방향으로 2.5km, 장군봉에서 서쪽으로 3.1km 떨어진 외륜산에 있다.

락원봉화산은 백두산중심화산의 4단계의 옆분출과 함몰작용에 의하여 형성되였다. 이 화산은 제4단계까지의 분출물이 천지수면으로부터 386m수준까지 덮은 다음 용암이 락원봉줄기방향인 남서방향의 방사상단층과 첫번째화산단층이 사귀는 교접인 락원봉정접의 북동쪽에서 분출하였다.

락원봉에서 향도봉층을 형성한 제4단계의 분출은 크지 않은 폭발분출과 용암흐름성분출이 엇바뀌면서 5번 진행되였다. 함몰단계의 천지쪽 락원봉이 떨어져내려가 급경사를 이루고있는데 경사는 45~75°정도이다.

락원봉천지쪽절벽에서 자름면은 천지수면으로부터 우로 다음과 같다.

1. 회록색조면영안암(북포태산층) · · · · · · · · · · · · · · · ·386m
치밀하고 굳으며 괴상석리를 이룬다. 투장석반정이 있다.

2. 황색응회암(향도봉층) ·2m
잘 굳어지지 못한 암석이다. 회록색조면영안암쪼각의 쇄설물이 들어있다.

3. 흑요암(향도봉층) ·1m
흑색조면영안암질조성의 유리질암석이다.

4. 조면영안암(향도봉층) ·7m
회록색이며 굳고 치밀하다. 괴상석리를 이루며 투장석반정이 있다.

5. 흑소암(향도봉층) ·1m
흑색유리질조성의 암석이다. 조가비모양의 단구를 가진다.

6. 조면영안암(향도봉층) ·12m
회갈색이며 풍화면에서 담색을 띤다. 투장석반정을 가지고있다.

7. 부석(천지층)·······················2~5m

조립질부석이다.

자름면의 총 두께는 409m이다. 이 가운데 북포태산층이 386m, 향도봉층이 23m이다.

자름면에서 보는바와 같이 락원봉화산에서 북포태산층은 용암흐름성분출산물이며 천지층은 용암흐름성분출과 폭발성분출이 5번 반복퇴적된 층이다.

(3) 천지칼레라안의 화산과 분화구

천지칼레라안에 용암침, 용암탑형, 분기공, 온천형화산이 있다. 백색부석이 분출되던 단계의 분화구들도 있다.

① 용암탑과 용암침

용암탑과 용암침이란 SiO_2의 함량이 높은 점성이 센 조면영안암, 조면류문암질용암이 멀리 흘러가지 못할 때와 내압이 외압보다 얼마 세지 못하여 용암이 굳어지면서 천천히 올라올 때 생기는 원통형 또는 바늘모양 화산체를 말한다. 끝이 두리뭉실한것은 용암탑이고 뾰족한것은 용암침이다. 이것들은 일종의 화도체이다. 주로 각력질자파쇄각력암, 응회암, 광재암 등 화도암상으로 되어있는데 취약하고 푸실푸실하다.

용암탑(비루봉)은 장군봉으로부터 거의 북쪽으로 0.6km 떨어진 비루봉줄기의 중간에 있다.

용암탑둘레의 길이는 300여m, 산줄기바닥으로부터 높이는 70여m이다(그림 4-15, 사진 14).

용암탑을 이루고있는 암석은 치밀하고 반상석리를 이루고있다. 속은 암갈색이고 치밀하지만 바깥은 다공성각력상응회암이거나 광재암이다. 북동쪽벼랑에서 암체뿌리와 배태암과

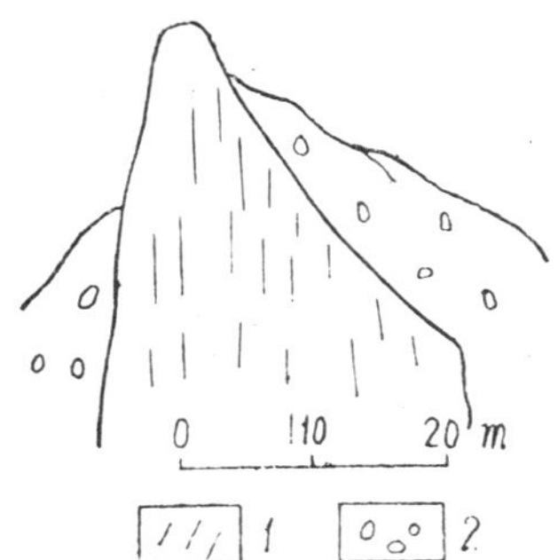

그림 4-14, 15. 비루봉 암탑과 2호암탑
1-용암탑, 2-파쇄각력암

의 경계면이 명확하게 나타난다.

비루봉으로부터 장군봉쪽으로 0.25km떨어진 비루봉줄기에 역시 화도암 상의 암석으로 이루어진 2호암탑이 있다. 이것도 역시 화도암상인 암침 이다.

비루봉과 2호암탑은 비루봉줄기우에 있는데 이 줄기자체는 백두산중심화 산형성의 마감 함몰단계에 무너지지 않은 유일한 잔주줄기이다.

천지 동남쪽호안에서 300m, 장군봉에서 북북동방향으로 2.3km 떨어진 곳에 3호암탑이 있다(그림 4-18). 이 암탑의 높이는 10m, 바닥에서 둘레 는 20여m이며 북서 80°주향하에서 북으로 80° 약간 기울어들었다.

암탑의 길이는 5.6m로서 짤막한 암맥모양이다.

가운데부분은 흑요암과 갈색의 다공성조면
류문암질각력응회암이 호층되여있고 변두리는
갈색대와 흰색대가 미세하게 호층하면서 곳에
따라 줄무늬가 있는 각력상 조미사장석질류문
암으로 되여있다(SiO$_2$ 70.3%). 각력들은 용
암이 상승하는 과정에 접촉부와의 마찰에 의하
여 생겼다. 암탑의 벽에는 급랭되면서 생긴
옥수질집괴가 여러곳에 있다.

② 분기공

천지와 외륜산 바깥경사면에는 지하심부에
서 가스, 주로 류화수소가 뿜어나온 분기공들

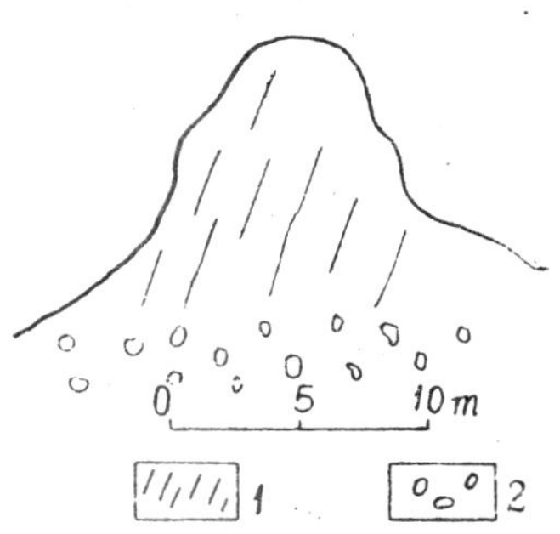

그림 4-16. 천지호반에 있는
3호암탑
1-용암탑, 2-파쇄각력암

사진 4-17. 3호암탑(비루봉부근)

이 여러곳에 나타나고있다. 분기공은 천지칼데라안에는 향도봉 동쪽봉우리의 안쪽 절벽의 중턱에 있고 비루봉줄기 제일 북쪽, 천지호반에도 있으며 쌍무지개봉정점에도 있다.

분기공은 바닥의 직경이 10～15m, 높이 2～4m 되는 평평한 빵이나 만두모양의 형태를 가지면서 꼭대기가 갈색대로 물들여져있는것이 특징이다. 이렇게 작은 것은 여러곳에서 볼수 있다.

분기공올 이루고있는 암석은 파쇄되여 자갈모양으로 되여있는데 이것들을 깨면 백색이다. 황청광의 세맥과 개별적인 알갱이들을 수없이 볼수 있다. 갈색대는 이것이 산화된 갈철광 피막대이다.

지금도 천지수면을 자세히 관찰하면 가스가 나오는것을 관찰할수 있다. 가장 집중적으로 나오는 구역은 천문봉아래 백암온천부근과 장군봉 서쪽아래 백두온천부근이다.

③ 온천

온천도 하나의 화산활동의 산물이다. 백두산천지 호수가에는 두개의 온천이 지금도 용솟음치고있는데 장군봉서쪽밑에 있는 백두온천(73°C)과 천문봉밑에 백암온천(46°C)이다.

백두온천은 천지 서남쪽호안에 있는데 그 너비는 10～15m, 길이는 900m정도로서 면적은 약 200m²이다. 온천이 솟아오르는곳은 여러개 있는데 맹렬하게 솟아오르는곳은 3곳이다. 백두온천은 중탄산나트리움천에 속한다. 메탄 규산도 적지 않게 포함되여있다.

백암온천은 천지북쪽호안에 있는데 너비는 100m, 길이는 150m정도이며 면적은 5만m²에 달하는 큰 규모의 온천이다. 뜨거운 물은 수십개소에서 나오는데 그 가운데 직경 30cm이상되는 구멍에서 집중적으로 솟구쳐오르는곳이 3개소나 된다. 백암온천은 중탄산나트리움천에 속한다. 여기에 류화수소와 메탄, 규산이 적지 않게 포함되여있다.

④ 백색부석분출시기의 분화구

백두산 중심화산의 6단계 백색부석이 분출한 다음 얼마 시간적여유를 두지 않고 함몰되여 현재와 같은 천지칼데라가 완성되였다. 따라서 백색부석이 분출한 분화구의 모습이 명백하지는 않다. 그러나 여러가지 지질학적 및 지형학적 징후들을 종합하면 백색부석분출시기의 분화구는 큰것만도 7개나 된다(그림 4-20).

그 징후들로서는 다음과 같다.

평면에서 천지칼데라의 안쪽절벽의 모양은 부석분출시기 분화구의 바깥쪽호를 반영한다.

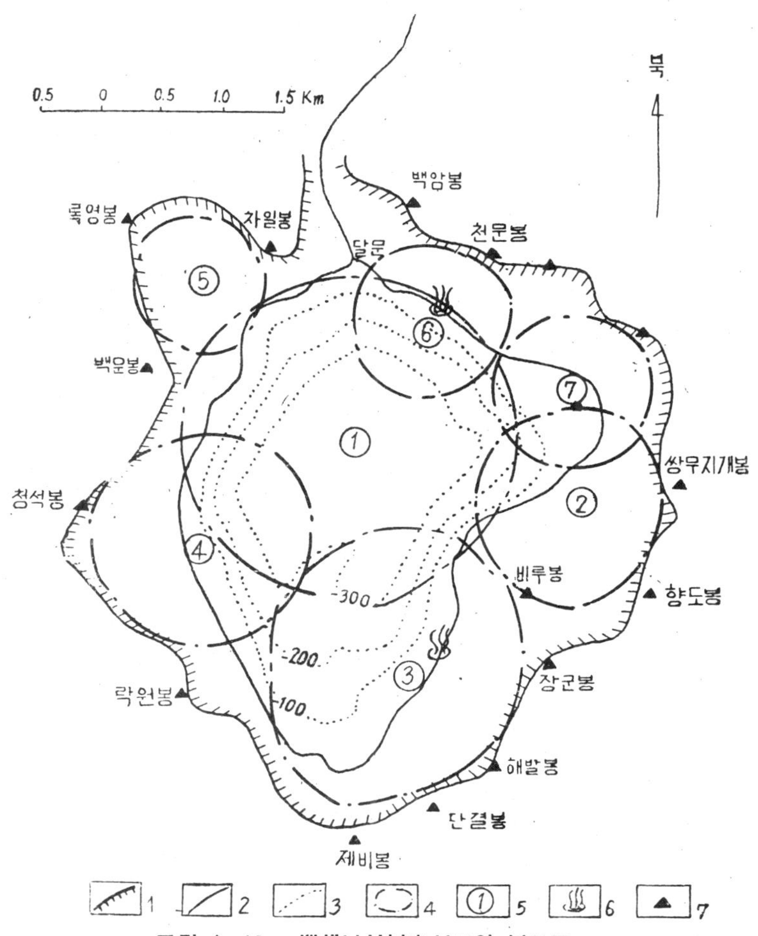

그림 4-18. 백색부석분출시기의 분화구

1—백두산천지 칼데라경계, 2—천지물가선, 3—등수심선, 4—백색부석
분출시기 분화구테두리, 5—백색부석분출시기의 분화구번호(번호위치는
분화구중심), 6—온천, 7—외륜산의 화산돌

분화구의 중심이 가장 깊은곳이거나 온천 혹은 샘이 솟아나온다.

우주사진에서 판독된 북동계렬 단층묶음과 북서 계렬의 단층묶음이 교차
된곳이 분화구중심이 될수 있다.

1호분화구는 중심이 천지에서 가장 깊은곳인 384m 지점근방이다. 분화
구의 직경은 2.6km정도이다. 분화구는 현재 천지안에 있는데 천지물가선
으로부터 500m까지 32~37°로 급경사를 이루고있으며 그 안에는 경사가 거
의 평탄하다가 384m되는 지점 부근에서 다시 경사 41~46°의 급경사를 이

루었다.

이 지점으로부터 남쪽으로 230m정도 떨어져 깊이 −377m 되는 웅덩이가 있는데 웅덩이경사는 12~18°로서 완만하다. 이 구역들에 검푸른색 미세한 감탕이 쌓여져있다.

2호분화구는 쌍무지개봉−향도봉−장군봉−비루봉줄기를 바깥호로 하는데 직경이 1.6km정도 된다.

중심에는 3호암탑이 있다. 분화구는 거의 전구간이 땅우에 드러나있다. 외륜산절벽을 내려서면 조면영안암질자갈중력층으로 되여있다.

3호분화구는 비루봉−장군봉−해발봉−단결봉−락원봉까지의 줄기를 바깥호로 하고있는데 직경이 약 2km로서 두번째로 크다.

중심에는 백두온천이 있다. 분화구의 절반은 땅우에 있고 절반은 천지물속에 있다. 땅쪽은 외륜산절벽과 조면영안암질중력층으로 되여있고 물쪽은 경사 17~23°인데 모래자갈감탕(기슭쪽)과 감탕(중심쪽)으로 되여있다.

4호분화구는 락원봉−청석봉−백운봉줄기를 바깥호로 되여있는데 직경이 1.7km정도 된다. 중심에는 천지호반에 하나밖에 없는 샘이 있다. 서쪽절반은 땅우에 있는데 조면영안암질자갈로 된 중력층이고 물쪽은 경사가 17~26°인데 모래감탕과 적갈색감탕(중심쪽)이 있다.

5호분화구는 백운봉−록명봉−차일봉줄기를 바깥호로 되여있는데 직경이 0.9km정도 된다. 분화구의 륜곽이 가장 명확히 나타나는데 2/3이상이 살아있다.

이 분화구를 빙하의 지형인 《권곡》이라고 하는 견해도 있었다. 그러나 이 지형을 권곡으로 볼수 없는 명확한 근거들이 있다. 그것은 형성시기가 빙하시기이후이다. 절벽의 경사와 높이가 다른 외륜산의 안절벽과 같은 함몰지형으로 되여있다.

6호분화구는 백암봉−천문봉줄기를 바깥호로 하고있는데 직경이 1.2km정도 된다. 분화구의 중심에는 백암온천이 있다. 동쪽절반은 땅우에 있는데 중력층으로 되여있고 서쪽 물밑의 경사는 18~23°인데 모래감탕으로 되여있다.

7호분화구는 쌍무지개봉 북쪽의 외륜산을 바깥호로 하고있는데 직경이 1.4km정도 된다.

분화구는 땅속이나 물밑에나 할것없이 부석모래로 되여있다.

(4) 위성화산들

백두화산주변에는 위성화산들이 수많이 있는데 대표적인것을 보면 대연지봉, 소연지봉, 무두봉, 대각봉, 쌍두봉, 적봉 등이다. 이 화산들은 백두산중심화산의 어느한 방사상단층우에 있으며 환상단층이나 다른 방향의 단층과의 사귐점우에 있다.

① 대연지봉화산

이 화산은 백두산 장군봉화산에서 동남쪽으로 4.5km 떨어진곳에 있는 백두산단렬대우에 놓여있다.

화산의 절대높이는 2360m이며 상대높이는 180m이다. 화산은 동남쪽으로 길게 늘어진 타원형인데 긴방향이 장군봉화산과 련결되는 릉선방향이며 백두산주화산의 방사상단층방향이다. 이 단층과 남서쪽으로 25°각을 가지고 남동으로 달리는 다른 단층과의 교점에 이 화산이 있다.

긴방향의 길이는 1.7km이며 짧은 방향의 길이는 1.1km이다.

화산은 백두화산형성의 1단계에 천지중심에서 흘러나온 현무암질용암이 깔리고 2단계에 이 화산의 중심에서 점성이 센 조면영안암질용암이 흘러나와 궁륭형을 이루었으며 3단계에는 조면현무암질용암의 폭발분출로서 끝났다. 이 화산의 주변에는 10여개의 작은 화산들이 있다.

② 소연지봉화산

이 화산은 대연지봉화산에서 동남으로 4km 떨어져있다(북위 41°56′15″, 동경 128°09′15″). 화산의 절대높이는 2123m이며 상대높이는 133m이다.

화산은 백두산 단렬대우에 놓여있다. 화산의 꼭대기에는 비대칭칼데라가 있는데 남쪽부분이 열려졌다. 칼데라의 직경은 500m이며 동쪽 외륜산은 높고 서쪽은 낮다. 화산기슭은 원형인데 직경은 1.2km정도이다.

분화구안쪽 절벽의 자름면은 쇄설응회암과 용암의 호층과 적색다공성광재암으로 되여있다. 광재암의 수평절리의 방위는 320°로서 백두산장군봉형과 같다.

화산의 남쪽에 좀 낮은 위성화산이 있다.

소연지봉화산은 장군봉줄기의 방사상단층과 두번째 고리형구조의 교차점에 있었으므로 분출작용이 더 폭발적으로 진행되였다.

이 화산바닥은 백두산 중심화산의 1단계현무암으로 되여있고 그 우에 2단계 조면영안암의 종상체가 놓여있다. 3단계 조면현무암질용암의 여러차례에 걸치는 폭발분출작용에 의하여 적색다공성광재암이 원추모양으로 쌓여있다.

③ 무두봉화산

대연지봉에서 근 동쪽으로 6.2km 떨어져있다(북위 41°57′15″, 동경 (28°12′00″). 화산의 절대높이는 1930m이며 상대높이는 109m이다.

화산은 백두산쪽으로 뾰족한 삼각형을 이루는데 백두산쪽으로 늘어져있다. 그 길이는 약 1km이다.

화산은 향도봉줄기의 방사상 단층우에 있다. 이 단층상에 여러개의 류사한 화산들이 있는데 그중에서 무두봉이 제일 크다.

이 화산도 백두산중심화산의 1단계 현무암을 바닥에 깔고 그우에 2단계

조면영안암이 종상으로 덮여있으며 그우에 3단계 조면현무암질용암이 폭발분출한 적색다공성광재암이 덮여있다. 그우에 백색부석이 1∼5m 덮혀있다.

④ 대각봉화산

이 화산은 향도봉에서 동쪽으로 6.6km 떨어져있다.

화산의 절대높이는 2170m, 상대높이는 130m이다. 화산은 백두산쪽으로 긴타원형을 이루는데 긴축의 길이는 2km, 짧은축의 길이는 0.6km이다.

화산은 향도봉줄기 방사상단층과 두번째고리형구조의 교차점에서 분출되였는데 바닥은 백두산중심화산의 1단계에 분출된 현무암으로 되여있으며 그우에 2단계의 조면영안암이 종상으로 덮여있다. 그 우에 3단계에 폭발분출된 조면현무암질 적색다공성광재암이 덮여있고 그 우에 백색부석이 1∼5m의 두께로 덮여있다.

대각봉가운데부분에서 우로 두드러진 턱이 있는데 이것을 기준으로 평탄부가 있고 그 우에 광재암과 치밀현무암의 호충대가 있다.

⑤ 쌍두봉화산

이 화산은 지리적으로 쌍무지개봉으로부터 동쪽으로 16.5km 떨어진곳에, 지질학적으로는 백두산룡기형 셋째고리구조와 두만강을 따르는 심부단렬대가 교차되는 지점에 놓여있다.

화산의 절대높이는 1562m, 상대높이는 72m이다.

이 화산은 바닥의 백두산중심화산분출 1단계의 현무암과 그 우에 솟은 적색다공성현무암으로 되여있다.

2) 소백산지구 화산무리형성의 분출활동과정과
화 산 들

소백산지구에는 소백산, 간백산, 사자봉, 중암산을 비롯하여 20여개의 크고작은 화산들이 무리지어있다.

(1) 소백산지구 화산무리형성의 분출활동과정

소백산지구에 발달된 화산은 5개의 분출단계를 거쳐 분출하여 하나의 화산무리를 이루고있다.

1단계의 분출(백두화산대형성1단계)은 준알카리현무암질용암의 분출시기이다. 이 시기에 소백산에서 류출된 용암의 량은 얼마되지 않는데 그것마저 백두산천지에서 흘러나온 용암에 의하여 덮이였다.

현무암층의 겉면에는 두꺼운 풍화각이 있는데 그 두께는 봉서동산기슭에

서 1.25m정도, 곰산골짜기입구에서 1.30m정도이다. 이 풍화각의 두께를
가지고 분출중단면을 예측해보면 120~150만년정도 된다.

백두화산대형성의 2단계분출작용에 의하여 이 지구에 보천통 현무암층이
400~500m 덮혔다.

2단계의 분출은 198만(열형광나이)~200만년(K-Ar나이)전에 진행되였
다. 심부단렬대인 북서계렬의 백두산단렬대와 북동계렬의 소백산단렬대의
교차부인 소백산과 《옛간백산》에서 진행되였다. 《옛간백산》은 정일봉과 간
백산사이 소백수골에 정점이 있었으나 후에 함몰작용에 의하여 《간백칼데
라》로 되였다. 간백산, 서간백산, 사자봉, 남사자봉, 정일봉, 2017고지, 동
간백산은 《간백칼데라》의 외륜산이다.

이 분출은 조면암, 조면영안암조성의 용암의 흐름성분출형식으로 《옛간
백산》정점에서 중심분출하였다. 이 시기 첫 분출은 조면암질용암이 훌러나
왔는데 그 시기가 200만년이다. 다음 단계분출은 조면영안암질용암이 덮혔
다. 이 용암훌러나오기에 의하여 《옛간백산》의 높이는 2600m정도였다(용암
흐름경사를 대수곡선으로 보간하여 보았을 때).

분화구를 벗어날 때 용암의 온도는 850~950°C, 끈기는 $10^8 \sim 10^9 Pa \cdot$
s정도였다.

용암이 식어서 굳어진 조면암과 조면영안암의 밀도는 2.52~
2.63g/cm³, 자기감수률은 $16 \sim 20 \times 10^6 SI$정도였다.

용암은 여러번 같은 분화구를 통하여 분출하였다. 이것이 북포태산층
조면암, 조면영안암층이다. 이 시기 소백산과 중암산에서도 이와 같은 용암
흐름성분출이 있었다. 이 분출에 의하여 소백산은 2400m정도 높아졌다.

제3단계 분출작용은 주변 위성화산들인 불산, 선오산, 삼포산, 딴봉, 청
봉, 베개봉, 허하령, 간삼봉 등 여러 화산들에서 폭발분출형식으로 준알카리
현무암질용암이 적색다공성광재암을 형성하면서 진행되였다.

제4단계 분출작용은 《옛간백산》의 방사상틈새와 첫번째 환상단층의 사귐
점들에서 진행되였는데 제일 강하게 진행한 기생화산은 동간백산과 간백산에
서 진행되였다. 이러한 분화구는 7개인데 《간백칼데라》의 외륜산을 이루고
있는 간백산, 동간백산, 2017산, 정일봉, 남사자봉, 사자봉, 서간백산이다.

분출작용은 매 분화구에서 폭발성분출과 흐름성분출이 엇바뀌면서 여러
번 진행되였다.

동간백산에서는 6번, 간백산에서는 4번, 나머지화산들에서는 1번씩 진행
되였다. 이 분출작용에 의하여 이 기생화산들은 성층화산을 이루었다. 그
러나 《옛간백산》의 절대높이는 얼마 높아지지 않았다. 이 단계 폭발분출작
용시 다량의 화산재를 뿌려놓았는데 그 조성은 회색조면암질이다. 이것이
날려서 쌓여서 생긴 층이 혹색응회암인데 《옛간백산》을 중심으로 사방에 두
껍게 발달되여있다.

이시기 소백산에서도 폭발분출과 흘러나오기분출이 두번씩 있었으며 마감폭발분출에 의하여 소백산의 동남쪽이 날려갔다. 분화구에 조면암질광재암이 있다.

제5단계 분출작용은 부석분출단계이다.

소백수를 따라 6km 내려가면 딴봉이 있다. 딴봉과 삼포산지구에는 직경이 1m이상되는 큰 부석덩어리를 흔히 볼수 있다. 이 부석이 백두화산에서 날려올수 없는 거리에 있고 그 화학조성이 SiO_2 62~66%로서 백두산주변부석의 조성과 심히 차이나는 조면암질부석이다.

부석분출시기에 백두산근방에서는 완전히 타진 숯으로 된 매몰목을 찾아보기 힘들다. 부석분출전에 산림한계선이 백두다리를 미치지 못하였다. 백두다리와 대연지봉사이에서 채취한 매몰목들은 타지지 않았다. 따라서 백두산에서 날아간 부석이 소백산에 있는 나무들을 태울수 없을것이다. 그러나 간백산, 사자봉, 소백산, 딴봉, 삼포산 근방의 탄화목은 타져서 완전히 숯이 된것을 흔히 볼수 있다. 따라서 소백산부근의 부석은 《옛간백산》화산에서 날려간것으로 보아야 한다.

《옛간백산》의 대략 4개소 분화구들에서 부석폭발분출작용이 있은 다음 잔주들이 함몰되여 현재와 같은 《간백칼데라》가 형성되였다. 칼데라는 타원형모양인데 장축은 2.85km이고 단축은 1.65km이다.

칼데라의 외륜산줄기에서 제일 높은 산은 동북쪽에 있는 간백산인데 2163m이다. 간백산정점에서 칼데라의 길이는 407m이다.

칼데라의 안쪽벼랑은 75~85°이며 100~150m 내려서면 조면영안암의 중력층으로 되여있는데 그 경사는 30~35°이다.

이 칼데라는 간백산-정일봉방향의 신기단층에 의하여 남쪽이 열리였으며 간백산으로부터 소백수가 흘러내리기 시작한다. 정일봉쪽의 골짜기가 열리지 않았다면 소백수에 의하여 커다란 호수가 생겼을것이다.

외륜산에서 분출층들의 주향은 칼데라의 륜곽선과 일치하며 바깥으로 경사졌다(그림 4-19).

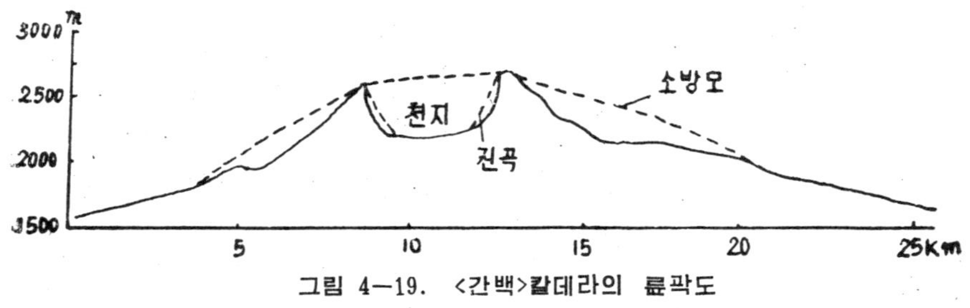

그림 4-19. 《간백》칼데라의 륜곽도

(2) 소백산지구 화산무리의 주요 화산돌

소백산과 그 주변에 간백산 정일봉, 사자봉, 중암산 등 24개의 화산들로 화산무리를 이루고있다.

① 정일봉

정일봉은 《간백칼데라》의 외륜산으로서 남쪽에 자리잡고있다.

화산은 북북서방향의 칼데라장축방향으로 달리는 단층과 북동동방향의 소백수단층과의 교차하는 지점에 있다.

정일봉의 절대높이는 1797.81m이고 상대높이는 216.42m이다. 정일봉 절벽의 바닥너비는 약 80m, 꼭대기의 너비는 50m정도이다.

절벽으로 드러난 자름면은 100m정도인데 구성암석은 암록갈색의 조면암이다. 조면암은 괴상석리를 이루며 반상구조를 이룬다. 다른 암석은 없고 색갈에서 조금씩 차이난다.

정일봉을 이루는 조면암의 $K-Ar$절대나이는 200만년, X선열형광나이 198만년으로서 제4기 하세를 지시한다.

정일봉은 앞면이 약 100m되는 벼랑으로 되여있는데 이 지구 분출활동의 2단계초에 생겼는데 그것이 신기구조운동에 의하여 지금과 같은 모습을 가지게 되였다.

앞면을 따라 소백수골짜기방향으로 단층이 지나가며 암체안에서 세방향의 절리가 발달되여있다.

절리는 각각 북서 50, 수직인 절리, 북동 40°에 서쪽으로 60도 경사진 절리, 북동 40°에 동쪽으로 10°만큼 완만하게 경사진 절리로 되여있다.

특히 북동방향의 절리들을 정일봉, 간백산골짜기들을 따르는 큰 파렬대의 방향과 일치된다.

정일봉암체는 주로 조면암으로 되여있는데 어두운 밤색, 회록색을 띤다. 암석은 반암모양의 조면암구조를 이루며 석리는 반암상이다.

암석은 매우 신선하고 치밀한것이 특징이다.

반정은 투장석, 정장석, 알카리각섬석 드물게 보통휘석으로 되여있는데 그량은 30%정도이다.

그 가운데서 사장석이 약 10% 차지한다.

반정의 알굵기는 보통 1.6×1.2mm, 제일 큰것이 10×10mm이다.

석기는 사장석, 투장석, 정장석, 휘석이 작은 알갱이들과 얼마간의 견운모, 화산유리, 금속광물 그리고 작은 기둥모양의 린회석으로 이루어져있다.

암석전반어 크기가 0.01mm정도되는 류화철광물이 널려있다.

정일봉암체의 화학조성은 조면암의 조성과 같다(표 4-4).

표에서 보면 SiO_2의 값은 대부분시료에서 64% 이하이며 Na_2O+

정일봉암체의 화학조성과 특성곁수, %   표 4—4.

시료 번호	채취장소	SiO$_2$	TiO$_2$	Al$_2$O$_3$	Fe$_2$O$_3$	FeO	MnO	MgO	CaO	Na$_2$O	K$_2$O	P$_2$O$_5$	작열 감량	비고
24	동쪽사면바닥부분	66.12	0.40	16.12	3.09	3.09	0.08	0.59	1.32	3.54	4.90	흔적	0.20	치밀회록색
25	〃	63.40	0.40	17.04	5.49	0.65	0.16	1.06	1.48	4.35	6.00	흔적	0.04	〃
26	바닥에서 70m 지점	62.80	0.40	17.10	2.96	2.94	0.08	1.06	1.97	4.55	5.50	흔적	0.12	피상중립질
27	바닥에서 120m 지점	63.64	0.65	13.66	5.36	3.35	0.16	0.61	1.28	4.70	6.70	0.14	0.48	피상조립반상
29	서쪽사면 180m 지점	63.90	0.60	15.04	4.39	2.87	0.12	1.22	1.49	4.00	4.70	0.15	1.76	치밀회록색
31	서쪽사면 100m 지점	62.06	0.60	14.77	6.71	2.24	0.16	1.53	1.28	4.00	5.80	0.20	0.7	〃
32	서쪽사면바닥부분	63.48	0.65	15.04	4.56	3.67	0.20	0.92	1.70	5.30	4.70	0.14	0.44	중립재색

환산곁수

시료번호 \ 특성수	s	a	b	c	$\bar{c}$	θ	a'	m''	f'	c'	n	k	t	φ	a/c
24	74	7.9	16.5	1.6	—	31.6	61.3	5.6	33.1	—	11.8	88.2	0.4	15.3	5.0
25	71.4	18.5	8.4	1.7	—	4.1	19.2	20.0	60.8	—	52.2	47.8	0.5	60.7	10.3
26	72.1	18.05	7.55	2.3	—	5.8	2.8	24.0	73.2	—	56.0	44.0	0.47	34.3	7.8
27	78.4	10.8	8.8	—	2.0	33.2	—	30.8	53.0	16.2	41.6	58.4	0.75	25.7	5.4
28	71.1	17.8	8.4	—	2.6	3.8	—	12.0	70.4	17.6	47.0	53.0	0.70	32.0	6.9
29	73.2	15.7	9.94	1.16	—	3.9	8.03	22.0	69.97	—	56.5	43.5	0.74	40.0	13.4
31	70.8	10.4	7.65	1.15	—	29.65	—	23.7	73.2	3.1	51.5	48.9	0.70	52.5	9.04
32	71.1	18.7	9.40	0.80	—	4.0	—	14.6	73.5	11.9	62.9	27.1	0.75	39.7	29.4

K_2O는 10% 안팎이다. 특성수에 의하면 암석들은 표준계렬, 과포화알카리계렬, 과포화알루미니움 계렬에 속한다.

한편 분화지수

$$SI = \frac{MgO \times 100}{MgO + \Sigma FeO + Na_2O + K_2O}$$

에 의하면 알카리조면암은 $SI = 10 \sim 15$, 조면암류는 $SI < 10$인데 정일봉암체를 이룬 조면암은 이 값이 10이하이므로 조면암류에 속한다(표 4-5).

정일봉암체의 분화지수(SI)값   표 4-5.

시료번호	SI	시료번호	SI	시료번호	SI
24	4.00	27	8.30	31	7.80
25	6.20	28	3.02	32	4.90
26	6.20	29	7.30		

조면암 분류기준에 따라 계산된 지수   표 4-6.

시료번호 \ 지수	SiO_2, %	$Na_2O + K_2O$, %	Na_2O/K_2O	al'	f'	$K\alpha$ (분자수)
24	64.12	8.35	0.70	2.38	7.17	0.68
25	63.40	10.35	0.73	2.37	7.60	0.80
26	62.80	10.05	0.83	0.46	7.36	0.78
27	63.56	11.50	0.60	1.52	9.36	1.12
28	63.54	11.40	0.70	1.47	9.97	1.11
29	63.90	8.70	0.85	1.77	9.08	0.78
31	62.06	9.80	0.69	1.41	11.08	0.88
32	63.48	10.00	1.13	1.64	9.80	0.92

암석들의 기준광물조성, %   표 4-7.

시료번호 \ 광물	or	ab	an	di	Hy	ac	mt	il	ap	c	θ
24	29.190	39.421	6.542	—	5.838	—	4.518	0.768	0.024	0.790	8.976
25	35.508	36.852	7.294	—	4.259	—	4.854	6.763	0.024	0.727	9.721
26	32.698	38.724	9.773	—	5.104	—	4.319	0.766	0.024	0.108	8.484
27	42.847	28.538	—	3.317	2.092	7.131	2.997	1.151	0.358	—	—
28	39.483	32.883	—	4.679	2.398	5.962	4.399	1.234	0.331	—	8.682
29	28.204	34.362	6.661	—	5.409	—	5.620	1.160	0.361	1.007	17.267
31	34.222	33.786	5.221	0.195	6.226	—	0.984	1.141	0.331	—	17.847
32	27.660	44.651	3.367	2.628	2.806	—	6.586	1.233	0.330	—	9.883

암석들의 화학조성으로부터 정일봉암석들에서 조면암류의 분류를 위한 지수들은 표 4-6과 같다.

이에 의하면 정일봉암체를 이룬 암석은 조면암에 해당된다.

이 암석들의 $CIPW$기준광물조성은 표 5와 같다. 기준광물조성에서 석기를 이루고있는 미립사장석은 회장석성분을 6~20% 함유하는 나트리움장석에 해당한다(표 4-7).

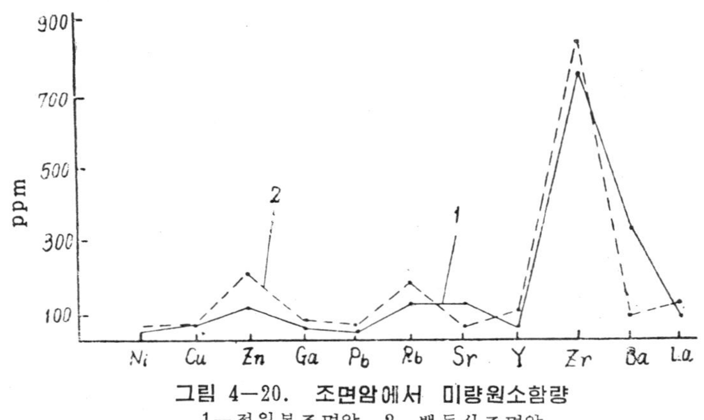

그림 4-20. 조면암에서 미량원소함량
1-정일봉조면암, 2-백두산조면암

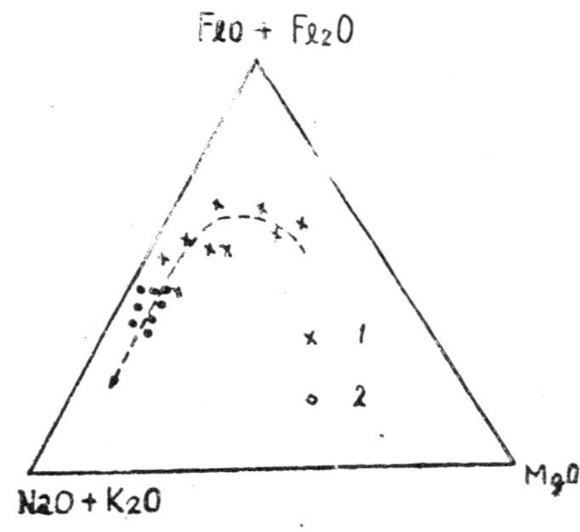

그림 4-21. 암장진화경로도
1-백두산현무암, 2-정일봉조면암

암장내 초미량성분들은 원시암장에서의 함량을 거의 그대로 반영하고있는데 정일봉암체의 조면암과 백두산조면영안암은 비록 공간적으로 떨어져있으나 그 함량이 매우 류사하다(그림 4-20). 따라서 두 암석은 같은 암장원에 뿌리를 두고있다고 볼 수 있다.

암장진화적인 견지에서는 백두산의 화산암들과 정일봉암석은 같은 톨레이드현무암계렬의 진화경로를 거쳤다(그림 4-21).

이와 같이 미량원소와 암상진화에 기초할 때 정일봉암체를 비롯한 소백산지구 화산무리를 이루고있는 구성암석은 백두산의 분출암과 같은 암장원의 산물에 속한다.

② 사자봉화산

이 화산은 사자봉 등줄을 따르는 방사상단층과 첫번째 환상균렬과의 사껌점에서 형성되였다.

이 화산은 정일봉화산에서 북쪽으로 2.1km 떨어진 《간백칼데라》의 외륜산줄기에 있다.

사자봉화산은 《옛간백산》형성의 4단계에 분출하였다. 4단계 분출물은 약간의 응회암과 조면영안암질분출층으로 이루어졌다. 화구는 벼랑앞쪽에 있었는데 《간백칼데라》쪽이 함몰되여 현재와 같은 모습을 가지였다.

칼데라쪽 벼랑의 경사는 80∼85°이며 그아래는 조면영안암의 중력층으로 되였는데 그 경사는 35°이다. 바깥릉선의 경사는 21∼26°이다.

③ 간백산화산

화산은 간백산등줄을 따르는 방사상단층과 첫번째 환상균렬과의 사귐점에 놓여있는데 정일봉에서 북동쪽으로 3.4km 떨어진 《간백칼데라》의 외륜산줄기 북쪽에 있다.

간백산화산은 《옛간백산》형성의 4단계에 다섯번의 소분출에 의하여 형성된 성층화산이다.

이 분출물은 천지층에 해당한 조면암, 조면영안암질흑색응회암, 갈색응회암, 괴상구조의 조면영안암 등으로 이루어져있다. 꼭대기에는 회백색부석이 1m두께로 덮혀있다.

이 화산은 제5단계

사진 4-22. 간백산화산

말 함몰작용에 의하여 칼데라쪽 간백산이 떨어져나감으로써 현재와 같은 모습을 가지였다.

칼데라쪽 벼랑의 경사는 75∼80°이며 그 아래는 조면영안암의 중력층으로 되였는데 그 경사는 35°이다. 바깥릉선의 경사는 20∼23°이다.

간백산 남쪽 절벽의 자름면은 중력층이 시작되는 해발 2000m수준에서부터 우로 자름면의 구성은 다음과 같다.

1. 회록색조면영안암(북포태산층)·········두께 90~95m.

괴상석리를 가지며 치밀하고 굳다. 보다 웃부분에서 자파쇄작용을 받아
쇄설응회암처럼 보인다.

2. 붉은색을 띠는 조면암질웅회각력암(향도봉층).

쇄설물이나 웅회질물질이나 조면영안암질조성을 가지고 자파쇄각력질웅
회암이다(표 4−6−6의 21−1). 쇄설물의 크기는 1~50cm이며 예리하게 각
을 가지고있다···················두께 40m.

3. 갈색 조립질괴상조면영안암(향도봉층)

갈색을 띠고 괴상석리를 가지는 조면영안암층이다··두께 10m.

4. 흑색부석질웅회암(향도봉층) ··········11m.

흑색을 띠는 조면영안암질화산재로 이루어져있다.

간백산지구 분출암의 화학조성과 환산결수　　　표 4−8.

화학조성, %	21−1	21−2	21−3	21−5	21−6
SiO_2	64.62	65.94	65.01	65.61	65.06
TiO_2		0.50	0.40	0.55	0.52
Al_2O_3	15.50	16.61	17.32	15.96	15.72
Fe_2O_3	5.60	3.47	4.72	2.85	4.56
FeO	1.42	1.01	1.40	2.15	1.39
MnO	0.13	0.08	0.40	0.06	0.10
MgO	1.46	0.69	1.11	1.18	0.56
CaO	0.96	1.57	1.06	0.68	0.98
K_2O	4.80	5.65	5.43	5.52	5.20
P_2O_5	0.11	0.07	0.13	0.09	0.15
작열감량	0.34	0.21	0.32	0.97	0.75
ap	0.263	0.165	0.304	0.215	0.363
il	0.019	0.949	0.752	1.058	1.012
or	28.581	33.25	31.68	32.936	31.38
ab	40.660	40.87	36.74	37.156	32.40
an	6.647	6.85	4.43	2.872	4.06
mt	5.515	3.66	4.79	4.17	4.64
Cor	0.045		2.52	1.809	2.52
Wo		0.20			
Ew		0.14			
Fw		0.05			
En	2.409	1.57	2.72	2.967	1.42
Fs	2.746	0.56	2.12	0.894	1.66
Q	13.115	11.70	13.91	15.997	20.51

5. 갈색의 조립질괴상조면영안암(향도봉층)··············7m.

괴상석리를 가지는 갈색의 조면영안암으로 되여있다. 그러나 층전반을 보면 흐름모양을 이룬다.

6. 갈색 조면영안암질응회암(향도봉층)··········3m이다.

고결되지 않은 응회질쇄설암으로 되여있고 맨꼭대기는 조면영안암질광재암으로 되여있다.

자름면의 총두께는 161m이다. 그중 향도봉층의 두께는 71m이다.

자름면의 구성에서 알수 있는바와 같이 북포태산층은 용암흘러나오기분출산물이며 천지층은 흘러나오기분출과 폭발분출이 5회 엇바꾸어 분출하여 형성된 성층화산이다.

간백산지구 분출암의 화학조성을 보면 표 4-8과 같다.

④ 동간백산화산

이 화산은 간백산화산에서 동쪽으로 0.6km 떨어진 《간백칼데라》의 외륜산줄기에 있다. 화산의 절대높이는 2092m이다.

화산은 《옛간백산》형성의 4단계의 분출물로 이루어졌다. 분출물은 조면영안암조성의 응회암, 쇄설응회암, 조면영안암으로 이루어진 성층화산이다.

화구는 벼랑 앞쪽에 있었는데 《간백칼데라》쪽 동간백산이 함몰되여 현재와 같은 모양을 가지였다. 칼데라쪽벼랑의 경사는 85~95°이며 그 아래는 조면영안암의 중력층으로 되여있는데 그 경사는 35°이다. 바깥쪽은 13~17°로 완만하다가 중암산줄기와 잇달린다.

동간백산 서쪽절벽에서 중력층이 시작되는 해발 2000m 수준에서의 자름면은 우로부터 다음과 같다.

사진 4-23. 동간백산의 주상절리와 수평자름균렬

1. 회록색조면영안암(북포태산층)··············50~55m.

괴상석리를 가지며 치밀하고 굳다. 투장석반정이 15%정도 들어있다.

2. 회흑색응회암(향도봉층)··········3.5m.

조면암 혹은 조면영안암조성의 화산재로 이루어졌다. 이따금 흑색부석

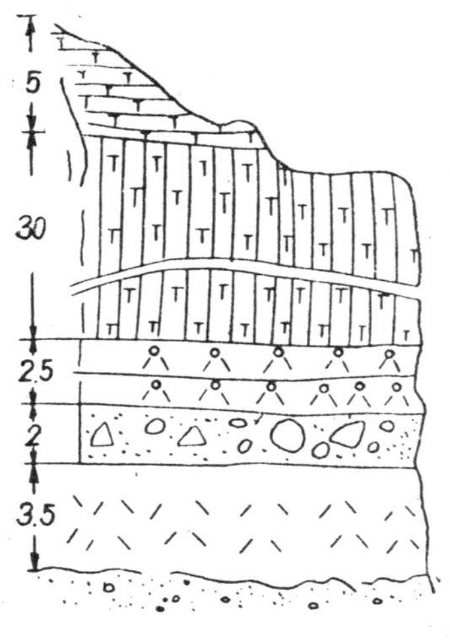

그림 4—24. 동간백산서쪽절벽의 자름면

1—층상석리조면영안암, 2—주상절리조면영안암, 3—적갈색웅회암, 4—흑색쇄설웅회암, 5—회흑색웅회암, 6—중력층

바꾸어 분출하여 형성된 성층화산이다.

⑤ 소백산화산

이 화산은 백두산심부단렬대와 북동계렬의 소백산단렬대의 교차점에서 형성되였다.

이 화산은 간백산에서 동남으로 4.2km, 백두산 장군봉에서 동남으로 16.8km, 정일봉에서 동쪽으로 2.7km 떨어진 곳에 있는 《옛간백산》의 위성화산이다.

이 화산의 절대높이는 2174m정도이며 상대높이는 690m정도이다.

화산은 암갈색의 조면영안암

이 들어있다.

3. 흑색쇄설웅회암(향도봉층)‥2m

흑색의 부석이 많이 들어있고 회흑색화산재로 고결된 쇄설웅회암이다.

4. 적갈색웅회암(향도봉층)‥2.5m.

적갈색의 조면영안암질조성의 화산재로 이루어졌다.

5. 주상절리가 발달한 조면영안암(향도봉층)‥‥‥‥‥‥‥30m.

괴상석리를 가진 회흑색조면영안암이다. 걸보기에 주상절리가 있는것처럼 보인다.

6. 층상석리 조면영안암(향도봉층)‥‥‥‥‥‥‥‥‥‥‥‥5m.

흐름상석리를 가지고 치밀한 조면영안암이다.

자름면의 총 두께는 약 93m이다. 그중 향도봉층의 두께는 43m정도이다(그림 4—24).

자름면의 구성에서 보는바와 같이 북포태산층은 용암흘러나오기 분출산물이며 향도봉층은 흘러나오기 분출과 폭발분출이 5번 엇

사진 4—25. 분출암지대에 발달된 단렬

으로 되여있는데 산중턱에 화산쇄설암과 웅회암이 호층하며 다시 조면영안암의 흐름체가 있다. 꼭대기에는 분화구를 나타내는 우묵하게 패워졌다. 이 화산은 조면영안암질 광재암으로 된 성충화산이다.

꼭대기부분은 북북서방향의 평퍼짐한 평지로 되여있다.

이 평지의 긴 방향은 약 1000m 너비는 넓은 곳에서 350m정도이다.

꼭대기의 높이 약 100m구간에서 3~4개의 계단이 나타나는데 이것은 소백산이 형성되는 마지막단계의 분출회수들에 해당한다.

꼭대기에서 조면암의 주향은 북동 30°에, 동으로 10~20도이다. 그의 안쪽에는 급한 벼랑들이 많은데 여기에는 북동 10~30° 서로 70~80° 경사진 정단층계렬의 급한 벌림균렬들이 많이 관찰된다.

이와 함께 광재암이 많이 발달하고있는것으로 보아 소백산은 안쪽이 급하게 떨어진 화산의 한 모퉁이였던것으로 생각된다.

여기에서는 간백산-사자봉과 같은 고리구조가 관찰되지 않으며 또한 부근에는 그와 직접 련결되였으리라는 화산이 없다.

따라서 이전에는 소백산이 간백산 등과는 떨어져서 하나의 독립적인 화산을 이루었다는것으로 보아진다.

⑥ 증암산화산

증암산화산은 백두산단렬대의 병행렬하와 동간백산줄기의 방사상단층과의 사귐점에 놓여있다.

이 화산은 간백산화산에서 거의 동쪽으로 15km 떨어진 《옛간백산》의 위성화산이다.

증암산화산은 동간백산줄기 (《옛간백산》의 방사상단층)와 백두산단렬대의 교차점에 솟아오른 《옛간백산》의 2단계 형성물이다. 백두화산에서 유일하게 대수곡선을 그리는 원추형화산이다. 산정에 분화구의 흔적이 있다.

화산을 이루는 구성암석은 조면암과 조면영안암이다.

산경사는 아래부분에서 23~27°이고 중간부분에서 31~36°이며 산정부근에서는 45~48°이다.

⑦ 선오산화산

화산은 압록강상류 단렬대와 동쪽으로 달리는 단층과의 사귐점에서 형성되였다.

장군봉에서 남쪽으로 9km 떨어진 압록강기슭에 있다.

선오산은 간백산밀영의 제일 서쪽 끝에 있는 봉우리이다.

압록강기슭은 급한 경사로 되여있지만 반대쪽은 경사가 느리고 평평하다.

선오산줄기는 남북으로 15km정도, 동서로 2km정도 연장되는 서로 수직인 두개의 릉선을 이룬다. 릉선평탄부의 너비는 1km정도이다.

사진 4—26. 선오산의 수평단층

구성암석은 판상절리를 가지는 현무암, 조면암, 광재암이다.

북쪽에서 보면 방패처럼 보이지만 서쪽에서 보면 용암둥근언덕형 또는 탁상형화산이다. 압록강상류단렬대우에 놓인다. 화구로 되는곳이 두드러져 솟아있다.

⑧ 곰산화산

화산은 압록강상류단렬대와 북동동방향의 단층과의 사귐점에서 형성되였다.

선오산에서 남쪽으로 약 3.5km 떨어진 압록강가에 있다. 압록강상류 단렬대우에 있는 신기화산으로서 구성암석은 현무암, 조면암 등인데 4기에 분출한것들이다.

화산은 압록강쪽에서는 급경사를 이루었으며 남쪽에서는 봉수동등판과 련결되여있으면서 완만하다. 이 등판은 좁고 긴데 긴축이 압록강과 평행으로 놓여있는 방패화산이다.

등판의 길이는 남북으로 8km정도이며 너비는 약 1km이다.

⑨ 불로산화산

이 화산은 백두산단렬대 서간백산줄기의 방사상단층과 북동방향의 단층과의 사귐점에서 형성되였다.

이 화산은 선오산줄기와 곰산줄기 그리고 서간백산줄기가 사귀는 분기점에 있다.

화산은 밑으로부터 준알카리현무암, 회록색조면암이 있고 정점부근에 현무암조성의 광재암이 있는 성층화산이다.

이 화산은 《옛간백산》형성의 2단계와 3단계에 형성되였다.

⑩ **딴봉화산**

이 화산은 소백산심부단렬대와 소백수단렬대의 사귐점에 놓여있다.

이 화산은 사자봉에서 남쪽으로 약 9.5km 떨어진 소백수기슭에 있다. 화산의 동쪽경사는 15°미만으로 느리나 서쪽 소백수로 향한 경사는 40～48°이다.

화산은 1단계의 준알카리현무암과 정점에 현무암조성의 광재암이 있는 성층화산이다.

북쪽사면과 기슭에 백색, 회백색부석의 큰력(0.5～2.5m)이 많이 널려있는데 이 부석의 화학조성은 조면암(SiO_2 63～66%)조성으로서 백두산부근의 부석과 차이난다.

⑪ **삼포산화산**

화산은 압록강상류단렬대와 소백산단렬대 병행렬하와의 교차점에 놓여있다.

이 화산은 리명수로동자구에서 북서쪽으로 8km정도 떨어진 곳에 있다.

화산의 절대높이는 1503m이다.

화산은 둥근원형인데 산기슭의 직경은 4km정도이다. 산정점에 세개의 봉우리로 되여있는데 그 자체가 분화구들이다.

화산은 준알카리현무암으로 되여있고 정점부근에만 현무암조성의 광재암이 있는 방패형화산이다.

이 산우에도 백색, 회백색부석이 2～5m로 덮여있는데 조면암질조성을 가지고있는것으로서 다른 지역의 부석과 차이난다. 이 부석에 묻힌 매몰목과 탄화목대부분이 숯으로 되였는데 이것은 뜨거운 부석이 떨어졌다는것을 의미한다.

⑫ **청봉화산**

이 화산은 리명수단렬대와 백두산단렬대의 병행렬하와의 교차점에 놓여있다.

이 화산은 리명수로동자구에서 북서쪽으로 4km 떨어진곳에 있다.

화산의 직경이 2km정도의 둥근모양을 가진다. 화산은 주로 준알카리현무암으로 되여있고 산정점부근에만 현무암조성의 광재암으로 되여있는 방패형화산이다. 이 화산에서 삼포산에서 흔히 보는 백색부석이 두껍게 쌓여있다.

⑬ **베개봉화산**

이 화산은 백두산단렬대우에 놓여있다.

화산은 삼지연읍에서 서북쪽으로 약 3.4km 떨어진곳에 있다.

화산의 절대높이는 1610m이며 둥근모양을 이루고있다.

정점부분은 평평하며 동쪽에서 보면 베개모양을 이루고있다.

화산은 준알카리현무암과 약간의 조면암이 깔려있으며 정점부근에 현무암조성의 광재암으로 되여있는 성충화산이다.

⑭ 허항령화산

이 화산은 백두산단렬대우에 놓여있다.

이 화산은 삼지연못에서 남쪽으로 1.5km정도 떨어진곳에 있다.

화산의 절대높이는 1476m이다. 산기슭에서 직경은 1km 남짓하며 원형을 이룬다.

구성암석은 기본이 준알카리현무암이며 정점부근에 현무암조성의 적갈색 광재암이 있는 언덕형성충화산이다.

⑮ 간삼봉화산

화산은 백두산 륭기형세번째 고리구조우에 놓여있다.

화산은 삼지연못에서 거의 북쪽으로 7.3km정도 떨어져있다.

화산의 절대높이는 1434m이다. 기슭은 남북으로 긴데 1.5km정도이고 동서로 약 1km인 타원형이다.

산정에는 비대칭화산분지가 있는데 북쪽으로 열려졌다.

구성암석은 준알카리현무암이 기본이며 분화구에 현무암조성의 광재암이 있다.

5. 포태산지구 화산무리형성의 분출 활동과정과 화산들

포태산지구에는 80여개의 크고작은 화산들이 알려져있는데 이것들은 크게 4개의 구역 북포태산화산구역, 남포태산화산구역, 장군봉(보서리)화산구역, 푸른봉화산구역에 무리지여있다.

1) 포태산지구 화산무리형성의 분출활동과정

포태산지구에서 분출활동은 신생대에 이르러 여러차례로 진행된 륭기작용으로 특징지어진다.

포태산지구 화산들을 형성한 시초암장은 지표로부터 60~90km의 깊이에 있는 첨정석복휘석질감람암이였다.

암장이 올라온 통로는 남포태산을 지난 북동계렬의 보서리단렬대와 푸른봉—장군봉(보서리)—북포태산을 련결하는 백두산단렬대가 교차된 지금의 남포태산, 북포태산, 장군봉(보서리)지구이다.

포태산지구에서 크고작은 화산들이 무리지여있게 된것은 북서계렬의 심부단렬대가 재가동하면서 심도가 더 깊어지고 폭이 더 넓게 벌어지면서 동쪽으로 6.5km, 서쪽으로 4.5km의 폭을 가진 여러개의 평행한 단렬대들이 형성되였는데 이것이 화산의 통로로 되였기때문이다.

포태산지구의 화산들은 6단계의 분출작용을 거쳐 자기의 모양을 다 갖추게 되였다.

1단계(백두화산대형성의 2단계)의 분출은 보천롱 무반정현무암의 흐름성분출이다.

분출물은 중간암장원을 거치지 않고 상부만틀로부터 지표까지 직접올라왔다. 그러므로 분출물속에는 상부만틀의 구성물질인 감람암의 포로체가 있고 현무암에는 반정이 없다.

이때 용암의 끈기는 처음에는 $10^6 \sim 10^8 Pa \cdot s$이고 마감시기에는 $10^8 \sim 10^{10} Pa \cdot s$였다. 분화구를 벗어날 때 용암의 온도는 처음에 $1000 \sim 1100°C$ 정도였고 마감시기에는 $850 \sim 950°C$로 떨어졌다.

2단계(백두화산대형성의 3단계)의 분출은 푸른봉층 조면암질용암의 흐름성분출이다.

백두산심부단렬대의 가동과 함께 형성된 수반렬하들이 교차된 지점들인 푸른봉, 곽사봉, 장군봉(보서리), 북포태산, 남포태산, 북백사봉들에서 제각기 분출되였는데 그 가운데서 푸른봉에서 분출이 더 강하였다.

X선렬형광법으로 측정한 푸른봉층 조면암의 절대나이는 160만년이다.

3단계(백두화산대형성의 4단계)의 분출은 북설령층 조면류문암질용암의 흐름성분출과 폭발성분출이 엇바뀌여진행되였다.

분출장소는 2단계와 같으나 3단계에서는 곽사봉, 북설령일대에서 더 심하게 진행되였다.

X선렬형광법으로 측정한 북설령조면류문암의 절대나이는 100만년, 80만년이다.

4단계(백두화산대형성의 5단계)의 분출은 북포태산층 조면영안암질용암의 흐름성분출이다. 이 단계에는 북포태산과 장군봉(보서리)에서 분출작용이 제일 심하게 진행되였고 곽사봉, 북백사봉, 남포태산에서는 제각기 분출하였다.

포태산지구에서 화산분출의 2단계로부터 4단계까지의 분출에 의하여 남포태산은 해발 2400m정도, 북포태산은 2290m정도, 장군봉은 2108m정도, 곽사봉은 1854m정도, 북백사봉은 2057m정도, 푸른봉은 1447m정도, 연암산은 1787m정도 높아졌다.

5단계(백두화산대형성의 6단계)의 분출은 장군봉서쪽에서 현무암질용암의 흐름성분출이다.

포태산지구에서 분출작용은 기생화산들에서 6단계(백두화산대형성의 7단계)의 현무암질용암의 폭발분출로 끝났다.

이 단계에 형성된 화산은 후계봉화산, 화개봉화산 등인데 화산정점에는 적색다공성광재암이 덮여있다.

포태산지구에서 매단계의 분출작용이 있기전마다 신기지체구조운동(륭기운동)이 심하게 진행되였는데 이것은 용암의 상승과 많이 관계된다.

륭기작용은 특히 화산분출 5단계의 분출이 진행되기 전에 가장 세게 진행되였다. 이때 남포태산의 현재 산정점을 중심으로 반경 4～5km정도되는 고리구조가 형성되여 매우 빠른 속도로 륭기되였는데 그때 륭기량은 700m정도 된다.

북서—북동 방향의 단렬대 교차점에서 륭기시킨 원동력은 5단계의 암장상승과 관련된다.

2) 포태산지구 주요 화산들

포태산지구 화산들은 백두화산대형성 2단계로부터 6단계 기간에 형성된 성층화산이다.

이 지구에는 북포태산화산, 남포태산화산, 장군봉화산, 푸른봉화산, 곽사봉화산을 비롯하여 80여개의 크고작은 화산들이 무리지여있다.

(1) 북포태산화산과 주변화산들

북포태산화산은 삼지연못에서부터 동남쪽으로 9km, 남포태산에서 거의 북쪽으로 7.5km정도 떨어져있는 북서방향의 최가령단층과 거의 남북방향의 북포태산－곽사봉단층교차점에 놓여있다.

이 화산은 포태산지구 화산분출의 2단계(백두화산대형성의 3단계)로부터 4단계사이에 있은 용암의 흐름성분출과 폭발분출에 의하여 형성되였다. 이 화산은 3단계의 분출암으로 되여있는데 처음에는 조면암, 조면영안암으로 된 용암의 흐름성분출에 의하여 중생대 화강암기반우에 150m정도되는 푸른봉층이 덮여있고 서쪽으로 구 우에 200m정도되는 보천통 현무암이 덮여있다. 그 다음 단계에서는 주로 폭발성분출이 우세하였는데 이때 300m정도 되는 북설령층의 조면류문암과 그 응회암의 호층대가 이루어졌는데 포태산중턱을 이룬다. 마지막 흐름성분출에 의하여 북포태산층의 조면영안암이 분출되였는데 북포태산의 산봉우리를 이룬다. 층의 두께는 300m정도 된다.

북포태산화산은 매우 급한 절벽으로 되여있는데 남쪽이 더 급하고 북쪽은 13~18°정도 완만한데 마지막분출한 지형그대로이다.

마지막에 분출된 용암의 점성은 분화구를 지날 때 10^{-5}~10^{-7}Pa·s였고 이때 온도는 1000~1100°C정도였다.

허항령에서 동쪽으로 약 3km 떨어진 골짜기로부터 북포태산정점까지의 자름면을 보면 아래로부터 다음과 같다.

1. 암회색, 회흑색 준알카리현무암(보천통)·······50~95m

감람석, 사장석 반정이 5~7% 함유되여있는 치밀한 괴상석리를 가진 현무암이다.

2. 회흑색조면암과 조면영안암(푸른봉충)········40~100m

치밀하고 굳으며 괴상석리를 이룬다. 15%정도의 투장석반정이 있다.

3. 조면류문암, 자파쇄각력질응회암, 흑요암, 응회암의 호충대(북설령충) ····························50~100m

자름면구성이 정연하지 못하고 연장상에서 변화가 심하다. 응회암안에 응회질물질과 흑요암이 물결무늬를 이루면서 띠모양으로 배렬되여있다.

4. 암갈색 조면암, 조면영안암(북포태산충)········

충의 하부에 자파쇄된 조면영안암질쇄설응회암이 끼여있는데 전반적으로 괴상석리를 이룬다.

이 자름면을 보면 크게 세개의 계단으로 되여있는데 매계단의 상부수준을 보면 첫계단의 상부는 1920m, 둘째계단의 상부는 2025m, 셋째계단의 상부는 2100m수준에 있다. 매 계단에서 암석의 조성상변화가 거의 없다.

화산정점에는 비대칭칼데라가 있다.

북포태산화산부근에는 북설령화산, 북백사봉 화산을 비롯하여 10여개의 기생화산들이 있다.

북설령화산

이 화산은 북포태산화산으로부터 동남쪽으로 5.5km 떨어져있다. 이 화산은 남북으로 길게 늘어져있는데 남북으로 1.5km, 동서로 0.6~0.7km 정도의 타원모양을 가진다.

북설령화산은 포태산화산무리형성의 2단계로부터 4단계까지 활동하였는데 그 가운데서 자기의 면모를 기본적으로 완성시킨것은 3단계의 분출이였다. 3단계에는 흐름성분출이 3회, 폭발성분출이 4회 엇바뀌여 진행되였는데 폭발성분출이 우세를 차지하였다.

암석은 흐름상석리를 이루며 용암과 응회암의 호충으로 되여있다. 응회암속에 흑색흑요암이 띠모양으로 들어있다.

북설령화산의 정점부근에 조면영안으로 이루어진 북포태산충이 있는데 이 구역에서만 절벽을 이룬다.

북백사봉화산

이 화산은 북포태산화산으로부터 동쪽으로 8.5km정도, 북설령화산으로부터 같은 방향으로 3km정도 떨어져있다.

북백사봉화산은 포태산화산무리형성의 2단계로부터 4단계까지 활동하여
형성되였는데 그 가운데서 3단계의 분출이 제일 맹렬하였다. 3단계에 강한
폭발성분출이 8번 있었는데 이때 분출물은 류문암질용암이였다. 폭발세기가
약하여지면 용암이 급랭하여 무반정흑요암을 이루었다. 흑요암은 뒤이어 있
은 강한 폭발에 의하여 4.5km정도까지 떨어진 덕림, 유곡지구에 날아갔다.

북백사봉서남쪽에 나타난 북설령층의 부분자름면을 보면 아래로부터 다
음과 같다.

   1. 흑요암가루와 황색화산재혼합층(알굵기　2~5mm)‥‥‥0.4m
   2. 황색화산재(알굵기 0.1mm이하)‥‥‥‥‥‥‥0.25m
   3. 화산재(알굵기　0.5mm이하)와　세립흑요암쪼각(알굵기　2~4cm이
하)층‥‥‥‥‥‥‥‥‥‥‥‥‥‥‥‥‥‥0.14m
   4. 화산재(알굵기　8mm)‥‥‥‥‥‥‥‥‥‥0.45m
   5. 다공성류문암과 흑요암덩어리(알굵기 5cm정도)가 있는 화산재층
‥‥‥‥‥‥‥‥‥‥‥‥‥‥‥‥‥‥‥‥0.25m
   6. 흑요암쌓임층(알굵기　10~100cm)‥‥‥‥‥‥0.70m
   7. 화산재층(알굵기　2~3mm)‥‥‥‥‥‥‥‥0.35m

북백사봉화산은 원추형을 이루었는데 화산의 동남쪽경사면은 밑으로부터
보천통 조면현무암, 푸른봉층 회백색조면암, 조면영안암, 호상석리를 이루는
북설령층 조면류문암과 그 응회암으로 되여있는데 그 가운데서 조면류문암과
그 응회암이 넓게 드러나있다. 조면류문암과 그 응회암안에 흑색, 적갈색,
회색, 갈색 무늬를 가진 흑요암이 렌즈상으로 두껍게 들어있다. 이것은 화
산의 정점에 마지막으로 분출된 북포태산층 조면영안암이 덮여있다.

(2)　남포태산화산과 주변화산들

남포태산화산은 삼지연못가에서 동남쪽으로　12km, 북포태산에서　거의
남쪽으로 7.5km정도 떨어진 백두산단렬대우에 놓여있다.

이 화산은 포태산지구 화산분출의 전기간 분출되여 현재와 같은　면모를
갖추었다.

분화구의 주변에는 두께가 50m정도되는 화강암블로크들이 있다. 이 화
강암블로크안에 100~200m사이를 두고 4개의 분화구가 있다. 분출물은 무
반정현무암이다.

현무암은 화산중심부분에서 2400m수준에, 서쪽기슭에서는 1800m수준에
있다. 이것은 이 화산이 원시암장원으로부터 중간암장원을 거치지 않고 직
접 지표까지 분출되였으며 그후 신기구조운동에 의하여 중심부분이 륭기되였

다는것을 보여준다.

남포태산화산분출의 1단계의 분화구는 북서 320°방향의 화강암수직렬하였다. 그것은 남포태산 남쪽릉선 500m구간에만도 16개의 현무암주입층이 있는것으로 알수 있다.

포태산지구에서 남포태산분화구가 제일 큰데 두께는 약 55m이다.

남포태산에서 동남쪽으로 약 3km떨어진곳에 높이가 206m정도되는 화산이 있다.

이 화산은 포태산지구 화산무리형성의 4단계에 조면영안암질암장의 흐름성분출에 의하여 형성되였다. 이 화산은 원추형을 이루었으나 그 후에 있은 폭발성분출에 의하여 화산의 북쪽사면이 날려갔으므로 현재는 분지화산과 비슷한 형태를 이루었다(그림 4-29).

폭발분출의 규모를 예상하여보면 동서 800m, 남북 700m정도이다. 한쪽에 생긴 벼랑의 높이는 290m정도이다.

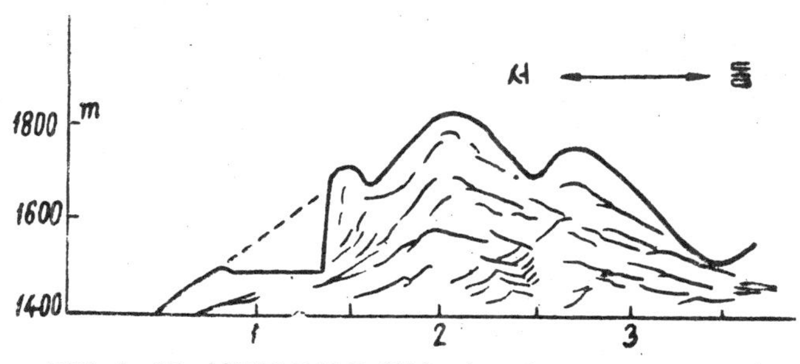

그림 4-27. 남포태산화산 동남 3km지점에 있는 2064화산

(3) 장군봉(보서구)화산과 주변화산들

장군봉화산은 남포태산에서 거의 남쪽으로 5km정도 떨어진 백두산심부단렬대와 남북방향의 북포태산-곽사봉단층의 교차점에 놓여있다.

화산은 포태산지구 화산무리형성의 2단계로부터 4단계까지의 사이에 형성되였다. 3단계에 있은 강한 폭발성분출에 의하여 100여m 더 높아지고 4단계의 조면영안암질용암의 다량류출에 의하여 300m 더 쌓였다.

화산은 북서방향의 백두산단렬대와 북동방향의 보서리단렬대의 재가동에 의하여 주변부분이 떨어져나가 오늘과 같은 웅장한 자태를 드러내게 되였다.

장군봉 동쪽사면에 드러난 자름면을 보면 아래로부터 다음과 같다.

북설령층

1. 황갈색조립응회질사암 ······························1.5m
5mm정도의 크기를 가진 화강암쪼각이 들어있다.

2. 회백색세층과 **황**갈색세층이 호층되여있는 응회질사암 · · · ·7m
3. **흑요암**쪼각이 3%정도 들어있는 중립질회백색응회질사암
　　　　· · · · · · · · · · · · · · · · · · · ·5.5m
4. 황갈색조립응회질사암 · · · · · · · · · · · ·3.5m
5. 회백색중립응회질사암 · · · · · · · · · · · ·2.8m
6. **흑요석**질응회암 · · · · · · · · · · · · · ·1m
7. 조면영안암쪼각들이 층상으로 들어있는 암회색응회암 · · ·5.5m
8. 조립질조면류문암 · · · · · · · · · · · · ·8m
9. 회백색, **황**갈색 홍회질사암 · · · · · · · · ·12m
10. 암회색응회암 · · · · · · · · · · · · · · · · ·4m
11. 0.2m정도의 크기를 가진 조면암력이 있는 응회질력암 · · ·6m
12. 암회색응회암 · · · · · · · · · · · · · · · ·4.5m
13. 응회질력암과 응회질사암의 호층 · · · · · · · · · ·1.5m
북포태산층
14. 조면암, 조면영안암 · · · · · · · · · · · · · ·300m

장군봉서남쪽 보서리소재지로부터 장군봉까지의 부분자름면을 보면 아래
로부터 다음과 같다.

중생대분출암기반
보천통 현무암 · · · · · · · · · · · · · · · ·300m
사암, 분사암층 · · · · · · · · · · · · · ·1〜40m
　두꺼운층에 규조토층이 끼여있다.
푸른봉층 조면암, 조면영안암 · · · · · · · · · · · ·10〜30m
북설령층 조면류문암과 그 응회암 · · · · · · · · · ·30〜50m
북포태산층 조면영안암 · · · · · · · · · · · ·400m이상

북포태산층 조면영안암은 자름면상에서 거의 변화없이 동일한 조성의 치
밀한 괴상석리를 이루고있다.

장군봉에서 절벽으로 둘러싸여있는 정점구역은 한변이 약 0.8km의 정
삼각모양을 가지는데 경사각은 27〜30°정도이다.

화도가까이암상은 각력암으로 되여있다. 암석은 담갈색, 회흑색을 띠며
반상구조를 이루고있다. 반정광물로 투장석이 15%정도 들어있는데 그 함량
이 높을 때 마치 관입암처럼 나타난다.

화산주변에 수직벼랑이 발달되여있는것은 신기지체구조운동의 산물
이다.

연암산화산
이 화산은 장군봉으로부터 동쪽으로 4.8km정도 떨어져있다.
화산은 포태산화산무리형성의 4단계에 있은 호름성분출에 의하여 형성되
였다. 이 단계에 폭이 16m정도되는 근동서방향의 균렬을 따라 조면영안암

질용암이 천천히 흘러나와 용암언덕형화산을 이루었다(그림 4—28).

곽사봉화산

이 화산은 장군봉화산에서 동남쪽으로 4km정도 떨어져있다.

곽사봉화산은 포태산지구 화산무리형성의 1단계로부터 4단계사이에 활동하였는데 1단계에는 현무암질용암의 흐름성분출이 있었고 2단계와 4단계에는 조면암, 조명영안암질용암의 흐름성분출이 있었다. 그리고 3단계에는 류문암질용암의 흐름성분출과 폭발성분출이 엇바뀌면서 5번 진행되였다.

곽사봉서쪽 희사골에서 나타나는 자름면을 보면 아래로부터 다음과 같다.

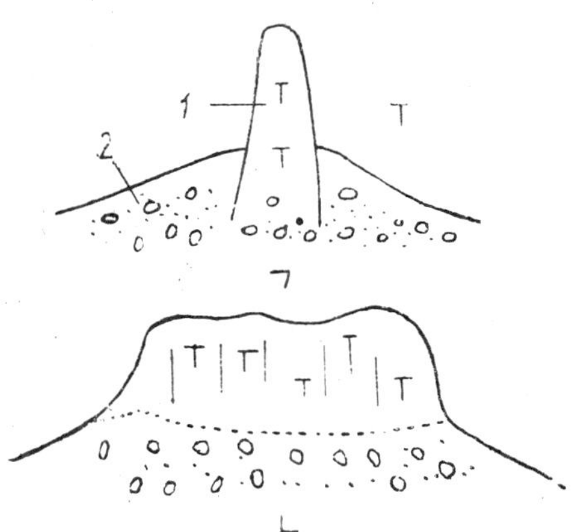

그림 4—28.　연암산화산봉우리
ㄱ—동쪽에서 본　연암산, ㄴ—남쪽에서 본　연암산; 1—조면영안암, 2—파쇄응회암

　1. 현무암(보천통)

　· · · · · · · · · · · ·150∼200m

· 2. 사력층(푸른봉층) · · · · · · · · · · · ·1∼3m
화강암과 현무암의 자갈, 력의 크기는 1∼2cm규조토가 쉬여있다.

　3. 조면암, 조면영안암 · · · · · · · · · · · · · · · · · ·200∼250m
반정광물은 소다미사장석, 투장석

　4. 조면류문암과 그 응회암(북설령층) · · · · · · · ·100∼150m
　　　자파쇄각력암, 응회암층이 여러개반복, 반정광물은 투장석

　5. 조면영안암(북포태산층) · · · · · · · · · · · · ·80∼150m

곽사봉화산을 이루고있는 분출암의 절대나이는 (X선열형광법) 푸른봉층 조면암 160만년, 북설령층조면류문암 100만년, 80만년 북포태산층 조면영안암은 47만년으로서 제4기 하세를 지시한다.

(4)　푸른봉화산과 주변의 화산들

푸른봉화산은 보천읍으로부터 북동쪽으로 11km 떨어진 남북방향의 북포태산—푸른봉단층과 북서방향의 백두산단렬대의 병행렬하와의　사귐점우에 놓여있다.

우주사진에서 보면 화산은 둥근고리로 나타나는데 기슭에서 그 직경은 약 8.5km이다. 전형적인 원추형화산이다. 신기 지체구조운동을 얼마 받지 않았으므로 화산의 모습을 그대로 보존하고있다. 화산의 서남쪽경사는 14∼17°로서 좀 급하지만 북동쪽은 11°미만으로서 매우 완만하다.

화산은 중생대 분출암들인 석영반암과 그 응회암으로 되여있고 그 우에

남포태산화산에서 흘러나온 보천통(1단계) 현무암이 200여m 쌓여있다.
(2단계) 푸른봉 서쪽에서의 자름면을 보면 아래로부터 다음과. 같다.

   1. 회흑색현무암(보천통)···································150~180m

두개갈피의 현무암층으로 되여있는데 감람석이 반정으로 들어있는 **흑색**
치밀현무암이다. 괴상석리 혹은 다공상석리를 이룬다. 기저에 만틀산물인
감람암심성포체를 가지고있는 무반정현무암이 있다.

   2. 조면암질웅회암(푸른봉층)·····························2~3m

조면암조성의 자파쇄각**력**암이다. 웅회질물질이 끼여있다.

   3. 괴상조면암(푸른봉층) ····························80~100m

암회색을 띠며 치밀하다. 반정으로 들어있다.

   4. 조면암(푸른봉층)·······························50~60m

담갈색을 띠며 판상석리를 이루면서 **풍화면에서 갈피갈피 쪼개진다.**

   5. 조면영안암(푸른봉층) ·························200m

암회색을 띠며 치밀하다. 괴상석리, 반상구조를 이루고있다. 투장석이
반정으로 들어있다.

   6. 다공상조면영안암(푸른봉층)·····················40~50m

회흑색, 회갈색을 띠며 다공상석리를 이룬다. 최상부에 광재암이 있
다. 크기가 2×4mm 정도 되는 루장석반정이 15%정도 들어있다.

자름면의 두께는 522~593m이다.

후계봉화산

후계봉화산은 푸른봉화산에서 거의 남쪽으로 3.21cm 떨어져있다. 이
화산은 포태산지구 화산무리형성 1단계에 남포태산화구에서 흘러나온 용암이
(7회정도) 쌓여 200m정도 높아졌고 무두봉층시기(6단계) 가스를 많이 함유
하고있는 현무암질용암의 폭발성분출에 의하여 적색다공질광재암이 원추상으
로 쌓여 형성되였다. 화산의 꼭대기 부분은 날려가 거의 평편하게 되였다.
화산의 밑부분은 남서쪽으로 늘어진 타원모양을 이루는데 장축의 길이는
3.51cm이고 단축의 길이는 1.51cm이다.

록수리화산은 곽사봉에서 서남쪽으로 4.5km 떨어져있다. 이 화산은
보천통 현무암이 밑에 깔려있고 그우에 푸른봉층 조면암이 20~30m두께로
덮혀있으며 무두봉층(6단계)의 현무암조성의 검붉은 다공성광재암으로 원추
형을 이루고있다.

보천딴봉화산은 보천읍에서 남쪽으로 2km 떨어져있다.

화산은 중생대 분출암을 기반으로 하고 무두봉층 기(6단계) 현무암조성
의 적색다공성광재암의 화산언덕형으로 되여있다.

6. 누른봉지구 화산무리형성의 분출 활동과정과 화산들

누른봉지구에는 누른봉을 중심으로 판두산, 백사봉, 태을산, 망남산, 석계령, 장명산, 옹이산 등 크고작은 화산들이 무리지여있다. 이 화산무리를 우주사진에서 보면 고리구조로 나타나는데 그 면적은 약 1000km²에 달한다.

1) 누른봉지구 화산무리형성의 분출활동과정

누른봉지구는 신생대에 들어와 최대로 륭기되여 해발 1300~1500m로 높아졌는데 제일 륭기한 곳은 아무산줄기이다. 이로 인하여 북서계렬의 심북단렬대가 더 넓게 깊어졌다.

누른봉지구 화산무리를 형성한 시초암장은 60~90km깊이에 있던 원시암장원으로부터 직접 올라온 현무암질용암이다. 이 용암속에는 상부만틀 물질인 복휘석감람암의 포로체가 들어있다. 암장이 올라온 통로는 백두산심부단렬대와 그의 병행렬하와 대전평다렬대의 사귐점이다. 누른봉지구의 화산들은 7개의 분출단계를 거쳐 형성되였다.

1단계(백두화산대형성의 1단계)의 분출은 보천통 흑색무반정현무암의 흐름성분출이다. 이 현무암은 중생대 분출암류와 단천암군 현무암을 기반으로 하고있다. 이 화산무리 남쪽 남중에서 채취한 현무암의 절대나이(고지자기법)는 2,000만년이다.

분화구는 아무산줄기이다.

2단계(백두화산대형성의 제2단계) 분출작용의 분출은 1단계와 같은 분화구(아무산줄기)를 통하여 막대한 량의 현무암질용암의 흐름성분출이다. 이 현무암의 웃면의 절대높이는 아무산줄기에서 1600m수준이며 동쪽과 서쪽으로 멀어지면서 얇아진다. 현무암의 북쪽한계는 현재의 가림천과 추가령계선이며 남쪽한계는 현재의 운총강과 신전리계선이다. 이 분화구가 아무산줄기였다는것은 항공자기이상에서 정자기이상이 나타나는것으로 알수 있다. 분화구를 넘어날 때 용암의 끈기는 $10^2 \sim 10^4$ Pa·s였으며 온도는 1150~1250°C 정도였다.

3단계(백두화산대형성의 제3단계)분출은 푸른봉층 조면암, 조면영안암의 흐름성분출이다. 이 단계의 분출은 누른봉에서 극부적으로 진행되였다.

4단계(백두화산대형성의 제4단계)분출작용은 북설령층 조면류문암질용암의 폭발 및 흐름성 분출이다. 분출작용은 백사봉, 누른봉, 사지령분화구를 중심으로 제각기 진행되였는데 이때 형성된 류문암과 그 응회암이 18여 km²정도 분포되여있다. 이 시기 황갈색 응회암, 회백색의 조면류문암이 흘러나오기 분출과 폭발분출을 엇바꾸어 최고 230∼270m두께로 쌓였다. 분화구로부터 멀어지면서 두께는 급격히 작아진다.

백사봉부근에서는 270m까지, 대전평에서 70m누른봉북쪽 사면에서 50m 이하로 급격히 얇아진다.

조면류문암은 흐름성석리가 뚜렷하며 투장석이 반점으로 들어있다. 판상절리이며 박판상으로 잘 쪼개진다. 사이사이에 류문암과 응회암이 끼여있다. 이렇게 이 지구에서 북설령층이 쌓이게 되였다.

5단계(백두화산대형성의 제5단계)의 분출작용은 세차례에 걸치는 조면암, 조면영안암질용암의 흐름성분출이다.

처음으로 흘러나온 산물은 황갈색조면암이다. 이 암석은 백사봉과 누른봉, 사지령 분화구를 중심으로 약 86km²정도 분포되여있다. 아래에 약간의 응회암이 끼우고 황갈색, 회백색, 황백색, 유백색의 조면영안암, 조면암이 최고 230m 덮였다. 분화구로부터 멀어지면서 두께는 급격히 작아진다. 이 암층안에서도 밑에는 박판상으로 쪼개지고 조면암, 조면영안암이 놓이고 중간은 판상석리의 암석, 우에는 각력상 석리를 가진 암층이 놓였다. 이 암층은 누른봉준분출체에 의하여 뚫리였다.

이 암석은 투장석(크기 1∼2mm)이 반정으로 5∼10% 들어있다.

다음으로 흘러나온 조면암, 조면영안암질용암은 암회색, 암청회색 조면암, 조면영안암층을 형성하였는데 누른봉을 중심으로 관두산(48km²), 망남산(45km²), 불치지(11.5km²), 대곡(56.5km²)구역에 널려있다. 이 암층은 남쪽으로는 동흥리, 남중동 운총강계선까지, 북으로는 가림천계선까지 동쪽으로 소박천계선까지 펴져갔다. 이 암층은 관두산에서 제일 두터운데 155∼260m의 두께로 쌓였다. 여기로부터 사방으로 멀어지면서 점차 얇아진다. 판상으로 잘 쪼개진다.

다음으로 흘러나온 조면암, 조면영안암질용암은 회록색을 띠는 암층을 형성하였다. 이 암층은 누른봉을 중심으로 멀리 석계령(13km²), 망남산−옹이산−동포리일대(약 150km²), 상배산(16km²), 삼일대, 관두산남부, 박친수 서쪽 등 곳곳에 널려있는데 총 넓이는 200km²에 달한다. 암층의 두께는 석계령에서 78m, 옹이산에서 45m이다. 흐름상석리가 뚜렷하다.

제6단계(백두화산대형성의 제6단계)의 분출작용은 동포리와 복안리 일대에서 현무암질용암의 흐름성분출이다. 이로 인하여 개별적분화구로부터 련결

되지 않는 준알카리현무암블로크들이 형성되였다. 이 암층의 형성으로 대평
층이 쌓였다.

　제7단계(백두화산대형성의 제7단계)의 분출작용은 준알카리현무암조성의
적색다공질광재암으로 된 화산축형성이다. 대표적인 화산이 실봉화산이다.
이런 화산은 박천수기슭에서 흔히 볼수 있다. 이 암층의 형성으로 무두봉층
이 쌓였다.

　화산분출밀도는 누른봉고리구조안에서도 누른봉에서 교차하는 백두산단
렬대와 대전평단렬대근방에서 높고 멀어질수록 급격히 낮아진다.

2) 누른봉지구 주요 화산들

　누른봉지구에는 누른봉, 백사봉, 관두산, 태을봉, 망남산화산을 비롯하
여 56개의 크고작은 화산들이 조밀하게 분포되여있다. 그중의 대다수가 성층
화산이며 화산봉우리도 있다(그림 4-29).

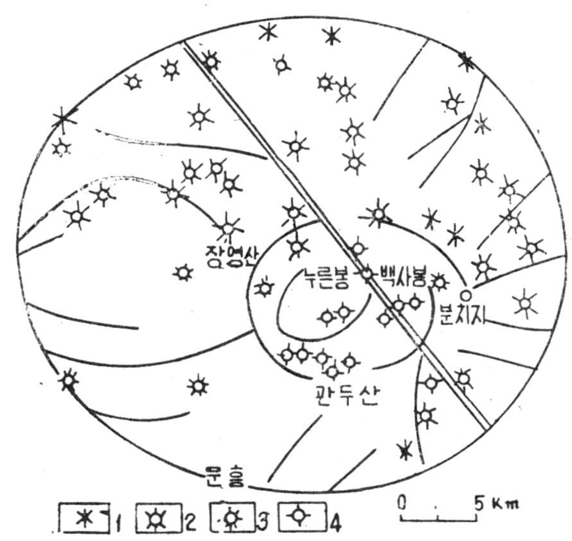

그림 4-29. 누른봉지구 화산분포략도
1—방패형화산, 2—성층화산, 3—용암둥근형화산, 4—화산봉우리

(1) 누른봉화산

　이 화산은 대전평으로부터 동북방향으로 6km정도, 백사봉으로부터 서
북방향으로 3km정도, 관두산으로부터 거의 북쪽으로 7km정도 떨어진 곳에
있다.

이 화산은 〈관입상〉처럼 보이는 준분출체로서 그 분포면적은 6km²이다. 이 분출암체는 누른봉지구화산무리형성의 5단계의 마지막 형성물로서 5단계초분출물을 자르고 올라왔다. 15~32mm크기의 투장석반정이 있으며 반상구조를 가진다. 암석의 석기부문에는 적은량의 유리질물질이 있으나 대부분 미정질이다. 반정광물의 함량은 50~60%이므로 얼핏보면 화강암 혹은 섬장암처럼 나타난다. 이 암체가 관입암이 아니라는것은 암석안에 유리질물질이 있고 투장석은 반정, 반상 구조를 가진 암석으로 되여있으며 같은 시기의 분출암들과 공반되여있다는것으로 알수 있다. 이 암체는 5단계의 마감산물로서 같은단계 먼저 흘러나온 용암의 열마당의 영향은 결정화작용을 받을 수 있는 충분한 시간적여유를 가지고 뒤따라 천천히 올라온 용암언덕형준분출체이며 주변에 열변질작용과 동－금－은광화작용을 주었다.

(2) 백사봉화산

이 화산은 누른봉화산에서 동남쪽으로 3.5km 떨어진 백두산단렬대우에 있다. 화산은 세개의 화산령들의 모임점에 있는데 이 화산활동결과 그 산릉선은 남쪽으로 열린 하나의 호를 이루고있다.

백사봉화산은 누른봉화산무리형성의 2단계로부터 3단계에 분출작용에 의하여 형성되였는데 특히 3단계의 여러번에 걸치는 강한 폭발분출과 류출분출에 의하여 형성되였다.

백사봉은 두개의 봉우리로 되여있는데 서쪽봉우리가 제2단계의 분출에 의하여 현무암우에 600여m의 두께를 가진 조면류문암이 쌓여있다. 조면류문암은 밑에서 황갈색의 박관상을 이루나 우로 올라가면서 흑색점이 있는 백색류문암으로 되여있다. 반정광물은 거의 없다. 동쪽봉우리가 3단계의 분출에 의하여 형성되였는데 50여m 정도되는 류문암이 있고 그우에 황백색－회갈색 조면영안암과 그 응회암이 350여m 덮여있다. 그우에 암회색－암청색 박관상조면암이 100여m, 산정점에는 회록색, 회흑색조면영안암으로 급한 절벽을 이루면서 100여m 덮여있다. 두봉우리사이의 거리는 560m정도되는 분화구가 서로 다르다. 두봉우리사이에 현무암조성의 적색 다공상광제암이 채워져있는데 이것은 제7단계분출작용산물로 볼수 있다.

(3) 관두산화산

관두산화산은 누른봉으로부터 약 7km의 서남쪽에 있는 백두산단렬대의 병행렬하와 대전평단렬대의 사귐점에서 형성된 화산으로서 백두산단렬대의 병행렬하와 대전평단렬대의 사귐점에 놓여있다. 복합성층화산으로서 누른봉지구 화산무리들가운데서 제일 높다.

이 화산은 누른봉화산분출의 형성의 2단계로부터 4단계사이의 분출작용에 의하여 형성되였는데 특히 3단계의 분출은 12회나 반복되었다.

이 화산은 거의 동서방향으로 약 5km사이를 두고 5개의 분화구가 줄지어있다. 매 분화구들의 자름면구성은 같다. 관두산 북쪽 대전평부근에서 지질자름면을 보면 아래로부터 다음과 같다.

1. 암흑색현무암(보천통)···················100∼150m
굳고 치밀하며 괴상석리를 이룬다. 감람석반정이 5%정도 들어있는데 알갱이의 크기는 2∼3mm이다. 이 현무암안에 반틀물질인 복휘석감람암포로체가 있다.

2. 황색−황백색점토(푸른봉층)···············2∼20m
현무암의 풍화산물로서 대부분 몬모닐론석으로 되여있다. 이 점토는 류화가스작용을 받아 철명반석화되였다.

3. 암청색조면암(푸른봉층)···············40∼60m
괴상석리를 가진 굳고 치밀한 암석이다. 투장석이 반정으로 들어있다.

4. 황갈색류문암(북설령층)···············100∼120m
류상석리, 박상석리를 이룬다. 그 응회암안에 흑요석쪼각들이 들어있다.···················100∼120m

5. 황백색, 회백색, 조면암, 조면영안암(북포태산층)
···················300∼350m
굳고 치밀하다. 전반적으로 판상석리를 이루나 개별적암층들은 괴상석리를 이룬다.

6. 암회색, 암청색 박판상조면영안암(북포태산층)···200∼230m
판상석리를 이루며 굳고 치밀하다. 자름면의 두께는 835m이다.

관두산화산 남쪽은 6∼11°의 매우 완만한 경사를 이루지만 북쪽은 17∼25°의 급한 경사를 이룬다. 이것은 동서로 갈리는 오시천 단층이 신기에 가동한것과 관련된다.

(4) 태을산화산

이 화산은 누른봉과 관두산 가운데 있는데 누른봉으로부터 3km되는 지점. 백두산단렬대우에 놓여있다. 이 화산은 누른봉지구 화산분출5단계에 4번에 걸치는 분출작용에 의하여 형성되였다.

화산은 암청색조면암, 박판상 황갈색 류문암, 황백색−황갈색 조면영안암으로 이루어졌다. 산정점에 가보면 영안암조성의 광재암으로 이루어져있다. 화산의 동쪽으로 광재암으로 된 봉우리가 6개 있는데 이것은 모두 분화구로서의 징표를 가지고있다. 서쪽에서 바라보면 이 화산은 남쪽경사가 26∼29°, 북쪽경사가 22∼24°되는 원추형을 이루고있다.

(5) 망남산화산

이 화산은 누른봉에서 서쪽으로 6.5km 떨어져있는 방사상단층우에 놓여있다. 화산은 동서로 길게 늘어져있는데 동서길이는 2.3km정도, 남북길이 0.7m정도이다. 누른봉지구형성의 2단계로부터 7단계에 걸쳐 분출되였는데 화산형성에서 결정적역할을 논것은 3단계분출이다.

화산은 크게 두개의 봉우리로 되여있는데 매 봉우리의 자름면구성은 같다. 자름면의 구성을 보면 밑으로부터 보천통현무암, 황갈색박판상 조면류문암, 황백색 조면영안암과 암회색 암청색 괴상조면영안암으로 되여있다. 두봉우리사이에 조면현무암조성의 적색다공상광재암이 덮여져있는 성층화산이다.

(6) 장명산화산

이 화산은 누른봉에서 북서쪽으로 6km정도 떨어져있다. 방사상단층우에 놓여있다. 장명산화산은 누른봉화산의 북서쪽 방사상 단층우에 놓여있다. 이 화산은 누른봉지구 화산무리형성의 1단계와 5단계의 분출작용에 의하여 형성되였는데 1단계형성물인 현무암의 등판우에 5단계의 분출물인 조면영안암질용암이 여러번 흘러나와 형성되였다. 화산은 북포태산층 조면영안암으로 이루어진 원추형 성층화산이다.

3) 아무산과 그 주변의 화산들

아무산은 백두산단렬대의 동쪽에 있다. 소박천수상류와 하두안촌계곡으로 둘러막힌 아무산구역에는 9개의 화산들이 있다. 이 화산들은 아무산을 통과하는 남북방향의 화산렬을 이루는데 이 화산렬에는 6개의 화산들이 있고 나머지화산들은 그의 서쪽에 있다.

아무산화산

이 화산은 작은 박천수상류의 분수령을 이룬다. 구성암석은 현무암과 그 밑에 깔려있는 화강암 및 쇄설퇴적암들로 이루어져있다. 아무산은 북쪽, 서쪽, 남쪽으로 산등이 련결된 반고리형 산릉을 형성하고 반고리의 가운데는 대칭함몰지로 되여있는데 이 대칭함몰지는 동쪽으로 열려져있다. 그의 직경은 2km정도이며 깊이는 평균 100m정도이다. 총체적으로 볼 때 아무산은 함몰형화산으로 되지만 개별적봉우리들은 성층화산이 될수 있다.

아무산분화구 동쪽과 남쪽에는 신생대 관입암으로 생각되는 황봉암군의 작은 관입암체가 4곳에 드러나있다. 아무산분화구에서 흘러나온 현무암은 동쪽과 서쪽에서 서로 다른 상태로 나타나고있다. 동쪽은 방패형지형기복이 그대로 남아있는 1650m내외의 고원이며 서쪽은 1400~1300m보다 낮은 지형을 이루고있다.

이와 같은 현상은 기반높이선도에서도 볼수 있는데 기반높이는 동쪽에서 1300m이상 높지만 서쪽에서는 1200~1100m이하로 계단져있다.

이러한 계단이 북서방향으로 연장되여있는데 그 연장상에 백두산, 소백산, 포태산, 아무산, 누른봉, 고두산, 두류산지구의 화산무리들과 학목산, 화대지구의 신생대 화산들, 신생대 관입암체들이 배렬되여있다.

룡덕분화구에서 흘러나온 현무암용암은 4기중세—대평층의 구조계단과 4기하세산성분출물(누른봉)의 지형학적통제를 받으면서 평평물골을 따라 북서방향으로 흘러가면서 응결되였다.

화산은 백두화산대형성의 1단계와 2단계에 진행된 많은 량은 현무암질 용암의 분출에 의하여 형성되였다. 1단계분출물은 감람암 포로체를 함유하는 흑색 무반정현무암이며 2단계분출물은 흑색감람색현무암과 회색사장석현무암이다.

암석은 감람석질현무암, 감람석—휘석질 현무암, 장석질현무암, 현무암질 응회암이다. 이 암층에 대한 자름면을 여러곳에서 종합한데 의하면 암층의 두께는 약 220m이며 남에서 북으로 가면서 적어진다. 암층의 제일 밑에는 현무암의 응회암이 놓인다. 그우에는 암회색치밀현무암이 놓이며 감람석질현무암이다. 웃층에는 후판상절리의 사장석질현무암이 놓인다.

삼일대화산

이 화산은 백사봉으로부터 동쪽으로 7km 떨어져있는 삼일대화산은 누른봉화산의 동쪽 방사상 단렬우에 놓여있다. 이와 같이 이 화산은 백두화산대형성의 2단계와 3단계의 흐름성분출에 의하여 형성되였다.

자름면의 밑에 보천통현무암이 깔려있고 그우에 회록색 조면영안암이 덮여있다. 괴상석리를 이루며 투장석반정이 들어있다. 이 조면영안암의 두께가 125m정도이다. 화산은 동서로 긴 타원체를 이루는데 긴축은 3km정도, 짧은축은 1.5km정도이다. 화산의 봉우리부분이 평탄한 방패형화산이다.

4) 불치지화산과 그 주변 화산들

누른봉 고리구조의 두번째선우에 세개의 화산이 있고 그 남쪽에 4개화산이 있다. 이 화산들은 화산렬을 이루면서 화산무리를 짓고있다.

불치지화산호수는 백사봉으로부터 약 3.5km 떨어진 동쪽에 있다(북위 41°23′40″, 동경 128°41′25″). 화산호수의 절대높이는 1545m이고 물깊이는 평균 21m이다.

누른봉화산무리에서 유일한 화산호로서 주변의 조면영안암질용암의 분출이 있은후 폭발에 의하여 분화구주위의 암석이 날아나고 물이 고였다. 화산

호를 둘러싼 주변 산릉선은 완전한 고리를 이루고있으나 동쪽으로 약간 열려
져있다. 화산호는 130m를 사이에 둔 북서방향의 두개 단렬과 450m를 사이
를 둔 두개단령이 사귄 직사각형 블로크가 날아났는데 그 부피는 123만m³에
달한다.

불치지 서북쪽으로 1.5km 떨어진곳(북위 40°27′30″, 동경 128°49′45″)곳
에 절대높이 1861m 되는 원추형 화산이 있다. 화산기슭의 직경은 2.1km
이다.

불치지로부터 동북쪽으로 2km 떨어진곳에 성층화산이 있다. 동서방향
으로 길게 늘어진 타원형기슭을 가지는 이 화산은 현무암과 조면영안암으로
된 성층화산이다.

석계령화산

이 화산은 백사봉으로부터 동남쪽으로 3.8km 떨어진 누른봉화산남쪽
방사상단층우에 놓여있다. 화산은 절대높이가 1877m를 가진 서쪽으로 함몰
된 화산이다. 함몰분화구의 직경은 1km정도이며 서북쪽으로 열려졌다.
동쪽사면은 9~13°로 완만하며 서쪽은 절벽으로 되여있다. 이 화산은 백두
화산대형성의 2단계로부터 5단계까지 활동에 의하여 형성되였다.

7. 설령-두루산지구 화산무리형성의
분출활동과정과 화산들

이 지구에는 설령, 대각봉, 두루산, 고두산, 소대각봉, 화동령, 활기봉
등 10여개의 크고작은 화산들이 있다.

1) 설령-두루산지구 화산무리형성의 분출활동과정

이 지구는 신생대에 들어와 최대로 륭기되여 해발 1300~1500m 높아졌
다. 기반암은 중생대 분출암과 화강암과 선캄브리아기 결정편암이다.

이 지구 화산무리형성의 제1단계분출물은 원시 암장원으로부터 직접 분
출한 무반정현무암이다. 이 현무암의 백암통형성시기의 분출물이다. 이
분출물이 쌓인 다음 일정한 분출중단을 두고 중산성조성의 용암의 흐름성분
출과 폭발성분출과 교체되면서 터져나왔다. 이 용암이 분출한곳은 령하, 설
령, 고두산, 안택 등지이며 그 웅회암이 화산무리 전구간을 덮고있다. 형성
물은 회록색알카리조면암, 반쩨리암과 그 웅회암, 진주암이다. 이것이 이

지구 화산무리형성의 제1단계형성물이다.

　제2단계(백두화산대형성의 2단계) 분출작용은 보천통을 형성한 현무암조성의 용암의 흐름성분측이다. 2단계까지 13~25회 크고 작은 분출활동이 있었다.

　제3단계(백두화산대형성의 3단계)분출작용은 설령, 대각봉, 두류산 일대에서 약하게 진행되였는데 주로 흐름성분출을 하였으며 조면암, 조면영안암층을 형성하였다.

　제4단계(백두화산대형성의 4단계)분출작용도 먼저 단계에 분출한 지역들에서 비교적 약하게 진행되였다. 이때 형성물은 조면류문암이다.

　제5단계(백두화산대형성의 5단계)분출작용도 같은 지역들에서 비교적 강하게 진행되였다. 용암은 점성이 비교적 강하였으며 4~6mm크기의 투장석반정을 30%정도 함유하는 반정질 조면영안암을 형성하였다.

　제6단계(백두화산대형성의 제6단계)분출작용은 국부적인 지점들에서 현무암조성의 크지 않은 용암의 흐름성분출이였다. 간장늪지구에 덮여있는 현무암층도 이 시기 산물이라고 주장하는 견해도 있다. 이 현무암은 사장석을 반정으로 하고있는 치밀한 괴상석리를 가진 현무암과 다공상현무암으로 되여있다.

　제7단계(백두화산대형성의 제7단계)분출작용은 현무암조성의 적색다공상광재암의 화산추형성으로 진행되였다.

　설령—두류산지구화산무리형성에서는 다른 지구에서와 다르게 제1단계 마감에 알카리조성의 중산성용암이 흘러나온것이다. 백두화산대를 이루고있는 염기성암이나 중산성암이나 대부분이 준알카리계렬의 암석이였다. 표준계렬에 속하는 암석이 일부 있다하더라도 준알카리계렬에 가까운 표준계렬의 암석이였다. 그러나 이곳의 암석들은 알카리조면암, 반쩨리암과 같은 알카리암석으로서 특수한 분출작용을 진행한것이 특징으로 되고있다.

　두류산, 대각봉, 고두산이나 그 주변의 작은 분화구(설령, 안택, 령하, 령남)들은 알카리조면암, 알카리류문암의 분화구들이다. 이 분출물들의 중심에는 흔히 섬장반암, 섬장암의 작은 관입암체들이 나타나는것으로 보아 이것들은 같은 암장원과 련계되여 같은 통로를 따라 올라왔다고 볼수 있다. 신생대에 심히 륭기된 두류산지구에서 이러한 섬장암, 섬장반암, 소관입체들이 많이 나타나고있는것은 우에 덮여있던 알카리조면암, 알카리류문암이 깎이고 그 밑부분의 화도가 지표에 드러난것이다. 섬장반암, 섬장암의 소관입체가 알카리조면암, 알카리 류문암과 성인적으로 관계되는것은 추소골 관입체, 령하관입체에서 이들은 서로 이행하는 현상과 안택섬장암과 진주암이 밀접히 붙어있는것으로써도 알수 있다.

　이와 류사한 현상은 두류산, 대각봉에 있는 알카리조면암과 도화동관입체와의 관계에서도 나타난다. 조면암, 조면영안암이 섬장암, 섬장반암과 화학조성, 수반하는 조성이 같이 나타나며 지질지름면에서 관입체로 가까이 가면서 조면암층의 두께가 커지면서 해발높이가 높아지는것으로 명백히 알수 있다. 분출암과 관입암체는 관입접촉관계에 있기도 하고 서로 이행하는 경우도 있다. 그러나 관입통로나 분출통로는 일치하고있다는것을 알수 있다.

령하지구에서 이 암층은 해발 1400m 수준에 있지만 설령, 고두산, 원동지구에서는 1600~1800m 높이에 있다. 이 용암의 분화구는 설령, 고두산, 령하북쪽산이였으며 여기서 분출하여 서쪽으로 흘렀다. 그러나 관두산, 룡골산, 원봉에서 흘러나온 현무암질용암에 의하여 제한당하였다. 점차 이 용암의 상승속도가 약하여지면서 화도 깊은부분에서 결정화되기 시작하였다. 뒤따라 백두산심부단렬대를 따라 밑으로부터 올려미는 힘에 의하여 륭기하면서 관입작용이 진행되였으며 주변에 광화작용을 주었다.

2) 설령—두루산지구 주요 화산들

(1) 설령화산

설령화산은 남설령 북쪽 200m지점에 있다. 화산의 절대높이는 1836m이다.

설령화산은 백두산단렬대와 서두수단렬대, 압록강상류단렬대가 사귀는곳에서 화산은 백두화산대형성의 제1단계로부터 제5단계에 걸치는 여러번의 화산활동으로 형성되였다.

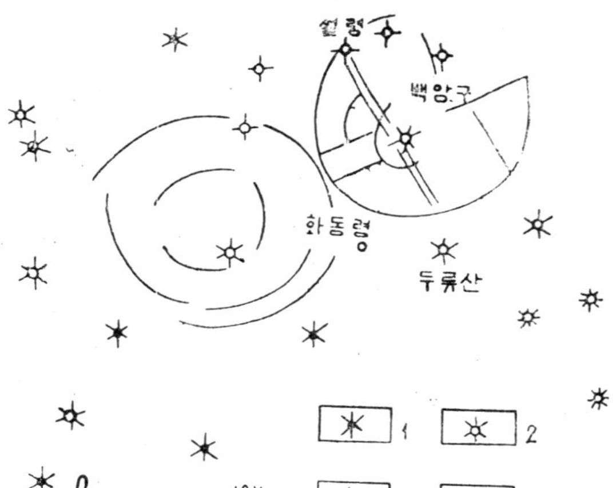

그림 4-30. 설령 및 화동령지구의 분화구 분포략도

1—방패화산, 2—성층화산, 3—화산봉우리, 4—용암둥근언덕

화산에서 분출층의 쌓임순서를 보면 중생대분출암과 화강암을 기반암으로 하고 백암통의 현무암과 알카리중산성암, 보천통의 현무암, 백두산통의 조면암, 조면영안암, 조면류문암과 그 응회암으로 되였다. 백두산통의 중산성암과 그 응회암 안에서 명반석화작용과 고령석화작용을 받았다.

설령고리구조안에 4개의 화산이 있다(그림 4-30).

(2) 고두산화산

이 화산은 남설령에서 거의 북쪽으로 4km 떨어져

있다.

화산은 보천통현무암을 밑에 깔고 조면류문암, 조면영안암의 봉우리로 되였는데 그 두께는 300m정도 된다. 용암의 끓기는 $10^6{\sim}10^7$이며 분출속도가 비교적 느리게 흘러나왔다. 이와 같이 화산은 백두화산대형성의 제2단계와 제5단계의 분출활동에 의하여 형성되였다.

(3) 대각봉화산

이 화산은 남설령에서 남쪽으로 6.2km 떨어져있다. 산정 300m 높이구간은 사방 $30{\sim}45°$의 급경사를 이루고있어 원추형으로 보인다.

화산은 두류화산에서 흘러나온 현무암질용암이 밑에 깔려있고 그우에 푸른봉조면암, 북설령층 조면류문암, 북포태산층 조면영안암으로 구성한 성층성 화산이다. 이와 같이 화산은 백두화산대형성의 제2단계로부터 제5단계까지의 분출활동에 의하여 형성되였다.

(4) 두류산화산

이 화산은 백암에서 남쪽으로 9km 떨어져있다. 화산기슭의 테두리가 원에 가깝고 직경은 10km정도이다.

화산은 보천통현무암, 푸른봉 조면암, 북설령을 조면류문암, 북포태산층 조면영안암으로 이루어진 원추형층상 화산이다. 갈은 화구를 통하여 여러번 흘러나왔는데 이 분화구에서 분출한 현무암질용암은 멀리 지초덕까지 흘러갔다. 이와 같이 화산은 백두화산대형성의 제2단계로부터 제5단계까지에 걸쳐 강한 분출활동에 의하여 형성되였다.

두류산화산을 기준으로 서쪽과 동쪽에 세개의 화산이 있는데 거의 한직선상우에 놓여있다. 이 화산들은 모두 두류화산에서 흘러나온 현무암용암우에 조면영안암질용암이 제각기 흘러나와 원추형을 이루고있다.

8. 대홍단지구와 서두수류역 화산들의 분출과정과 화산들

대홍단지구와 서두수류역에는 대로운산, 소로운산, 중산, 무봉, 관모산, 장청산, 들봉, 곽지봉 등 110개정도의 크고작은 화산들이 있다.

1) 대홍단지구와 서두수류역에서 화산들의 분출과정

신생대에 들어와 이 지구들 역시 최대로 륭기되여 기반암은 단렬들에 의하여 블로크들로 갈라졌다. 이 시기 제일 큰 단렬은 남포태산화구에서 교차한 보서리단렬대와 장군봉(보서리)－북포태산을 거쳐 무봉쪽으로 향한 청림단렬대 그리고 남북으로 향한 서두수단렬대이다.

포태지구 밑에 있던 원시암장원으로부터 상승분리된 일부 암장이 보서리단렬대와 청림단렬대를 따라 대홍단지구 밑에 있는 제1차중간암장원에 오래동안 머물러있었다.

백두산단렬대우에서 분출작용이 진행되던 보천통 분출시기보다 퍽 늦게 대홍단과 서두수류역에서 분출작용이 진행되였는데 분출물은 1차중간암장원에 머물러있는 기간에 분화되여 다량의 가스를 함유하였으므로 그 대부분 다공질석리를 가진 현무암이다. 50%정도의 사장석반정을 함유하고있다.

2) 대홍단지구와 서두수류역에서 주요 화산들

(1) 대로은산화산

이 화산은 증산에서 동남쪽으로 약 12km 떨어져있는 북동계렬의 단렬대우에 놓여있다.

대로은산화산은 백두화산대형성 1단계로부터 2단계의 분출활동에 의하여 형성되였는데 1단계에는 화강암이 분출되고 2단계에 반정질현무암이 분출하였다.

화강암은 대로은산과 소로은산을 련결하는 릉선까지 발달되여있고 그 우에 현무암이 쌓여있다. 산정점과 기슭에 조면현무암이 약간 나타난다.

산정점에는 비대칭분화구가 있는데 서쪽으로 열려져있다(그림).

분화구의 직경은 300～350m, 분화구의 깊이는 250～300m이다. 현무암용암은 분화구의 서북쪽의 일부 구역만을 피고하고 남서쪽기슭에서는 화강암을 다 피복하지 못하였다.

이 화산은 용암언덕형화산이다.

(2) 소로은산화산

이 화산은 대로은산에서 동북쪽으로 약 6km 떨어진 백두산단렬대우에 놓여있다.

화산은 백두화산대형성의 제1단계와 제2단계의 용암흐름성분출에 의해 형성된 용암언덕형화산이다. 화산의 기반은 화강암으로 되여있고 산꼭대기에만 현무암이 있다.

이 화산은 소홍단수계곡쪽으로 급한 경사를 이루며 신사동쪽은 비교적 완만하게 산정은 평탄하다.

대로은산과 소로은산사이 남쪽 소홍단수기슭에 두지바위가 있다. 이 바위는 동서 28m, 남북 20m, 높이 35m인 현무암암탑이다. 현무암은 25×45×40cm³～40×50×95cm³크기의 덩어리들로 쌓여있어 곡식가마니를 쌓아

놓은것 같다. 이 덩어리들은 랭각될 때 생긴 웅축균렬에 의하여 생기였다. 암탑은 화강암기반우에 우뚝 솟아있다.

9. 백두산지구 신생대 분출암들의 고지 자기적특징

백두산일대와 그 주변구역들에는 신생대분출암이 매우 넓게 분포되여 있다.

암석들의 자성은 다른 어면 물리성보다도 그 내용이 다양하고 그것들에 작용한 지질학적요인들을 잘 반영해주고있다.

그러므로 우리는 백두산지구 신생대 분출암들의 연구에 암석자기적 및 고지자기적 연구방법을 도입하고 얻어진 결과들을 체계화하였다.

1) 고지자기적특성

백두산지구에는 중신세 하부부터 제4기상세까지의 지질시대를 포괄하는 분출암들이 분포되여있다.

고지자기극성변화 층준들의 암석자기적년대를 계산하고 그 결과에 기초 하여 자름면들을 대비하여주는 방법으로 백두산지구전반에 대한 고지자기극 성변화의 종합적자름면도를 만들었다(그림 4−31).

그림 4−31에서 보는바와 같이 중신세하세부터 제4기 상세까지를 포괄하 는 자름면에서 고지자기극성의 변화특성이 정연하게 관찰된 지역은 보천지구 이다. 운흥지구에서는 제4기 상세층을 관찰하지 못하였으며 백암지구에서는 상신세의 중세상세층을 관찰하지 못하였다.

이것은 야외조사를 세부적으로 하지 못한것과 련관된다.

보천지구에서 얻은 자름면특성에 운흥, 백암지구의 자료를 보충하는 방 법으로 백두산지구의 종합적인 고지자기극성변화도(그림 4−32)를 만들어 보 면 우선 상신세 최상부에 해당되는 약 300만년전부터 현재까지의 자름면의 변화특성이 잘 대비되고있다.

국제적인 극성기구분에서는 가우스기로부터 마쯔야마기를 거쳐 브륜느 기까지의 기간인데 수만년정도밖에 안되는 돌변적인 짧은 극성반전기간들을 내놓으면 기본적인 변화특성이 거의 일치되고있다. 특히 브륜느정극성기안 에서 V역극성대로 구분된 극성돌변기, 마쯔야마역극성기안에서 쟈라밀로 돌

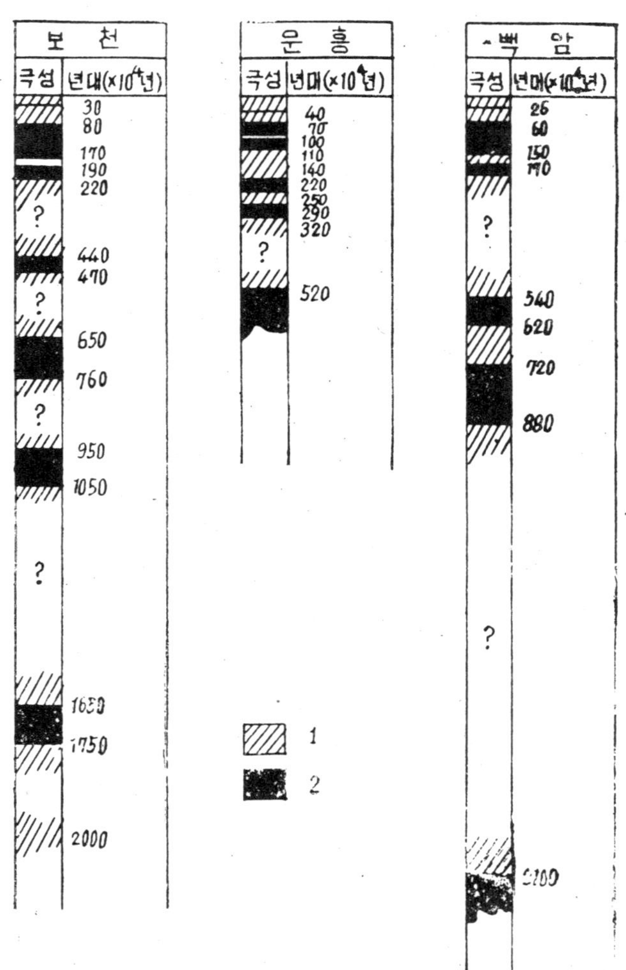

그림 4—31. 백두산 지구에서 지역별 평균고지자기극성변화특성
1—정극성기, 2—역극성기

변기와 올드바이(1) 돌변기에 해당되는 부극성기들이 관찰된다.

다음으로 300여만년을 넘는 보다 과거로 되돌아가면 약 1000만년전까지의 기간에 거시적으로는 고지자기극성변화가 잘 대비되지만 세부변화가 잘 나타나지 않는다.

이미 다른 지역들에서 퇴적암들의 지질자름면을 리용하여 얻은 중신세의 고지자기극성변화자료를 보충하여 중신세 하부로부터 제4기 상세까지의 기간에 백두산지구의 지질자름면에서 나타날수 있는 고지자기극성변화를 고려한 종합자름면도(그림 4—34)를 보면 그림 4—33과 같다.

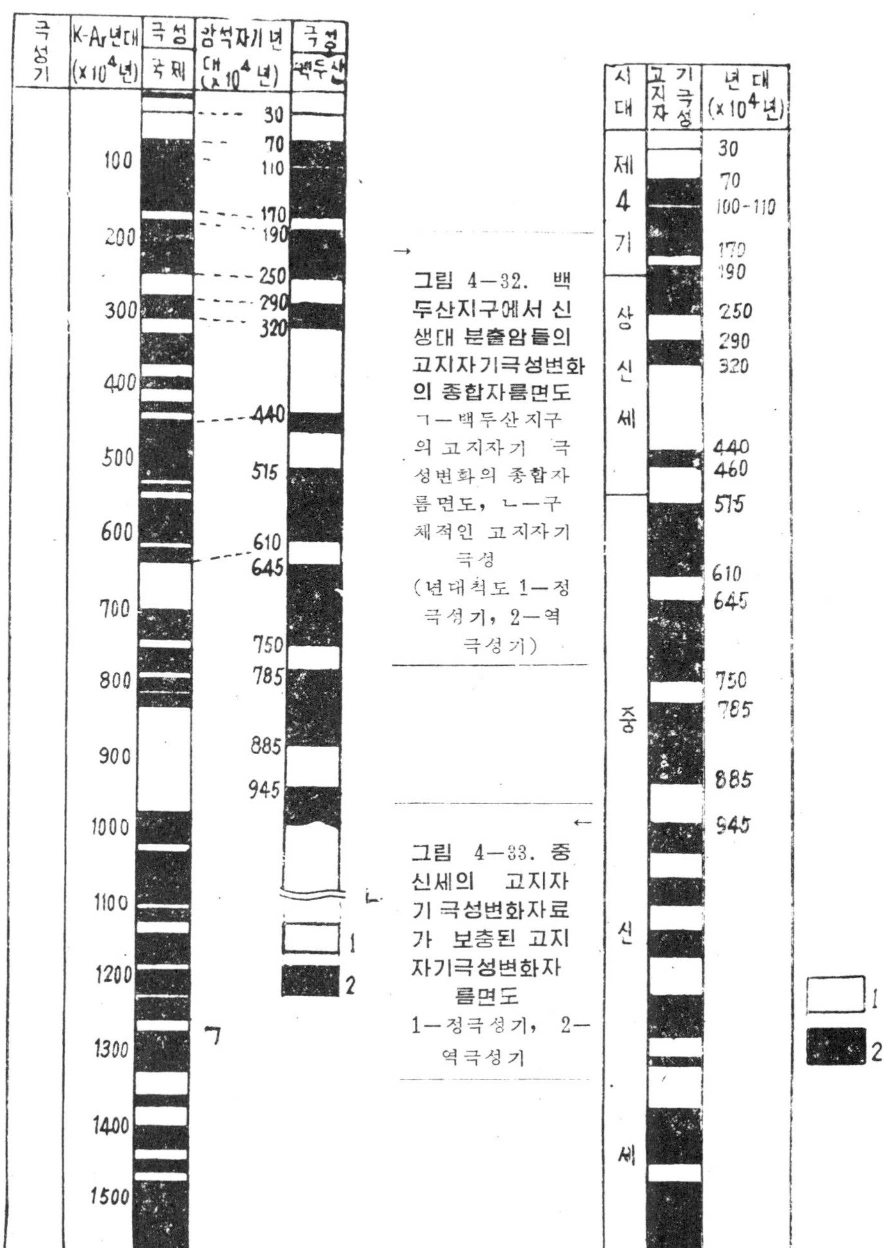

그림 4—32. 백두산지구에서 신생대 분출암들의 고지자기극성변화의 종합자름면도

ㄱ—백두산 지구의 고지자기 극성변화의 종합자름면도, ㄴ—구체적인 고지자기 극성

(년대척도 1—정극성기, 2—역극성기)

그림 4—33. 중신세의 고지자기극성변화자료가 보충된 고지자기극성변화자름면도

1—정극성기, 2—역극성기

그림 4-35에서 보는바와 같이 중신세기간에 퇴적층형성이 등속도과정으로 진행되였다고 보면 어느한 극성기가 포괄하는 퇴적층의 두께는 곧 그 극성기가 유지된 기간이라고 볼수 있다. 이것은 중신세에 분출중단기가 있었다는것을 보여준다.

2) 백두산지구의 신생대분출활동특성에 대한 고지자기적해석

우리 나라 신생대 분출암들의 열자기적특징이 형성시대와 밀접히 관계되여 변한다. 우리 나라 신생대 분출암들의 큐리온도와 시대사이에는 다음과 같은 관계식이 성립된다.

$$10^{2.9469} \log T_{c_1} - 4.2146 \cdot (1.3214 - 0.0026t^*)$$
$$(t^* \leqslant 300 \ 10^4 년)$$

$$10^{2.9469} \log T_{c_1} - 4.2146 \cdot (1.15 - 0.7012e^{-0.001t^*})$$
$$(t^* > 300 \times 10^4 년) \qquad (2-1)$$

여기서 $t^* = 10^{2.9469} \log T_{c_1} - 4.2146 (\times 10^4 년)$이다.

백두산지구 130개 지점들에서 500여건의 분출암시료들을 수집하여 열자기분석을 진행하고 계산된 암석자기적년대와 그에 대응되는 지질시대를 따라 분출암들의 출현빈도와 출현밀도를 분석하여 백두산지구에서 진행된 신생대 분출활동의 흐름을 평가하였다(그림 4-34).

이 지구에서 신생대 분출활동은 기본적으로 중신세 초기부터 시작되였다. 그러나 중신세 기간의 분출활동은 활발하지 못하고 수백만년씩이나 되는 분출중단기를 가진 단속적인것이였다.

백두산지구에서 중신세의 분출암이 적게 알려져있고 그것들마저 전반적 구역들에 고르롭게 널려있는것이 아니라 부분적인 지역들에 치우쳐 분포되여 있는것은 중신세 기간의 분출활동이 활발하지 못했던 사정과 관련된다.

백두산지구에서 신생대 분출암들은 시대가 어릴수록 그 출현빈도가 급격히 높아진다. 이것은 이 지구에서 진행된 분출활동이 시대가 새로와 질수록 급격히 활발해졌음을 의미한다.

백두산지구에서 신생대의 분출활동은 중신세 기간에 단속적으로 진행되던것이 상신세에 들어와서는 거시적인 의미에서 지속적인 활동으로 넘어갔으며 그 활동이 중신세 보다 훨씬 활발해졌다고 볼수 있다.

상신세와 중신세에 분출암들의 시대적출현빈도와 출현밀도를 분석대비해 보면 상신세분출암의 빈도는 중신세분출암의 약 1.5배밖에 안되지만 출현밀

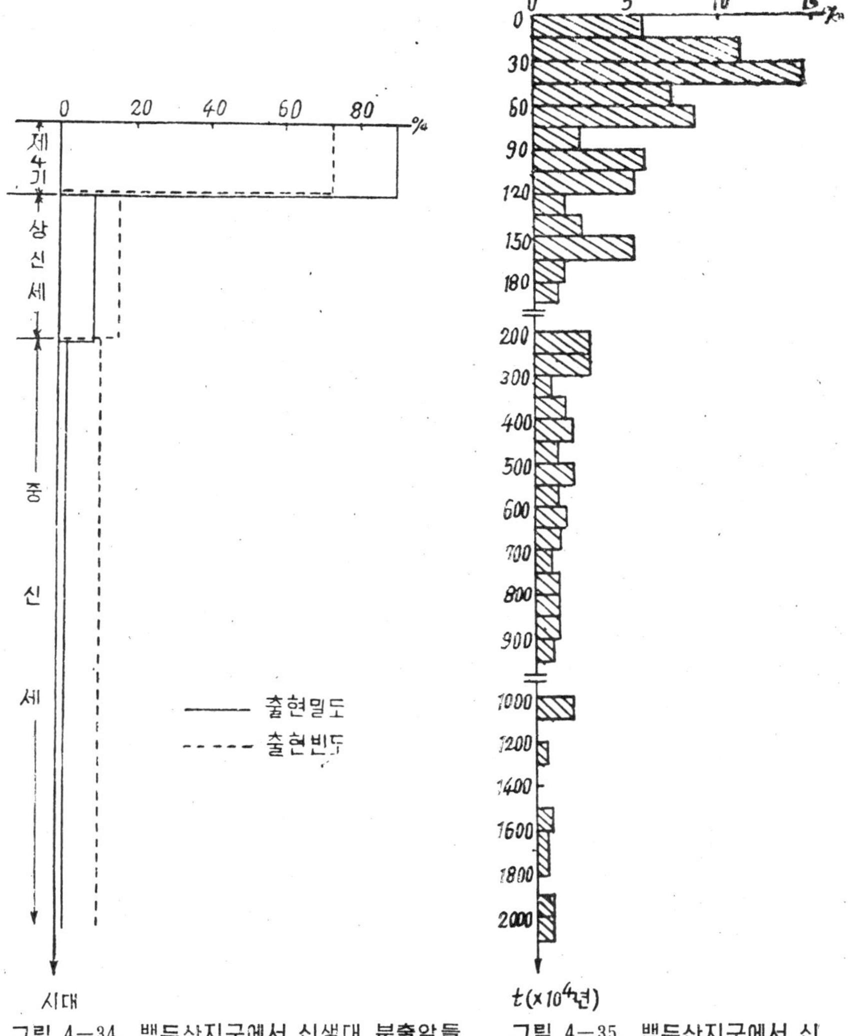

그림 4-34. 백두산지구에서 신생대 분출암들
의 출현빈도와 출현밀도의 시대적차이

그림 4-35. 백두산지구에서 신
생대 분출암들의 암석자기적년대
에 따르는 세부적출현빈도 분포도

도로 그것을 환산하여 보면 무려 6배나 된다.

이 지구에서 신생대 분출활동은 제4기에 들어올 정도로 선행한 시기와 대비적으로 보기 위하여 제4기 분출암들의 출현빈도와 출현밀도를 분석해보면 조사된 분출암들의 73%이상이 제4기 분출암들에, 그것을 출현밀도로 환산한 값은 무려 90%나 된다.

이 값은 상신세의 10배를 넘으며 중신세에 비하면 무려 60배이상 된다.
백두산지구의 분출활동의 력사적과정을 세부적으로 고찰하기 위하여 편의상
제4기의 기간에 대하여서는 년대간격을 15만년으로 상신세와 중신세에 대하
여서는 50만년과 100만년으로 취하며 백두산지구 신생대 분출암시료 전체를
암석 자기적년대에 대한 출현빈도를 분석하였다(그림 4-35).

첫째로: 백두산 지구에 분포되여있는 신생대 분출암들의 암석 자기적년
대는 중신세로부터 제4기까지의 기간을 포괄하고있으나 그중 압도적부분은
제4기에 해당된것들이고 중신세를 지시하는것은 11%를 넘지 못하는데 그것
이 전기간에 고르롭게 분포되여있는것이 아니라 련속성이 없이 분산적으로
분포되여있다.

둘째로: 상신세에 들어서면서부터 분출활동은 중신세에 비하여 훨씬 활
발해졌으며 중단이 없이 지속적인 활동으로 넘어갔으며 하부로부터 상부로
가면서 분출활동이 점차적으로 활발하여졌다.

셋째로: 제4기분출암들의 분포에서는 선행한 시기에 비하여 출현빈도가
급격히 높아지며 그 값이 하부로부터 상부로 가면서 더욱더 커지다가 제4기
상세에 최대값을 이룬다.

그사이에서는 암석자기적년대로 약 30만~50만년 정도의 주기를 두고
분출암들의 출현빈도가 변하며 4~5회의 극대값이 존재한다.

넷째로: 상신세 상부로부터 제4기 현세까지의 기간은 분출활동의 중단이
거의 없는 련속적인 과정으로 특징지어준다.

백두산지구에서 분출활동의 시간자름면의 특성이 지역들사이에 많이 차
이난다(그림 4-36).

그림에서 보는바와 같이 백두산천지지구에서는 분출활동이 기본적으로
제4기에 진행되였으며 제4기중세이후에 매우 격렬하였다.

그러나 보천지구에서는 분출활동이 시대에 따르는 고조가 없이 상부중심
에 이후 제4기 상세까지의 기간에 비교적 고르롭게 꾸준히 지속되였다.

이 지구에서도 제4기에 들어와서 선행한 시기들보다 약간 고조되는 경향
은 있으나 평균적으로 약 2배정도에 지나지 않으며 고조형식도 없었다. 운홍
지구와 백암지구의 시간 자름면에서는 류사성이 많다.

중신세 분출활동이 있었고 상부상신세와 제4기 하세에 고조가 있었다.
이와 같은 사실은 백두산단렬대를 따라서 분출활동이 심하게 진행되였는데
중신세부터 제4기까지 백암쪽으로부터 분출활동이 시작되기 시작하여 백두산

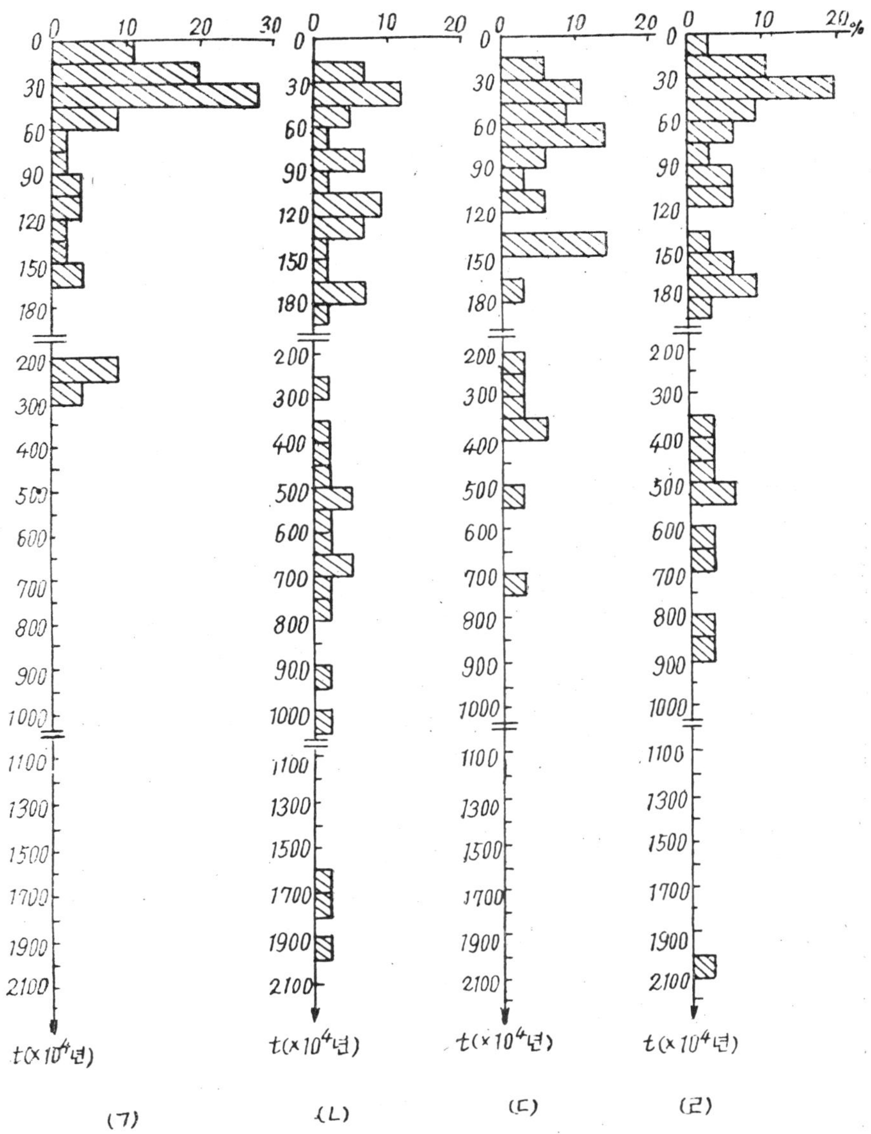

그림 4-36. 백두산지구에서 신생대 분출활동의 지역별에 따르는
시간자름면의 특성차이
ㄱ—백두산천지지구, ㄴ—보천지구, ㄷ—운홍지구, ㄹ—백암지구

천지쪽으로 옮겨갔으며 끝나는것도 그런 경향을 가진다고 볼수 있다.

Ⅴ. 백두산지구의 광물

위대한 수령 **김일성**동지께서는 다음과 같이 교시하시였다.

《우리 나라의 땅속에는 **철광석**을 비롯하여 수백종의 귀중한 유용광물이 많이 매장되여있습니다. 참으로 우리 나라의 땅속은 금은주옥이 가득찬 보물고라고 말할수 있습니다.》(《김일성저작집》 1권, 235페지)

백두산지구에는 유색금속광물을 비롯하여 여러가지 광물들이 있다.

류 비 동 광

혜산, 운홍에서 나온다.

류비동광은 동－다금속광족형광석의 기본 산업적동광물이다. 알갱이 크기는 2～4mm, 드물게 2～3cm에 달하는것도 있다. 육안색은 흑색, 회흑색이며 가루색은 연한 회흑색이다. 벽개는 기둥면(110)을 따라 완전하며 굳기 3, 비중은 4.3～4.5이다. 단구는 평탄치 못하고 취약하며 금속－반금속광택을 띤다. 현미굳기는 다른 광물과의 결합상태에 따라 달라진다.

반사색은 밝은 연한 적색을 띠는 회색인데 적색기는 주변에 있는 광물이 무슨 광물인가에 따라 다르게 나타난다. 비유동광과 접해있을 때 적색기가 더 선명하고 반동광과 접해있을 때 회색, 회백색으로, 정방류비동광과 접해있을 때 연한 보라색으로 나타난다. 반사능은 섬아연광, 방연광보다 높고 비유동광, 정방류비동광보다는 낮으며 류안동광보다는 약간 높다. 복반사는 공기중에서도 알리는 정도이고 침액에서는 더 뚜렷하다.

이 방성은 강한편인데 기둥결정의 대각위에서는 연보라－분홍색으로부터 연한 록색으로 된다. KCN를 작용시키면 인차 꺼멓게 되며 구조벽개가 나타난다. 왕수와 작용하면 곧 갈색으로 되며$(NH_2)_2S$에는 약하게 그리고 천천히 밝은 갈색으로 된다. 농류산에 작용하면 기포가 생긴다. 구조부식을 하면 알갱이의 대상성은 나타나지 않으나 때로는 단순쌍정이 나타난다. 류비동광의 화학조성은 표 5－1과 같다.

류비동광의 화학조성, %

표 5－1

시료번호	Cu	Ag	Zn	Pb	Fe	As	Sb	Bi	Sn	S	Te
123	45.96	0.13	—	0.04	0.30	19.09	1.34	—	0.08	32.86	0.02
76	46.75	0.18	0.10	—	0.69	18.95	0.44	0.08	0.58	32.48	—

류비동광에서 As는 Sb, Sn 때로는 Bi에 의하여 교대되였으며 Cu는

Ag, 일부는 Zn, Fe에 의하여 교대되였다. S는 일부 Te에 의하여 교대되였다. 분광분석에 의하면 Ge 0.001~0.005% 최고 0.01~0.05% 들어 있다.

류비동광의 렌트겐구조분석값은 표 5-2와 같다.

류비동광의 렌트겐구조분석값　　　　　　　표 5-2

№	시료 123		시료 76		문헌		№	시료 122		시료 76		문헌	
	I	$d\alpha/n$	1	2	1	2		1	2	1	2	1	2
1	10	3.212	10	3.210	100	3.22	14	2	1.135	2	1.133	10	1.134
2	9	3.121	4	3.072	40	3.08	15	3	1.072	3	1.074	50	1.075
3	10	2.876	10	2.842	80	2.87	16	6	1.048	7	1.045	50	1.049
4	8	2.243	7	2.212	30	2.22	17	2	1.015	2	1.013	30	1.015
5	9	1.866	10	1.852	90	1.859	18	3	0.976	3	0.973	10	0.980
6	10	1.737	10	1.731	60	1.731	19	3	0.926	2	0.925	40	0.932
7	9	1.595	9	1.593	40	1.608	20	2	0.897	1	0.897	20	0.893
8	9	1.558	4	1.558	50	1.490	21	4	0.864	2	0.863	20	0.868
9	3	1.429	3	1.423	40	1.556	22	3	0.817	2	0.814	50	0.819
10	8	1.278	8	1.264	10	1.425	23						
11	3	1.215	2	1.216	40	1.266	24						
12	4	1.194	3	1.192	40	1.221							
					40	1.197							
13	5	1.150	3	1.152	10	1.155							

촬영조건: CuKa-Ni　　　$D=57.3$mm　　　32KV/10mA

8시간　　$\rho=0.35$mm

격자상수를 구하면 시료 123의 류비동광은 $a_0=64.5$nm $b_0=74.4$nm $c_0=61.4$nm이며 시료 76의 류비동광은 $a_0=64.1$nm, $b_0=74.2$nm, $c_0=61.2$nm이다.

황철광, 석영과 같이 먼저 생긴 광물의 주변에서는 미립(0.1nm정도)타형이며 좀 떨어진곳에서는 비교적 큰 (0.5~0.7mm)알갱이로 나타난다.

류비동광은 비유동광, 황철광, 석영, 섬아연광과 결합되여나온다. 류비동광안에 정방류비동광, 류비석동광, 류안동광, 등축류비동광의 타형정출물이 들어있다.

운홍에서 나오는 류비동광은 현미경하에서 복반사가 세기때문에 그 색이 회색까지 변한다. 또한 이방성효과가 크기때문에 황색 또는 회색으로부터 밝은 청색 또는 장미색까지 변한다. 비중은 4.95이다.

화학분석에 의하면 류비동광안에는 기본성

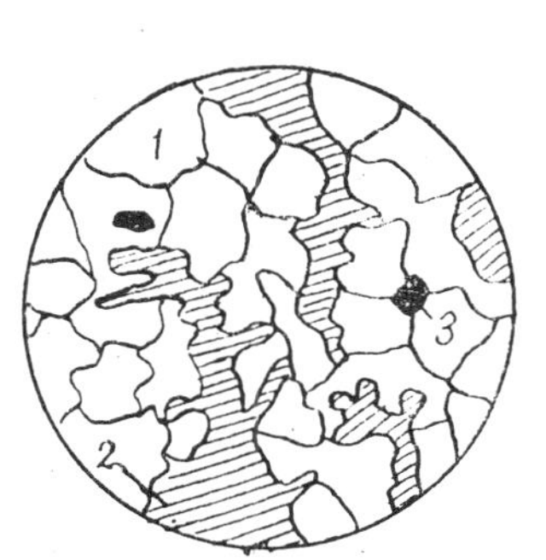

그림 5-1. 유동광에 의한 류비동광의 교대
1—류비동광, 2—유동광, 3—황철광

분인 Cu, As, S외에 Sb 1.10, Sn 0.72, Pb 0.68% 들어있다. 류비동광은 유동광에 의해 망상으로 교대되여있다(그림 5-1).

정방류비동광과 류안동광

헤산, 운홍에서 나온다.

정방류비동광과 류안동광은 As-Sb의 류질동상계렬의 끝성분이며 성질이 비슷하다. 정방류비동광은 류비동광의 동질다상변종이다.

헤산에서 나오는 정방류비동광은 밀집으로 류안동광은 매우 현미경적크기로만 나오는데 두 광물의 성질이 비슷하다. 광물은 정방정계에 속하며 구조단위수 $z=2$이다. 육안상 정방류비동광은 립상집괴를 이루며 등립상, 또는 주상결정으로서 크기는 0.5~2mm이다. 류비동광보다 적갈색기가 더 세게 나타난다. 정방류비동광은 매우 **취약**하며 잘 고결되지 않아 푸실푸실한 집괴를 이루는 경우가 많다. 굳기는 3~3.5로서 류비동광과 비슷하다. 정방류비동광의 현미굳기는 259.0~362kg/mm²이고 류안동광의 현미경도는 257~344kg/mm²이다. 화학조성은 표 5-3과 같다.

화학조성, % 표 5-3

조성 광물	Cu	Fe	Ag	As	Sb	Bi	S	Zn	Pb
정방류비동광	48.4	0.30	—	18.55	0.64		32.00		0.37
류안동광	41.79	1.24	0.13	3.06	21.86	0.08	29.70	0.30	

현미경하에서 정방류비동광은 선명한 적색을 가지는 회색이며 류안동광의 색은 적색기가 거의 없는 보라색빛갈이 도는 회색이다. 반사능은 정방류비동광이 류안동광보다 높다. 복반사의 세기도 두 광물에서 비슷하나 정방류비동광에서 쌍정의 존재로 더 뚜렷하다.

이방성은 매우 세며 정방류비동광은 연한 청색을 띠는 회색-연한 보라색기가 도는 **황색**, 어두운 회색으로 되며 류안동광은 적갈색-보라색을 띠는 적색-연한 청록색으로 된다. 정방류비동광의 모든 알갱이에서 박판상쌍정이 나타나는데 쌍정머의 너비는 보통 $20\sim30\mu m$ 드물게 $80\sim100\mu m$이다. 소광각은 쌍정면에서 20~30°이다. 류안동광에서의 쌍정은 단순쌍정이며 쌍정머가 더 넓고 직소광한다. 농질산에서 정방류비동광은 천천히 갈색으로 되며 류안동광은 알락달락하게 된다.

KCN에 작용하면 갈색으로 되는데 정방류비동광이 류안동광보다 더 세게 나타난다. 정방류비동광, 류안동광의 렌트겐구조분석결과는 표 5-4와 같다.

격자상수계산에 의하면 정방류비동광은 $a_0=5.28nm$ $c_0=10.42nm$, $c_0/a_0=1.973$, 류안동광에서는 $a_0=53.36nm$, $c_0=107.2nm$, $c_0/a_0=$

2.00이다.

광물들의 렌트겐구조분석값　　　　　　표 5—4

№	정방류비동광 I	정방류비동광 $d\alpha/n$	류안동광 1	류안동광 2	№	1 (1)	1 (2)	2 (1)	2 (2)
1	10	3.048	10	3.078	11	7	1.326	5	1.222
2	6	2.950	8	2.940	12	4	1.318	2	1.191
3	5	2.912	2	2.669	13	1	1.215	2	1.165
4	7	2.652	1	2.557	14	7	1.208	7	1.081
5	5	2.368	10	1.886	15	1	1.177	1	1.036
6	3	2.168	7	1.807	16	4	1.078	2	1.020
7	4	1.866	10	1.608	17	3	1.072	2	0.938
8		1.593	7	1.540	18			5	0.899
9	20	1.578	4	1.334	19			6	0.867
10	4	1.523	1	1.282	20			5	0.830

X선구조분석에 의하면 정방류비동광에서 류안동광으로 가면서 즉 Sb의 량의 증가에 따라 a_0, c_0, c_0/a_0는 커지는데 a_0보다 c_0가 더 커진다. 비중도 이와 같은 경향성이 있다.

정방류비동광은 류비동광, 비유동광과 밀접하게 결합되여있는데 류비동광덩어리집괴안에 부슬부슬한 집합체타형정출물로 들어있다.

류비동광에 의하여 잘리우고있으며 류비동광안에 등축류비동광, 류비석동광을 교대하였다., 류안동광은 유동광, 안유동광과 밀접한 관계를 가지는데 안유동광에 의하여 교대되여있다. 정방류비동광은 운흥광상에서 나온다.

등축류비동광과 류비석동광

혜산에서 나온다.

이 광물들은 조성이 넓은 범위에서 변하는 등축정계의 광물이다. 등축류비동광과 류비석동광은 작은알갱이로 나온다. 굳기는 4~4.5이다. 현미굳기는 등축류비동광에서 $338 kg/mm^2$, 류비석동광은 $320~340 kg/mm^2$이다.

현미경에서 보면 류비석동광의 한부분은 맑고 연한 황색을 띠고 다른 한부분은 황색기가 적은 회색을 띠는 대상성이 나타나는데 이것은 Sn, Fe의 함량변화와 관련된것이다.

등축류비동광의 반사능은 류비동광보다는 높고 비유동광과 비슷하며 류비석동광의 반사능은 등축류비동광의 반사능보다 높다. 등축류비동광은 등방성이며 때때로 쌍정이 나타난다.

등축류비동광을 질산(1:1)에 작용하면 갈색으로 되거나 알락달락하게 되며 시액은 때로 적갈색으로 물든다. 광물들의 화학조성은 표 5—5와 같다.

분광분석에 의하면 이광물들안에는 Sb $0.05~0.1\%$, V $0.01~0.05\%$,

광물들의 화학조성, %　　　　　　　　표 5—5

조성 광물	Cu	Fe	As	Sn	S
등축류비동광	44.50	2.00	15.00	0.50	30.40
류비석동광	43.50	2.00	6.30	7.40	31.00

Ag $0.01\sim0.05\%$,　　Ge $0.001\sim0.005\%$가 들어있다. 등축류비동광에는 Sn가 $0.1\sim0.5\%$들어있다. 등축류비동광, 류비석동광의 렌트겐분석치는 표 5—6파 같다.

광물들의 렌트겐구조분석값　　　　　　표 5—6

등축류비동광

№	측정치		문헌	
	I	$d\alpha/n$	I	$d\alpha/n$
1	10	3.048	10	3.05
2	7	2.940	4	—
3	2	2.660	1	2.64
4	1	2.124	—	—
5	10	1.866	10	1.867
6	4	1.677	1	1.670
7	10	1.600	5	1.592
8	4	1.321	1	1.320
9	1	1.282	1	1.280
10	1	1.186	—	
11	5	1.076	3	1.078
12	2	0.984	—	
13				
14				
15				
16				
17				
18				
19				
20				
21				
22				
23				
24				

류비석동광

№	1		2	
	1	2	1	2
1	1	3.380	2	3.36
2	10	3.255	1/2	3.21
3	7	3.080	10	3.075
4	5	2.959	1/2	2.960
5	9	2.858	1	2.83
6	3	2.657	4	2.66
7	8	2.243	1	2.26
8	1	2.132		
9	5	1.963	1/2	1.98
10	10	1.876	8	1.88
11	7	1.824	1/2	1.82
12	10	1.737	1/2	1.72
13	5	1.618	6	
14	9	1.593	6	1.60
15	3	1.554	1/2	1.56
16	1	1.326	2	1.323
17	7	1.265	—	
18	3	1.217	2	1.22
19	4	1.192	1	1.19
20	4	1.154		
21	4	0.980		
22	3	0.930		
23	7	0.866		
24	7	0.819		

등축류비동광의 격자상수 $a_0=53.2\mathrm{nm}$, 류비석동광의 $a_0=106.1\mathrm{nm}$이다. 등축류비동광은 류비동광, 비유동광의 경계부에 타형정출물로 있거나 류

비석동광의 테두리를 따라 교대하기도 한다.

류비석동광은 류비동광, 비유동광안에 들어있고 테두리에 정방류비동광, 등축류비동광이 둘러싸거나 교대되여있다. 등축류비동광, 류비석동광은 세맥교대되며 드물게 류비동광에 의하여 잘리운다.

유 동 광

혜산, 운흥, 일건광상들에서 나온다.

유동광의 조성은 류질동상교대로 하여 넓은 범위에서 변한다.

혜산광상에서 나오는 유동광은 $N_0 = \dfrac{Sb원자수}{\Sigma As + Sb원자수}$ 에 의하여 비유동광($N_0 < 0.1$), 안유동광($N_0 > 0.9$) 및 유동광으로 나누어진다.

유동광은 다시 As유동광($0.1 < N_0 < 0.25$), Sb유동광($0.75 < N_0 < 0.90$)으로 나누어진다. 육안상유동광은 휘동광과 비슷하나 유동광은 몹시 취약하고 칼로 그으면 먼지가 나지만 휘동광은 연성이 강하여 그으면 번쩍이는 광택이 난다. 알갱이 크기는 $0.01 \sim 1mm$, 최대 $3 \sim 5mm$이다. 가루색은 비유동광은 적갈색, 안유동광은 어두운 갈색을 띤다. 반사색은 비유동광에서 연한 록회색을 띠는데 류비동광을 세맥교대하였을 때 록색기가 더 세게 나타난다. 또한 Sb함량이 많아지면 록색기가 적어지면서 점차 회색으로부터 연한 갈회색까지 변한다. 비유동광에서 내부반사색은 적갈색이다. 유동광의 화학조성은 표 5-7과 같다.

유동광의 화학조성, % 표 5-7

시료번호 \ 조성	Cu	Ag	Fe	Zn	As	Sb	Bi	Sn	S	Te	Pb
671	44.31	0.04	2.72	1.46	19.84	0.64	0.02	0.46	29.41	0.01	
1751	44.00	0.16	2.10	2.00	13.60	10.06	0.01	—	27.54	—	0.50
98	38.12	1.18	1.86	3.20	3.24	23.90	0.08	0.68	26.30	0.02	0.95

분광분석에 의하면 유동광에는 Hg($0.001 \sim 0.1\%$), Ge($0.001 \sim 0.005\%$), Cd($0.001 \sim 0.05\%$), Ga($0.001 \sim 0.005\%$), 때로 Te($0.01 \sim 0.05\%$)가 들어있다.

유동광의 렌트겐구조분석결과를 보면 표 5-8과 같다.

유동광의 N_0와 격자상수, 밀도와의 사이에는 선형관계가 있다.

이 선형관계는 다음식들로 표시된다.

밀도 $d = 0.314 N_0 + 4.553$

격자상수 $a_0 = 0.164 N_0 + 10.157$

유동광은 대부분 비유동광이다. 유동광은 비교적 오랜 시간에 걸쳐 형성되였으므로 방연광, 황동광에 의하여 교대되거나 절단되였으며 또 그것을 절단하였다.

유동광의 렌트겐구조분석값   표 5-8

№	시료 671		1752		98		№	671		1752		98	
	I	$d\alpha/n$	1	2	1	2		1	2	1	2	1	2
1	6	4.171	2	4.203	1	3.683	14	10	1.547	1	1.624	5	1.684
2	3	3.260			1	3.350	15	2	1.463	1	1.596	1	1.645
3	10	2.959	10	2.968	10	2.998	16	3	1.443	10	1.558	1	1.608
4	3	2.763	2	2.748	2	2.780	17	5	1.365	3	1.482	10	1.561
5	6	2.571	4	2.571	5	2.571	18	3	1.271	3	1.453	3	1.497
6	5	2.404	2	2.426	4	2.450	19	2	1.218	1	1.374	3	1.461
7	2	2.090	2	2.102	1	2.327	20	4	1.176	1	1.318	1	1.412
8	6	2.010	5	2.036	2	2.120	21	4	1.101	4	1.274	1	1.380
9	6	1.866	5	1.884	4	2.040	22	7	1.042	2	1.218	1	1.320
10	9	1.811	10	1.823	5	1.899	23	4	0.981	3	1.180	4	1.296
11	3	1.771	3	1.776	10	1.834	24	4	0.972	4	1.099	2	1.278
12	2	1.672	2	1.694	3	1.781	25	3	0.917	7	1.046	3	1.233
13	3	1.645	4	1.657	1	1.734	26						

    운홍에서 나오는 유동광은 1~3mm의 크기를 가지면서 류비동광과 립상 결합을 이루고있으나 많은 경우 크기가 0.01~0.05mm의 미세하고 불규칙적인 그물모양으로 류비동광을 교대하고있다. 유동광의 렌트겐구조분석값은 표 5-9와 같다.

유동광의 렌트겐구조분석값   표 5-9

№	측정값		문헌값		№	측정값		문헌값	
	I	$d\alpha/n$	I	$d\alpha/n$		I	$d\alpha/n$	I	$d\alpha/n$
1	1	3.4615			15	6	1.6804	6	1.685
2	3	3.3321			16	2	1.6499	21	1.647
3	5	3.2032	4	3.208	17	8	1.5560	10	1.564
4	10	2.9980	10	2.996	18	3	1.5375	3	1.537
5	4	2.7854	3	2.787	19	3	1.5054	3	1.503
6	5	2.6076	4	2.604	20	3	1.4706	3	1.470
7	2	2.4479	4	2.450	21	4	1.3045	4	1.317
8	6	2.2377	1	2.234	22	6	1.2933	6	1.297
9	4	2.0177	6	2.034	23	4	1.2720	4	1.278
10	1	1.9373	4	1.900	24	1	1.2553	1	1.261
11	10	1.8862	1	1.859	25	4	1.2351	4	1.243
12	4	1.8359	10	1.834	26	1	1.2275	1	1.226
13	4	1.7785	4	1.783	27	5	1.2050	6	1.207
14	6	1.7367	4	1.736	28	9	1.1825	8	1.191

일건광상에서 나오는 유동광은 집괴를 이루면서 **황철광**, **황동광**을 포과
하고있으며 또 이 광물들에 의해 불규칙적으로 침식당하였다.

갈석광과 아연갈석광

혜산에서 나온다.

갈석광, 아연갈석광은 반동광안에 들어있는데 광학적성질이 비슷하다.
크기는 수μm～수십μm이다.

갈석광의 반사색은 연한 **황색**을 띠는 적갈색이며 아연갈석광의 반사색은
갈석광보다 황색기가 적고 보라색기가 도는 연한 적갈색을 띤다.

반사능은 갈석광의 아연갈석광보다 더 높으며 복반사는 세지 않으나 침
액에서는 뚜렷하다. 갈석광은 회백색－적색－어두운회색－어두운 갈색이며
아연갈석광은 연한 분홍갈색－어두운 갈색－어두운회색이다.

이방성은 갈석광이 아연갈석광보다 더 세다. 갈석광에서는 박판상쌍정이
나타난다. 아연갈석광의 이방성은 갈석광보다 약하나 쌍정이 나타날 때 더
뚜렷하다. 아연갈석광의 쌍정면은 직선이고 정면에 대한 소광각은 70°정도
이다.

갈석광의 내부반사는 알리지 않으나 아연갈석광에서는 적색으로 나타난
다. 굳기는 4～4.5인데 아연갈석광이 더 굳다. 갈석광, 아연갈석광의 화학조

갈석광, 아연갈석광의 조성, %　　　　　　　표 5－10

조성 광물	Cu	Fe	Sn	Zn	S
갈석광	42.40	12.10	13.40	—	30.50
아연갈석광	37.20	12.60	16.20	1.50	29.30

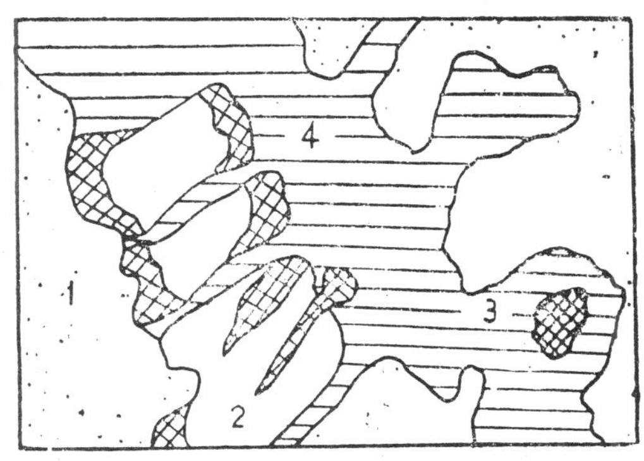

**그림 5－2. 반동광(비)안에 있는 아연갈석광이 갈
석광에 의한 교대(15×15)**
1－류비동광＋비유동광, 2－아연갈석광,　3－갈석
광, 4－반동광

성은 표 5－10과 같다.

분광분석에 의하면 갈석
광, 아연갈석광에는 As(0.5
～1%),   Sb(0.1～0.5%)가
들어있다. 갈석광의 렌트겐
구조분석결과는 표 5－11과
같다.

렌트겐구조분석에 의하면
갈석광의 $a_0 = 1079$nm, 아연
갈석광의 $a_0 = 108.0$nm, $b_0 =$
539nm, $c_0 = 161.2$nm이다.

갈석광의 렌트겐구조분석값　　　　표 5-11

№	측정값		문헌값		№	1		2	
	I	$d\alpha/n$	1	2		1	2	1	2
1	5	3.34	1	3.34	12	7	1.544	1	1.547
2	10	3.09	10	3.09	13	2	1.478	0.5	1.460
3	6	2.88	2	2.875	14	3	1.352	3	1.343
4	3	2.68	5	2.685	15	5	1.271	—	—
5	3	2.39	1	2.395	16	4	1.232	3	1.232
6	4	2.24	1	2.287	17	5	1.121	—	—
7	9	2.13	0.5	2.185	18	3	1.093	0.5	1.065
8	8	1.89	8	1.895	19	3	1.035	2	1.034
9	6	1.81	0.5	1.780	20	4	0.983	—	—
10	3	1.67	—	—	21	4	0.951	2	0.950
11	7	1.615	6	1.618	22	4	0.908	2	0.908

갈석광과 아연갈석광은 반동광과 밀접히 결합되여있는데 갈석광은 대부분 아연갈석광의 변두리를 따라 가는띠($5\sim20\mu$m)를 이루며 내부름새를 따라 교대되여있다(그림 5-2).

갈석광은 드물게 비유동광, 류비동광, 반동광안에 독립적으로 들어있는데 아연갈석광의 큰 알갱이안에 아연 갈색광의 잔류물이 있다.

방 동 광

혜산광상에서 나온다.

방동광은 반동광의 밀집된 광석에서 류비동광, 비유동광, 황철광, 반동광안이나 사이에 크기가 수μm$\sim$수십μm되는 작은알갱이로 들어있다.

현미경하에서 연한 황색을 띠는 적홍색을 띤다. 굳기는 $2.5\sim3$으로서 동바늘에 긁힌다. 현미굳기는 $180\sim214$kg/mm^2($KH_1=1.2$), 평균 193kg/mm^2($H_0=3.9$)이다.

반사능은 황동광보다는 낮고 갈석광과는 비슷하거나 약간 높다. 복반사는 공기중에서도 알리며 침액에서 뚜렷하다. 복반사색은 연한 록황색, 등황색까지이다.

복반사의 세기와 광물의 밝기는 빛의 파장에 따라 다르다. 청색에서 복반사는 뚜렷하며 황색-록색구간에서는 잘 나타나지 않는다. 이 방성이 세며 진한 홍적색-록청색-등황색으로 바뀐다.

농질산, 왕수에 작용하면 천천히 갈색 또는 황갈색으로 변한다. x선 미소분석에 의하면 방동광에는 Cu 54.70%, Fe 7.80%, S 32.40%들어있다. 분광분석에 의하면 방동광에는 Sb $0.01\sim0.05$%, Bi $0.001\sim0.005$%, Ag $0.001\sim0.005$%, Zn $0.01\sim0.05$%, Sn $0.05\sim0.1$% 등이 들어있다.

방동광의 렌트겐구조분석결과는 표 5-12와 같다.

렌트겐구조분석값

표 5-12

№	측정값		문헌값		№	1		2	
	I	$d\alpha/n$	1	2		1	2	1	2
1	5	3.38	약	3.80	7	6	1.92	강	1.902
2	10	3.08	강	3.14	8	7	1.85	강	1.84
3	3	2.86	중강	2.83	9	5	1.78	약	1.77
4	2	2.70	중	2.64	10	7	1.642	중	1.630
5	2	2.42	약	2.39	11	4	1.564	강	1.564
6	7	2.12	약	2.12	12				

비중은 4.32이다. 방동광은 둥근타형정출물로 나타나며 비유동광 때로는 황동광에 의하여 절단되였거나 교대되여있다.

반 동 광

반동광은 혜산, 운흥, 황봉에서 나온다.

혜산에서 나오는 반동광은 대부분 현미경적크기로 나타나는데 류비동광—비유동광에 들어있다. 제한된 곳에서만 나오며 그량은 많지 못하다. 반동광의 화학조성은 표 5-13과 같다.

반동광의 화학조성, %

표 5-13

성분	Cu	Fe	Sn	As	Ag	S
함량, %	61.38	10.18	0.50	0.42	0.04	24.64

분광분석에 의하면 반동광에는 Sn 0.1~0.5%이 들어있다. 반동광의 렌트겐구조분석결과는 표 5-14와 같다.

반동광의 렌트겐구조분석

표 5-14

№	I	$d\alpha/n$	hkl	№	1	2	3
1	5	3.176	222	8	2	1.590	444
2	5	2.743	400	9	2	1.534	711
3	5	2.522	331	10	2	1.425	731
4	3	2.121	511	11	8	1.373	800
5	10	1.937	440	12	2	1.240	662
6	4	1.853	531	13	4	1.120	844
7	3	1.653	622	14	4	0.969	880

렌트겐구조분석에 의하면 반동광은 등축정계의 면섭형격자에 해당되는데

$a_0 = 108.86$nm이다. 반동광안에는 황동광, 동람의 박판상정출물이 늘어 있다. 반동광은 류비동광, 황철광, 석영, 때로 섬아연광의 깨진 홈을 따라 교대하며 황동광, 비유동광과는 교대되기도 하며 교대하기도 한다.

황 동 광

혜산, 롱암에서 나온다.

혜산에서 나오는 황동광은 량적으로 적다.

흔히 다른 광물 또는 그 접촉부에 가는며 혹은 미립정출물로 들어있다. 황동광은 반동광, 휘동광, 유동광, 동람 및 방해석에 의하여 교대되며 반동광, 유동광을 교대하기도 한다.

황동광의 화학조성은 표 5-15와 같다.

황동광의 화학조성　　　　　　　　　　표 5-15

성분	Cu	Fe	S	As	Sb	Bi
함량, %	33.54	34.56	30.84	0.22	0.08	0.02

분광분석에 의하면 황동광에는 Sn 0.01~0.05%, Zn 0.05~0.1%, Ag 0.001~0.05%, Ge 0.001~0.005%들어있다.

롱암광상에서 나오는 황동광은 갈철광안에 교대잔류물로 들어있는데 휘동광, 동람에 의하여 교대침식되여있다. 황동광은 점차 공작석, 람동광으로 넘어간다.

원생광대에서 황동광알갱이의 크기는 0.01×0.001mm~3×3.5mm이다.

류연동광

혜산에서 나온다.

혜산광상에서 류연동광은 밀집된 광석에서 타형정출물로 나타나는데 극히 적게 나온다. 주상, 판상을 이룬다. 반사색은 연한 황갈색을 떠는 회백색인데 방연광 접촉부에서는 황갈색, 황동광접촉부에서는 연한 록황색의 크림색, 유동광접촉부에서는 어두운 회색으로 나타난다. 반사능은 유동광과 거의 비슷하다.

복반사는 공기중에서 나타나지 않고 침액에서는 알갱이의 경계부에서 약하게 나타난다. 이방성은 명확하다. KOH에서는 천천히 황갈색으로 변하였다가 인츰 없어진다. 왕수에서는 갈색으로 변화되였다가 없어진다.

굳기는 4, 몹시 취약하다. 현미 굳기는 168.9~196.5kg/mm^2($KH_1 = 1.16$)이며 평균 187.2kg/mm^{2}이다. 분광분석에 의하면 류연동광에는 Cu, Fe를 기본성분으로 하고 W 0.01~0.05%, Sn 0.01~0.05%, Ag 0.01~0.05%, Zn 0.1~0.5%, Ge 0.001~0.005%들어있다.

류연동광의 렌트겐구조분석결과는 표 5-16과 같다. 표에서 보면 반동광에 해당되는 값들이 나타나는데 이것은 시료에 반동광이 섞여있기때문이다. $a_0=147.2\,\text{nm}$, $b_0=225.6\,\text{nm}$, $c_0=38.4\,\text{nm}$이다.

방연광, 반동광과 밀접한 관계를 가지는데 방연광과 반동광의 접촉 또는 반동광안에 있다. 황동광, 비유동광에 의해서 끊기여있다.

류연동광의 렌트겐구조분석값 표 5—16

№	측정값		반동광		류연동광문헌값	
	l	$d\alpha/n$	1	2	1	2
1	5	3.29	8	3.30	1	3.27
2	7	3.16	8	3.165		
3	9	3.08			8	3.08
4	4	2.92			9	2.93
5	5	2.74	8	2.74		
6	1	2.68			4	2.67
7	2	2.50	6	2.51	5	2.46
8	3	2.37			6	2.35
9	2	1.98			6	2.01
10	8	1.93	10	1.92	7	1.95
11	6	1.88			4	1.89
12	5	1.84	4	1.85	10	1.83
13	3	1.78			7	1.77
14	3	1.59	4	1.58		
15	6	1.38	8	1.37	3	1.41
16	2	1.31			5	1.31
17	3	1.12	8	1.12	2	1.11

류안방연광

혜산에서 나온다.

유동광보다 더 진한 록색기운이 도는 강한 금속광택을 띠며 주상결정에서 수직벽개가 잘 나타난다.

굳기는 2.5～3, 현미굳기는 95～142.9kg/mm^2, 반사색은 연한 록색기가 있는 회백색이다. 침액에서는 어두운 록색기가 있는 회백색이다.

반사능은 단면에 따라 차이나나 방연광과 거의 비슷하거나 약간 낮다. 복반사는 침액에서 어두운 회색－밝은 회색으로 바뀐다.

이방성은 세며 연한 황색－등황색－연한 록색－록색까지이다. 때때로 단순쌍정과 두방향의 벽개가 나타난다.

X－선 미소분석에 의한 류안방연광의 화학조성은 표 5—17과 같다.

분광분석에 의하면 류안방연광에는 Sn, Ag, Bi가 각각 0.05～0.10%, Te 0.01～0.05%, As 0.1～0.5% 들어있다.

류안방연광의 조성

표 5—17

성 분	Cu	Pb	Sb	As	Fe	Zn	S
함량, %	1.46	60.19	18.58	0.50	0.80	0.24	17.46

류안방연광의 렌트겐구조분석결과는 표 5—18과 같다.

렌트겐구조분석값

표 5—18

№	측정값		문헌값		№	1		2	
	I	da/n	1	2		1	2	1	2
1	7	3.72	8	3.728	5	6	2.068	10	2.067
2	10	3.24	10	3.258	6	5	1.930	10	1.914
3	8	2.913	10	2.919	7	5	1.395	10	1.395
4	7	2.720	8	2.748	8	5	1.196	10	1.198

류안방연광은 방연광, 섬아연광, 차골광, 류안연광, 류비안연광, 유동광 들과 밀접히 결합되여있는데 주로 섬아연광의 깨진틈에 들어있거나 그 주변을 따라 교대되여있다. 또한 류안방연광은 류안연광에 의하여 교대되며 류비안연광을 교대한다. 드문 경우 침류창연광의 쐐기모양정출물과 밀접히 공생되여있다.

류안연광

혜산에서 나온다.

류안연광은 방연광, 류안방연광, 류비안연광과 결합되여 나오는데 그 량이 극히 적다. 방연광을 교대하며 그 안에 류안방연광을 포함하고있다. 짧은 주상결정, 두꺼운 판상결정이며 금속광택을 띤다. 굳기는 2.5정도이다.

반사색은 연한 록색기가 있는 회백색이다. 반사능은 류안방연광보다 약간 낮고 차골광, 유동광보다 높다. 내부반사는 흑갈색이고 복반사는 약하나 침액에서는 색효과가 나타난다. 연장방향에 따라 거의 직소광(소광각 86~90°)하며 이방성이 뚜렷하다.

어두운 회색, 밝은 회색 혹은 어두운 록색~연한 록색~어두운 등갈색으로 바뀐다. 류안연광의 화학조성은 표 5—19와 같다.

류안연광의 조성

표 5—19

성분	Cu	Pb	Sb	Fe	As	S	Zn
함량, %	0.32	55.36	25.44	0.46	0.24	18.16	0.30

분광분석에 의하면 류안연광에는 Sn, Ag가 각각 0.01~0.05%, Bi 0.05~0.10% Ga 0.001~0.005% 들어있다. 류안연광의 렌트겐구조분석값은 표 5—20과 같다.

류안연광의 렌트겐구조분석값   표 5-20

№	측정값		문헌값		№	1		2	
	I	$d\alpha/n$	1	2		1	2	1	2
1	10	3.754	100	3.72	7	3	2.137	30	2.14
2	7	3.232	40	3.21	8	3	1.912	30	1.910
3	7	3.038	40	3.01	9	9	1.866	80	1.859
4	10	2.814	90	2.81	10	2	1.768	50	1.752
5	4	2.698	30	2.68	11	2	1.734	20	1.716
6	3	2.327	20	2.33	12	1	1.658	10	1.647

　　류안연광은 류안방연광, 류비안연광, 유동광, 방연광, 차골광과 밀접히 결합되여 있는데 방연광을 교대하고 그안에 류안방연광이 포파되여있다. 류안연광안에는 때로 릉형결정의 류비철광, 황철광이 들어있다.

류비안연광

　　혜산에서 나온다.

　　류비안연광은 연의 류안화염과 함께 나오며 그에 의하여 교대되여있다. 타형 혹은 등립상으로 나타난다. 굳기는 2.5～3.0이며 현미굳기는 103～156kg/mm²($KH_1=1.53$)이며 평균 142kg/mm²($H_0=3.6$)이다.

　　반사색은 연한 록색을 띠는 회백색, 반사능은 방연광과 비슷하다. 복반사는 약하며 침액에서는 나타난다. 이방성은 세나 색효과가 약하다. 박판상 쌍정이 나타난다. 쌍정면에 대하여 사소광하며 쌍정띠들의 폭은 10～30μm 정도이다. KOH에 작용하면 갈색으로 되며 질산(1:1)에 거의 작용하지 않는다.

　　화학조성은 Pb, Sb를 주성분으로 하고 Fe, Bi, Cu를 각각 0.1～0.5% 함유하는 외에 Te, Sn가 들어있다.

　　류비안연광의 렌트겐구조분석값은 표 5-21과 같다.

류비안연광의 렌트겐구조분석값   표 5-21

№	측정값		문헌값		№	1		2	
	I	$d\alpha/n$	1	2		1	2	1	2
1	5	3.521	2	3.51	9	6	2.084	8	2.13
2	5	3.364	2	3.35	10	6	1.998	1	2.02
3	3	3.156	3	3.17	11	3	1.938	1	1.940
4	2	3.049	2	3.04	12	8	1.832	3	1.830
5	4	2.986	2	2.97	13	7	1.780	7	1.757
6	3	2.884	2	2.88	14	1	1.647		
7	1	2.478			15	2	1.467		
8	10	2.232	7	2.23	16				

류안방연광에 의하여 교대된다.

차골광

헤산광상에서 나온다. 연의 류화염가운데서 주상결정 타형정출물로 나온다. 현미굳기는 $114.4\sim200.0\mathrm{kg/mm^2}(KH_1=1.75)$이며 평균 $140.1\mathrm{kg/mm^2}(H_0=3.6)$이다.

현미경관찰에 의하면 복반사, 이방성이 약하며 적갈색내부반사가 잘 나타난다. 쌍정도 특징적으로 나타난다. 농질산을 작용하면 알갱이의 주변에 약한 갈색이 나타난다. 차골광의 화학조성은 표 5-22와 같다.

차골광의 화학조성

표 5-22

성분	Cu	Pb	Zn	Fe	Sb	As	S
함량, %	12.58	39.26	3.64	1.00	20.50	2.38	21.10

분광분석에 의하면 차골광안에는 Bi, Sn이 각각 $0.1\sim0.5\%$, Ag $0.05\sim0.1\%$, Te $0.01\sim0.05\%$, 때로 Hg $0.01\sim0.05\%$ 들어있다. 차골광은 유동광, 방연광을 교대 또는 방연광의 방울모양정출물을 포함하는 위공구조를 이룬다.

류비연광

헤산에서 나온다. 류비연광은 크기가 $0.01\sim0.1\mathrm{mm}$정도이고 타형 또는 주상결정을 이룬다. 류비동광, 비유동광, 황철광과 밀접하게 결합되여있다. 굳기는 $2.5\sim3.0$, 현미굳기는 $142.5\sim154.6\mathrm{kg/mm^2}(KH_1=1.10)$, 평균

류비연광의 렌트겐구조분석값

표 5-23

№	측정값		문헌값		№	1		2	
	I	$d\alpha/n$	1	2		1	2	1	2
1	2	3.382	4	3.36	11	6	2.103	8	2.09
2	10	3.209	4	3.20	12	4	1.925	4	1.91
3	6	3.018	10	3.01	13	9	1.859	4	1.86
4	8	2.950			14	6	1.807		
5	10	2.858	9	2.84	15	7	1.728		
6	4	2.556			16	3	1.610		
7	1	2.398			17	6	1.547	4	1.53
8	2	2.332	6	2.32	18	3	1.461	2	1.45
9	4	2.227			19	5	1.421	2	1.42
10	2	2.206	4	2.20	20	4	1.326		

$148.4\mathrm{kg/mm^2}(H_0=3.5)$이다.

반사색은 순백색이며 침액에서는 연한 록색기가 돈다. 반사능은 방연광

과 비슷하다. 내부반사는 나타나지 않으나 분말색은 침액에서 투명한 연한 적색을 나타낸다. 복반사는 뚜렷하다. 왕수와 KOH를 작용하면 인차 갈색으로 되는데 닦은 다음에도 겉면은 백색의 터실터실한 면으로 되여있다.

류비연광의 화학조성은 Cu, Pb, As를 주성분으로 하고 Ag, Sn이 각각 $0.01\sim0.05\%$, Zn, Sb가 각각 $0.5\sim1.0\%$, Bi가 $0.1\sim0.5\%$들어 있다.

류비연광의 렌트겐구조분석결과는 표 5−23과 같다.

웅황과 계관석

혜산에서 나온다.

웅황과 계관석은 호상집괴를 이루고있는데 주로 석영알갱이사이의 짬에 들어있다. 웅황은 계관석알갱이테두리를 따라 있으므로 대상구조처럼 나타난다. 육안상 웅황과 계관석은 진사와 비슷하다. 웅황은 황색−등황색을 띠며 계관석은 적색을 띤다. 몹시 부슬부슬하며 굳기는 $1.5\sim2.0$정도로서 매우 낮다.

계관석의 현미굳기는 $25.6\sim36.1\mathrm{kg/mm^2}(KH_1=1.4)$이며 평균 31.3 $\mathrm{kg/mm^2}(H_0=2.01)$이다.

웅황의 현미굳기는 $44.2\sim61.6\mathrm{kg/mm^2}(KH_1=1.4)$이며 평균 $5.16\mathrm{kg/}$

웅황과 계관석의 렌트겐구조분석값   표 5−24

| № | 계관석 | | | | 웅황 | | | |
| | 측정값 | | 문헌값 | | 1 | | 2 | |
	I	$d\alpha/n$	1	2	1	2	1	2
1	10	3.177	10	3.166	—	—	2	3.181
2	8	2.938	7	2.931	1	3.080	2	3.077
3	6	2.722	7	2.717	—	—	2	2.839
4	2	2.591	3	2.591	3	2.792	4	2.785
5	4	2.478	4	2.478	7	2.721	6	2.707
6	3	2.400	2	2.396	2	2.449	6	2.446
7	—		2	2.250	1	2.350	2	2.341
8	1	2.193	7	2.191	3	2.094	4	2.085
9	9	2.123	7	2.121	1	2.033	2	2.031
10	6	1.859	3	1.855	10	1.744	8	1.743
11	2	1.795	4	1.786	—	—	1	1.710
12	1	1.668	1	1.669	4	1.683	4	1.684
13	1	1.556	1	1.554	4	1.396	2	1.400
14	1	1.512	3	1.511				

$\mathrm{mm^2}(H_0=2.4)$이다.

광택은 지방광택, 진주광택이며 가루색은 걸보기색과 같다. 계관석의 반사색은 연한 청색기가 있는 어두운 회색이며 웅황은 순수백색에 가까운 회색이다. 반사능은 계관석이 웅황보다 약간 낮다. 내부반사색은 계관석이 진한 홍적색이며 웅황은 등황색이다. 복반사와 이방성은 큰알갱이들에서 잘 나타난다.

웅황과 계관석에는 Sb, Bi, Fe, Cu, Ag, Zn가 들어있다. 웅황과 계관석의 렌트겐구조분석값은 표 5-24와 같다.

휘안광

혜산, 로동에서 나온다.

혜산에서 나오는 휘안광은 주로 황철광, 백철광, 류비철광들과 함께 나온다. 그밖에 웅황, 계관석과도 함께 나온다.

휘안광은 웅황에 의하여 교대되기도 하며 그안에 류비철광의 타형, 자형 정출물이 들어있다.

현미굳기는 $27\sim61.6kg/mm^2(KH_1=2.25)$이며 평균 $43kg/mm^2$ ($H_0=2.2$)이다. 쌍정이 특징적으로 나타난다. 쌍정에 수직되는 방향의 굳기는 $53\sim61.6kg/mm^2$이며 연장방향에서는 $27\sim35kg/mm^2(KH_2=2.0)$이다.

휘안광안에는 Sb, S밖에 As $0.1\sim0.5\%$, Cu, Fe는 각각 $0.05\sim0.1\%$, Pb, Ag는 각각 $0.001\sim0.005\%$, Bi $0.005\sim0.1\%$, W $0.05\sim0.01\%$가 들어있다. 로동에서 나오는 휘안광에는 은이 평균 $10g/t$ 들어있다.

류비철광

혜산에서 나온다.

류비철광의 화학조성, %

표 5-25

성분 시료번호	Fe	As	S	Sb	S원자수/As원자수	d_{131}
4312	33.81	42.36	22.60	0.03	1.25	1.6202
411	34.07	41.69	21.68	1.12	1.22	1.6260

류비철광의 렌트겐구조분석값

표 5-26

№	시료 4312		시료 411		№	1		2	
	I	$d\alpha/n$	1	2		1	2	1	2
1	3	3.643	3	3.6870	11	10	1.8158	10	1.8204
2	3	2.856	3	2.8666	12	7	1.7566	8	1.7584
3	10	2.6739	10	2.6786	13	4	1.7002	4	1.7000
4	1	2.5604	1	2.5634	14	8	1.6202	8	1.6260
5	8	2.4467	9	2.4420	15	6	1.5900	7	1.6000
6	9	2.4088	9	2.4100	16	7	1.5424	7	1.5444
7	5	2.2104	5	2.2168	17	2	1.3896	2	1.3900
8	3	2.080	3	2.080	18	4	1.3402	4	1.3412
9	5	2.000	5	2.0006	19	6	1.2246	6	1.2300
10	5	1.9366	6	1.9400	20			2	1.1350

혜산에서 나오는 류비철광은 웅황, 계관석, **휘**안광, 연의 류화염과 함께 나온다. 광물의 형태는 릉형결정, 주상결정, 타형정출물로 **나오**며 루입쌍정을 이루거나 단순 쌍정을 이룬다.

류비철광의 화학조성은 표 5-25와 같다.

류비철광은 류황이 많은 변종이며 그 비는 1.22이다. 류비철광의 렌트겐구조분석값은 표 5-26과 같다.

침류창연광

혜산에서 나온다.

침류창연광은 주로 비유동광, 방연광 드물게 류비동광, 섬아연광과 결합되여 나온다. 흔히 타형을 이룬다.

반사색은 연한 **황색**을 띠는 회백색인데 방연광접촉부에서는 연한 **황색**, 비유동광접촉부에서는 **황백색**으로 나타난다. 반사능은 방연광과 비슷하나 약간 낮다. 이방성과 복반사는 뚜렷하다. 몹시 취약하다. 현미굳기는 $132.4\sim191.4kg/mm^2(KH_1=1.43)$이며 평균 $146.7kg/mm^2(H_0=3.6)$이다.

침상구조가 곱게 나타난다. 농염산에는 인차 갈색으로 된다.

침류창연광의 화학조성은 Cu, Pb, Bi, S 외에 Fe, Sb $0.1\sim0.5\%$, Ag $0.01\sim0.05\%$, Sn $0.005\sim0.01\%$, As이다.

침류창연광의 렌트겐구조분석결과는 표 5-27과 같다.

침류창연광의 렌트겐구조 분석값

표 5-27

№	분석값		문헌값		№	1		2	
	I	$d\alpha/n$	1	2		1	2	1	2
1	3	3.20	9	3.18	7	2	1.97	5	1.984
2	4	2.86	8	2.88	8	10	1.80	1	1.805
3	1	2.70	3	2.68	9	3	1.78	4	1.768
4	8	2.57	6	2.50	10	2	1.60	4	1.593
5	1	2.29	3	2.27	11	4	1.55	4	1.524
6	1	2.17	2	2.17	12				

침류창연광은 그안에 섬아연광, 유동광을 포로하기도 하며 때로는 유동광안에 들어있기도 한다.

류은창연광

혜산에서 나온다.

방연광안에 작은(수 μm) 고용체분렬산물로 들어있다. 광물의 형태는 박판상, 방추상이며 굳기는 방연광과 비슷하다. 반사색은 방연광과 같으나 높은 배률침액에서 보면 방연광보다 연한 **황록색**기가 약간 나타난다.

복반사와 내부반사는 나타나지 않으며 이방성은 나타난다. 거의 직소광한다.

질산(1:1)을 작용시키면 천천히 갈색으로 된다. 염산에 매우 뜨게 그리고 약하게 작용되며 꺼멓게 된다.

분광분석에 의하면 류은창연광에는 Ag, Bi, S 외에 Sb, Pb, As, Fe 등 원소들이 들어있다.

류창연연광

혜산에서 나온다.

류창연연광은 비유동광, 방연광안에 타형정출물로 들어있다. 반사능, 반사색은 류은창연광, 침류창연광, 류창연동광과 매우 비슷하다. 복반사와 이방성이 약한데 침액하에서 알갱이의 경계부에서 나타난다. 염산을 작용시키면 갈색으로 되며 질산에는 침상구조가 나타나지 않는다. Ag에 대한 혹화반응이 나타나지 않는다. 때로 방연광안에서 문상구조를 이루는것 같이 보인다.

화학조성은 Pb, Bi, S밖에 Cu, Pb, As, Sb, Ag, Fe 등 원소들이 극히 적게 들어있다.

류창연동광

혜산에서 나온다.

류창연동광은 류비동광, 비유동광, 휘동광과 결합되여있는데 주로 류비동광의 틈새를 따르거나 비유동광의 경계부에 들어있다. 타형, 주상, 바늘모양이다.

굳기는 2~2.5, 현미굳기는 $166.5 \sim 228.5 \mathrm{kg/mm^2}(KH_1=1.4)$이며 평균 $200.0 \mathrm{kg/mm^2}(H_0=3.9)$이다. 반사색은 황색을 띠는 백색이며 반사능은 $33\pm2\%$이다. 복반사는 약하며 이방성은 뚜렷한데 연한 황색을 띠는 회백색, 갈색을 띠는 황색으로 바뀌우며 연장방향에 따라 직소광한다. 내부반사는 나타나지 않으며 가루색은 연한 황록색이다. 질산을 작용시키면 끓지 않으면서 천천히 갈색으로 된다. 닦으면 면은 회색으로 된다.

KOH에는 흔히 작용하지 않으나 때로는 갈색으로 된다.

화학조성은 Cu, Bi, S밖에 Pb(0.01~0.05%), Sb(0.5~1%), Ag(0.01~0.05%), Sn(0.01~0.05%), As, Fe 등 원소들이 들어있다. 류창연동광은 비유동광, 황동광에 의하여 절단 또는 교대되였다.

섬아연광

혜산, 운흥, 일건에서 나온다.

혜산에서 나오는 섬아연광은 색에 따라 적갈색-갈색섬아연광, 록갈색-회혹색섬아연광, 혹색섬아연광으로 나누어진다.

알갱이크기는 미립으로부터 조립에 이르는 각이한 크기를 가지는데 혹색

섬아연광은 흔히 미립～조립, 적갈색～갈색섬아연광은 조립질, 회흑색섬아연
광은 미립질이다.

현미굳기는 154～235kg/mm²인데 적갈색～갈색섬아연광이 흑색섬아연
광보다 더 굳으며 미립일수록 더 굳다. 섬아연광 20건의 렌트겐구조분석에
의하면 깊은수준의 탄산염암석안에 있는 섬아연광에서 6건은 3C—ZnS이고
14건은 층상살창형이 섞인 살창구조를 가졌다. 섬아연광의 등축성은 형성조
건, 혼입원소의 함량에 따라 다른데 혼입원소의 함량과 등축성은 부(—)의
상관관계를 가진다(그림 5—3).

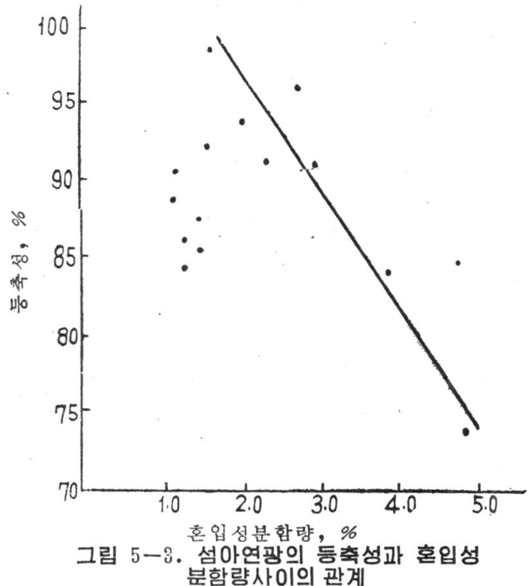

그림 5—3. 섬아연광의 등축성과 혼입성
분함량사이의 관계
직선은 탄산염암석안의 섬아연광

특히 탄산염암석안에 있는
섬아연광의 등축성과 혼입원소
의 함량은 더 밀접한 선형상관
관계를 가진다($\gamma = -0.728$).
류비동광과 결합된 섬아연광의
등축성은 혼입성에 거의 관계
없다. 섞인층상살창류형은 형
성조건에 따라 다르게 나타
난다.

류비동광, 비유동광과 함
께 나타나는 적갈색, 갈색섬아
연광에는 주로 H형이 섞이고
방연광과 함께 나타나는 탄산
염암석안의 흑색섬아연광에는
주로 R형, $R+H$형이며 이것
은 H형이 보다 산성이고 Eh
가 높은 조건에서 생겼으며

R형은 보다 알카리성환원조건에서 유리하였음을 의미한다.

또한 R형은 섬아연광안에 황동광의 분렬산물이 있고 Fe의 함량이 높은
흑색섬아연광에서 생기는것 등은 비교적 높은 온도에서 생긴것으로 예상
된다.

$4H$형은 상부수준의 연의 류화염광물 황동광의 타형징출물과 함께 나타
나는 섬아연광에서 나타나며 분석값에서 금속/류황의 량이 커지는것이 특징
인것으로 보아 흔히 류황의 분압이 낮은 조건에서 안정한 상이라고 볼수
있다.

섬아연광의 비중은 3.76～4.16까지 변하며 등축성과 정(+)의 상관관계
를 가지며($\gamma = 0.555$) 혼입성분 특히 Fe의 함량이 많을수록 작아진다.

광상에서 섬아연광의 격자상수는 $3C$형에서도 차이나며 H형에서도 차이
난다.

섬아연광의 화학조성은 표 5-28과 같다.

섬아연광에서 철의 함량은 0.23~5.06%까지 변하며 보통 0.5~2.0% 정도이다. 탄산염안에 있

섬아연광의 화학조성   표 5-28

조성	Cu	Pb	Zn	Fe	Mn	Cd	S	Ag
함량, %	0.12	—	64.65	0.43	0.14	0.74	32.53	0.04

는 흑색섬아연광에서 Fe의 함량은 더 높고(2.3~5.06%) 류비동광, 비유동광광석안에 있는 갈색섬아연광에서 Fe의 함량은 낮다(0.23~0.57).

분광분석에 의하면 섬아연광에는 Cd 0.005~1%, Ga 0.005~0.5%, In ~0.05%, Ge ~0.05%, Au가 들어있다.

섬아연광은 유동광, 방연광, 황동광 등 광물에 의하여 교대되며 방해석세맥에 의하여 절단되였다.

운흥에서 나오는 섬아연광은 두세대에 걸쳐 형성되였는데 주로 방연광, 황동광, 류비동광, 비유동광과 함께 나온다. 먼저 생긴 섬아연광은 흑색을 며며 조립이고 후에 생긴 섬아연광은 연한 황색을 며면서 세립질집괴를 이룬다.

일건에서 나오는 섬아연광은 고회암의 작은틈새에 들어있는데 방연광에 의하여 침식교대되여있다. 불규칙적인 또는 망상집괴를 이룬다.

방연광

혜산, 운흥, 대흥, 누른봉에서 나온다.

혜산에서 나오는 방연광은 섬아연광, 유동광, Pb의 류화염들과 함께 나온다. 광물의 형태는 조립자형, 미립타형을 이루면서 밀집광석을 이루거나 드물게 세맥광염상으로 나타난다.

현미굳기는 $52\sim74kg/mm^2$이며 평균 $64.5kg/mm^2(H_0=2.7)$이다. 섬아연광의 화학조성은 표 5-29와 같다.

방연광의 화학조성   표 5-29

성분	Pb	Cu	Zn	Fe	As	Bi	Ag	S
함량, %	83.44	0.36	0.64	0.03	0.23	0.024	0.018	13.48

혜산광상에서 나오는 방연광은 늦은 광물의 하나로서 흔히 이른시기에 생긴 유동광, 방해석, Pb의 류화염 등 광물을 교대하거나 그것의 깨진 틈에 채워져있다.

운흥에서 나오는 방연광은 섬아연광―황동광―방연광 광석형에서 집괴로 나온다.

대흥에서 나오는 방연광은 섬아연광, 황철광, 류비철광을 교대하고있으며 류안연광 담홍은광에 의해 교대되였다. 광석에는 금이 2.3g/t, 은이 평균 55.5g/t 들어있다.

누른봉에서 나오는 섬아연광에는 아연과 은이 들어있다.

휘수연광

룡포에서 나온다.

휘수연광은 회중석, **황**동광, 황철광, 류비철광, 자류철광과 함께 나온다.

자철광

룡암철광상, 령하에서 나온다.

룡암철광상에서 자철광은 **황**동광, **황**철광, 백철광, 자류철광, 류비철광과 함께 나온다.

품위가 0.47%까지(평균 0.3%) 높아지는곳도 있다.

령하구에서 나오는 자철광은 함적철광사암 및 점판암안에 들어있는데 대부분 가상적철광으로 변화되여있다.

자철광에는 동 0.15%, 철 25% 들어있다.

적동광

달춘에서 나온다.

적동광은 휘동광, 동람, 자연동, 공작석, 람동광, 갈철광과 함께 나온다.

석석

운홍광상에서 나온다.

석석은 철망간중석, **황**철광, **휘수연광**, 석영, 장석, 백운모, 형석, 전기석 등과 함께 나온다. 철망간중석안에 포과물로 들어있다. **흑갈색**을 띠며 둥근 단주상, 각추상을 이룬다.

석석의 크기는 0.01~0.2mm, 최대 8cm이다.

금홍석

혜산광상에서 나온다.

혜산광상에서 나오는 금홍석은 정방량추모양의 자형을 이루면서 비유동광과 섬아연광의 경계, 비유동광과 **황**철광의 경계부에서 나온다.

반사색은 연한 갈색을 띠는 회색이다. 반사능은 섬아연광보다 약간 높다. 복반사와 이방성은 쌍정에서 뚜렷하게 나타난다. 내부반사는 투명한 청록색 혹은 연한 횡갈색이다. 거의 투명하거나 반투명하다.

석영

령하에서 나온다.

직현통 하부층준의 백색석영질규암의 주성분광물로 나온다. 견운모가 동반되고있다.

석영질규암의 화학조성은 표 5-30과 같다.

석영질규암의 화학조성, %　　　　표 5-30

조성 시료번호	SiO$_2$	TiO$_2$	Al$_2$O$_3$	Fe$_2$O$_3$	MnO	MgO	CaO	P$_2$O$_5$
1	97.76	0.07	0.82	1.46	0.03	0.15	0.29	흔적
2	97.56	0.07	1.93	1.52	흔적	0.39	0.36	흔적

옥수

백암군 양곡, 백두산천지에서 나온다.

옥수는 석영, 방해석, 황철광과 함께 나온다. 백색, 황갈색, 회백색, 유백색을 띤다. 또한 조미사장석질류문조면암을 비롯한 분출암들안에 석기로 들어있다.

옥수질석영

양곡, 대진평에서 나온다. 제3기 현무암안의 틈새를 따라 들어온 옥수질석영맥으로 나타난다. 색은 연한 황동색, 갈색을 띤다.

단백석

양곡리에서 나온다. 양곡리에서 나오는 단백석은 북대천통 고회암안에 남북으로 지나는 단층대에 치우쳐 석영-단백석맥으로 나타난다. 황색, 황갈색, 암갈색 드물게 회색, 회백색, 적색을 띤다. 광택은 유리광택, 지방광택이다.

대진평에서 나오는 단백석은 중생대 도창통의 안산암질분암안의 단층대에 치우쳐있다.

흑요석

장군봉, 향도봉을 비롯한 외륜산을 이루는 봉우리들, 운흥군 대전평, 백사봉, 남포태산에서 나온다.

대전평에서 나오는 흑요석은 하부원생대 리원암군 화강암우에 부정합으로 덮혀있는 흑요석-부석질조면암안에 들어있다.

백사봉에 있는 흑요석은 흑요석-부석질조면암내에서 군데군데 있다. 흑요석은 흑색치밀한 괴상이며 공소와 불순물이 거의 없다. 흑요석의 시차열분석곡선은 그림 5-4와 같다.

남포태산에서 나오는 흑요석은 부석질조면암층과 호상석리를 이루면서 마치 다람쥐무늬를 련상시킨다.

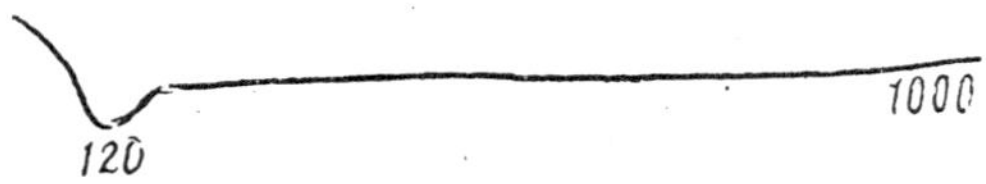

그림 5-4. 백사봉흑요석의 시차열분석곡선

흑요석은 록색, 암갈색, 담자색을 띠며 치밀하고 괴상을 이룰뿐아니라 공소와 불순물이 적다.

흑요석은 장군봉, 백두산의 중요외륜산을 이루는 향도봉을 비롯한 봉우리들의 자름면에서 개별적인 층상 또는 화산암들과 섞여나오는데 그 안에는 레외없이 콩알만한 투장석이 섞여있다. **흑**요석의 화학조성은 표 5—31과 같다.

흑요석의 화학조성, %　　　　　　　　표 5—31

성분\산지	SiO_2	TiO_2	Al_2O_3	Fe_2O_3	FeO	MnO	MgO	CaO	Na_2O	K_2O	P_2O_5	H_2O	작열감량
백두산 장군봉	71.40	0.36	9.79	1.53	5.39	0.07	0.81	0.88	4.95	4.03	0.09	0.03	0.36
백사봉	73.42	0.10	13.50	1.67	1.94	0.05	0.27	0.98	2.55	4.20	0.08	—	0.64

규조토

규조토는 엄격히 말하면 화석인 규조의 집합체이다. 그러나 자원으로 쓰고있으므로 여기에 기재한다.

삼지연군 보서리에서 나오는 규조토층내에는 식물화석, 흑요석, 현무암, 류문암의 덩어리들이 들어있다.

규조토의 색은 백색이며 미분상태의 집괴를 이루어 나타난다. 비교적 순**수**하며 잘 굳어져있다. 패각상단구를 이룬다. 규조토의 화학분석결과는 표 5—32와 같다.

규조토의 화학조성, %　　　　　　　　표 5—32

성분\산지	SiO_2	TiO_2	Al_2O_3	Fe_2O_3	FeO	MnO	MgO	CaO	Na_2O	K_2O	P_2O_5	작열감량
보서	85.98	0.20	3.99	0.69	1.01	흔적	1.12	0.80	0.65	0.85	0.28	3.74

규조토의 시차열분석결과는 그림 5—7과 같다.

150°C부근에서 나타나는 발열반응은 규조토내에 있는 유기물질의 연소와 관련된것이다.

규조토의 내화도는 1470°C이다.

보천군 호산리에서 나오는 규조토는 현무암과 석영반암사이에 얇은층(0.2～0.3m)으로 나온다. 색은 백색, 회백색이며 잘 굳어지지 않았으며 순도가 낮다.

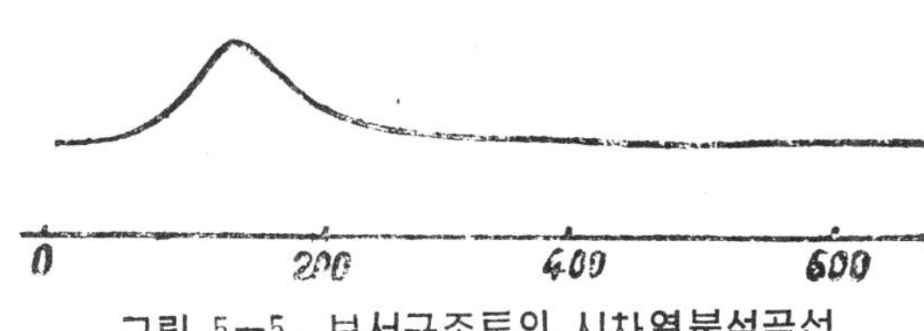

그림 5—5. 보서규조토의 시차열분석곡선

규조토내에는 담백석, 수운모, 유기질기원의 산화철분, 석영이 약간씩 섞여있다. 규조토의 화학조성은 표 5-33과 같다.

호산리규조토의 화학조성, %　　표 5-33

조성 지명	SiO_2	Al_2O_3	Fe_2O_3	H_2O
호산	59~78	6~21	2~3	0.5~2.5

문암리 규조토의 화학조성, %　　표 5-34

조성 지구	SiO_2	Fe_2O_3	CaO	MgO
문암		1.64	0.47	0.93

문암에서 나오는 규조토는 백색 미분상이며 비교적 순수하다. 규조토의 화학조성은 표 5-34와 같다.

적철광

적철광은 명반석광석에서 나온다.

량은 적으나 비교적 넓게 그리고 대단히 분산된 상태로 나온다. 적철광은 또한 암적갈색 또는 반짝이는 회흑색을 띠면서 명반석광석에서 미세한 세맥 또는 1~10mm 정도의 두께를 가진 맥으로 나타난다.

가상적철광

운흥군 령하에 분포되여있는 함적철광, 사암 및 점판암에서 탄산염광물(1~5%), 약간의 자철광과 함께 나온다. 2~3mm의 크기를 가진 자형립상 자철광이 거의 전부 가상적철광으로 교대되였으므로 광석에서 가상적철광의 함량은 70~75%이다. 교대는 자철광의 벽개 및 루대를 따라 세맥상으로, 격자상으로 또는 알갱이전반에서 진행되였다. 1차적인 적철광은 비교적 립도가 작고 공극안에서 미세한 침상결정을 이룬다.

수침철광류

1) 수침철광

보천군 대신에서 나온다.

수침철광으로 된 갈철광광석은 보천통 현무암안에서 나온다. 갈색을 띠며 다공상석리를 가진다. 기공들에는 황색분말상의 수침철광과 점토광물이 들어있다.

갈철광의 시차열분석곡선은 그림 5-6과 같다.

그림에서 보면 수침철광은 200°C이하에서 약한 흡열효과가 나

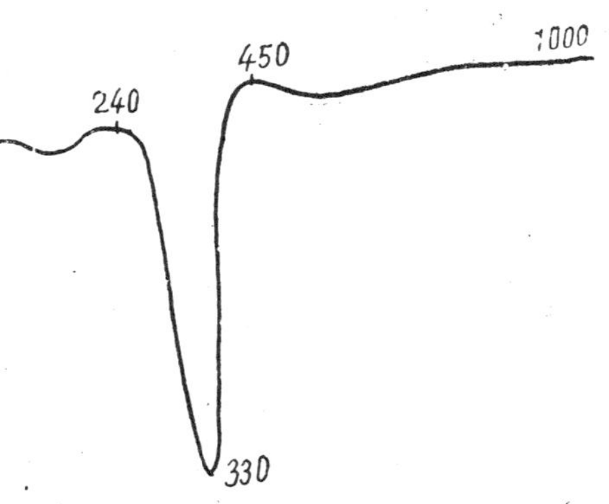

그림 5-6. 갈철광의 시차열분석곡선

타나고 330°C에서 강한 흡열효과가 나타난다. 이것은 갈철광을 이룬 광물이 수침철광이라는것을 보여준다. 갈철광의 화학조성은 표 5-35와 같다.

갈철광의 화학조성, %　　　　표 5-35

조성 지명	SiO_2	TiO_2	Al_2O_3	Fe_2O_3	FeO	MnO	MgO	CaO	Na_2O	K_2O	P_2O_5	작열감량
대신	18.50	0.10	5.75	63.18	1.19	0.08	0.91	0.42	0.30	0.60	0.13	7.32

표에서 Fe_2O_3이 수침철광의 리론치에 이르지 못하고 Al_2O_3과 SiO_2의 값이 많은것은 갈철광광석에 점토광물이 섞여있는것과 관련된다.

2) 분말상수침철광

보천군 대신에서 나온다.

대신리 갈철광광석의 공소와 결면에 황색의 분말상집괴로 들어있다.

분말상수침철광의 렌트겐구조분석결과는 표 5-36과 같다.

분말상수침철광의 렌트겐구조분석값　　　　표 5-36

№	측정값 I	측정값 d/n	문헌값 I	문헌값 d/n	№	측정값 I	측정값 d/n	문헌값 I	문헌값 d/n
1	9	4.179	10	4.178	7	5	2.218	6	2.189
2	2	3.381	3	3.385	8	7	1.714	8	1.719
3	7	2.688	8	2.690	9	6	1.559	6	1.564
4	3	2.578	3	2.580	10	3	1.567	4	1.510
5	10	2.445	10	2.450	11	3	1.447	4	1.454
6	3	2.230	4	2.253	12				

표 5-36에서 보는바와 같이 렌트겐구조분석값은 문헌자료값과 잘 일치된다. 분말상수침철광에 대한 시차열분석곡선은 그림 5-7과 같다.

그림 5-9에서 170°C에서 흡열효과는 흡착수의 유리에 의한것이며 331°C에서의 흡열효과는 결정수의 유리에 의한것이다.

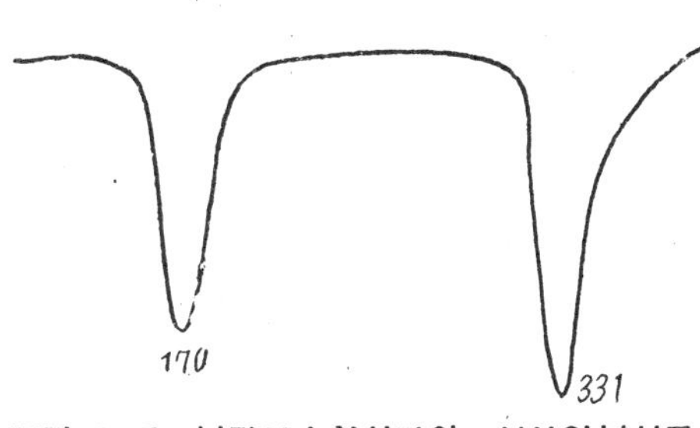

그림 5-7. 분말상수침철광의 시차열분석곡선

일수경반석

보천군 의화리에서 나온다. 명반석광상의 명반석대에서 고령석, 진주도 토와 함께 약간씩 나온다. 육안으로 보면 미립립상으로서 크기는 0.5~1mm

내외인데   대부분 고령석바탕에 균일하게 산광되여있고 드물게 집괴로 **나온**다. 고령석과 섞여**나오**는 경우 일수경반석의 량은 20〜40%정도이다.

굴절률은 N_g=1.754, N_p=1.700 N_p-N_p=0.054이다.

일수경반석의 가운데부분은 점토물질과 미세한 강옥으로서 오염되여있으며 심한 변질을 받았다. 그러므로 일수경반석알갱이는 고령석에 의하여 용식교대되여있다.

일수경반석 60%, 진주도토가 40%, 함유된 시료의 열분석곡선은 그림 5−8과 같다.

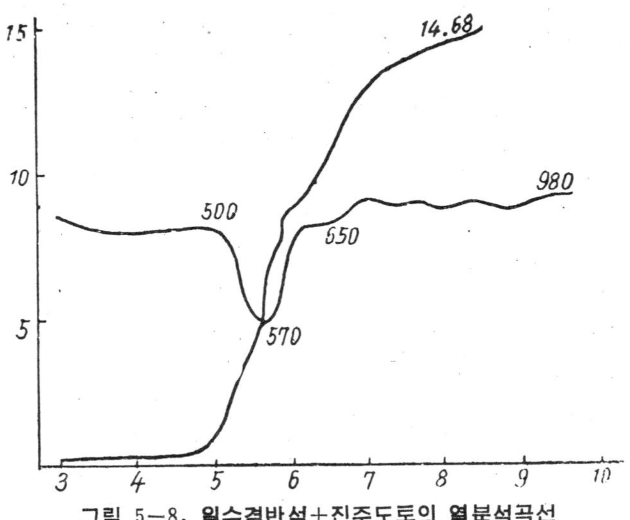

그림 5−8. 일수경반석＋진주도토의 열분석곡선

그림에서 570°C의 흡열효과는 일수경반석에서 결정수가 떨어져나가면서 결정격자가 파괴되고 $\alpha-Al_2O_3$의 생성과 관련된것이다.

알로판석

백암군 양흥, 도화에서 나온다.

알로판석은 팽윤토안에서 본모릴론석, 적은 량의 고령석, 다수고령석일리석과 함께 나온다.

알로판석의 알갱이는 직경이 0.1μm정도의 어란상집괴를 이룬다.

릉고토광

백암군 양흥에서 나온다.

릉고토광은 북대천통 탄산염암석안에 긴 렌즈체로 들어있는 릉고토광 광석의 기본 조성광물이다.

릉고토광은 백색, 연한 회백색, 적색을 며며 치밀하고 세립질이다. 열수

교대작용에 의하여 사문석, 활석으로 변화된다. 굴절률은 $N_e=1.700$, $N_0=1.616$ $N_e-N_0=0.084$이다. 일축성, 광학성은 $(-)$이며 비중은 3.03이다. 릉고토광의 화학조성은 표 5-37과 같다.

릉고토광의 화학조성, %　　　　표 5-37

№	시료번호	SiO_2	R_2O_3	MgO	CaO	작열감량
1	ㄷ-1	0.62	0.47	46.72	0.39	51.84
2	ㄷ-2	0.34	0.36	47.18	0.25	51.62
3	ㄷ-3	0.60	0.43	46.20	0.60	50.62
4	ㄷ-4	0.98	0.40	47.80	0.25	51.75
5	ㄷ-5	0.34	0.36	46.18	0.25	51.16
6	ㄷ-6	0.54	0.66	46.18	0.69	50.60

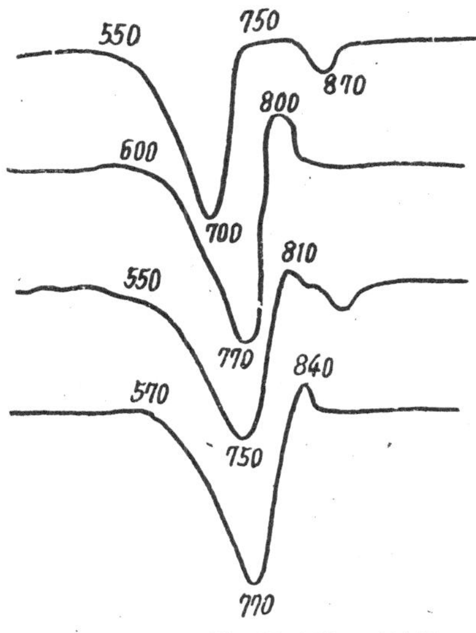

그림 5-9. 릉고토광의 시차열 분석곡선

그림에서 550~770°C의 흡열효과는 CO_2의 해리와 릉고토석의 형성에 의한 것이다.

방해석

운홍군 운홍읍, 심포 상산, 대중, 대오시천에서 나온다.

심포에서 나오는 방해석은 고회암과 화강암의 접촉부에 발달되여있는 황철광 광체에서 나온다.

무색투명, 백색이며 $\gamma(10\bar{1}1)$, $\varphi(05\bar{5}4)$, $f(02\bar{2}1)$, $V(21\bar{3}1)$을 가진다. V면의 길이는 2~20mm이다.

운홍읍에서 나오는 방해석은 고회암 안에서 나오며 무색투명한 조립결정(립경 3~8mm)의 집합체를 이루고있다.

백암군 양홍에서 방해석은 현무암내의 공소에서 나온다. 결정면은 $e(01\bar{1}2)$이고 직경은 2cm에 달한다.

방해석은 또한 운홍군 상산, 대중, 대오시천 일대에서 상부원생대, 하부고생대 석회암의 기본조암광물로 나오며 보천통현무암안의 공소에 작은 팥알 모양으로 들어있다.

고회석

운홍군 룡암, 대오시천, 심포, 백암군 백암, 양곡에서 나온다.

룡암에서 나오는 고회석은 북대천통의 회색, 회백색 고회암의 주성분을 이룬다. 고회석의 화학조성은 MgO 19.81%, CaO 28.8%, SiO_2 2.66%, Fe_2O_3 1.41%, Al_2O_3 0.05%이다.

대오시천에서 나오는 고회석은 북대천통 석회질고회암의 주성분을 이루면서 석영, 방해석, 견운모와 함께 나온다.

화학조성은 MgO 18.22%, CaO 27.77%, SiO_2 18.58%, Fe_2O_3 1.96% 들어있다.

심포에서 나오는 고회석은 북대천통 고회암에서 나온다. 릉고토광, 방해석, 릉철광, 석영, 옥수질석영, 투각섬석, 투휘석, 황철광 등과 공반되여있다.

화학조성은 MgO 21.7%, CaO 20~28%, SiO_2 3.5%, Fe_2O_3 0.5~1.0%, Al_2O_3 0.1~0.9%이다.

백암, 양곡에서 나오는 고회석은 북대천통의 고회암, 결정질고회암의 주성분광물로 나타나고있다.

철망간중석

혜산시 로중, 백암군 양흥에서 나온다.

로중리에서 나오는 철망간중석은 신복관입암체주변에 분포되여있는 전기석화작용, 규화작용을 받은 함전기석소다장석편암과 로중층의 규암에서 나온다.

철망간중석은 철중석, 회중석, 휘창연광, 류비철광, 황철광, 금은광과 함께 나온다. 뚜렷한 결정은 거의 없고 대부분 불규칙적인 집괴로 나오는데 그 크기는 6×1.5cm, 최소 1mm이하이다.

백암군 양흥(두류산)에서 나오는 철망간중석은 무산암군의 알카리화강암 안에 들어있는 북서계렬의 병행렬하에서 휘수연광, 황철광, 형석과 함께 나온다.

명반석

보천군 의화, 백암군 백암광상, 보천군 호산에서 나온다.

의화에서 나오는 명반석은 미립석영, 고령석, 견운모와 함께 나온다.

명반석은 색에 따라 장미색명반석과 회색명반석으로 나누어진다.

대부분이 장미색을 띠는 명반석이다. 장미색은 그내에 미립의 적철광이 분산상으로 균일하게 들어있는것과 관련된다.

명반석은 립도에 따라 크기가 0.005mm이하의 명반석과 크기가 0.1mm이하의 명반석으로 구분된다.

미립의 명반석은 일반적으로 굴절률과 복굴절세기가 결정질명반석에 비하여 약간 낮다.

장미색명반석의 굴절률은 N_g=1.591, N_P=1.576, 복굴절률은 N_g-N_P=0.015이고 회색명반석의 굴절률은 N_g=1.591, N_P=1.573, 복굴절률은 N_g-N_P=0.018이다.

명반석의 시차열분석곡선은 그림 5-12와 같다.

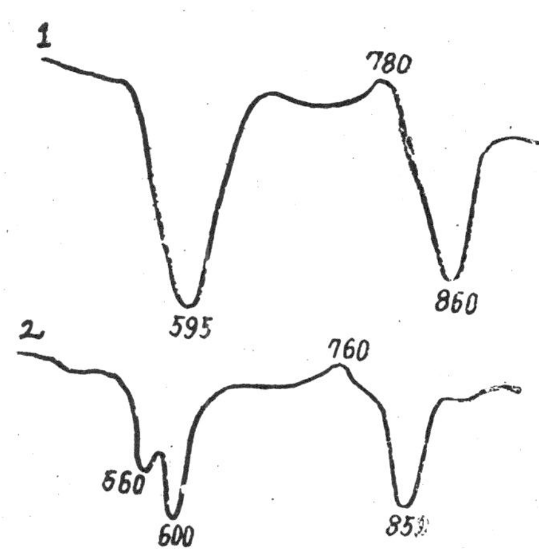

그림 5-10. **명반석의 시차열분석곡선**
1-장미색명반석, 2-회색명반석

그림 5-10에서 500~600°C에서의 흡열효과는 물이 떨어져나가는 것이며 800~900°C에서의 흡열효과는 류황이 떨어져나가는것이다. 그리고 760~780°C에서의 발열효과는 H_2O^+가 유리되면서 명반석구조가 파괴되고 비정질인 Al_2O_3가 결정질인 $\gamma-Al_2O_3$으로 이행되는것과 관련된것이다.

회색명반석에서 560°C에서 나타나는 약한 흡열효과는 명반석에 고령석이 섞여있는것과 관련된다.

백암광상에서 나오는 명반석은 류문암이 명반석화작용을 받아 형성된것이다.

명반석은 두단계에 걸쳐 형성되였는데 조기에 형성된 명반석은 결정이 상대적으로 크고 후기에 형성된 명반석은 미정질이다.

명반석은 린편상, 판상을 이루는데 린편상을 이룬 명반석의 굴절률은 $n_e=1.597$, $n_0=1.576$, 복굴절률은 $n_e-n_0=0.020$이고 판상을 이룬 명반석의 굴절률은 $n_e=1.597$ $n_0=1.575$, 복굴절률은 $n_e-n_0=0.022$이다. $C/\!/N_e$이며 (0001)면을 따라 벽개가 명확하게 나타난다.

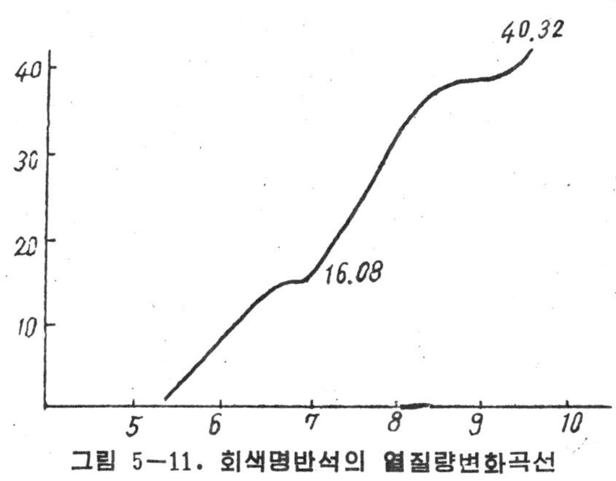

그림 5-11. **회색명반석의 열질량변화곡선**

명반석의 알굵기는 0.01~0.7mm인데 광석형에 따라 다르다.

명반석형광석안의 명반석은 판상, 린편상이면서 0.03~0.6mm, 석영-명반석형광석안의것은 0.2~0.7mm, 고령석-명반석광석안의것은 대부분 0.1mm이하이다. 따라서 광석에서 명반석함량이 변하면 Ga의 함량도 달라지는데 명반석의 함량과 갈리움함량호상관계를 그림 5-12에 표시하였다.

갈리움의 함량은 K_2O의 함량변화에는 관계없이 전기세대로부터 후기세대로 가면서 점차적으로 낮아지는 경향을 가진다.

명반석에서 K_2O/Na_2O는 13±3이다. K_2O와 SO_3의 함량 호상관계는 대단히 밀접하며(상관결수 $\gamma=0.8$) Na_2O와 SO_3의 함량 호상관계는 밀접한 련관이 없다(상관계수 $\gamma=0.3$). 명반석의 열분석곡선은 그림 5-13과 같다.

그림 5-13에서 보는바와 같이 조기 및 후기명반석들은 열분해특성이 같다.

호산에서 나오는 명반석과 수반되는 광물은 담백석,

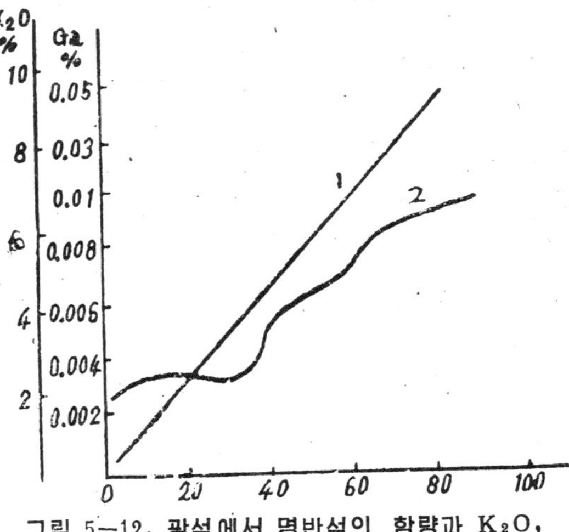

그림 5-12. 광석에서 명반석의 함량과 K_2O, Ga함량 호상관계
1-K_2O, 2-Ga

방석영, 고령석, 황철광, 카리장석, 옥수 등이다.

명반석은 $Ne-N_0=0.019$이다.

첫째형의 명반석은 균렬 및 공소 충진형이다.

둘째형의 명반석은 반정으로 들어있는 장석을 교대하는 경우 4각판상을 그리고 석기안의 침상장석을 교대하는 경우에는 침상으로 나온다.

셋째형의 명반석은 반정이나 큰 알갱이를 이루지 않고 석기안에 미립(0.001~0.002mm)으로 산광되여 나온다. 이 세가지 형의 명반석가운데서 첫째형의 명반석이 둘째형과 셋째형의 명반석을 절단하였는데 이것은 첫째형의 명반석이 제일 나중에 형성되였

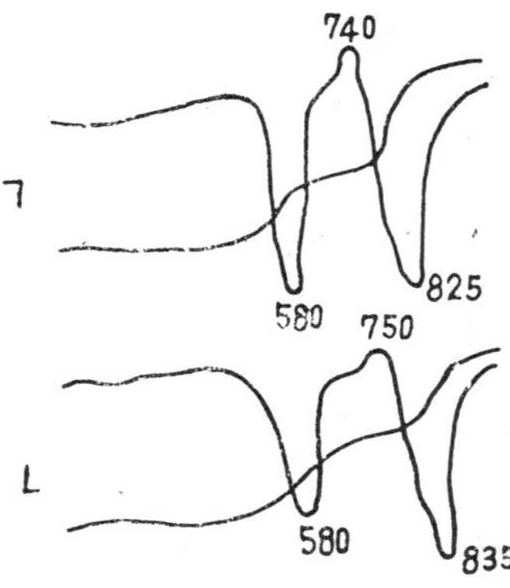

그림 5-13. 명반석의 열분석 곡선
ㄱ-조기명반석, ㄴ-후기명반석

기때문이다. 명반석광석의 화학조성은 표 5-38과 같다.

광석의 석기부분에 대한 X선 주사현미경에 의한 미소구역분석에 의하면 SiO_2 55.81%, Al_2O_3 19.12%, K_2O 4.95%, Na_2O 0.4%, SO_3 20.12%이다.

분광분석에 의하면 광석에는 Ni, V, Mo, Cu, Pb, Sn, Ba, Sr가 미량으로 들어있다. 명반석광석에 대한 K_2O 수용성분석결과는 표 5-39와 같다.

명반석광석의 화학조성, %　　　　　　　　표 5-38

조성 시료번호	Al_2O_3	Na_2O	K_2O	SO_3	H_2O	SO_3/Al_2O_3	$SO_3/(Na_2O+K_2O)$	Al_2O_3/K_2O	K_2O/Na_2O
1-1	35.90	0.20	9.80	37.85	13.04	1.05	3.42	3.66	14.0
1-2	36.10	0.65	10.12	37.78	13.04	1.04	3.35	3.57	15.5
1-3	35.38	0.69	9.92	37.65	13.04	0.95	3.54	3.61	14.4

광석의 K_2O의 수용성 분석값　　　　　　　　표 5-39

시료번호 구분	곽-1	곽-2	곽-3	곽-4	곽-5	곽-6	곽-7	곽-8
수용성 (K_2O%)	0.08	1.40	1.50	5.00	5.02	4.20	4.40	4.60
소성온도 (°C)	400	500	600	700	800	700	700	700
수용률 (%)	1.5	26.1	28.8	96.1	96.5	90.5	94.8	99.1
소성시간 (시간)	1	1	1	1	1	0.5	3	5

명반석에 대한 렌트겐구조분석결과는 표 5-40과 같다.

명반석의 렌트겐구조분석값　　　　　　　　표 5-40

측정값 I	측정값 d/n	문헌값 I	문헌값 d/n	측정값 I	측정값 d/n	문헌값 I	문헌값 d/n
1	5.629	2	5.70	1	2.421	1	2.48
3	4.923	5	4.92	4	2.279	7	2.27
1	4.036			3	1.893	8	1.897
3	3.476	4	3.48	2	1.741	7	1.740
10	2.976	10	2.97	2	1.495	7	1.491
3	2.882	3	2.86	1	1.382	7	1.286

렌트겐구조분석값에서 볼수 있는것처럼 명반석에서 특징적인 값들이 잘 나타나고있다.

중정석

운흥군 신중에서 나온다.

고회질석회암, 운모편암과 이것을 관입한 **흑운모화강암**, 석영반암안에서 **황철광과** 함께 나온다.

화학분석결과에 의하면 BaO 58.05%, CaO 0.46%, SiO_2 0.44% Fe_2O_3 0.68% 함유되여있다.

훼르구손석, 탄탈―니오비움석

백암군 양흥에서 나온다.

이 광물들은 도화동 관입암체의 알카리화강암안에 나타나는 북서계렬단

충들에 치우쳐있는 화강암질거정암에서 철망간중석, 소록석, 석영, 장석과 함께 나온다.

거정암맥의 연장은 1000m, 광대의 폭은 100m에 달하는데 배태암과의 경계가 불명확하며 불규칙적인 형태를 가진다.

형   석

혜산시, 마산 보천군 신홍, 화전에서 나온다.

마천령계 남대천통의 편암안에 있는 동광체에서 류비동광, 유동광, 황동광, 반동광, 류안동광, 루손동광, 휘동광, 동람, 람동광, 공작석, 방연광, 섬아연광, 휘안광, 계관석, 차골광과 함께 나온다.

신홍리에서 나오는 형석은 중생대 석영반암, 규장반암내에 렬하충진형으로 들어있다.

디 크 석

백암군 백암(명반석광상), 보천군 신홍에서 나온다.

명반석광상에서 디크석은 고령석화작용대의 디크석-고령석대에서 나온다. 디크석은 저온열수광물로서 주로 산성매질에서 SO_3의 활동도가 비교적 낮고 H_2O의 활동도가 높아지는 조건에서 형성된다.

고령석, 명반석, 석영, 일수경반석, 백리탄석, 지르콘석, 적철광, 니질물질과 함께 나온다.

디크석광석은 디크석-고령석대안에 집괴모양 또는 작은 줄기모양으로 널려있다.

광석의 색은 회흑색, 암갈색이다.

세립질디크석광석은 디크석-고령석대의 기본구성부분을 이루며 심한 다공성이다. 디크석의 화학조성은 표 5-41과 같다.

디크석의 화학조성, %　　　　　표 5-41

№	시료	SiO_2	TiO_2	Al_2O_3	Fe_2O_3	FeO	MnO	MgO	CaO	Na_2O	H_2O	P_2O_5	SO_3	H_2O	작열감량
1	세립질 디크석	45.36	0.16	38.23	0.32	흔적	흔적	0.08	0.21	0.02	0.10	0.03	0.50	0.43	14.73
2	미립질 디크석	45.21	0.24	38.71	0.11	0.04	0.01	0.67	0.14	0.55	흔적	0.05	—	0.29	14.32

1세대의 디크석은 어두운 회색이며 세립질, 미립질이고 2세대의 디크석은 어두운 갈색이며 미립질, 교질상을 이룬다. 굴절률은 1.5661~1.5663이다.

디크석의 열분석곡선은 그림 5-14와 같다.

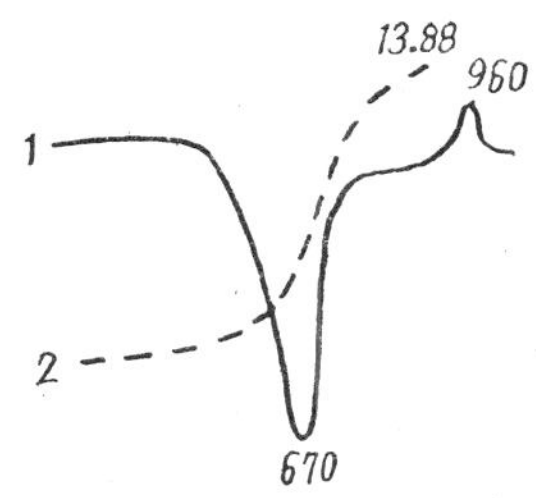

그림 5-14. 디크석의 열분석곡선
1-시차열분석곡선,
2-열중량변화곡선

그림 5-14에서 670~690°C에서 나타나는 흡열효과는 디크석에서 결정수가 탈수되는것이며 920~970°C에서 나타나는 발열효과는 홍주석과 Al_2O_3의 결정화작용에 의한것이다. 질량감소는 550~650°C에서 나타난다.

렌트겐분석결과에 의하면 (표 5-42) 표준치와 잘 일치된다.

디크석의 렌트겐분석값   표. 5-42

№	I	d/n 측정값	d/n 표준값	№	I	d/n 측정값	d/n 표준값
1	10	7.2464	7.24	7	6	2.1201	2.12
2	9	3.6026	3.59	8	4	1.8382	1.83
3	5	2.5970	2.59	9	8	1.6569	1.65
4	5	2.5312	2.53	10	10	1.4961	1.48
5	4	2.4565	2.45	11			
6	8	2.3493	2.34	12			

고령석

혜산, 백암, 양흥, 천수, 상황, 운흥군 령하, 보천군 의화, 화전, 신흥에서 나온다.

혜산에서 나오는 고령석은 남대천통 퇴적변성암들의 변질산물로서 엽랍석, 견운모, 몬모릴론석과 함께 나오며 드물게 독립적으로 대를 이루어 나타난다. 고령석의 화학조성은 표 5-43과 같다.

고령석의 화학조성, %   표. 5-43

성분	SiO_2	TiO_2	Al_2O_3	Fe_2O_3	MgO	CaO	Na_2O	K_2O	작열감량
함량	42.69	0.08	38.83	1.24	0.14	0.64	0.10	0.38	14.78

분광분석에 의하면 고령석에는 Cu, Pb, Mn, Ga, V, Ag, Zr, Zn 등이 들어있다. 고령석의 렌트겐분석결과는 표 5-44와 같다. 굴절률은 1.560~1.568사이에서 변한다.

고령석의 시차열분석결과는 그림 5-15와 같다.

그림 5-15에서 보는바와 같이 600°C 부근에서의 흡열효과는 고령석에서 수산기형태(OH)의 물이 떨어져 나가는것과 관련되며 980°C부근에서의 발열반응은 다 홍주석과 Al_2O_3의 결정화작용에 의한것이다. 120°C부근에

고령석의 렌트겐분석값

표 5-44

№	I	$d\alpha/n$(nm)	№	I	$d\alpha/n$(nm)	№	I	$d\alpha/n$(nm)
1	10	35.72	5	6	20.58	9	3	16.68
2	2	36.24	6	1	22.97	10	8	14.96
3	4	25.86	7	5	20.11	11	1	12.80
4	1	24.02	8	7	18.00	12	1	12.40

서의 3% 정도의 질량감소는 흡착수의 탈수에 의한것이다.

백암명반석광상에서 나오는 고령석은 저온열수교대작용에 의하여 류문암과 그 응회암이 변질되여 형성된다.

명반석과 디크석, 석영, 일수경반석, 백티탄석, 옥수, 단백석, 금홍석, 지르콘석, 적철광, 황철광 등과 함께 나온다.

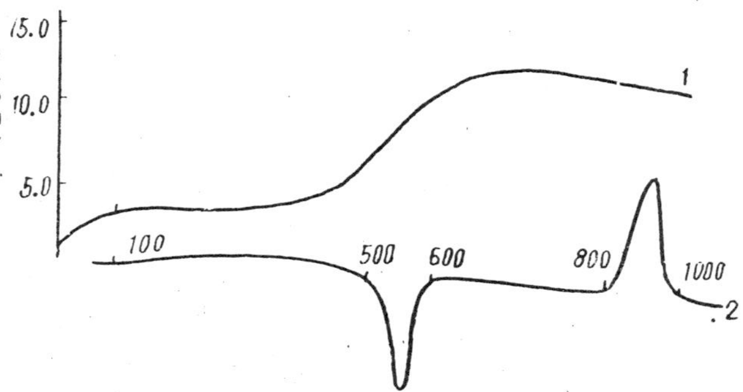

그림 5-15. 고령석의 열분석곡선
1-열중량변화곡선, 2-시차열분석곡선

고령석의 색은 백색, 회백색이며 잠정질로 나타난다. 철물질이 오염되여 때로는 갈색을 띠기도 한다. 고령석의 화학조성은 표 5-45와 같다.

고령석의 화학조성, %

표 5-45

조성	SiO_2	TiO_2	Al_2O_3	Fe_2O_3	FeO	MnO	MgO	CaO	Na_2O	K_2O	P_2O_5	H_2O	작열감량
함량	46.56	0.25	39.30	0.01	0.04	흔적	0.01	0.06	0.10	0.01	0.12	0.25	14.03

고령석은 3개세대에 거쳐 형성된다.

1세대 고령석은 세립다공성광물로서 백색, 회백색을 띠며 집괴모양으로 군데군데 나타나면서 1세대의 디크석과 밀접히 공생공반되여있다.

2세대의 고령석은 세립, 미립이면서 회백색을 띠는데 맥상으로 1세대의 고령석을 절단하였다.

3세대의 고령석은 백색의 미립-겔상으로 나타나는데 2세대의 디크석과 공생공반되여있다.

고령석은 크기가 $0.002 \sim 0.005 mm$ 되는 잠정질, 무정형, 불규칙적인 립상, 굴곡이 심한 파형집괴로 나타난다.

고령석의 내화도는 $1730 \sim 1750°C$, 백색도는 80이다. 고령석의 렌트겐분석값은 표 5-46과 같다.

고령석의 렌트겐구조분석값 표 5-46

№	I	d/n 측정값	d/n 표준값	№	I	d/n 측정값	d/n 표준값	№	I	d/n 측정값	d/n 표준값
1	5	7.9012	7.78	7	10	3.5483	3.55	13	5	2.1568	2.18
2	10	7.0392	7.13	8	5	2.8188	2.81	14	2	1.9436	1.93
3	4	4.4107	4.46	9	7	2.5188	2.55	15	2	1.7571	1.78
4	3	4.1315	4.15	10	6	2.4513	2.48	16	3	1.6206	1.61
5	2	3.9163	3.95	11	8	2.3572	2.33	17	4	1.5516	1.53
6	2	3.8039	3.81	12	10	2.2892	2.28	18			

령하에서 나오는 고령석은 제4기하세의 조면암층안에 있다.

고령석광석의 화학조성은 표 5-47과 같다. 고령석은 질이 좋은것으로 알려져있다.

고령석광석의 화학조성, % 표. 5-47

조 성	SiO_2	TiO_2	Al_2O_3	Fe_2O_3	$CaO+MgO$
함량	$62 \sim 70$	$0.5 \sim 0.7$	$15 \sim 22$	$1.5 \sim 3.5$	$0.7 \sim 1.2$

의화에서 나오는 고령석은 명반석, 석영, 옥수, 단백석, 엽랍석, 방해석, 형석, 황철광과 함께 나온다. 광석에서 SiO_2는 74%, Al_2O_3는 11.82%이다.

다수고령석

백암군 양흥 도화동과 보천군 대진평에서 나온다. 도화동에서 나오는 다수고령석은 팽윤토안에서 몬모릴론석, 고령석, 알로판석, 일리석들과 함께 나온다. 다수고령석은 립도가 $1.5 \times 0.3 \mu m$의 막대기모양으로 나타난다.

엽랍석

보천군 의화에서 나온다.

엽랍석은 석영, 고령석, 명반석, 수운모, 견운모들과 공생하면서 명반석 광상의 규화대, 점토대의 중요광물로 나온다. 주상, 판상, 엽상을 이루며 극히 약하게 담록색을 띠며 무색에 가깝다.

견운모와 활석에 매우 근사하므로 광축각에 의하여 구분된다. 견운모의 광축각은 $2V_{NP}=35°$ 또는 그보다 약간 크지만 엽랍석의 광축각 $2V_{NP}=$

$56° \sim 70°$이다.

엽랍석은 사장석의 엽랍석화작용산물로 흔히 나타나고있는데 이때 사장석은 자주 수운모화작용도 동반하고있다. 굴절률은 $N_g = 1.594$, $N_P = 1.553$, $N_g - N_P = 0.041$이다.

K_2O 1.8%, Na_2O 0.26% 함유하고있으며 열중량감소량은 $1000°C$까지에서 $2.58 \sim 5.24$%이다.

혜산에서 나오는 엽랍석은 고령석광체에서 린편상집괴를 이루어 나타난다. 엽랍석의 화학조성은 표 5-48과 같다.

엽랍석의 화학조성, %　　　　표 5-48

조성	SiO_2	Al_2O_3	Fe_2O_3	MgO	CaO	Na_2O	K_2O	작열감량	계
시료	64.87	28.62	0.46	0.29	0.33	0.12	0.20	6.42	101.31

분광분석에 의하면 엽랍석에는 $Cu(0.1 \sim 0.5\%)$, $Pb(0.001 \sim 0.005\%)$, $Sn(0.001 \sim 0.005\%)$, $As(0.05 \sim 0.1\%)$, $Ga(0.005 \sim 0.01\%)$, $Mn(0.005 \sim 0.01\%)$, $Cr(0.005 \sim 0.01\%)$, $Ti(0.5 \sim 1.0\%)$, $V(0.005 \sim 0.01\%)$, $Ag(0.001 \sim 0.005\%)$, $Zn(0.005 \sim 0.01\%)$가 함유되여있다.

엽랍석의 렌트겐구조분석값은 표 5-49와 같다.

엽랍석의 렌트겐구조분석값　　　　표 5-49

№	측정값 I	측정값 $d\alpha/n$ nm	문헌값(엽랍석) I	문헌값(엽랍석) $d\alpha/n$ nm	문헌값(고령석) I	문헌값(고령석) $d\alpha/n$ nm
1	2	41.05	1	40.08		
2	1	39.10	—		3	38.90
3	4	37.06	4	36.90		
4	7	36.00	—		10	35.70
5	1	35.36	1	35.20		
6	9	33.32	8	33.30		
7	1	32.04	2	32.90		
8	10	30.85	10	30.90		
9	6	26.26	2	36.0		
10	1	25.21	—		1	25.0
11	5	24.39	6	24.30		
12	6	23.95	6	24.0		
13	2	23.50	—		5	23.47
14	4	22.67	4	22.60		

측정값에서 나타난 39.10(1), 36.0(7), 25.21(1), 23.50(2)은 고령석의 혼입과 관련된것이다. 엽랍석의 광축각은 $50 \sim 57°$이다. 엽랍석은 산화환경과

비교적 높은 온도조건에서 생겨난것으로 보고있다.

몬모릴론석

백암군 양홍 도화동, 보천군 대진평, 운흥군 대전평에서 나온다.
몬모릴론석은 팽윤토광석의 기본조성을 이루고있다.

주니석

운흥군 대동에서 나온다.
주니석은 반토질암석이 산성관입암과 분출암의 접촉변질대에서 휘발성분인 C1, F 등을 포함한 열수용액의 변질작용을 받아서 형성되는 광물이다.
주니석은 백악기의 석영반암과 마천령계 규질편암 접촉부의 균렬을 따라 발달하고있는 류비동광—유동광형의 동광석에서 나온다.
주니석은 류비동광—유동광 광석안에서 연한 장미색 또는 회백색을 띠면서 0.5~3mm의 작은 반점을 이루기도 하며 괴상으로도 나타난다. 깨진 알갱이들은 정사면체를 이룬다(그림 5—16).

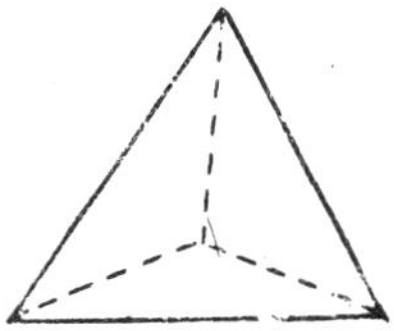

그림 5—16..주니석의 정사면체

박편에서 무색투명하며 대부분 견운모의 린편상 집괴 또는 류비동광—유동광 집괴안에서 자형의 정삼각형 혹은 약간 이그러진 형태로 나타난다(그림 5—17).
주니석의 변두리는 견운모와 디크석에 의하여 주변부가 약간씩 교대당하였다.
굴절률은 $N=1.590$, 1.593이다. 유리광택, 금강광택이며 단구는 패각상이다. 굳기는 6~7정도인데 매우 취약하며 잘부스러진다. 주니석의 열분석곡선은 그림 5—18과 같다.
그림 5—18에서 860~880°C에서 강한 흡열효과는 휘발성분이 떨어져나가는 것이며 550~600°C에서 나타나는 약한 흡열효과는 견운모가 혼입물로 들어있는것과 관련된것이다. 480°C부근에서의 발열효과는 혼입물로 들어있는 류화물의 산화에 의한것이다.

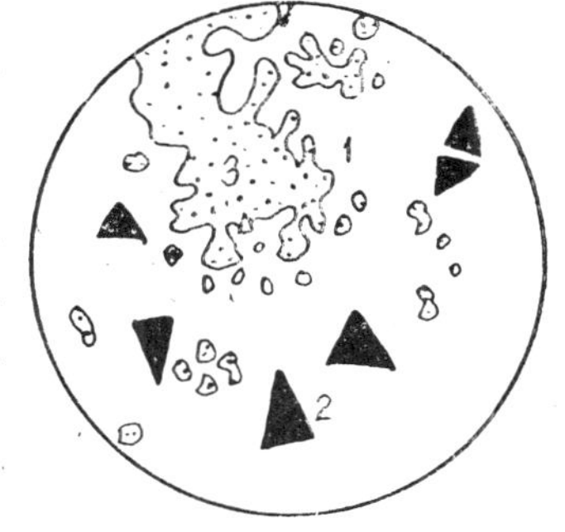

그림 5—17. 류비동광—유동광 집괴안에서 명확한 자형결정으로 나타나는 주니석
1—류비동광—유동광집괴, 2—주니석, 3—견운모

열중량변화곡선을 보면 700°C 부근에서 강한 중량감소가 일어나기 시작하여 920~930°C까지 계속되는데 이 과정에 15.1%의 중량감소가 나타난다. 주니석에 대한 렌트겐구조분석결과는 표 5—50과 같다.
표 5—50에서 보는바와 같이 (333), (660), (84), (100), (666)을 대부분의 면간거리가 문헌자료들과 잘 일치된다.

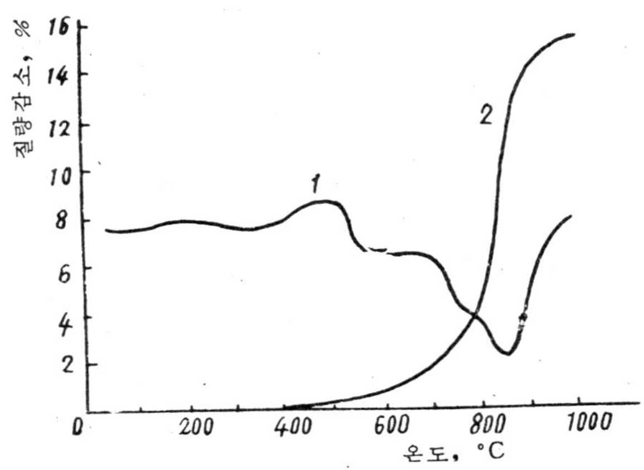

그림 5—.18 주니석의 열분석곡선
1—시차열분석곡선, 2—열중량 변화곡선

주니석의 렌트겐 구조분석값 표 5—50

№	hk, l	I	d/n	I	d/n	№	h kl	I	d/n	I	d/n
				측정자료				측정자료		문헌자료	
1		5	4.257			11	642	5	1.867	5	1.867
2		3	4.032			12	553	4	1.812	4	1.812
3	331			3	3.223	13	820			3	1.695
4		3	2.960			14	660	10	1.642	10	1.641
5	422	3	2.832	3	2.844	15	662	8	1.598	3	1.600
6	333	9	2.715	8	2.713	16	842	3	1.524	8	1.524
7	440			3	2.502	17	931	3	1.463	3	1.463
8	531			3	2.376	18	844	8	1.419	3	1.418
9	622	5	2.126	5	2.127	19	100	8	1.395	8	1.395
10	444	5	2.017	4	2.016	20	666	3	1.339	3	1.339

주니석의 화학조성, % 표 5—51

시료번호	SiO_2	TiO_2	Al_2O_3	Fe_2O_3	FeO	MnO	MgO	CaO	Na_2O	K_2O	P_2O_5	F	Cl	H_2O	※작열감량
3—자	26.49	0.96	48.95	2.97	1.06	흔적	0.19	0.26	흔적	0.10	—	4.91	2.5	0.44	2.31
3—벽	26.84	1.50	38.65	12.53	0.33	흔적	0.37	0.52	흔적	0.10	—	4.29	1.5	0.26	13.18

(※　OH+F+Cl)

주니석의 분광분석결과는 표 5—52와 같다.

시료번호	Co	Ag	Zn	Cu	V	Ni	Cr	Ga	Mn	Pb	Sn
3—자		흔	5	5	흔	흔	2	4	4	4	흔
3—벽	흔	흔	5	5		2	2	4	4	2	흔

* 흔: 0.001%이하, 1: 0.001～0.003%,
2: 0.003～0.006%, 3: 0.006～0.01%,
4: 0.01～0.03%, 5: 0.03～0.06%

주니석은 규화작용과 견운모화작용이 강하게 진행된곳에서 나오며 동류화물안에서 명확한 자형결정을 이루고 견운모들에 의해 교대되고있는것으로 보아 이른시기에 형성된것임을 의미한다.

주니석은 분출암, 반심성암과 관련된 차생규암·꼴체단형광석에서 특징적인 광물이라는것을 고려할 때 이 지구에 분출암이 넓게 발달되여있으므로 꼴체단형의 새로운 광석 또는 분출기원의 규화대, 견운모대와 관련된 광물들이 있을수 있다는데 대하여 주의를 돌려야 한다.

철고토감람석

보천군 룡덕에서 나온다.

철고토감람석은 또한 백두용암대지의 여러곳에 분포되여있는 현무암류의 조암광물로 나온다.

철고토감람석은 보천통 현무암안에서 둥글둥글한 계란모양을 가지면서 복휘석감람안에 포로체로 들어있다.

포로체의 크기는 대체로 5～6cm 때로는 50cm, 담록색, 암적색을 띤다.

복휘석감람안에 있는 철고토감람석의 비중은 3.36이다. 철고토감람석의 화학조성은 표 5—53과 같다.

철고토 감람석의 화학조성, %　　　표 5—53

조성	SiO_2	MgO	Fe_2O_3	Ni	Co	Cr
함량	42.60	46.66	10.74	0.16	0.01	0.085

철고토감람석의 포로체는 보천군 청림리에도 있다. 감람석현무암안의 철고토감람석은 반정 또는 석기로 들어있는데 록색 또는 황록색을 띤다.

반정의 경우 크기는 1～2mm이고 석기속의것은 0.1～0.3mm이다. 반정으로 들어있는 $Ng=1.722$ $Np=1.694$ $Ng-Np=0.028$ $2V_{NP}=80°$ 과학적특성에 의하면 철감람석(Fa) 30%를 함유한 철고토감람석이다.

중성장석현무암안에는 철고토감람석이 3～15%의 반정으로 들어있다. 반정의 크기는 1～3mm정도이다.

$Ng=1.744$, $Np=1.707$, $Ng-Np=0.037$, $2V_{NP}=66°$이다. 광학적특성에 의하면 감람석의 조성은 Fa 30～35%인 철고토감람석이다. 조면현무암,

회조장석현무암안의 철고토감람석은 반정과 석기를 이루고있다. 반정의 크기는 0.3~0.6mm, 석기의 크기는 0.07~0.15mm정도이다. 반정으로 된 철고토감람석은 륙각판상, 석기를 이룬 철고토감람석은 6각판상 또는 둥그스럼한 형태를 가진다.

$$N_g = 1.770, \quad N_P = 1.728, \quad N_g - N_P = 0.042, \quad 2V_{NP} = 75°$$

고토감람석과 철감람석

고토감람석은 남계광상의 고토감람석질스카른의 주요광물로서 사문석, 고회석, 방해석, 자철광, 금운모, 록니석과 함께 나온다. 자주 사문석, 활석으로 교대되여있다. $2V_{NP} = 83~88°$이다.

철감람석은 백두산의 조면암류에서 부성분광물로 나온다. $2V_{NP} = 72°$이다.

근청석

백암에서 나온다.

화강편마암의 조암광물로 나온다. 명확한 결정형을 나타내는것은 극히 드물지만 간혹 길이 2cm인 단주상결정을 이루는 경우도 있다. 결정면은 $m(110)$, $c(001)$가 잘 나타난다. 색은 무색, 암회색이며 투명하고 유리광택을 낸다. 변질된것은 불투명한 암회색을 띤다. 굴절률은 $N_g = 1.550$, $N_m = 1.555$, $N_P = 1.559$이다.

철전기석

백암군 양홍남계광상에서 나온다.

철전기석은 활석안에서 나온다. 결정은 길이 2cm, 직경 수mm에 달하는 주상을 이룬다. 결정면은 $m(\bar{1}010)$, $a(11\bar{2}0)$, $r(\bar{1}011)$인 a면을 주요면으로 하는 륙각주상결정으로 나타난다. m면은 보통 대단히 좁다(그림 5-19).

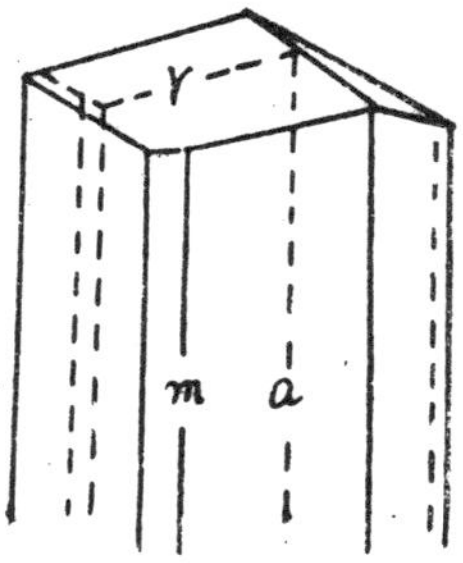

굴절률은 황색광에서 $n_0 = 1.639$, $n_e = 1.618$, $n_0 - n_e = 0.021$이다.

나트리철휘석

백두산의 알카리섬장암의 포로암내에서 나온다. 바르케비크각섬석이 이차적으로 변질되여 형성되였으므로 그 주변부에서 평행한 련정을 이루고있다. 때로는 미세한 결정으로 된 별둥지모양의 집합체를 이루기도 한다. 드물게 길이가 2cm이상 되는것도 있다. 결정은 $a(100)$, $b(010)$, $m(110)$, $p(\bar{1}01)$, $u(111)$, $s(\bar{1}11)$면 만으로 되였다(그림 5-20).

그림에서 끝면은 p, u, s인데 u면이 아주 좁다. S면은 드물게 나타

그림 5-19. 철전기석결정

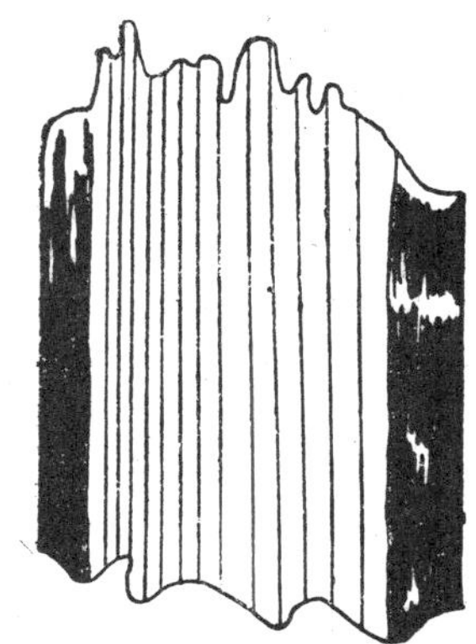

난다. (100)면에 의한 쌍정(크기 1mm이하)이 나타난다. $C:N_g=0\sim4°$

다색성은 $N_g=$연한 갈흑색, $N_m=$록색, $N_P=$진한 록색, $N_P>N_m>N_g$, 광학성$(-)$, $2V=70°$ $\gamma>v$.

(111)면상에서 굴절률은 $N_g=1.765$, $N_P=1.743$, $N_g-N_P=0.022$이다.

보통휘석

보통휘석은 백두용암대지의 분출암내에 조암광물로 들어있다.

감람석현무암안의 보통휘석은 반정 또는 석기를 이룬다. 반정은 짧은 주상, 판상을 이루는데 크기는 $1\sim3mm$이다. $N_g=1.725$, $N_P=1.695$, $N_g-N_P=0.030$, $2V=58°$, $N_g:C=34-45°$

다색성은 N_g-회청색$\sim$연한 황갈색, N_m-연한 황록색$-$갈분홍색, N_P-회록색$-$황갈색이다.

석기는 주상 또는 짧은 주상을 가지면서 석기전반에 고르롭게 널려있다.

반정은 짧은 주상형태를 가지면서 크기는 $1\sim2mm$, 석기의것은 미립의 등장형 또는 짧은 주상모양을 가지는데 $0.05\sim0.1mm$의 크기를 가진다. $C:N_g=40-45°$, $2V_{Ng}=45\sim65°$

다색성은 N_g-갈황색, N_m-연한 갈황색, N_P-갈황색

회조장석현무암안에 $5\sim10\%$ 들어있는 보통휘석은 미립주상 또는 등장형으로 석기속에 들어있다. 크기는 $0.01\times0.05mm$이다. $C:N_g=34°$, $N_g-N_P=0.024$, $2V_{Ng}=48°$, 다색성은 N_g-황갈색, N_m-연한 분홍갈색, N_P-연한 황갈색이다.

조면현무암안에 반정 또는 석기의 조성으로 들어있는 보통휘석은 $C:N_g=30\sim35°$, $N_g-N_P=0.026$, $2V_{Ng}=55°$ 다색성은 N_g-황갈색, N_m-연한 분홍갈색, N_P-연한 황갈색이다.

조면영안암에서 보통휘석은 드물게 반정을 이루면서 나타나는데 짧은 주상, 불규칙적인 형태를 이룬다. $C:N_g=45\sim55°$, $2V_{Ng}=58\sim62°$,

다색성 N_g-록색, N_m-연한 황록색, N_P-청록색이다.

조면류문영안암안에는 매우 드물게 보통휘석이 반정으로 들어있다. 반정의 크기는 $0.3\sim0.8mm$ 짧은주상결정을 이룬다.

$C:N_g=38\sim45°$, $2V_{Ng}=45\sim65°$, 다색성은 N_g-암록색, N_m-밝은 황록색, N_P-밝은 록색이다.

알카리조면암의　　　보통휘석은　　　에지린－보통휘석인데　　반정으로 나타난다.　$C:N_P=15\sim20°$,　　$2V_{N_g}=75\sim80°$,　　다색성은　N_g－록황색,　N_m－밝은 록색,　N_P－록색이다.

삼사각섬석

백두산정에 분포되여있는 류문암내에서 나온다. 판상 또는 주상, 불규칙적인 형태를 이룬다(그림 5－21).

다색성은　N_P＝흑갈색,　N_m＝갈색,　N_g＝진갈색－흑색

광학성(＋), 흡수성이 대단히 높으며 광축각은 대단히 작다. 최대 소광각은 37°이며 복굴절률은 작다.

알카리보통각섬석

백암군 양홍에서 나온다.

알카리화강암의 조암광물로 나온다. 표면이

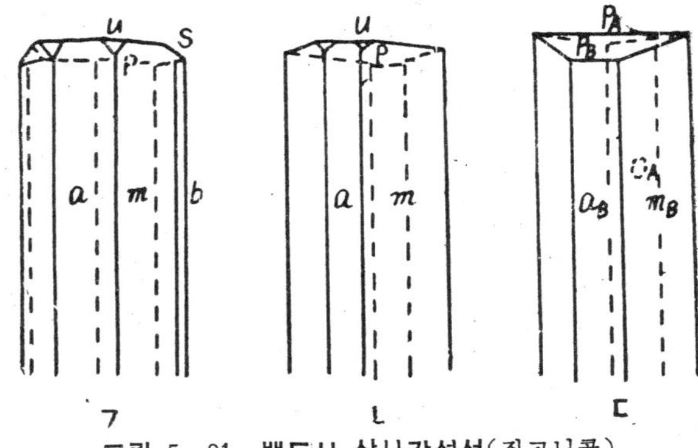

그림 5－21. 백두산 삼사각섬석(직교니콜)

석면상으로 나타날 때도 있다. 주상결정체를 이루며 색은 흑색, 가루색은 청회색이다. 결정면은 $b(010)$, m(110), $p(\bar{1}01)$, $z(121)$ 등인데 m면이 가장 잘 발달되여있다(그림 5－22).

다색성은　N_P＝암청록색,　흑담색,　N_m＝갈록색, N_g＝암회자색, 암록색 $N_P>N_g>N_m$

바르케비크각섬석

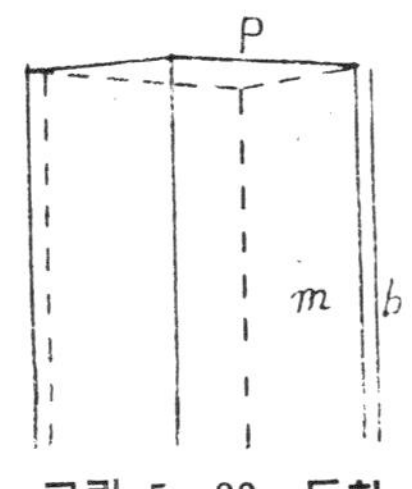

그림 5－22. 도화동의 알카리각섬석결정

백두산에서 나온다.

알카리섬장암의 조암광물로 나온다. 장석, 나트리철휘석, 삼사각섬석 등과 공생되여있다. 결정은 자주 나트리철휘석으로 변화되였다. 두 결정들은 (010)면에 의하여 미세한 투입련정을 이루고있다. m 및 p면으로 된 주상, 단주상 결정이 많다. 현미경하에서 루대구조가 나타난다. $N_m\parallel(010)$,　$C:N_g=80°$,　다색성은　N_g＝암록갈색, $N_P<N_m<N_g$ 이축성이며 광학성은　(－),　$2V\approx0°$,　$N_g=1.703$,　$N_P=$1.693　$N_g-N_P=0.01$이다.

흑운모

백암군 양홍(남계광산)에 분포되여있다.

화강암맥들의 내부변질대에서 나오는데 일차적흑운모와　이차적흑운모로

나누어진다.

일차적흑운모는 이차적흑운모에 비하여 함철성이 높다. 일차적흑운모는
$N_g=1.646$, $N_p=1.586$ $N_g-N_p=0.060$, 이차적흑운모는 $N_g=1.627$, $N_p=$
1.570 $N_g-N_p=0.057$이다.

백운모

백암군 양홍(두류산)에서 나온다.

백운모는 석영, 장석과 함께 나온다. 백운모의 크기는 $0.5×0.5cm\sim4×$
5cm이다.

금운모

백암군 양홍(남계광산)에서 나온다.

금운모는 록니석질암석과 화강암과의 접촉부에서 대를 이루어 나온다.
$N_g=1.586$, $N_p=1.542$, $N_g-N_p=0.046$이다. 금운모의 렌트겐구조분
석값은 표 5-54와 같다.

금운모의 렌트겐구조분석값   표 5-54

№	I	d/n	№	I	d/n	№	I	d/n
1	4	49.8	10	5	22.1	19	4	13.23
2	6	36.9	11	6	21.7	20	4	13.07
3	10	33.5	12	10	20.1	21	2	12.91
4	2	31.3	13	4	19.86	22	6	12.60
5	5	29.1	14	4	19.06	23	2	12.44
6	2	27.1	15	6	18.44	24	8	12.21
7	5	26.1	16	6	14.37	25	2	11.76
8	8	25.1	17	2	13.89	26	4	11.73
9	5	24.2	18	10	13.63	27	2	11.30

수백운모

보천군 의화(명반석광상)에서 나온다.

수백운모는 명반석광상의 석영-수운모대의 중요 조암광물로서 나오며
석영-고령석대와 나트리광석대에서도 적은량으로 나온다. 담록색, 회록색이
며 미립린편상을 이룬다. 자주 섬유상, 꽃모양집합체로 석영, 록니석, 유리
질성분과 함께 그리고 드물게는 고령석과 밀접히 결합되여 나온다. 록니석,
유리질성분과 공생하는 린편상의 수백운모집합체들은 석영, 록니석, 유리질
성분들을 동삼원상으로 둘러싸고있다.

굴절률 $N=1.575\sim1.587$이다. 수백운모의 화학조성은 표 5-55와
같다.

| | | 수백운모의 화학조성, % | | | | | | | | | | | 표 5—55 |

성분 / 시료	SiO_2	TiO_2	Al_2O_3	Fe_2O_3	FeO	MnO	MgO	CaO	Na_2O	K_2O	P_2O_5	H_2O	작열감량
록색수백운모	48.86	0.57	29.80	1.25	1.86	0.06	0.13	0.23	0.29	6.50	0.05	1.95	6.12
담록색—회백색수백운모	47.15	0.47	32.31	1.07	0.86	0.03	1.49	0.21	0.23	6.65	0.04	1.78	6.68

록색수백운모의 렌트겐구조분석값은 표 5—56과 같다.

록색수백운모의 렌트겐구조분석값 표 5—56

№	I	$d\alpha/n$ nm	№	I	$d\alpha/n$ nm
1	4	43.554	9	4	21.862
2	2	41.194	10	6	16.401
3	2	40.898	11	8	14.900
4	2	37.026	12	2	13.332
5	6	33.708	13	6	12.963
6	4	29.828	14	4	12.464
7	8	25.636	15	3	11.746
8	8	22.377	16	4	11.242

견운모

보천군 의화(명반석광상)에서 나온다.

광체주변부 또는 단층선주변부에서 비교적 순수한 단광물집괴로서 색은 담홍색, 연한 회색, 담청색이며 지방감이 강하다.

견운모는 크기가 $0.002mm$ 정도의 대단히 작은 린편상집괴로 나온다. 담홍색견운모의 굴절률은 $Ng=1.594$, $N_P=1.552$, $Ng-N_P=0.042$ 담청색견운모의 굴절률은 $Ng=1.597$, $N_P=1.552$ $Ng-N_P=0.045$이다. 견운모의 화학조성은 표 5—57과 같다.

견운모의 화학조성, % 표 5—57

SiO_2	TiO_2	Al_2O_3	Fe_2O_3	FeO	MnO	MgO	CaO	Na_2O	K_2O	P_2O_5	H_2O+	H_2O-
45.70	흔적	35.96	0.43		흔	0.14	0.75	0.60	9.00	0.13	6.66	0.49

활석

백암군 양홍(남계광산)에서 나온다.

양홍에서 나오는 활석은 북대천통 하부층에 해당되는 활석—록니석편

암, 활석암의 주요 조암광물로 나온다. 백록니석, 금운모, 엽록니석, 릉고
토광, 고회석, 사문석, 린회석, 금홍석, 자철광, 적철광과 공반되여있다.
　　활석의 화학조성은 표 5-58과 같다.

활석의 화학조성, % 　　　　　　　　　표 5-58

조　성	SiO_2	TiO_2	Al_2O_3	Fe_2O_3	FeO	MnO	MgO	CaO	Na_2O	K_2O	P_2O_5	작열감량
함량	60.34	—	0.35	0.23	0.20	0.01	32.0	0.35	0.18	0.10	0.01	4.88

　　분광분석에 의하면 활석안에는 Co, Cu, V, Ba 등이 들어있다. 활석의
주요면간거리와 함철성(f)과의 관계는 표 5-59와 같다.

활석의 주요면간거리와 함철성과의 관계 　　　표 5-59

시료번호	$d006$	$d0010$	$d002$	$d0012$	함철성(f)%
남— 5	31.325	18.687	94.164	15.50	0.20
— 6	31.325	18.687	94.977	15.484	0.33
—14	31.494	18.687	94.977	15.584	0.72
—20	31.494	18.687	94.977	15.584	0.51
—65	31.027	18.717	96.043	15.594	0.42
—87	31.158	18.717	94.168	15.567	1.13
—92	31.325	18.660	95.786	15.550	0.61
—94	31.158	18.687	94.168	15.550	0.38
—120	31.241	18.687	94.168	—	0.04
—121	31.241	—	94.168	—	0.32

　　활석은 맑은 눈백색을 나타내며 드물게 회백색을 띤다. 린편의 크기는
0.015~0.8mm인데 대부분이 0.1~0.5mm이다. 굴절률은 N_g=1.585,
N_P=1.547, N_g-N_P=0.038, $2V$=0~5°, 광학성(−), 연장성(＋), 비중
2.76, 경도 1이다. 활석의 시차열분석곡선은 그림 5-23과 같다.

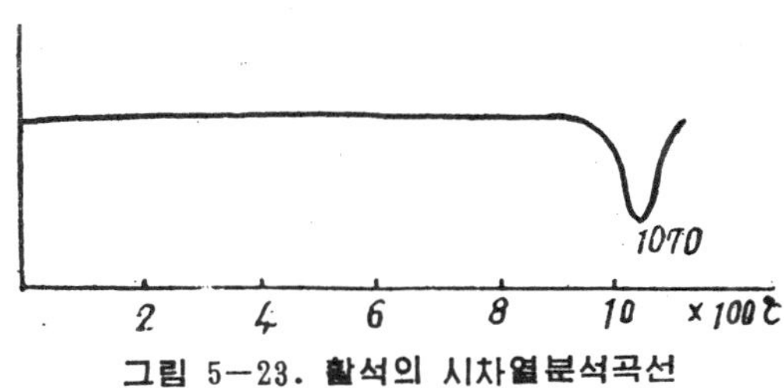

그림 5-23. 활석의 시차열분석곡선

　　그림 5-23에서 1070°C에서
흡열효과는 결정수가 떨어져나가
고 광물의 결정구조가 파괴되는
것과 관련되는데 이때에 사완화
휘석과 방석영이 생긴다. 10%
염산에 대한 불용성잔사는 88~
95%이며 활석현탁액의 pH는
6.5~7이다. 최대물흡수량은

12.68%, 백색도는 1급에 속하는데 적색광과 록색광에서 86～95%(평균 91%), 청색광에서 85～94(평균 90)%이다.

백암에서 나오는 활석은 사문석화작용을 받은 북대천통 고회암내에서 릉고토광과 공반되여 맥형태로 나오는데 두께 4m, 길이 20m이다. 활석의 화학조성은 표 5-60과 같다.

활석의 화학조성, %   표 5-60

시료번호	화학조성			
	SiO_2	MgO	CaO	Fe_2O_3
1	59.82	30.75	0.14	0.83
2	59.66	31.36	0.58	0.88
3	57.42	31.58	0.63	0.83

백록니석

백암군 양흥(남계광산)에서 나온다.

백록니석은 북대천통 하부층준에 해당되는 활석-백록니석편암, 백록니석암의 조암광물로 나온다.

백록니석의 화학조성은 표 5-61과 같다.

백록니석의 화학조성, %   표 5-61

시료번호	SiO_2	TiO_2	Al_2O_3	Fe_2O_3	FeO	MnO	MgO	CaO	Na_2O	K_2O	P_2O_5	작열감량
1	31.53	0.20	21.22	0.51	0.30	0.01	32.00	1.12	0.17	0.27	0.03	12.64
2	29.66	0.18	25.44	0.18	0.40	0.01	30.44	0.65	0.22	0.64	0.02	13.00
3	33.48	0.16	20.46	0.17	0.28	0.01	31.91	0.71	0.19	0.18	흔	12.62
4	34.08	흔	20.95	0.27	0.21	0.02	32.38	0.71	0.20	0.05	흔	12.50
5	30.36	0.12	24.73	0.18	0.43	0.02	29.69	0.60	0.21	0.59	0.02	13.44

백록니석은 Al_2O_3의 함량이 20～22%사이에서 변하는 변종과 23～27%사이에서 변하는 변종으로 나누어진다. 주요 혼입물은 Sr(<0.06%), Cu(0.001～0.006%), V(0.001～0.003%), Ni(0.001～0.003%), Pb(<0.003%), Be(<0.003%), Ba(<0.03%)이다.

백록니석의 렌트겐구조분석결과는 표 5-62과 같다.

색은 연록색, 담갈색, 회색기가 도는 백색이며 조흔색은 백색이다. 벽개는 〔001〕을 따라 완전하고 굳기는 1.5～2이며 비중은 1.6이다. 백록니석의 열분석곡선은 그림 5-24와 같다.

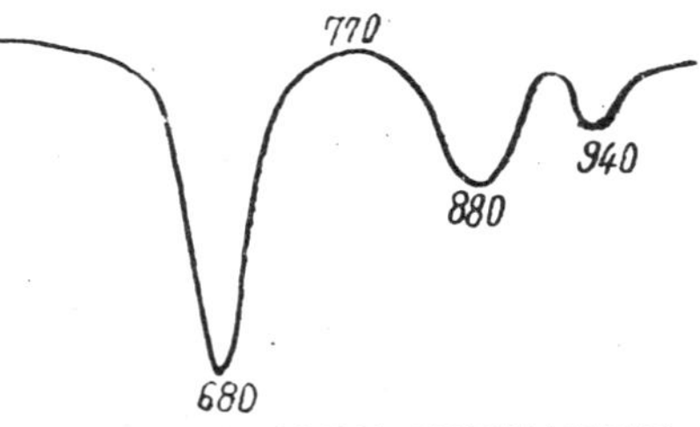

그림 5-24. 백록니석의 시차열분석곡선

백록니석의 렌트겐구조분석값 표 5-62

№	I	d/n	№	I	d/n
1	9	14.243	17	1	2.0170
2	4	9.3027	18	2	1.9960
3	1	7.8243	19	1	1.8777
4	9	7.1320	20	1	1.8158
5	2	5.2111	21	1	1.6560
6	10	4.7161	22	3	1.5570
7	2	3.8802	23	2	1.5304
8	10	3.5309	24	1	1.4912
9	2	3.0973	25	1	1.4514
10	5	2.8434	26	1	1.4124
11	1	2.7120	27	2	1.3882
12	1	2.5334	28	1	1.3356
13	1	2.4274	29	1	1.3136
14	1	2.3540	30	1	1.2873
15	1	2.2494	31	1	1.2332
16	1	2.0606	32	1	1.0960

그림 5-24에서 680°C, 880°C에서의 흡열효과는 각각 물이 떨어져나가는것과 관련되는것인데 680°C까지의 온도구간에서 질량의 9%정도 낮아진다. 백록니석의 흡습성 1.7%, 백색도 82%이다.

엽록니석

백암군 양홍(남계광산), 양곡에서 나온다.

엽록니석은 금운모질암석대와 활석대와의 사이 또는 활석대와 사문석대와의 사이에 있는 록니석질암석대에서 백록니석과 함께 나온다.

록니석질암석대는 백색 또는 연한 록색을 띠는 린편상집괴로 이루어졌다. 외관상 활석과 비슷하다. 일부 엽록니석은 금운모화작용, 활석화작용, 사문석화작용이 진행될 때에 형성되었다. 엽록니석의 화학조성은 표 5-63과 같다.

엽록니석의 화학조성 표 5-63

성분	SiO_2	TiO_2	Al_2O_3	Fe_2O_3	FeO	MgO	CaO	작열감량
함량, %	31.23	0.21	18.22	0.56	0.75	34.68	0.51	14.24

양곡에서 나오는 엽록니석은 고회암안에서 강옥, 첨정석과 함께 나온다. 담록색을 띠는 판상결정(두께 1mm, 직경 5mm)을 이루거나 괴상을 이룬다. 현미경하에서 무색투명하다.

광학성 +, $2V=0°$, 벽개는 (001)을 따라 완전하다. N_g는 (001)면에 거의 수직이다. $1.576 < N_m < 1.578$이다.

사록니석

백암군 양홍(남계광산)에서 나온다.

사록니석은 염기성암맥, 각섬석흑운모편암, 각섬석흑운모섬장암과 룽고토광 및 고회암과의 접촉부에 있는 금운모대와 활석암대사이 및 활석암대와 사문암대사이에 있는 록니석질암석대에서 나온다. 금운모로부터 형성되였거나 금운모화작용, 활석화작용, 사문석화작용이 진행될 때 형성되였다. 굴절률은 $N_g=1.569$, $N_p=1.565$, $N_g-N_p=0.004$이다. 사록니석의 화학조성은 표 5-64와 같다.

사록니석의 화학조성, % 표 5-64

성분	SiO_2	TiO_2	Al_2O_3	Fe_2O_3	FeO	MnO	MgO	Na_2O	H_2O	작열감량
함량	35.44	—	18.70	0.45	0.25	0.01	33.40	0.03	0.11	11.81

사록니석의 X선분석결과는 표 5-65와 같다.

사록니석의 렌트겐구조분석값 표 5-65

№	측정값		문헌값		№	측정값		문헌값		№	측정값		문헌값	
	I	$d\alpha/nm$	I	$d\alpha/nm$		I	$d\alpha/nm$	I	$d\alpha/nm$		I	$d\alpha/nm$	I	$d\alpha/nm$
1	4	87.3	4	83.8	9	6	37.1	—	—	17	2	23.91	5	23.78
2	6	78.3	4	76.8	10	10	35.3	10	35	18	3	22.5	4	22.5
3	10	70.9	6	70.5	11	5	33.5	—	—	19	3	22.05	3	22.05
4	3	56.1	4	51.7	12	2	31.3	2	31.1	20	7	20.2	2	20.7
5	6	50.3	—	—	13	2	29.4	—	—	21	8	20.0	2	20.1
6	10	47.1	7	47.1	14	8	28.35	8	28.1	22	5	18.81	5	18.79
7	4	41.2	—	—	15	6	25.6	3	25.8	23	6	18.22	5	18.23
8	3	39.0	5	38.8	16	5	24.5	6	24.38	24	3	17.74	4	17.26

섬유사문석과 엽사문석

백암군 양홍(남계광상)에서 나온다.

섬유사문석은 고회질대리암을 관입한 화강암주변에 있는 사문석대에서 활석, 마그니감람석, 탄산염광물, 사규고토석 및 주석과 함께 나온다.

엽사문석은 담황색, 록색이며 결정형태는 린편상, 엽상 또는 침상이다.

섬유사문석과 엽사문석으로 구성된 사문석대는 고토감람석스카른과 고회석, 릉고토광을 교대하여 형성되었다. 섬유사문석은 엽사문석에 의하여 교대되였다.

록고령석

혜산시 춘동, 운홍군 대오시천, 백암군 동계에서 나온다.

록고령석은 제4기 하세현무암과 그의 풍화잔적층인 회갈색, 회색점토층에서 수운모, 일리석, 갈철광과 함께 나온다.

대오시천에서 나오는 록고령석은 제4기중세 괴상 및 판상조면암과 그와 협층되여있는 다공성현무암들의 잔류풍화각에서 수운모, 일리석, 갈철광과 함께 나온다.

동계에서 나오는 록고령석은 리원암군의 흑운모화강암과 제4기 현무암의 풍화산물로 점토안에서 나오는데 수운모가 공반되여있다.

록고령석이 함유된 점토의 화학조성은 표 5-66과 같다.

함록고령석점토의 화학조성, %

표 5-66

조성 함량	SiO_2	TiO_2	Al_2O_3	Fe_2O_3	FeO	MnO	MgO	CaO	Na_2O	K_2O	P_2O_5	H_2O
	63.42	0.81	14.28	4.04	0.06	0.01	0.41	1.34	4.33	3.05	0.08	2.18

사 장 석

보천군 의화리 명반석광상주변에는 여러 종류의 분출암이 널려있는데 사장석은 반정과 석기로 들어있다. 반정을 이루는 사장석의 광학적특성과 그의 조성은 표 5-66과 같다. 사장석은 정장석, 석영과 함께 반정을 이루고 있다.

류문반암안의 사장석의 광학적특성과 조성

표 5-67

시료번호	K	J	A	λ	φ	N_0	법 칙	성 분
	N_g	N_m	N_p					
ㅇ-ㅅ-1	N_g	N_m	N_p	9	2	8	축 (010)	소다장석
ㅇ 〃	N_g	N_m	N_p	6	10	5	축 (010)	소다장석
ㅇ-ㅅ-2	71	21	82			3	면 010	소다장석

암산암내의 사장석의 반정의 광학적특성과 조성

표 5-68

시료번호	K	J	A	λ	φ	N_0	법 칙	성분
	N_g	N_m	N_p					
오-26	N_g	N_m	N_p	18	4	35	축 (010)	중성사장석
52-5-7	N_g	N_m	N_p	18	6	38	축 (010)	중성사장석
갱-29	N_g	N_m	N_p	19	3	36	축 (010)	중성사장석

사장석의 광학적특성과 조성

표 5-69

시료번호	K	J	A	λ	φ	N_0	법 칙	성분
	N_g	N_m	N_p					
오-3	N_g	N_m	N_p	24	3	39	축 (010)	중성장석
오-4	N_g	N_m	N_p	21	3	27	축 (010)	회조장석
오-3-7	N_g	N_m	N_p	19	4	35	축 (010)	중성장석

사장석의 광학적특성과 조성

표 5-70

시료번호	K	J	A	λ	φ	N_0	법 칙	성분
	N_g	N_m	N_p					
오-3-ㅂ	N_g	N_m	N_p	19	4	35	축 (010)	중성사장석
오-3-ㅅ	N_m	N_p	N_g	18	10	7	〃	조장석
ㅂ-445	N_g	N_m	N_p	18	3	34	〃	중성사장석

정장석—사장석석영조장반암내의 사장석의 광학적특성과 조성　　표 5—71

시료번호	K	J	A	λ	φ	N_0	법칙	조성
	N_g	N_m	N_p					
갱—32	N_g	N_m	N_p	14	2	30	축 (010)	중성사장석
〃	N_g	N_m	N_p	17	4	34	〃	〃
〃	N_g	N_m	N_p	17	1	34	〃	〃
갱—33	N_g	N_m	N_p	16	6	37	면 ⊥010	〃
〃	N_g	N_m	N_p	17	8	32	축 (010)	〃

조면안산암내의 사장석반정의 광학적특성과 조성　　표 5—72

시료번호	K	J	A	λ	φ	N_0	법칙	성분
	N_g	N_m	N_p					
오—32	N_g	N_m	N_p	10	3	28	축 (010)	회조장석
〃	N_g	N_m	N_p	18	0	23	〃	중성장석
〃	N_m	N_p	N_g	23	6	28	〃	조장석
〃	84	76.5	19			7	〃	회조장석
오—12	75	38.5	57.5			38	〃	중성장석

쇄편(각력)을 이루고있는 사장석의 광학적특성과 조성　　표 5—73

시료번호	K	J	A	λ	φ	N_0	법칙	성분
	N_g	N_m	N_p					
오—1	6	88	90			15	축 (010)	회조장석

변안산암안에 들어있는 사장석반정의 광학적특성과 조성　　표 5—74

시료번호	K	J	A	λ	φ	N_0	법칙	조성
	N_g	N_m	N_p					
오—25—7	N_g	N_m	N_p	18	5	38	축 (010)	중성장석
〃	73	20.5	82	—		38	⊥(100) (010)	〃
〃	N_g	N_m	N_p	15	7	32	축 (010)	〃
〃	N_g	N_m	N_p	14	9	29	〃	회조장석
보—425	N_g	N_m	N_p	11	3	27	〃	〃
〃	N_g	N_m	N_p	22	0	38	〃	중성장석

투장석

　　투장석은 신생대 제3기 및 4기에 분출된 조면암류를 비롯한　준알카리암류들과 **화산탄, 흑요석**을 비롯한 화산분출물들에 반정으로 들어있으며　백두

산의 외륜산을 이루는 봉우리들에서는 화산분출물들과 섞여 황색분말상으로
도 나온다.

투장석은 우의 화산분출암들과 분출물들이 분포된 지역들에는 다 있다.

량강도 보천군 호산리 일대의 조면류문영안암내에 반정으로 들어있는 투
장석을 적외선분광분석에 의하여 그의 질서화도를 계산하면 $UK_{sm}=$
0.494이다.

렌트겐구조분석차료에 기초하여 그의 질서화온도를 계산하면 830°C이며
정장석성분을 32.7% 함유하고있는 조미사장석질계렬의 투장석이다.

백두산의 외륜산 일대에서 나오는 황색분말상의 투장석은 $N_g=1.527$,
$N_P=1.520$, $N_g-N_P=0.007$이다.

렌트겐구조분석결과는 표 5-75와 같다.

황색분말상루장석의 렌트겐구조분석값

표 5-75

№	I	d/n	I	d/n	№	I	d/n	I	d/n
	측 정 값		문 헌 값			측 정 값		문 헌 값	
1	5	6.50	6	6.44	14	3	2.41	6	2.47
2	4	5.06	2	5.86	15	2	2.33	6	2.39
3	3	4.22	3	4.25	16	2	2.30	7	2.86
4	6	4.03	9	4.02	17	2	2.19	4	2.13
5	4	3.76	8	3.80	18	2	2.10	7	2.09
6	2	3.46	2	3.49	19	2	1.95	6	1.99
7	6	3.31	7	3.33	20	2	1.90	6	1.90
8	10	3.20	10	3.18	21	3	1.88	6	1.85
9	5	2.97	7	2.99	22	3	1.83	7	1.82
10	4	2.90	7	2.92	23	4	1.79	7	1.77
11	6	2.88	6	2.83	24	4	1.77	7	1.72
12	2	2.74	6	2.64	25	3	1.68	3	1.68
13	5	2.55	7	2.53	26	3	1.60	6	1.59

표 5-75에서 보면 세개의 강선을 비롯한 모든 값들이 투장석의 표준값
과 잘 일치된다.

소다미사장석(조미사장석)

보천군 의화지역에는 석영섬장반암안에 사장석, 흑운모, 각섬석등 반정
광물과 함께 나온다.

소다미사장석의 광학적특성은 표 5-76과 같다.

조면암안에 들어있는 반정조미사장석의 주사현미경에 의한 미소구역분석
결과에 의하면 $SiO_2=65.84\%$, $Al_2O_3=21.67\%$, $CaO=1.52\%$, $Na_2O=$
5.45%, $K_2O=5.52\%$ 이다.

K	J	A	광축각(2V)	광학성
N_g	N_m	N_p		
82	20	74	40°	부(—)
74	21	78	50°	부(—)

　조미사장석은 주상 또는 4각판상을 이루며 크기는 0.5～8mm이다.
　주사현미경에 의한 X선미소구역분석에 의하면 SiO_2　65.73%, Al_2O_3 19.27%, CaO 0.64%, Na_2O 6.39%, K_2O　7.34%이다. 조성은 Or 42%, Ab 55%, An 5%이다.

비석류

　혜산시 춘동에 있다. 제4기 사력충밑에 있는 현무암의 공소대에서　나온다. 살구씨모양으로 릉비석, 방비석이 들어있다. 릉비석의 열분석곡선은 그림 5—25와 같다.

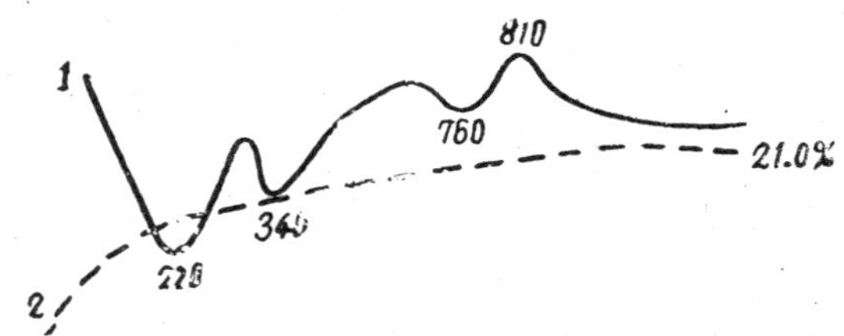

그림 5—25. 릉비석의 열분석곡선
1—시차열분석곡선, 2—열중량변화곡선

　그림 5—25에서 220°C, 340°C에서 나타나는 흡열효과는 릉비석에서 물이 떨어져나가는것과 관련되며 810°C에서 발열효과는 릉비석의 결정구조가　파괴되여 무정형이 생기는것과 관련된다. 그리고 760°C에서의 흡열효과는 물이 완전히 떨어져나가는것과 관련된다.

Ⅵ 백두산지구에 분포되여있는 광상

백두산지구에는 동－다금속 지하자원을 비롯하여 여러가지 건재, 연료 및 지열 자원이 있다 (표 6-1).

№	자원별	광상	로두	광화징후	계
1	금속지하자원	17	7	8	32
2	비금속지하자원	28	11	3	42
3	연료자원	9	0	10	19
4	지열자원	4		2	6
	계				99

백두산지구에 알려진 지하자원　표 6-1

1. 금속광상

운홍광상

광상은 혜산－리원 륙향사의 허천강단렬대와　장파리단렬대사이에　놓여있다(그림 6-2).　광상은 분출열수형동－다금속광상이다.

지질

광상부근에는 하부원생대 마천령계 남대천통, 중생대 장파리통,　신생대의 암석들과 중생대 관입암과 백암들이 발달되여있다.

남대천통암석은　변성정도와 암석학적특징, 광체를 배태하고있는 특징에 의하여 우진골층, 황철골층, 백마산층, 칠석골층, 배나무골층, 희사봉층으로 나누어진다.

우진골층은 광상구역의 최하부층으로서 회백색운모질규암과　안구상규선석견운모편암, 암회색석영견운모편암으로 되여있다.　층의　두께는　300m이상이다.　이 층에는 우진골광체, 장골광체, 뒤골광체들이 들어있다.

황철골층은 후층상안구상규선석견운모편암, 반점상견운모편암과　운모질규암의 협층으로 되여있다.　층의 두께는 200～250m이다.

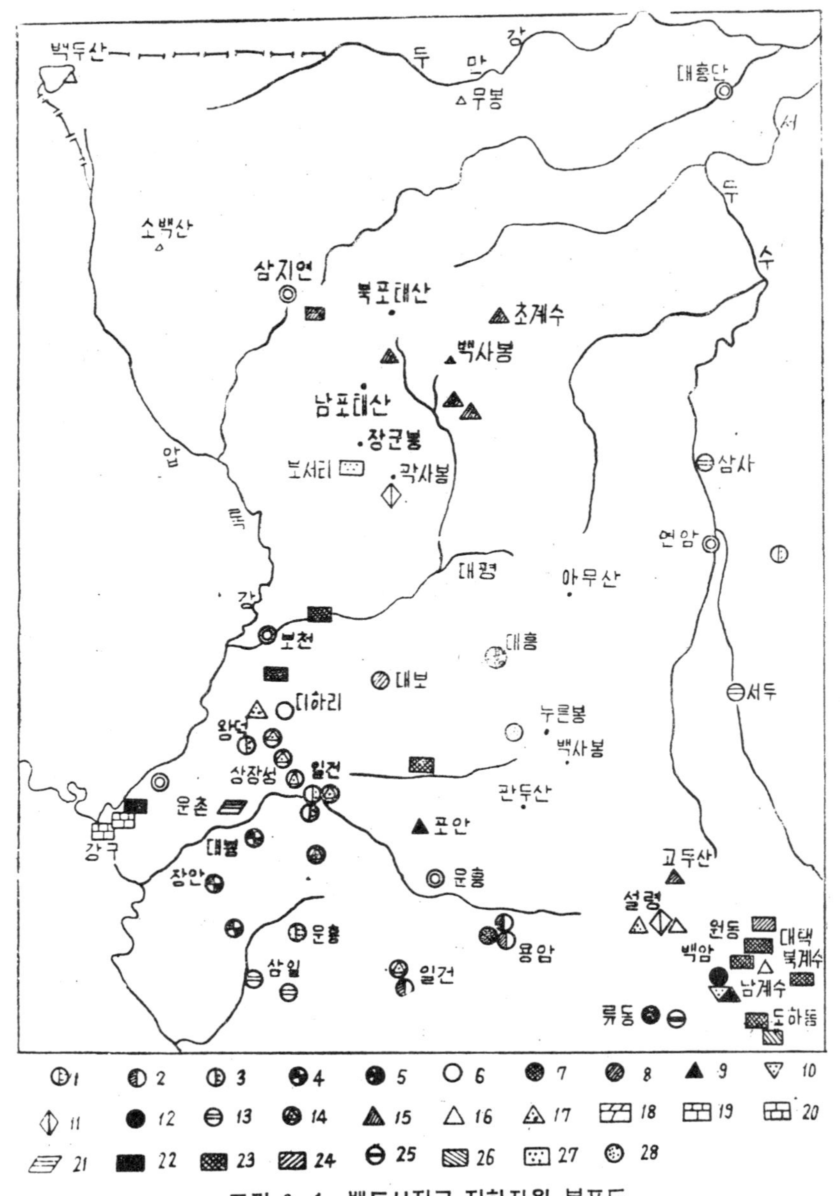

그림 6—1. 백두산지구 지하자원 분포도

1—동—다금속광상(큰규모—운흥), 2—동—류화철광상(중간규모—달춘), 3—동—다
금속광상(작은 규모—왕덕, 상장성, 동계), 4—금, 중석, 창연광상(대봉), 5—연—
아연, 금광상(대흥), 6—금광상(의화), 7—자철광로두(용암), 8—갈철광로두(대신),

9—통고토광광상(백암, 포안), 10—곱돌광상(남계), 11—명반석광상(보천, 설령, 의화), 12—황철광광체(백암,류동), 13—반암동광상(삼일, 신창), 14—류화철광상(일건, 왕덕, 생장, 상산), 15—흑요석(북벽사, 초계수, 고두산), 16—진주암(설령, 안택), 17—고령석(설령, 의화), 18—고회석(백암, 양곡), 19—석회암(강구), 20—세멘트암(강구, 신장), 21—스레트(은촌), 22—무연탄(혜산), 23—갈탄(원동, 도화동,대택), 24—니탄(대택), 25—희토류광물로두(도화동), 26—팽윤토(도화동), 27—규조토(보서), 28—금—동로두(누른봉), 29—부석층, 30—잔류퇴적층, 31—백두산통 산성분출암, 32—보천통 현무암층, 33—중생대 룡성통 분출암층, 34—장파리통 쇄설암, 35—황주계, 36—상원계층, 37—남대천통, 38—북대천통, 39—준분출암체, 40—압록강암군 섬록암, 41—압록강암군 화강암, 42—단천암군 화강암, 43—혜산암군 화강암, 44—리원암군 화장암, 45—시생대 화강암

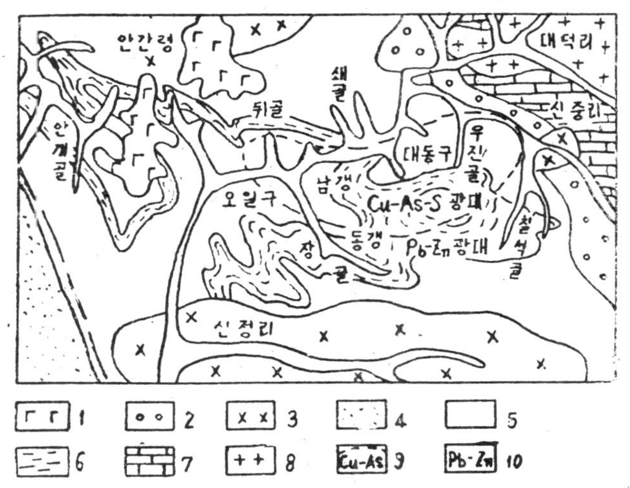

그림 6—2. 운홍광상 지질략도

1—신생대 분출암, 2—중생대 력암, 3—압록강암군의 섬록암, 4—상원계 규암, 5—남대천통 편암, 규암, 천마암, 호층, 6—남대천통 운모편암, 7—북대천통 탄산염암, 8—혜산암군 화감암, 9—Cu—As—S광대, 10—Pb—Zn광대

백마산층은 백색석영질규암으로 되여있는데 상하반에 백색석영질규암과 견운모편암의 호층을 이루고있다. 층의 두께는 100~170m 이다.

칠석골층은 진회청색 진회록색의 경록니석편암과 회색운모질규암의 호층으로 되여있다. 층의 두께는 100~150m 이다.

배나무골층은 회색—회흑색 분사질견운모편암, 진한 회색천매암상견운모편암, 회색규암, 회색규질편암으로 되여있다. 이 층안에는 배나무골광체가 들어있다. 층의 두께는 250~300m 이다.

희사봉층은 회백색 사암상규암과 회색천매암상견운모편암, 어두운 회색천매암으로 되여있으며 층의 두께는 200~250m 이다.

장파리통석들은 주로 력암으로 되여있다.

광상구역에서 리원암군 관입암체들은 전기석질우백화강암으로 되여있는

데 길이가 1.5~2km, 너비 0.1~0.15km인 여러개의 관입암체들이 병행으로 놓여있다.

중생대 관입암체들로서는 삼일관입암체, 신복관입암체들이 알려져있으며 준분출성소관입암체도 여러개 알려져있다.

중산성준분출암은 석영섬록반암－회장섬록반암계렬의 변종과 석영이장반암, 화강반암계렬의 변종들로 이루어졌다. 이 두계렬의 변종암석들은 같은 관입구조안에 치우쳐있으면서도 서로 독립적인 작은 관입암체를 이루고있다.

광상구역에는 남북계렬암맥, 북서계렬의 암맥, 동서계렬의 암맥들이 발달되여있는데 화강반암, 섬록분암, 휘록암맥들이다.

광상구역에는 습곡구조와 단렬구조가 발달되여있다. 습곡구조는 대체로 동서방향으로 연장되면서 활모양으로 휘여져있는 선상습곡과 북서방향으로 놓인 완경사습곡으로 되여있다.

단렬구조는 북서계렬, 북동계렬, 동서계렬, 남북계렬의 단층들이 있는데 그 가운데 동서계렬의 단층이 광상에서 기본 운광, 급광, 함광 구조로 되였다. 운광－급광구조로 되는 금평갱구조의 환력－석묵대는 동서계렬단층의 대표적실례로 된다. 이 구조환력－석묵대는 동쪽에서 7호광체군과 합쳐진다. 단렬구조는 70°이상으로 급경사되여있다. 이 단층의 남쪽에 있는 함광구조들은 북쪽으로 경사지고 북쪽에 있는 구조들은 남쪽으로 경사져있다.

광체

광상에는 우진골광체, 신중광체, 배나무골광체, 대상광체, 뒤골광체, 장골광체들이 알려져있다.

우진골광체와 신중광체는 네개의 광체군으로 나누어진다.

첫번째 광체군(7호광체군)은 우진골 궁륭상 배사습곡의 중심에 놓여있는데 연장은 약 8km정도 된다.

두번째 광체군(9호광체군)은 첫번째 광체군의 함광렬하에서 갈라져나온 렬하를 따라 남쪽에 생긴 광체로서 첫번째 광체군과 함께 기본 산업적대상광체이다.

세번째 광체군(4호광체군)은 우진골 궁륭배사습곡날개부의 층간렬하를 따라 이루어져있다. 상부수준에서만 부광부가 이루어진다.

네번째 광체군(신중지구)은 첫번째 광체군의 동쪽에 놓여있는데 광체의 하반에서 부광부를 이룬다.

배나무골광체와 대상광체는 배나무골 향사부에 들어있다. 이 광체들은 북동으로 주향하면서 서쪽으로 40~60° 경사져있다.

뒤골광체는 동서로 주향하며 남쪽으로 경사졌다. 광체는 우진골층의 규암과 편암의 호층구간에서 부광부를 이룬다.

장골광체는 10여개의 광체들로 이루어져있다. 광체는 북동으로 주향하며 동남으로 경사져있다. 부광체도 동쪽으로 경사져있다.

광석

광상에는 류비동광—비유동광 광석형과 방연광—섬아연광—**황**동광광석형
이 있다. 이 광석형들은 평면에서 대상분포를 이룬다.

류비동광—비유동광 광석형은 광상의 중심부인 배나무꼴과 대상광체구
역, 7.31갱구역과 우진꼴, 승리갱, 동갱, 남갱, 뒤꼴지구에 분포되여있다.

방연광—섬아연광—**황**동광 광석형은 그 주변부인 동방꼴, 뒤꼴상부구
조, 백마산에서 나온다.

대상성은 비금속광물 분포에서도 나타나는데 중심부에서는 비교적 높은
온도조건에서 생기는 장석대가 있고 주변으로 나가면서 옥수질규화대, 벽옥
화대와 자연류황, 적철광, 잠정질중정석대로 되여있다.

중심부분에서도 상부수준에는 산화조건과 낮은 온도조건에서 생기는 적
황색섬아연광, 방연광과 류비동광, 유동광, 반동광이 분포되여있다. 동품위
가 높지만 하부수준에서는 황철광과 황동광이 많이 포함되여있으므로 동품위
가 점차 낮아진다.

광석의 광물조성은 곳에 따라 다른데 광석광물조성에서 많은 광물은 **황**
철광, 비유동광, 류비동광, **황**동광, 섬아연광, 방연광이다(표 6—2).

광석광물조성

표 6—2

많은 광물	적은 광물	매우 적은 광물	맥석광물	산화광물
황철광	정방류비동광	휘류안동광	석영	갈철광
비유동광	휘동광	류동창연광	옥수	공작석
류비동광	반동광	류비철광	방해석	동람
황동광	황석광	자류철광	철고회석	
섬아연광	적철광	자연은	염람석	
방연광		자연류황	고령석	

광화작용

광상에서 광화단계는 석영—황철광단계, 동—류비화물단계, 방연광—섬
아연광단계, 방연광단계 순서로 놓인다.

광상에서 배태암은 규화작용, 견운모화작용, 염람석화작용, 고령석화작
용, 수운모화작용을 받았다. 규화작용은 광체형성과 분포에 밀접히 련관되
여 진행되였고 견운모화작용은 규화작용과 동시에 진행되였다.

광화작용은 배태암의 조건에 밀접히 의존되여 진행되였다. 광체들은 규
암과 편암의 호층된곳에 치우쳐있다. 운모편암이 두터운곳에서는 광체가
적으며 품위도 낮다. 이것은 광화작용이 산화조건에서 침전되는 류비동광,
유동광이 기본이였으므로 운모편암보다 규암에 치우쳐 진행되였기때문이다.

부광부는 북동 및 동서 방향의 궁륭상배사습곡등줄과 그에 가까운 날개

부에서 이루어졌는데 특히 환각력구조파쇄암이 발달한곳에 류비동광 부광부가 형성되였다.

자름면에서 광체는 환각력구조암체를 중심으로 부채살모양으로 분포되여 있다. 그러나 평면에서도 환각력구조암체를 중심으로 타원형으로 배렬되여 있는데 배렬방향으로 경사져있다. 이와 같이 환각력구조는 광화작용에서 생기는 가스—용액의 높은 압력과 반복류출, 대기수와 혼합된 열수용액이 형성되였고 그와 관련하여 산화포텐샬이 급격히 증가함으로써 산화도가 높은 류비동광류광물이 정출되였다. 따라서 준분출열수광상형성과 긴밀히 련계된다.

광상의 성인

광상은 동—류비화물광화작용은 남쪽의 삼일판입암체와 북쪽의 신복판입암체사이에서 중산성준분출체와 성인적으로 련계되여있다.

달춘(룡암)광상

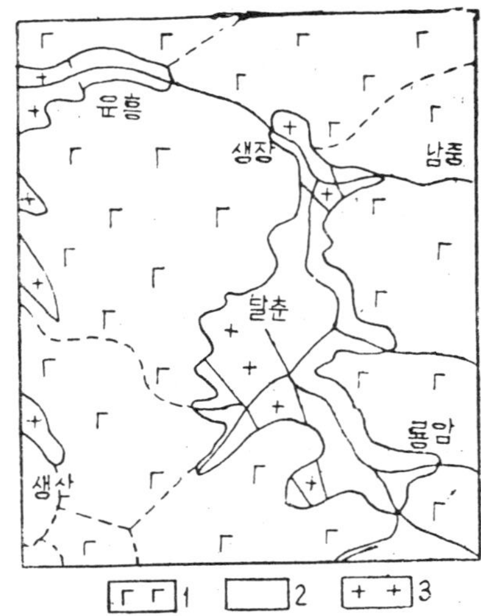

그림 6—3. 달춘광상지질략도
1—신생대 현무암, 2—북대천
통편암, 고회암, 3—화강암

광상은 분출퇴적(층형)열수 동—류화철형광상이다(그림 6—3).

지질

광상구역에는 마천령계 성진통, 북대천통 퇴적변성암류, 제3기말 제4기 분출암류, 리원암군 우백색화강암과 혜산암군 화강섬록암과 맥암으로 되여있다.

성진통암석들은 근청석—석류석질복운모편암, 규질복운모편암, 각섬편암으로 되여있다.

북대천통 암석들은 속신막교회암층(200~300m), 달춘동고회암층(80~700m), 달춘동편암(200~300m)으로 나누어지는데 동광체는 달춘동고회암층에 있다.

이 고회암은 백색—회백색 조립결정질암석인데 CaO 28~30%, MgO 20~21%, SiO_2 3.5~5%, Al_2O_3 0.1~0.3%, Fe_2O_3 1.4~2.7% 들어있다.

신생대층은 치밀한 괴상현무암(50~100m)과 우에 조면암(20~70m)이 덮여있고 그우에 다공성현무암(20~50m)들이 덮여있다.

광상구역에는 리원암군과 혜산암군의 화강암이 분포되여있는데 리원암군 암석들은 중립질우백색화강암, 전기석질거정암으로서 편암안에 중간주입되여있다. 혜산암군 화강암은 중립반상화강암, 화강섬록암으로 나타나며 압록강 암군은 화강반암, 규장반암맥상체로 나타난다.

광상구역에는 장파리단렬대와 변형되는 북서계렬의 큰 단층이 있으며 진 폭이 비교적 큰 선상습곡과 그안에 보다 작은 예리한 습곡이 있다. 습곡 의 방향은 북서방향이다.

광체는 지층의 틈새를 따르는 복잡한 층사이렬하에 들어있다. 광체는 일정한 층준에 치우치면서도 예리한 선상전도습곡과 보다 늦게 생긴 주머니 모양의 부조화습곡 그리고 층사이 단층과 련계되여있다.

광체

광상에서 광체들은 18개 알려졌는데 북서방향과 북동방향으로 느리게 경 사져있다.

광체들은 흔히 맥상, 레즈체를 이루고있지만 부광체를 이룬 부분에서는 불룩한 모양, 기둥모양을 나타낼 때도 있다.

광석

광석광물로서는 거의 비슷한데 광체들의 하부수준에 원생광대가 있고 지 하수준면우에 차생부화대가 있다.

원생광대는 주로 황동광, 황철광으로 되여있으며 그밖에 백철광, 자류철 광, 방연광, 섬아연광 극히 드물게 자철광, 진사가 있다.

차생부화대는 갈철광, 공작석, 동람, 자연동, 람동광, 적철광, 릉철광으 로 되여있으며 산화대와 류화물대가 명확히 구분되지 않는다.

광상의 성인

광체들의 배태암인 달춘동 편암안에 호층하는 고회암으로 되여있다.

광체들은 북서방향으로 주향하는데 북서방향의 예리한 선상전도습곡과 련관되여있다. 부광체는 작은 부조화습곡의 해부에 치우쳐있다(그림 6-4).

배태암인 함광고회암, 석회암, 석회질편암(록니석편암)은 규선석편암, 운모편암과 규칙성없이 호층되여있다. 이 지층들은 정연한 층을 이루지 못하 고 지속성없이 첨멸되거나 분렬된다(그림 6-5). 이것은 석회질편암, 록니 석편암이 염기성분출기원의 변성암이라는것을 보여준다.

동-류화철광체는 주로 황철광으로 되여있는데 자류철광이 섞여있다.

일부 광체에서는 황동광, 황철광, 자류철광은 문상석리를 이룬다. 이것 은 이 광상이 습곡작용을 받기전에 형성되였으며 염기성분출기원의 암석들과 성인적으로 련계되여있다는것을 보여준다.

대봉 광상

광상은 분출퇴적(층형)열수형 금-중석-창연광상이다.

지질

광상은 지체구조적으로 혜산-리원륙향사 허천강요곡대 북부에 놓여있으

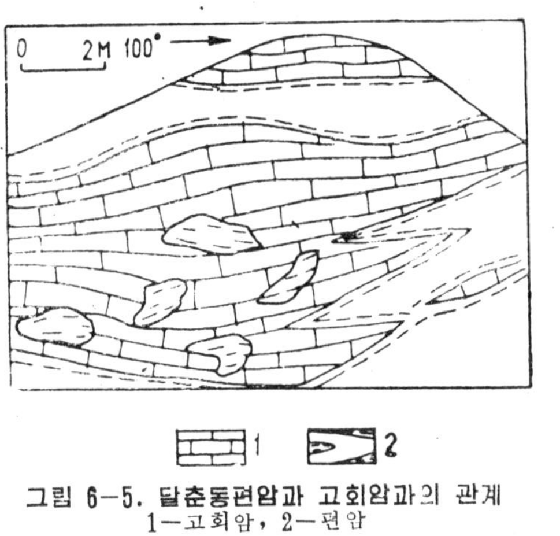

그림 6-5. 달춘동편암과 고회암과의 관계
1-고회암, 2-편암

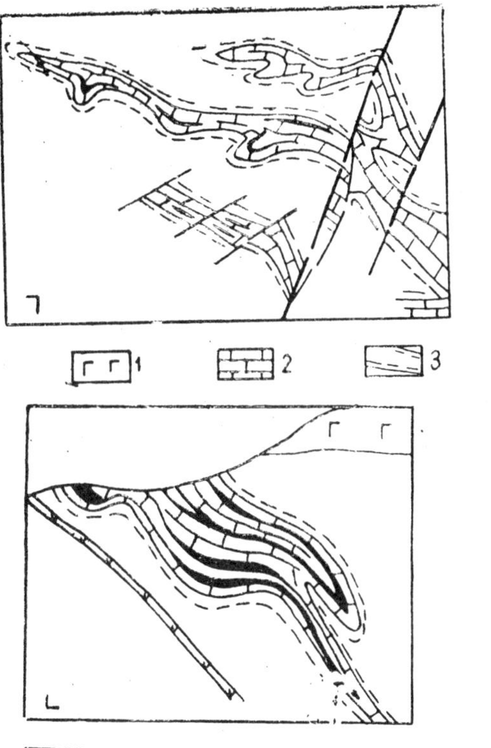

그림 6-4. 달춘광상의 평면도(ㄱ)와 자름면도(ㄴ)
1-현무암, 2-고회암, 석회암, 3-달춘동편암,
4-동-류화철광체, 5-단층, 6-분암맥

며 장파리단렬대 서쪽에 린접되여있다(그림 6-7).

광상구역은 밑으로부터 남대천통과 《혜산준계》라고 부르는 계안에 신복층, 로중리층, 중평층, 릉리층으로 되여있다.

신복층은 규질점판암, 분사질규암이 수mm~수cm두께로 심히 호층되여있으며 소다장석질암석과 전기석질암석이 자주 끼우며 상하층에 흑색점판암색 또는 암록색 흑색의 록니석질편암과 흑갈색의 흑운모질규암이 놓여있다. 이 층은 함광층으로 되여있다.

로중리층은 주로 흑색천매암으로 되여있는데 여기에 약간의 흑색 흑운모질규암이 끼여있다.

중평층은 규암으로 되여있는데 이따금 력이 끼여있다. 중평층은 견운모, 록니석, 천매암질편암으로 되여있다.

광상구역에는 장파리층이 삭박잔존물로 남아있는데 력암으로 되여있다. 그우에 신생대 현무암과 합금력암층이 있다.

광상구역에는 백악기말 압록강암군의 신복관입암체와 하부고생대

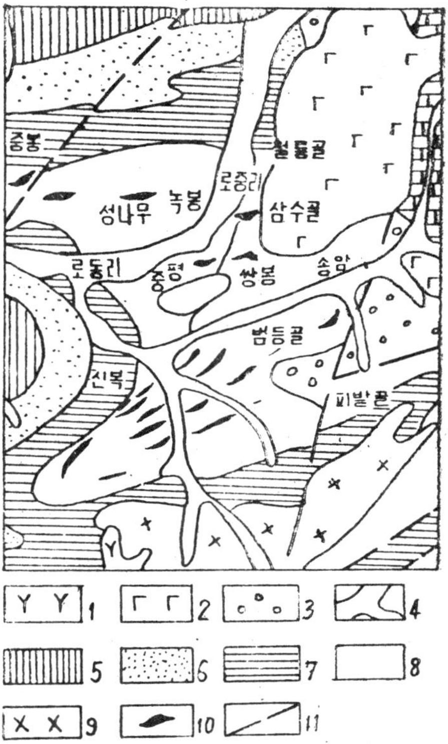

그림 6-6. 광상구역의 지질략도
1-조면암, 2-현무암, 3-장파리력암, 4-제4기층, 5-중평층편암, 6-중평층규암, 7-로중리층천매암, 8-신복층전기석조장석질편암, 9-섬록암, 10-금광체, 11-단층

로 예견되는 염기성소관입암체와 섬록분암, 화강반암맥들이 발달되여있다.

염기성소관입암체들은 많은 경우에 배태암과 정합적으로 놓여있으며 드물게 약하게 사교한다. 소관입암체의 크기는 $17 \times 100m^2$ 정도이며 회록색, 암록색을 띠며 중립질이다. 암석은 휘장암, 휘장섬록암이며 대부분이 각섬편암처럼 보인다.

신복관입암체는 중생대 쇄설암층까지 관입되여있으며 신생대 현무암에 의하여 덮히였다.

관입암체는 주변암석에 약간 열변성작용을 주었으며 관입암채의 변두리로부터 안으로 들어가면서 조암광물의 알갱이크기가 점차 커진다. 관입암채 안에는 포도체들이 많이 있다. 암석은 섬록암, 휘장섬록암, 석영섬록암, 화

강섬록암이다.

대봉광상은 신복배사, 로중배사부에 들어있다. 이 배사는 서쪽에서 서로 갈라지고 동쪽에서는 합쳐져 하나의 큰 궁륭상배사를 이루는데 습곡축은 광상중심부에서 동서로 달리며 서쪽에서 북서쪽으로 휘여들었다. 동쪽에서 장파리단렬대에 의하여 절단되였다. 신복배사와 로중배사 등줄을 따라 파쇄각력대가 발달되여있는데 그를 따라 광체들이 발달되여있다.

대봉—중평 광야에는 북서계렬과 북동계렬의 크지 않은 단층들이 발달되여있다.

북서계렬의 단층은 신복배사등줄과 남쪽날개, 로중배사등줄에 나타난다. 이 렬하들은 벌림렬하로 나타나면서 함광각력암대로 나타난다. 날개부의 단층은 큰 습곡과 함께 생긴 작은 연신습곡이 심히 만곡되는 부위에 발달하며 층과 좀 사교하는 렬하도 함광렬하로 되여있다.

북동계렬의 단층은 장파리단렬대를 절단하였다. 이 단층들도 급광, 함광구조의 역할을 수행하였다.

광체

광체들은 대부분 배사습곡의 등마루에 생긴 벌림렬하들을 따라 세맥그물모양광체와 짧게 연장되는 미끄럼렬하의 집합체로 된 광체로 나타난다.

광체들의 주향은 일반적으로 습곡의 방향과 같다. 로중배사에 놓이는 광체들은 대체로 동서로 연장되고 북쪽으로 경사져있다. 신복배사에 놓이는 광체도 습곡축의 방향과 같이 북동쪽으로 연장되는 광체가 많으며 북쪽으로 경사져있다. 신복배사에 놓이는 광체나 로중배사에 놓이는 광체나 등줄부위에 놓이는 광체는 경사가 더 급하고 북쪽날개에 놓이는 광체의 경사는 완만하다.

광체의 크기는 신복지구에서 6~7개의 광체가 두께 0.1~2m이며 1km 정도 연장된다. 로중지구에서 4~5개의 광체가 1m두께로 0.5~1km정도 연장되여있다. 그가운데서 쌍봉광체의 두께는 24m에 달한다. 록봉지구에는 3~4개의 광체가 있는데 두께는 0.5~1m이며 30~60m정도 연장되여있다.

신복지구에서는 주로 중석과 창연, 금과 안티몬, 로중지구와 록봉지구에서는 금, 동 여기에 류화물이 나온다.

광석

광상에는 금—창연공반, 금—류비철광, 금—황철광 광석형이 특징적이다.

광체의 기본광석은 황철광, 자류철광, 류비철광, 휘창연광, 황동광, 방연광, 섬아연광, 휘안광 등이다.

광상에서 가장 많은 광물은 전기석, 조장석, 석영, 황철광이고 다음 많은 광물은 류비철광, 자류철광, 휘창연광, 회중석 및 철중석, 자연금이다. 적은 광물은 휘안광, 방연광, 섬아연광, 황동광, 자철광, 릉철광, 방해석이다.

기본원소는 Au, W, Bi이고 수반원소는 Ag, Co, Sb, Cu이다.

광상에서 광물 및 원소들의 분포는 신복관입암체쪽으로부터 북쪽으로 멀어지면서 저온성광물대로 넘어간다.

신복관입체로부터 1.5~2km되는 신복배사중심구간에서 금과 함께 창연, 중석, 광체가 특징적으로 놓인다.

관입암체로부터 2.5~3km 구간(쌍봉—중평)에서 중석—창연 광화작용이 약하고 류비철광—금, 황철광—금대광으로 넘어간다.

관입암체로부터 4~5km되는 록봉지구에서는 합금—동류화물공반으로 되면서 류비철광과 자류철광이 적어진다.

광화작용의 중심부로 볼수 있는 신복지구로부터 주변부로 나가면서 고온환원성조건에서 생기는 회중석, 자류철광, 휘창연광 광석형은 상대적으로 낮은 온도와 산화조건에서 생기는 황철광, 방연광, 섬아연광, 철고회석공반으로 넘어간다.

전기석화작용과 규화작용은 주변부로 나가면서 점차 약화되고 철고회석, 록니석, 점토화 작용으로 넘어간다.

광화작용

광상에서 광화단계는 기성열수단기, 열수단기로 구분된다.

기성열수단기에는 전기석화작용, 조장석화작용과 석영, 철중석, 류비철광, 회중석이 형성되였다.

열수단기에는 석영—황철광단계, 중석—류화물단계, 금—류화물단계, 석영—방해석단계로 나누어진다. 석영—황철광단계에서는 석영과 조립황철광이 형성되였다. 중석—류화물단계에서는 먼저 철중석, 회중석, 류비철광, 자류철광이 침전되였다. 뒤따라 류비철광, 휘창연광, 금광화작용이 진행되면서 합금 류화물단계에 들어갔으며 황철광과 휘창연광, 황동광, 금광화 작용이 계속되였다. 석영—방해석 단계에서는 황철광과 방해석, 롱철광이 침전되였다.

대흥광상

광상은 열수형 연~아연, 금광상이다.

지질

대흥광상은 혜산—리원요곡지, 마천령 륭기대의 북동쪽 변두리에 놓여있다.

광상부근에는 마천령계 성진통 암석과 신생대 분출암으로 되여있다. 성진통은 각섬석질편암과 운모편암으로 되였는데 우에 층상고회암이 놓여있다. 신생대 분출암은 상신세 현무암과 회록색 조면암으로 되였다. 광상부근에는 관입암이 알려지지 않았다.

성진통 암석이 드러난곳은 남북방향과 북동방향의 작은 습곡에 의하여 습곡되여있다. 지층은 북서방향의 대홍1호단층과 북동방향의 2호단층에 의하여 절단되고 약하게 파쇄되였다.

광체

광상에는 세개의 광체가 알려졌는데 모두 맥상으로 되여있다. 함광렬하는 례외없이 배태암을 큰 각도로 절단하였다. 광체는 대홍1호단층, 대홍2호단층 그 수반렬하에 들어있다.

광석

광석안에는 황철광, 방연광, 섬아연광, 류비철광, 황동광, 류안연광, 담홍은광과 옥수질석영, 릉철광, 고령석, 수활석 등이 들어있다.

광물의 정출순서를 보면 황철광→류비철광→섬아연광→황동광→방연광→류안연광, 담홍은광으로 되여있다.

광석에서 광물들의 함량은 황철광 25~40%, 류비철광 2~15%, 섬아연광 2~7%, 방연광 2~5%, 류안연광 1~2%, 황동광, 담홍은광이 조금씩 들어있다.

광석에서 기본원소는 Au, Ag, Pb, Zn, Sb이다. Ag/Au비는 13으로서 금품위가 높으면서도 은비률이 높은것이 특징이다.

광석은 각력상석리, 괴상석리, 광염상석리, 유리질석리, 변교질석리를 가지고있다.

광상의 성인

광상은 비교적 높은 온도조건에서 침전되는 철섬아연광, 류비철광과 함께 낮은 온도조건에서 생기는 방연광, 류안연광, 담홍은광으로 되여있다.

Au품위가 높으면서도 Ag/Au비가 13으로서 높다.

지표 부근성광상에서 나타나는 원소들인 Pb, Ag, Sb, Cd, As, Sn, Zn, Cu이 많고 V, Co, Ni과 같은 심성조건에서 오는 원소들은 적다.

배태암의 변화에서는 점토화작용, 릉철광화작용이 넓게 나타난다.

함광렬하는 급한 경사로 층을 절단하였으며 각이한 주향을 가지는데 광체들은 불규칙적인 맥상으로 되여있다.

이와 같은 특성은 이 광상이 지표부근성 열수광상이라는것을 보여준다.

의화리광상

이 광상은 분출성금광상이다.

지질

광상은 마천령릉기대의 보천요함구에 놓여있다. 주로 중생대 분출암으로 되여있으며 하부원생대 탄산염암과 결정편암이 드물게 남아있다

(그림 6-7).

중생대 룡성통은 3개의 분충으로 나누어진다. 1분층은 복잡한 화산탄, 집괴암, 층웅회암으로 되여있는데 금광체가까이에서는 나타나지 않는다. 2분층은 석영반암과 그 웅회암으로 되여있다. 3분층은 회록색 조면반암과 그 웅회암으로 되여있다.

신생대층은 상신세 현무암과 현세 하성층으로 되여있다. 현무암층은 광상의 북쪽 릉선과 신흥천기슭 자름면에서 적은 면적으로 나타나는데 구멍이 많은 감람석현무암으로 되여있다.

관입암으로서 압록강암군에 속하는 섬장암, 섬장반암의 중분출체들이 있다.

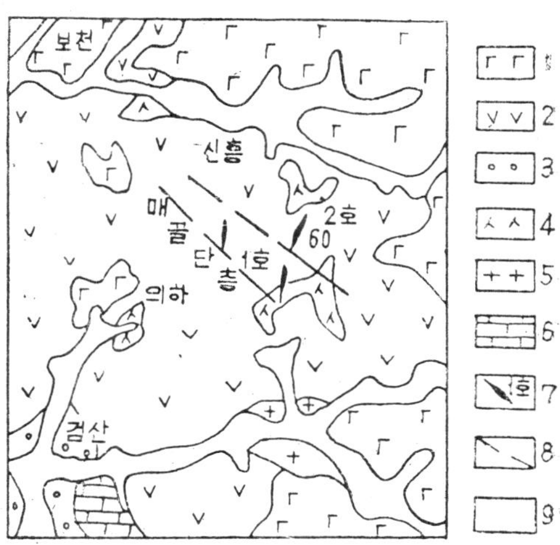

그림 6-7. 의화리 금광상 지질략도
1—현무암, 2—룡성통산성분출암, 3—장
파리통력암, 4—섬장암(준분출체), 5—
화강암(혜산암군), 6—탄산염암, 7—
금광체와 번호, 8—단층, 9—제4기층

지질구조는 북서방향의 매골단층과 춘산령단층, 북동방향의 남양동 단층이 있다. 단층은 북동쪽으로 70~80°, 남서쪽으로 70~80° 경사져있다. 단층은 중생대 분출암과 준분출체를 100m미만으로 전위시키였다.

광체

광체는 춘산령 1호, 2호 광체, 매골광체와 여러개의 산광체, 로두로 되여있다.

춘산령1호광체는 춘산령정점 살바위 준분출체안에 들어있다. 그 부근에 두개의 로두가 있는데 그것들도 이 준분출체안에 들어있다.

춘산령2호광체는 룡성통 2분출 규장암과 석영반암 그 웅회암안에 있는데 춘산령단층가까이 북북동방향의 렬하에 들어있다. 그 경사는 60°정도이다.

매골광체는 룡성통 2분출 규장암, 석영반암과 그 웅회암속에 들어있다.

광체들에서 금품위, 형태, 두께는 주향에 따라 심하게 변한다.

광석은 규장암, 석영반암안에서 석영세맥과 옥수질규화대로 나타난다. 광물조성은 석영, 옥수질석영과 규장암안에 광염된 극히 미세한 **황철광, 황**동광, 자연금알갱이로 되여있다.

광화작용은 중생대 룡성통암석의 분출시기에 동시에 진행되였다.

일건광상

광상은 분출퇴적(층형)류화철광상이다.

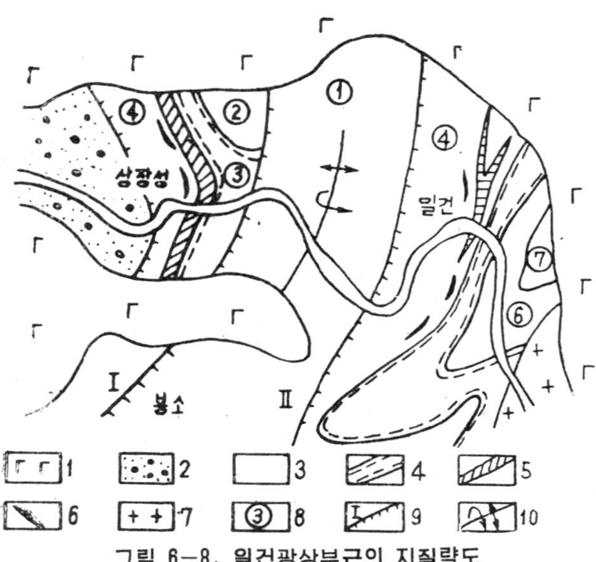

그림 6-8. 일건광상부근의 지질략도

1—현무암, 2—장파리통 력암, 3—북대천통 탄산염암,
4—북대천통 편암, 5—각섬편암, 6—류화철광체, 7—
혜산암군 화강암, 8—층번호, 9—단층, 10—힘방향

지질

광상은 마천령지괴의 북쪽에 놓여있다(그림 6-8).

광상구역은 북대천통, 장파리통, 신생대 현무암으로 되여있다. 북대천통 탄산염암은 광상의 서쪽에서 장파리통과 구조접촉되여 있으며 동쪽에서는 혜산암군 통천관입암체에 의하여 뚫리였다.

북대천통 탄산암은 밑으로부터 봉서 고회암층, 상장성석회암층, 상장성견운모편암, 왕덕고회암층, 일건 본산운모편암층, 둔지동석회암과 견운모편암의 호층, 고회암층으로 되여있다.

광체는 왕덕층고회암과 각섬편암안에 있다.

장파리통은 력암으로 되여있다.

신생대층은 현무암과 사력층으로 되여있고 상신세 현무암층은 감람석현무암으로 되여있는데 연장은 150여m 된다. 그우에 제4기 중세 사장석질 현무암이 80m의 두께로 덮혀있다.

광상구역에는 하부원생대 퇴적변성암층안에 렌즈모양의 염기성암이 있다. 암석은 각섬암, 각섬편암, 섬록분암 등이다. 두께는 10~50m이다.

광상구역의 동남부에 혜산암군에 속하는 룡천

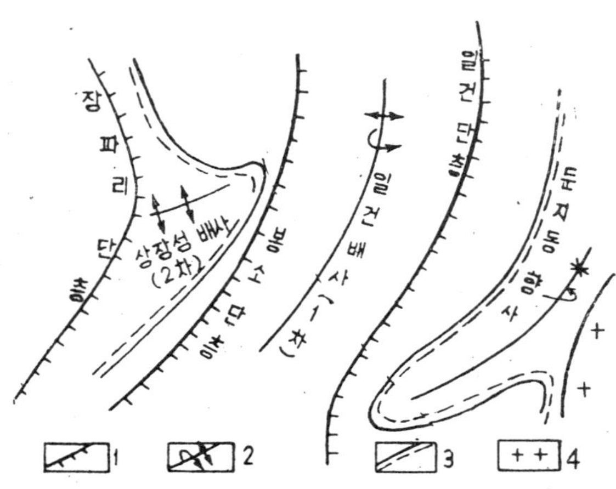

그림 6-9. 일건광상의 지질구조

1—충상단층, 2—습곡축, 3—편암경계, 4—화강암

관입암체가 넓게 분포되여있다. 이 관입암체는 류화철광체형성에서 성인 암의 역할을 놀았다.

광상구역에는 또한 여러가지 조성의 암맥들이 발달되여있다.

광상구역의 습곡구조는 2개의 계렬로 나타나는데 하나는 남북 또는 북서 방향의 1차선상습곡이며 다른 하나는 선상습곡을 다시 습곡시킨 2차습곡 이다.

1차 선상습곡으로서 일건배사습곡, 둔지동향사가 있으며 상장성2차배사 가 있는데 북쪽 날개에 상장성류화철광체와 동광체가 나타난다(그림 6-9).

광상구역에는 장파리단층, 봉서리단층, 일건단층과 청내령단층이 있다. 일건단층은 동쪽으로 15~30° 경사진 역단층이며 충상단층이다. 이 단층에 일건류화철 광체가 치우쳐있다.

광체

일건광상은 류화철광체, 연-아연, 동광채, 유동광형동광체로 되여 있다.

류화철광체는 일건본산지구와 상장성지구에 있는데 류화철광대 총연장길 이는 약 30km 된다. 이 구간의 서북단에서 동남단으로 가면서 순수 류화 철형광체로부터 점차 동-류화철형광대로 넘어가는 습성이 나타난다.

광체의 놓임새는 광체의 류형에 따라 다르다. 류화철광체, 연-아연광 체, 유동광형광체들은 모두 북대천롱의 왕덕층 고회암층안에 들어있는데 주 향은 배태암과 거의 같은 방향으로 놓이면서 동쪽으로 50~60° 경사져있다. 연-아연 광체는 류화철광체 보다 층형적특성을 보다 세게 나타낸다. 유동 광형동광체는 류화철광체를 절단하거나 고회암층안에 들어있다.

류화철광체는 렌즈체, 층모양을 이룬다. 두께는 10여m이며 길이는 수 백m에 달한다. 연아연광체는 류화철광체와 같은 함광층안에 들어있으면서 도 그 하반에 놓인다. 광체는 층모양을 이루는 경우가 많다. 광체의 길이 는 최대 50여m 된다. 유동광형동광체는 두께가 평균 0.5m되는 불규칙적인 맥상인데 길이는 수십m에 달한다.

광석

광상에서 광석형은 황철광광석형, 황동광-방연광-섬아연광광석형, 유 동광광석형으로 나누어진다.

황철광광석형은 류화철광체의 기본광석이며 조립결정질구조와 괴상석리 를 이룬다. 황동광-방연광-섬아연광 광석형은 연-아연광체의 기본광석 형이다. 세립-중립결정질구조와 각력상석리를 가진다. 유동광광석형은 미 립-중립 결정질 또는 잠정질 구조와 산광상석리, 괴상석리를 이룬다.

황철광광석형은 조립황철광을 기본으로 하는 약간의 석영, 방해석, 고회 석으로 되여있다. 광석형의 기본원소는 류황인데 평균 18~20%, 최고 45% 이다.

연－아연광석형은 **철섬아연광**과 **황동광**의 유착상구조를 이룬다. 섬아연광은 고회암의 작은 틈새를 채우며 **황동광**은 섬아연광안에 물방울모양으로 산점되고있다. 방연광은 **섬아연광**을 불규칙적으로 침식교대하였으며 **황철광**은 반자형부등립상의 개별적알갱이로 고회암 또는 섬아연광안에 불규칙한 잔류물로 포과되고있다.

유동광광석형은 주로 유동광으로 되였는데 **황동광, 황철광**, 방연광이 적은량으로 들어있다. **황철광**은 반자형립상구조로 고회암과 유동광집괴안에 포과물형태로 산점되여있다. 유동광은 집괴상으로 있는데 **황철광**과 고회암의 작은 파편들을 포과하거나 불규칙적으로 침식당한다.

광상의 성인

광상에서 세가지 류형의 광석은 서로 다른 시기에 형성되였다.

류화철광체와 연－아연광체는 습곡작용과 동시에 또는 그 이전에 형성되였으며 유동광형동광체는 습곡후기에 형성되였다. 류화철광체는 1차선상습곡의 복잡한 부위에서 부광체를 이루고있다. 류화철광체는 배태암과 같이 습곡되였다. 연－아연광체는 류화철광체가까이에서만 찾아볼수 있다. 광체는 류화철광체에서 어느 정도 떨어져있으나 배태암과 같이 습곡되여있는데 류화철광체보다 더 세부적인 습곡모양을 나타내고있다.

유동광형동광체는 습곡된 류화철광체와 연, 아연 광체를 절단한 매우 복잡하고 불규칙적인 틈새에 들어있다.

이와 같은 특징으로 보아 각섬암, 각섬편암들은 하부원생대층이 퇴적될 때 분출퇴적 및 층간주입의 방법으로 형성되였다는것을 알수 있다. 류화철광체와 연, 아연 광체의 1차적원천은 이때 마련되였으며 그후 습곡운동시기에 재배치되고 재결정화되면서 농집되였다. 유동광형동광체는 습곡이후에 이루어졌다.

누른봉광상

광상은 분출성열수금, 동 광상이다.

지질

광상은 마천령륭기대의 북쪽 백두화산대 구역에 놓여있다. 광상부근은 신생대 현무암을 비롯한 분출암과 그를 뚫고 올라온 제4기 준분출암체(누른봉관입체)로 되여있으며 광체는 그 접촉부에 놓여있다(그림 6－10).

상신세 현무암은 해발 1300～1400m 수준인 대전평골자기에 드러나있다. 암석은 현무암이다. 준알카리계렬의 감람석현무암, 사장석현무암으로 되여있다. 암석의 색은 암회색, 회흑색이며 세립－유정질이다.

제4기 분출암은 조면암, 류문암, 조면영안암, 조면류문암으로 되여있다.

류문암류는 백색, 회백색, 연한 갈색, **황**갈색, 회록색을 띠는 암석으로 되여있다.

조면영안암과 조면류문암은 투장석, 카리장석의 반정과 극히 적은 량의 암석광물, 카리장석의 미립석기로 되여있다. 변질되지 않은 암석은 연회색, 회갈색을 띠며 변질된 암석은 백색, 황갈색, 황색을 띤다. 조면영안암밑에는 류문암질응회암과 각력상암상이 끼여있다. 각력암상은 자주 상하부의 조면영안암보다 더 고령석화작용과 명반석화작용을 받았다.

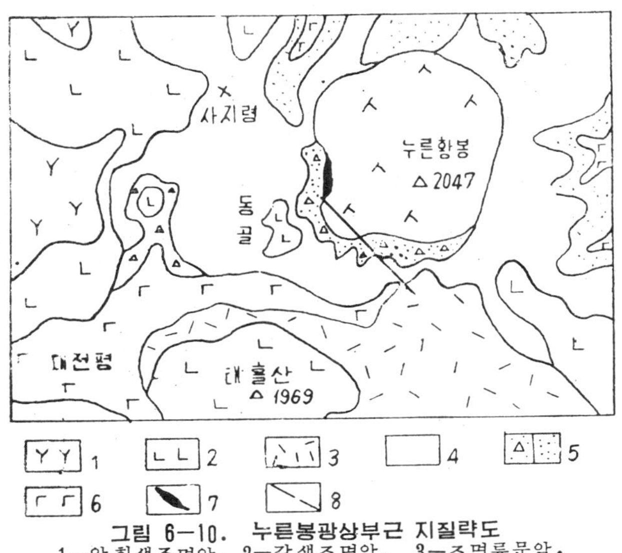

그림 6-10. 누른봉광상부근 지질략도
1—암회색조면암, 2—갈색조면암, 3—조면류문암,
4—조면영안암, 5—분출각력암과 조면영안암의
응회암, 6—현무암, 7—광체, 8—단층

조면류문암은 누른봉 준분출체의 동남부 릉선과 수정골에 드러나있다. 암석은 회색반점상, 흐름상 석리를 가지는 음정질 암석이다.

누른봉 금-동로두는 누른봉관입암체와 조면영안암 사이에 놓이는것으로 보아 누른봉준분출체와 성인적으로 련관되여있다.

누른봉준분출체는 상신세 현무암층과 조면암과 류문암을 뚫고 올라왔는데 조면영안암으로 되여있다. 조면영안암은 반정구조를 이루는데 반정광물은 투장석이다. 투장석은 $6 \times 10\,mm \sim 8 \times 16\,mm$ 크기로 큰 반정으로 50～60%정도 들어있다. 석기는 역시 장석류와 감람석, 휘석, 감섬석의 미립광물과 분출유리로 되여있다. 준분출체는 등장형의 작은 저반체 형태로서 나타난다.

광체

누른봉 금-동광체는 준분출체 서쪽 륜곽선과 거의 일치되는 틈새를 따라 나타난다. 멸하는 접촉부에서 파쇄대모양으로 나타난다. 개별적렬하는 미끄럼렬하특성이 약하고 굴곡이 심하며 지속성이 나쁘지만 여러개가 서로 합쳐졌다 떨어졌다 하면서 $1\,km$이상 연장되였다.

누른봉 1호로두는 자오선방향으로 주향하며 70～80° 경사져있다. 1호로두로부터 남쪽으로 600m구간은 150°주향하는데 연한 회청록색의 관입접촉각력파쇄대와 일치되여있

다.   각력파쇄대는   준분출체의 돌출부를 절단하고있다. 각력의 조성은
세립조면영안암과 그것이 점토화되여있다. 600m이상에서는 회청록색 각력
대가 준분출체의 경계를 따라 동쪽으로 휘여들면서 얼마간 남쪽으로 지속
된다.

1호로두로부터 동남 150°방향으로 약 1700m 떨어져 1호로두에서 나타나
는것과 같은 수정정족과 황철광광염대가 나타난다. 수정정족은 각력화된 류
문암의 벽으로 공동의 중심을 향하여 자라고있는데 수정의 크기는 2~3mm
로부터 8mm정도이고 길이는 2~3cm 정도된다.

1호로두 북쪽에서 함광렬하는 준분출체의 경계의 방향과 일치하게 잇달
린다.

광석

누른봉광체의 광물조성은 금속광물로서   황철광, 황동광, 유동광, 반동
광, 섬아연광, 방연광이며 비금속광물은 석영, 옥수, 형석, 방해석, 자연류
황이고 차생광물로서 갈철광, 연망간광, 은의 산화물이다.

광석은 규화된 조면영안암에 광염상으로 산광되여있다.   광석광물은
3~4% 정도 보이는데 황철광이 제일 많고 황동광, 반동광, 섬아연광, 유동
광, 방연광이 섞여있다.

광상의 성인

누른봉지구에서 류화물광화작용은 신생대 분출활동 특히 준분출체의 활
동과 련계되여있다.

이 지구에서 상신세 현무암이 흘러나온 다음 조면영안암과 조면류문암이
흘러나왔고 그밑으로 뒤따라 올라온 조면영안암질용암이 먼저 분출한 용암밑
에서 그 열마당속에서 굳어지기 시작하여 준분출체를 이루었다.   굳어지기
시작한 준분출체는 후암장열수를 내보내여 주변 분출암체에 열수광화작용을
주었다.

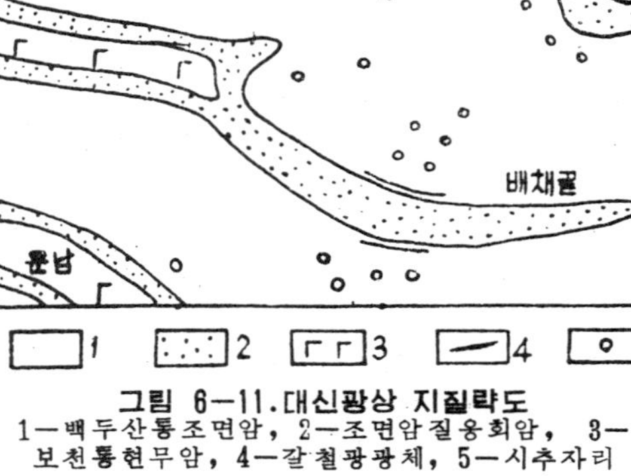

후암장광화작용은 고령석
화작용과 명반석화작용을 주
었고 다음 단계에 옥수질석영
과 석영－류화물광화작용을 주
었다.

대신광상

광상은 제4기 화산작용과
관련되여 형성된 갈철광 광상
이다.

지질

광상구역은 상신세 현무암

그림 6-11. 대신광상 지질략도
1－백두산통조면암, 2－조면암질용회암, 3－
보천통현무암, 4－갈철광광체, 5－시추자리

과 백두산통 조면암으로 되여있다(그림 6-11).

상신세 현무암은 해발 1050m하부에 드러나있는데 주로 감람석질현무암
으로 되여있다.

제4기 하세 조면암과 그 응회암은 해발 1050~1100m 이상 산릉선에서 나
타난다. 하부의 응회질쇄설암은 조면암, 조면류문암, 조면영안암의 파편과
현무암의 쪼각이 들어있는 응회암이다. 암층의 밑에 2~6m두께의 모래 자
갈층이 깔려있다. 자갈층사이에 분사암층이 있는데 그안에 얇은 갈탄층이
있다. 그우에 쇄설응회암이 37m두께로 들어있는데 그안에 0.5~3cm두께
의 갈철광맥이 들어있다. 쇄설응회암층우에는 회백색-백색고령토질분사암
이 있다. 이 사력층안에도 두께가 3~4m 되는 련속성없는 갈철광세층이 있
다. 갈철광안에는 *Eguisetum* sp, *Betula costata Tvautu* 등 식물화
석이 있는데 4기 하세층 산북리층과 잘 대비된다.

쇄설응회암우에 조면암과 조면영안암이 140m정도 덮혀있으며 응회암과
용암이 4~5회 정도 호층되여있다. 분출층의 맨우에는 회록색조면영안암이
덮히였다.

광체

광체는 상신세 현무암우에 놓이는 조면암질응회암과 그우에 덮힌 암회색
조면암, 조면영안암 사이에 층상으로 들어있다.

광체는 거의 수평으로 놓이며 서쪽으로 1~2° 정도 경사져있다. 갈철광
로두는 침식되여 좌우사면에 드러나있다. 배채골에서 동서방향으로 광체의
길이는 100m정도, 남북방향으로 연장은 약 300m로서 량쪽으로 조면영안암
에 의하여 제한되여있다. 두께는 0.2~4.7m이다. 이 광체는 해발 1132~
1141m 사이에 층상으로 놓여있다.

광석

대신광상에서 갈철광은 괴상갈철광, 층상갈철광, 분말상갈철광, 다공질
괴상갈철광으로 나누어진다.

괴상갈철광은 광체의 상부에 치우쳐있는데 암갈색을 띠는 치밀한 침철광
이다.

층상갈철광은 광체의 하부에 치우쳐있는데 황갈색이 0.5~1.2mm 두께
의 세층상으로 갈피갈피에 들어가있다. 분말상갈철광도 층상갈철광안에
10~25cm 두께로 2~3회 반복호층되여있다. 분말상황색갈철광안에는 담백
석이 층상으로 들어있다.

석리는 층상석리, 렌즈상석리, 결핵상석리, 동심원상석리 등이 있다.
층상석리는 황갈색 세층상갈철광에서 주로 나타나며 결핵상, 렌즈상, 동심
원상석리는 괴상갈철광에서 나타난다.

광상의 성인

갈철광광체는 상신세 현무암과 제4기 암회색조면암, 조면영안암사이에

놓이는 응회질쇄설암 웃부분에 주로 충상으로 놓이면서도 암회색조면영안암 사이에도 들어있다. 이것은 갈철광의 원천물질이 조면영안암(고지자기나이 28~73만년)이라는것을 보여준다. 갈철광은 유기질잔해와 함께 가상을 이루면서 충상으로 보존되여있으며 담백석층과 호층하기도 하며 응결석리를 이루는데 이것은 갈철광광체가 알카리성화산성열수에 의하여 조면암질응회암으로부터 SiO_2, Fe_2O_3를 침출시키고 그것이 부식산이 풍부한 물웅뎅이에 흘러들어 침전되고 부화되여 형성되였다는것을 보여준다. 따라서 광상은 제4기 화산작용과 련관된 독특한 침전부화된 갈철광광상이다.

2. 비금속광상

백두산지구에는 신기화산활동이 격렬하게 일어나 여러가지 광종의 후화산 비금속광상이 많이 형성되였다.

부석을 비롯하여 화산유리, 명반석 등 일부 비금속광상은 백두산지구에 대표적으로 분포되여있다.

화산활동과 성인적으로 련계된 비금속광상은 다음과 같다.

명반석광상

명반석광상의 대부분은 분출열수광상에 속하며 후화산류산성용액이 중산성분출암을 교대하여 이루어진다.

용암에서 갈라져나온 류화수소를 포함하는 분출가스는 단렬구조나 암석의 공극을 따라 우로 상승하는 과정에 대기수가 활동하는 구역에 도달하면 산화되여 류산, 아류산 그의 염과 그밖에 여러가지 물질을 포함하는 약산성조광류체를 이루게 된다.

이렇게 생긴 조광류체가 더 상승하여 많은 량의 대기수가 활동하는 구역에 도달하면 산화반응이 급격히 진행되여 다량의 류산을 포함하는 강산성용액으로 변한다.

이렇게 생긴 류산성용액이 무수알루미나 류산염광물, 주로는 카리장석과 산성사장석을 교대하여 명반석을 형성한다. 따라서 명반석광상은 산성, 중산성 또는 중성분출암과 공간적으로나 성인적으로 련관된다.

백두화산대에는 화산활동이 격렬하게 일어난 구역으로서 조면암, 영안암, 류문암 등 명반석화작용에 유리한 화산암들이 넓게 분포되여있으며 이에 따라 명반석광상과 로두도 많이 알려지고있다. 산업적인 명반석광상은 의화리광상, 설령광상, 보천광상 등이며 백사봉과 누른봉지구에도 명반석광화대가 있다.

보천명반석광상

지질상태

광상은 북북서방향으로 연장되여있는 백두산 심부단렬대 남쪽에 놓여
있다.

광상부근에는 현무암, 조면
암, 조면영안암, 류문암 등이 분
포되여있다.

광상부근에는 화강암을 기반
으로 하면서 밑으로부터 단천암
군, 상신세 보천통현무암, 백
두산통의 푸른봉층 조면암, 북
설령층, 조면류문암, 북포태산
층, 조면영안암이 발달되여있다
(그림 6-12).

보천통 현무암은 백두화산대
의 기반암체를 이루며 화강암우
에 부정합으로 놓여있다.

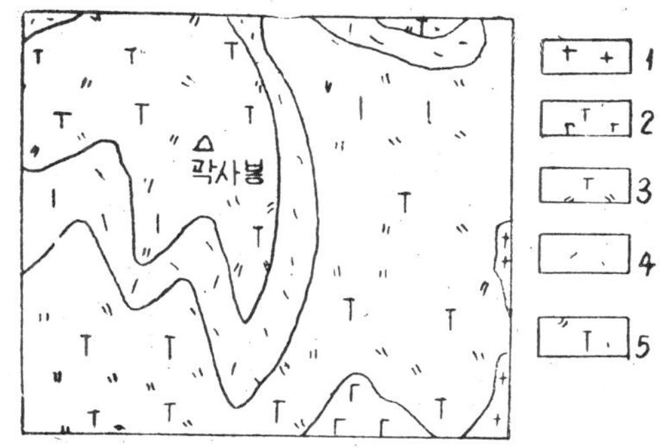

그림 6-12. 광상부근 지질락도
1-화강암, 2-상신세 보천통 현무암,
3-푸른봉층조면암층, 4-북설령층,
5-북포태산층조면암

현무암은 층상을 이루는데 개별적호름체의 두께는 $10 \sim 15m$ 이며 총두께
는 $150 \sim 200m$ 이다.

이 현무암층우에는 성암화되지 못한 사력층이 있다. 사력층의 두께는 $1 \sim$
$3m$ 이다. 이 층내에는 화강암과 현무암의 자갈 및 모래가 들어있는데 력들
의 크기는 $1 \sim 2cm$ 인데 드물게는 $20 \sim 30cm$ 되는것도 있다.

이 사력층은 보천통 현무암의 분출활동이 끝난다음 일정한 기간의 분출
중단기가 있었다는것을 보여준다.

백두산통의 푸른봉층은 보천통 현무암층우에 정합으로 놓여있다. 암석
은 조면암, 조면영안암 등이다. 광상부근에서 푸른봉층의 두께는 $200 \sim$
$250m$ 이다. 석리는 괴상, 호름상, 다공상 석리이며 드물게 주상절리가 발달
되여있다.

북설령층은 높은 산체들의 중간부분에 있는데 암석은 조면영안암, 조면
류문영안암, 류문암 등이다. 이 암석들은 용암호름체 또는 자파쇄각력상용
암, 응회암 등으로 나타나는데 명반석광체가 이 층에 들어있다.

명반석광체의 상하반에는 여러개의 변질대가 있는데 변질대의 규모가 크
다. 명반석화작용은 화도암상의 특성을 나타내는 자파쇄용암과 집괴암, 응
회암부분에서 세게 진행되였다. 북설령층의 두께는 $100 \sim 150m$ 이다.

북포태산층은 북설령층우에 놓이며 조면암과 조면영안암으로 이루어졌다. 이 층은 광상구역의 높은 산정이나 릉선에 위치하며 로출면은 매우 거칠게 나타난다. 암상변화는 심하지 않다. 암석들은 **호름상석리** 또는 주상절리를 명확히 나타내는 여러개의 충을 이룬다.

광상구역에서 북포태산층의 두께는 80~150m이다. 광상지역에는 또한 부석이 5cm내외의 두께로 깔려있다.

곽사봉지구 명반석광상은 북서방향의 백두산 단렬대우에 발달되여있는데 곽사봉을 중심으로 여러개의 파생구조들이 있으며 이 구조를 따라 광화작용이 진행되였다.

광체의 특성

광상에는 4개의 로두가 알려졌는데 곽사봉으로부터 남쪽으로 연장되는 기본등줄을 계선으로 하여 동쪽과 서쪽 등줄의 중부와 남쪽계곡을 따라 놓여있다.

광체는 상반층과 하반층의 2개 층으로 나타난다.

하반광체는 곽사봉 기본등줄의 서쪽계곡(해발 1500~1600m) 경사면에서 나타나는데 북쪽에서 남쪽으로 가면서 2~4°정도 경사진다.

광체는 우로부터 변질대－명반석대－고령석대－변질대로 이루어졌다. 이 광체는 길이 800m, 두께 20~30m이다.

하반광체의 남쪽로두은 곽사봉으로부터 남쪽으로 2000m 떨어진 계곡의 막장경사면에서 나타난다. 이 로출은 하반광체와 같은 높이에서 나타난다.

이 로출은 하반광체의 남쪽끝에서 동쪽으로 600m 떨어져있다. 로출의 연장은 30m, 두께 5m이다.

상반광체는 곽사봉으로부터 동쪽으로 400m정도 떨어진 산경사면에 있다. 광체는 반달형으로 곽사봉을 둘러싸면서 남동방향으로 연장되며 해발높이는 1750m이다. 광체는 길이 800m, 두께는 최대 35m, 최소 5m이다.

상반광체의 남쪽에 또 하나의 로출이 있다. 형태는 타원형이고 직경은 20~30m이다.

광석

광석은 회색, 회백색, 분홍색, 갈황색 등을 띠며 배태암인 조면류문영안암, 류문암, 조면영안암들보다 세립질이며 부피질량이 가볍다. 풍화면에는 철산화물들의 오염으로 약간 갈색을 띠나 신성한 면에서는 회색이다. 특히 신성한 면을 해빛에 쪼이면 은분가루를 뿌려놓은듯한 명반석알갱이들의 특이한 반사현상이 나타난다.

광석은 각력상석리, 괴상석리 및 반점상석리를 가진다. 각력상광석은 화산쇄설웅회암, 자파쇄용암들이 분화구암상의 구조와 석리를 그대로 보존하면서 명반석화된것이다. 각력과 쇄설물의 크기는 2~3mm로부터 최대 30cm정도에 달하는것도 있다. 괴상광석은 화도를 따라 분출한 분출암이 일차적구조와 석리를 그대로 보존하면서 명반석화된것이다. 광석은 미세한 기공(구멍)들을 많이 가지고있는 다공질이다. 구멍의 형태는 원형이고 크기는 1~2mm이다. 때로는 1.5cm에 달하는것도 있다. 구멍벽에는 명반석과 옥수, 담백석과 같은 규산광물들의 결정이 붙어있다. 구멍의 함량은 10~15%이다. 명반석과 같다. 주사현미경에 의한 화학조성은 표 5-3과 같다.

균렬형명반석은 이미 형성된 반정형 또는 미립산점형명반석을 짜르는 균렬속에 들어있는데 흔히 세맥상을 이룬다. 명반석의 립도와 색, 투명성, 광학적특성은 공소형명반석과 같다. 주사현미경으로 분석한 단광물의 화학조성은 Al_2O_3 36%, K_2O 10%, Na_2O 0.6%, SO_2 37.7%, H_2O 13%정도이다.

미립산점형명반석은 일차적암석내의 미립장석을 교대하며 명반석화작용이 진행될 때 형성되는 규산광물의 집합체속에 세립상으로 들어있다(그림 6-13). 명반석은 가늘고 긴 침상을 이루며 일정한 방향으로 배렬되었다. 크기는 길이 1mm, 너비 0.05mm이다. 규산광물속에 들어있는 명반석은 미세한 등장

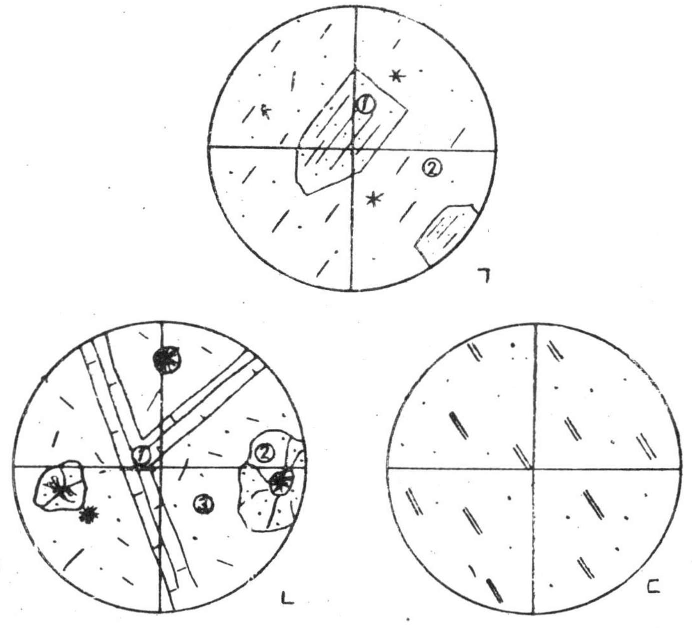

그림 6-13. 명반석의 산출상태
ㄱ—장석교대형명반석 ① 장석반정을 교대한 명반석 ② 명반석화된 석기부분,
ㄴ—균렬 및 공소충진형명반석, ① 균렬을 충진한 명반석,② 공소를 충진한
명반석, ③ 석기부분, ㄷ—미립산점형명반석, 석기침상장석을 교대한 명반석

형의 립자들로 균등하게 널려있다. 크기는 0.01~0.005mm정도이다. 주사현미경에 의한 석기부분의 조성은 SiO_2 55.81%，Al_2O_3 19.12%，K_2O 4.95%，Na_2O 0.4%，SO_3 20.12%이다.

보천명반석광상의 명반석은 2세대에 걸쳐 진행되였다. 첫세대에는 일차적암석내의 광물을 교대하여 형성된 반정형 및 미립산점형 명반석이 형성되였고 두번째 세대에는 첫세대의 명반석을 짜르는 공소형과 균렬형 명반석이 형성되였다.

명반석광석을 X선구조분석한데 의하면 297, 2.27, 492, 1.89Å의 반사가 명백하게 나타나는데 이것을 명반석의 표준성과 일치한다. 시차열분석에 의하면 570°C에서 첫흡열반응이 나타나는데 이것은 결정수의 탈수와 관련되며 820°C에서 두번째 흡열반응이 나타나는데 이것은 명반석광물안에 들어있는 SO_3가 떨어지는 탈류반응이다

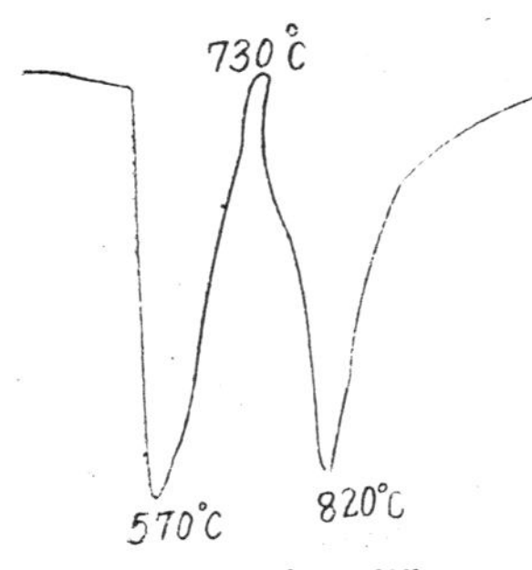

그림 6-14. 명반석광석의 사차열곡선

(그림6-14).

명반석단광물 화학조성, 질량%　　　　　표 6-3

류형 \ 산화물	Al_2O_3	Na_2O	K_2O	SO_3	H_2O	SO_3/Al_2O_3	K_2O/Na_2O
반정형	35.90	0.20	9.80	37.85	13.04	1.05	14.0
균렬형	36.10	0.65	10.12	37.78	13.04	1.04	15.5
공소형	35.38	0.69	9.92	37.65	13.04	0.95	14.4

보천명반석광상에서 광석의 화학조성은 상반광체에서 SiO_2 33~47%, Al_2O_3 21~26%, Na_2O 0.3~0.5%, K_2O 4~5%이며 SO_3 14~26%이다. 하반광체에서는 SiO_2 50~60%, Al_2O_3 16~18%, Na_2O 0.3~1.5%, K_2O 4~5%, SO_3 8~16%이다(표 6-4).

광체별광석의 화학조성, 중량%　　　　　표 6-4

№	광체	분석건수	Si_2O_2	TiO_2	Al_2O_3	Fe_2O_3	FeO	MnO	MgO	CaO	Na_2O	K_2O	작열감량	SO_3
1	하반광체	68	50.78	0.41	17.72	3.81	0.72	0.25	0.33	0.59	0.31	4.56	20.13	16.19
2	〃	6	60.28	0.50	16.13	2.92	0.49	0.21	0.47	0.46	1.51	3.83	11.19	8.68
3	상반광체	12	33.63	0.32	25.92	2.23	0.45	0.21	0.47	0.48	0.33	4.60	27.05	26.65
4	〃	8	47.40	0.40	21.68	2.63	0.51	0.57	0.68	0.63	0.45	4.08	19.47	14.50

명반석광석에는 금, 은, 칼리움 등 수반광물들이 적지 않게 들어있다. 칼리움은 어느 시료에서나 80~100g/t 들어있으며 개별적인 시료들에서 금은 2g/t, 은은 10g/t까지 들어있다.

광상의 성인

보천 명반석광상은 제4기 산성분출암장활동과 련계된 후분출용액과 화산가스가 산성분출암에 작용하여 생긴 분출기원의 광상이다.

광상부근에는 후분출용액과 기체들이 올라올수 있는 유리한 구조적전제들을 가지고있다. 광상은 구조적으로 백두화산대의 기본분출구조인 백두산, 소백산, 장군봉(보서); 누른봉, 두류산을 련결하는 북서방향의 단렬구조와 북동방향단렬구조의 교차부에 놓인다. 광상구역에는 화도각력암, 자파쇄각력상용암, 쇄설질웅회암 등의 화도 및 분화구 암상들이 발달되여있다. 두 방향구조의 교차 및 화도와 분화구 암상의 존재는 후분출용액 및 기체가 상승하는데 유리한 조건으로 된다. 현재에도 광상지역에는 균렬을 따라 적갈색의 물이 나오고있으며 이것에 의해 갈철층이 형성되고있다.

다음으로 광상지역에는 명반석화에 유리한 류문영안암, 류문암과 같은 SiO_2의 함량이 높은 산성분출암들이 있다.

우에서 본것을 종합하면 광상지구에는 명반석화작용에 유리한 구조 및 암석학적전제가 있다는것을 알수 있다.

의화리 명반석—고령석광상

지질

광상구역에는 하부원생대 퇴적변성암과 중생대 대동계 장파리통 쇄설퇴적암 그리고 중생대 룡성통의 분출퇴적암, 제3기의 사암, 분사암, 제4기의 분출암들이 분포되여 있다.

명반석광체는 룡성통의 영안암질웅회암에 들어있다.

광상구역의 남부에 혜산암군에 속하는 룡천관입암체가 드러나있고 동부에 후창암군에 속하는 화강섬록암의 소관입체 및 맥상체가 놓여있으며 학무산암군의 소관입암체가 드러나있다.

광상부근에는 중생대에 가동한 북북서방향의 단층과 북동방향의 단층이 발달되여있다.

여기서 북북서방향의

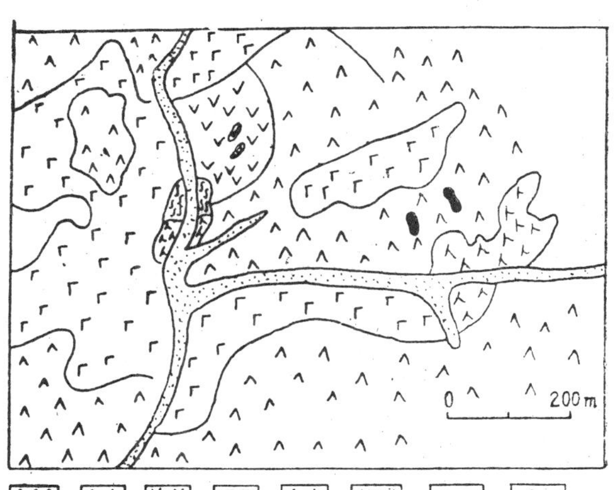

그림 6—15. 광상부근 지질략도

1—견운모질천매암, 2—석영반암, 3—영안암과 그 웅회암, 4—현무암, 5—화강섬장암, 6— 제4기층, 7—명반석광체, 8—고령석광체

단층은 장파리단렬대의 수반렬하로서 구역에서 기본구조로 되고있다. 단층
구조들은 후분출열수용액의 좋은 이동롱로로, 함광렬하로 되였는데 북서계렬
의 단층과 사귀는 작은 규모의 북동계렬의 단층을 따라 명반석광체와 규화
대, 점토화대들이 발달되여있다.

광체

광상구역에는 3개의 광체가 알려져있다. 이 광체들은 북동방향으로 연
장되여있는데 1호광체와 3호광체는 북서로, 2호광체는 남동으로 급하게 경사
졌다.

광체는 명반석우로 이루어진 고품위부분과 석영명반석으로 구성된 저품
위부분으로 갈라지는데 명반석으로 된 고품위광석은 광체의 가운데부분에 놓
이면서 명확한 맥상을 이루고있다.

석영명반석으로 된 품위가 낮은 광석은 광체의 변두리에 놓이는데 불규
칙적인 맥상을 이루고있다. 광체주변에는 고령석 및 견운모질암석이 있다.

명반석광체주변에서 변질대는 일정하게 대상성을 떠는데 렬하가운데부분
에 명반석광체가 놓이고 밖으로 나가면서 차생규암, 고령석, 견운모, 석영,
편안산암, 응회암의 순서로 놓여있다.

수직방향으로도 명반석광체로부터 아래로 내려가면서 같은 순서로 대상
분포되여있다. 매개 변질대의 경계는 점차적이며 다만 고품위 명반석광체의

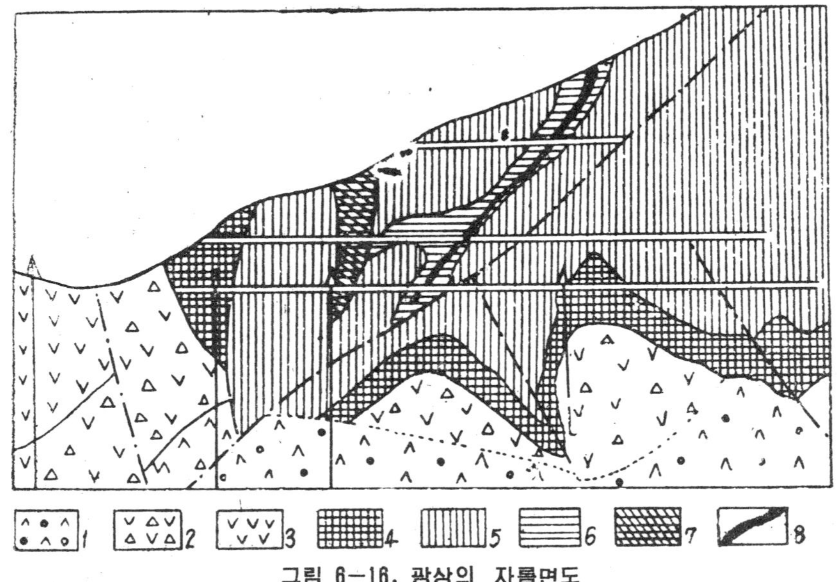

그림 6-16. 광상의 자룜면도

1—석영반암과 그 응회암, 2—영안암과 그 응회암, 3—영안암, 4—변안산
암화대, 5—점토화대, 6—고령석광체, 7—차생규암, 8—명반석광체

룬곽만이 비교적 명확하게 나타난다.

광석

명반석은 조성에 따라 명반석형, 명반석석영고령석형, 명반석적철광형, 석영고령석견운모명반석형 등으로 구분되며 광석의 산출상태에 따라 밀집집괴형광석, 미립산점상광석, 균렬 및 공소충진형 광석 등으로 구분된다.

명반석형광석은 주로 명반석과 적은량의 석영, 견운모, 적철광, 황철광으로 이루어졌다.

광석에서 명반석광물의 함량은 65%이상이며 K_2O의 함량은 5~7%에 달한다.

명반석석영고령석형광석은 주로 명반석, 석영, 고령석으로 이루어졌으며 적은량으로 견운모, 일수경반석, 엽랍석, 적철광 등이 들어있다. 광석의 구조는 미립립상구조, 잠정질구조, 변반상구조, 각력상구조를 이룬다.

광석에서 명반석의 함량은 50~65%이며 K_2O의 함량은 4~5%이다.

명반석적철광광석은 주로 명반석, 적철광과 적은 량의 석영, 고령석, 견운모로 이루어졌다. 광석의 구조는 주로 잠정질구조 변교질구조를 이룬다. 명반석의 함량은 30~50%이며 K_2O의 함량은 2~4%이다.

석영고령석견운모명반석형광석은 석영과 고령석이 주성분을 이루고 견운모, 명반석, 엽랍석, 일수경반석 등이 적게 들어있다.

이 광석은 품위가 낮은 광석형으로서 명반석의 함량은 10~25%이며 K_2O의 함량은 1~2%이다. 색은 육홍색, 장미색, 회백색, 백색, 회색 등 여러가지로 나타나는데 담홍색광석에서 명반석함량이 제일 높다.

명반석알갱이는 0.001~0.012mm정도의 립상, 린상 드물게는 침상을 이루며(0.001) 면을 따라 벽개가 명확하다. C/Na이며 $N_e-N_0=0.012~0.015$이다.

이 광상에서 나오는 명반석은 대부분 나트리움, 칼리움질 명반석질이며 $K_2O:Na_2O$의 비는 대체로 2.5:1이다.

명반석광석의 화학조성은 표 6-5와 같다.

명반석의 화학조성, %

표 6-5

광 석	SiO_2	TiO_2	Al_2O_3	Fe_2O_3	FeO	MnO	MgO	CaO	Na_2O	K_2O	P_2O_5	H_2O	작열감량	SO_3
육홍색광석	8.54	0.04	37.07	0.25	0.18	0.03	0.20	0.52	2.25	5.35	0.84	0.36	44.60	29.32
육홍색광석	9.16	0.04	36.62	0.21	0.12	0.02	0.35	0.34	2.32	5.42	0.90	0.28	40.22	50.57
장미색광석	7.09	ㅎ	36.21	0.20	0.14	ㅎ	0.14	0.48	2.60	7.00	0.92	0.28	40.39	32.39
회색광석	11.74	ㅎ	40.08	1.44	0.10	ㅎ	ㅎ	0.20	1.60	5.88	0.73	0.45	39.35	27.11
회색광석	19.12	0.16	36.12	0.23	0.09	0.09	ㅎ	1.12	2.05	3.70	1.27	0.50	33.74	19.35

고령석광체

고령석광체는 하오산지구에 발달되여있는데 3개의 맥으로 이루어졌다. 개별적맥의 연장은 50m이며 두께는 10m이다. 광석은 주로 고령석과 적은 량의 석영, 황철광으로 이루어져있는데 광석은 잠정질구조, 변교질구조를 이룬다. 고령석광석에는 SiO_2 74%, Al_2O_3 11.82% 들어있다.

광상의 성인

의화리 명반석—고령석광상은 광체를 품고있는 도창통 분출암의 분출활동과 성인적련계를 가지고있다.

분출용암에서 갈라져나온 류화수소를 포함하는 분출가스는 구역에 조밀하게 발달된 단층렬하를 따라 올라오면서 대기수와 작용하여 류산, 아류산을 포함하는 조광류체를 이루었다. 이 조광류체가 계속 상승하면서 pH, E_n의 점차적인 변화에 따라 변안산암대, 고령석화대를 형성하였고 산화포텐샬이 제일 높고 pH가 작은 최상부수준에 이르러 차생규암과 명반석광체를 형성하였다.

의화리 명반석광상의 배태암이 생긴 자리와 조광류체가 이루어지고 명반석광석이 생겨난 장소는 설령명반석광상이나 곽사봉명반석광상보다 다소 깊었다고 보아진다. 그것은 배태암인 안산분암과 그 응회암이 설령이나 곽사봉명반석광상 배태암에 비하여 석기가 완정질을 이루고 배태암층에 화산유리질물질이 전혀 없으며 철의 산화결수($f_{산}=0.63$)가 제일 작게 나타나는것으로 알수 있다.

또한 조광류체가 이루어지고 명반석화작용이 진행된 장소가 상대적으로 깊은곳이였다는것은 변질대의 수직자름면이 길게 발달하며 배태암의 카리도 ($K_2O/Na_2O=1.10$)가 설령명반석광상의 배태암에서보다($K_2O/Na_2O=0.75$) 훨씬 높은데도 불구하고 명반석광석에서의 카리도는 5배이상 작게 나타나는것 등으로 알수 있다.

설령명반석—고령석광상

광상구역은 주로 신기화산암으로 이루어졌으며 그 서남쪽에 직현통규암이 적은 규모로 드러나있다.

신기화산암은 신생대 제4기 하세에 해당되는데 밑으로부터 응회질각력암과 집괴암층, 응회질사력암과 응회질사암층, 응회질류문암과 류문암층으로 이루어졌다.

응회질각력암과 집괴암은 구역의 서쪽에 드러나있는데 그 아래에 집괴암이 있고 그 우에 응회질각력암이 있다.

응회질력암과 응회질사암은 광상의 북동부 구역에서 굴진한 시추추공자료에서 확인되였는데 응회질력암, 사암과 분사질니질퇴적암으로 이루어졌다.

응회질류문암과 류문암은 광상의 중심구역에 드러나있는데 이 층에 명반석광체와 고령석광체가 있다.

류문암은 회백색, 백색을 띠는 세립질괴상 또는 층상암석을 이루고있다. 이 암석은 조장석화작용, 수운모화작용, 규화작용, 명반석화작용, 고령석화작용을 받았으며 변질되지 않은 깨끗한 각력암은 보기 힘들다.

주성분광물은 투장석, 석영이며 적지 않게 유리질물질이 들어있다. 극히 드물게 침상 알카리각섬석이 집피를 이루면서 들어있고 2차적광물인 고령석, 조장석, 옥수 그리고 아주 드물게 일수경반석 등이 들어있다.

암석의 구조는 주로 반상구조이며 석기부분은 미립, 립상 변정구조, 미포과구조, 반유리질구조, 구괴상구조 등 여러가지로 나타난다.

투장석과 석영이 반정으로 들어있는데 반정은 부피에서 20%안팎이다. 류문암 및 류문암질응회암의 화학조성은 표 6-6과 같다.

류문암 및 응회질류문암의 화학조성, % 표 6-6

	SiO$_2$	TiO$_2$	Al$_2$O$_3$	Fe$_2$O$_3$	FeO	MnO	CaO	MgO	P$_2$O$_5$	Na$_2$O	H$_2$O	작열감량	K$_2$O
응회질류문암	76.36	0.13	10.78	0.58	0.55	0.01	0.14	0.28	0.29	0.30	0.34	1.60	0.24
〃	75.44	0.12	12.64	0.75	0.75	0.04	0.55	ㅎ	0.08	3.72	0.47	0.78	4.20
〃	76.05	0.15	12.45	1.29	0.42	0.01	0.13	0.08	0.02	5.16	0.33	1.61	2.36

구역에는 신기단층구조들이 발달되여있는데 중요한 신기구조는 남북방향으로 달리는 병행단층구조와 분출구조이다. 여기서 분출구조가 광상의 형성과 광체의 분포를 통제하였다고 보아진다.

명반석광체

명반석광체는 수평에 가까운 층상체로서 남북으로 연장된 타원형을 이루었으며 광체의 연장은 800m, 너비 500m, 평균 두께는 200m에 달한다.

광체주변에 변질대가 발달하는데 변질대에서는 광물분포의 대상성이 비교적 잘 나타난다.

평면상에서 동심원상의 대상성을 가지는데 중심으로부터 변두리로 나가면서 차생규암, 명반석질차생규암, 석영명반석질암, 석영고령석질암, 석영수운모암, 소다장석질암, 원암의 순서로 놓여있다. 수직대상성도 같은 형식으로 나타나는데 우로부터 아래로 내려가면서 차례로 바뀐다.

주요 변질대의 광물조성을 보면 차생규암은 80%이상의 석영과 적은 량의 명반석으로, 석영-명반석암은 석영(60~70%), 명반석(30~40%)과 적은 량의 고령석, 일수경반석, 금속광물 등으로 그리고 명반석암은 명반석(80~90%)과 고령석(10~20%)으로 이루어졌다. 변질대들은 호상 점차적으로 이행된다.

명반석광석은 광물 공생결합관계에 따라 명반석광석, 명반석-고령석광

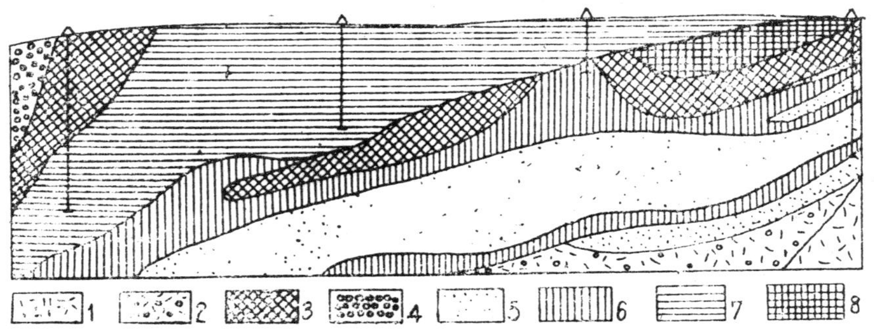

그림 6-17. 광상부근단면도

1-류문암, 2-류문암질응회암, 3-옥수질규화대, 4-차생규암, 5-고령석화대,
6-고령석광체, 7-명반석광체, 8-명반석-고령석대

석, 석영-명반석광석, 석영-고령석-명반석광석으로 나누어지며 산출상태에 따라 밀집집괴상광석, 장석교대형광석, 미립산점상광석, 균렬충진형광석 등으로 나누어진다. 그 가운데서 명반석광석과 석영-명반석광석이 품위높은 광석량의 대부분을 차지한다.

광석을 이루고있는 주성분광물은 명반석, 석영, 고령석이며 부성분광물은 옥수, 단백석, 수운모와 대단히 적은 량의 일수경반석, 금홍석 등이다. 그밖에 황철광, 적철광, 갈철광 등이 들어있다. 명반석은 판상, 립상, 린편상, 단주상, 섬유상, 침상 등 여러가지 모양을 가지는데 정동이나 드물게 공소를 채운 명반석알갱이들은 릉면체를 이루고있다.

명반석알갱이의 크기는 0.01~0.7mm로서 의화리 광석이나 곽사봉광석의 명반석보다 훨씬 크다.

광석의 류형에 따라 명반석의 형태와 크기가 달라진다. 명반석광석에 들어있는 명반석은 판상, 린편상 주상을 이루며 크기는 0.03~0.6mm이며 석영-명반석형광석에 들어있는 명반석은 주상, 침상, 린편상을 이루며 알갱이의 크기는 0.2~0.7mm이다.

고령석-명반석광석에 들어있는 명반석은 대부분 0.1mm이하의 미립립상, 섬유상집괴를 이루고있다.

명반석은 두 단계이상의 형성물로 나타나는데 명반석광석과 석영-명반석형광석에 들어있는 명반석은 이른단계 정출물이며 균렬충진형광석인 고령석-명반석형광석에 들어있는 명반석은 늦은 단계의 형성물로 보아진다.

때때로 명반석집괴안에서 주상 및 판상 륜곽을 이루는 카리장석알갱이들의 교대가상도 명확히 나타나고있다. 명반석알갱이가 크고 결정화정도가 좋으므로 명반석의 결정학적 및 결정광학적 특성이 잘 나타난다.

대부분 립자들에서(001)면을 따라 벽개가 완전하다.

명반석광석의 화학조성은 표 6-7과 같다.

— 338 —

명반석광석의 화학조성, %

표 6-7

시료번호 \ 조성	K_2O	Na_2O	K_2O/Na_2O	SO_3	작열감량
1	3.80	0.42	9	15.57	11.90
2	5.00	0.50	10	20.96	22.80
3	5.90	0.90	6.5	25.36	28.50
4	6.48	0.26	24.8	26.68	20.20
5	4.76	0.63	7.5	21.22	22.30

명반석광석에서 맥석광물인 석영은 형성시기와 방법 및 산출상태에 따라 세가지로 나누어지는데 원래 배태암속에 반정으로 들어있던 잔류석영, 석기와 기본바탕을 이루는 석영 및 이차적석영으로 구분된다.

변반정을 이루고있는 잔류석영은 1~2mm에 달하는 등장형의 불규칙적인 립상을 이루며 보다 후기 광물에 의하여 용식되고있다. 배태암의 석기를 이루고있던 석영은 0.2~0.5mm의 타형인 등장형립상을 이루고있다. 이런 석영은 흔히 고령석, 명반석과 함께 들어있다.

광화작용시기에 이루어진 2차적석영은 보통 미립잠정질집괴를 이루고 있다.

명반석광석의 시차열분석곡선은 표준곡선과 잘 대비된다(그림 6-18).

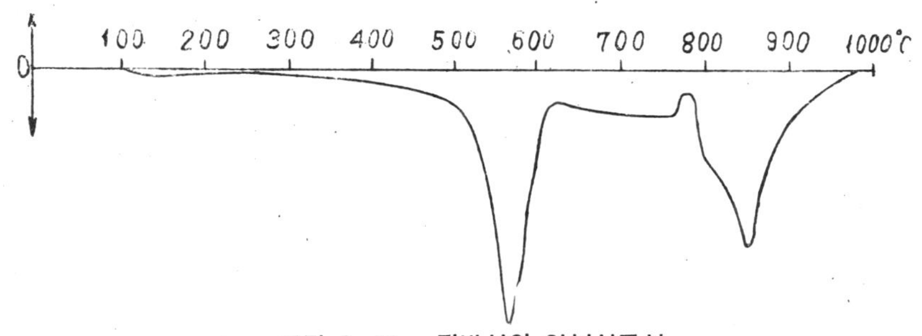

그림 6-18. 명반석의 열분석곡선

고령석광체

광상구역에는 3개의 고령석광체와 광화대가 알려지고있다. 고령석광체는 층모양을 이루고있는데 수직분포에서 수운모대와 명반석대 사이에 놓인다.

광체의 크기는 다음과 같다(표 6-8).

고령석광체의 크기

표 6-8

광체	주향연장, m	경사연장, m	두께, m 최대	두께, m 최소	두께, m 평균
1호광체	200	120	47	20	30
2호광체	100	250	8	5	6
3호광체	120	300	40	15	24

1호광체는 모든 부문에서 조성이 고르로우며 광체안에서 원암의 잔류물이 거의 보이지 않는다. 고령석광체와 명반석대와의 경계는 비교적 예리한데 이 경계부에는 3~4m의 석영—고령석대가 끼여있다.

2호광체는 1호광체와 3호광체사이에 놓이는 고령석화대안에 들어있는데 규모가 작고 질도 좋지 못하다.

3호광체광석은 1호광체에 비하여 고르롭지 못하며 광체안에 석영, 고령석 집괴와 원암의 교대잔류물이 많이 들어있다.

고령석광석은 광물조성에 따라 고령석—디크석형광석과 석영—고령석형광석으로 구분되며 일수경반석이 적게 들어있다.

고령석—디크석형광석에서는 석영알갱이가 없고 다른 불순물도 거의 없다.

고령석광석의 화학조성, %　　　　표 6—9

№	SiO_2	Al_2O_3	Fe_2O_3	FeO	MnO	CaO	MgO	P_2O_5	K_2O	Na_2O	H_2O	작열감량
1	45.16	30.21	0.17	0.03	0.01	0.10	0.11	흥	0.01	0.12	0.38	14.56
2	45.04	38.10	0.38	흥	흥	0.03	0.20	0.01	0.60	0.17	0.10	14.70

광상의 성인

설령명반석광상은 제4기 산성화산암의 분출활동과 성인적련계를 가진다.

산성용암에서 갈라진 분출가스는 분출구조를 따라 상승하면서 대기수활동구역에 들어와 산화작용을 받아 류산, 아류산을 포함하는 조광류체를 이루었을것이다.

조광류체는 계속 상승이동하고 루수층을 따라 흐르면서 매질의 pH, Eh의 련속적인 변화에 상응하게 정연한 수직대상성을 가지는 변질대를 이루었으며 맨 웃수준에서 명반석과 차생규암을 형성하였다고 보아진다.

설령광상에서 명반석화작용은 의화리광상에서 보다 훨씬 얕은 깊이 땅결면가까이에서 이루어졌다고 생각된다. 그것은 명반석광체가 들어있는 류문암 및 그 응회암층에 큰 판상체의 진주암이 들어있고 광체주변 배태암의 석기부분에는 잠정질 및 유리질물질이 많이 들어있기때문이다. 배태암에서 철의 산화결수($f_{산}=1.15$)가 대단히 높은데 이런 자료들은 명반석이 들어있는 류문암 및 그 응회암이 대단히 얕은 조건, 거의 땅결면에서 이루어졌다는것을 보여준다.

또한 명반석광석의 화학적특징에서도 배태암에서 카리도 K_2O/Na_2O는 0.75인데 명반석은 주로 카리질명반석으로 나타난다($K_2O/Na_2O=13$). 이것은 명반석화작용이 얕은 조건에서 진행되였다는것을 보여준다.

— 340 —

대전평 철명반석광상

광상은 북서방향의 백두산단렬대와 북동방향의 대전평단렬대가 사귀는 부근에 있다. 부근에는 현무암, 조면암, 조면영안암, 류문암 등이 분포되여 있다. 마천령계 지층을 기반으로 하고 백암통과 보천통현무암, 백두산통 중 산성분출암순서로 쌓였으며 여러개의 화산들로 누른봉화산무리를 이루고 있다.

보천통현무암층과 백두산통의 조면영안암층사이에 철명반석광체가 발달한다.

현무암질 용암이 분출한 다음에 조면암질 용암이 분출할 때까지 오랜기간의 분출중단이 있었다. 현무암풍화각의 두께로 판단하여 보면 200∼400만년 정도된다. 산성분출암 분출작용시기에 이 현무암풍화각에 후분출광화용액과 화산가스작용에 의하여 철명반석화작용이 진행되였다.

철명반석광체는 **수평층**이며 대전평마을 남쪽에 1km이상 로출되여있다. 광체의 로출선은 거의 동서방향이며 광체의 두께는 5∼20m이다.

광석은 연한황백색, **황색안료**를 련상시키는 **황색**을 띠는 미세한 점토덩어리이다. 광석을 구성하는 광물은 미세한 점토광물과 철명반석, **황철광**, 티탄철광의 변화산물(백티탄석?)이 들어있다.

광석의 중요화학조성은 SiO_2 37∼45%, TiO_2 3∼4%, Al_2O_3 11∼16%, Fe_2O_3 11∼20%, Na_2O 2∼4%, K_2O 2∼3%, 작열감량 10∼20%이다.

광체의 자름면과 주향연장상에서 전반적으로 철명반석화작용이 진행되였으나 광석으로 리용될수 있는 품위높은 구역은 대전평단렬대의 빙행렬하인 동골단층과 사지령단층주변이다. 품위높은 광석에서 철명반석함량은 20∼35%이다.

화산유리광상

일반적으로 용암으로부터 화산유리의 형성은 결정맹아의 발생과 성장속도 등에 의존된다. 용암의 끈기가 작고 류동성이 클수록 결정맹아가 많이 생겨나고 결정이 빨리 성장하며 반대로 용암의 끈기가 크면 클수록 결정맹아의 발생과 그 성장은 억제되며 화산유리가 잘 생기게 된다. 그런데 용암의 끈기와 류동성은 용암의 화학조성과 깊은 관계를 가지며 철의 산화물, **알카리금속**과 알카리토류금속산화물이 많을수록 끈기가 작아지고 류동성이 커진다. 이런 관계로 류문암이나 류문영안암계렬의 용암에서 화산유리가 잘 이루어지며 현무암이나 알카리분이 많은 용암에서는 화산유리가 잘 생기지 않는다.

화산유리는 물의 함량과 몇가지 물리적성질에 따라 **흑요암**, 송지암, 진주암으로 갈라지는데 보통 용암으로부터 처음에 **흑요암**이 이루어지고 그것이

후기수화작용을 받아 진주암, 송지암으로 넘어간다.

구역안에 알려진 화산유리광상과 로두들은 표 6-10과 같다.

구역안의 화산유리광상 및 로두 종합표　　　　　표 6-10

광상 및 로두	놓인구역	배태암
문암, 진주암광상	보천군 문암	류문암 및 그 응회암
설령진주암광상	백암군 백암, 설령	류문암 및 그 응회암
안택진주암광상	백암	류문암
백사봉흑요석광상	보천군 대평 백사봉	류문조면암
고두산흑요석광상	백암군 신정	산성응회암
남포태산흑요석광상	보천군 대평구, 남포태산	류문조면암
초계수흑요석광상	백암군 덕림	류문암

문암 진주암 광상

지질

광상구역에는 중생대 창평통 분출퇴적암과 쇄설퇴적암, 신생대 제3기 및 제4기 분출암이 발달되여있는데 대부분 신생대 분출암이 넓게 분포되여있고 중생대 분출암은 골짜기 량옆을 따라 띠모양을 이루면서 적게 드러나있는데 구역에서 이 층의 하부경계는 볼수 없으며 상부경계는 상신세 보천통 현무암층에 의해 덮이여있다.

암석은 석영반암질응회암, 류문암질응회암층 등 산성응회암으로 되여있으며 여기에 사암, 분사암이 얇은층으로 끼여있다.

제3기층은 상신세 현무암층으로 이루어졌는데 중생대 층을 부정합으로 덮고 제4기 조면암에 의하여 덮이여있다. 구성암석은 감람석질현무암, 사장석질현무암 및 응회질현무암 등이다. 광상구역에서 이 층의 두께는 100~120m 이다.

제4기층은 조면암과 현무암으로 이루어졌다. 조면암층은 제3기현무암을 부정합으로 덮고있으며 제4기 중세 현무암에 의하여 덮이여있다. 암석은 조면암과 그 응회암으로 이루어졌는데 조면암이 우에 놓이면서 응회암을 덮고있다. 주향상에서 두께변화가 심한데 응회질암석의 두께는 20~50m 이다.

현무암층은 조면암층우에 부정합적으로 놓이는데 구역에서 지형상 제일 높은곳에 드러나있다. 현무암층아래에는 두께가 2~10m인 사력층이 끼여있다.

광체

진주암광체는 중생대층의 맨우에 즉 류문암질응회암의 상반에 놓여있다. 광체는 거의 일정한 지형등고선을 따라 동서방향으로 연장되는 한개의 암체로 되여있다.

진주암광체는 주변에 널려있는 다른 암석들보다 풍화작용에 잘 견디여 절벽을 이루면서 드러나있다. 진주암광체는 연장상에서 거의 수직으로 놓이거나 남쪽으로 급하게 경사져있다. 진주암광체는 구역에 발달된 화산유리암체가운데서 제일 잘 드러나있다.

일반적으로 화산유리암체의 형태학적특징은 그 형성조건과 전망을 평가하는데 중요한 요소로 된다. 즉 화산유리암체의 성인적류형에 따라 그 형태가 달라지며 또한 광체의 형태에 따라 규모와 세부탐사방향이 달라진다.

문암진주암광체는 걸보기에 맥상광체처럼 보이지만 몇가지 자료에 기초할 때 급하게 경사지는 화산궁륭체에 속한다. 그것은 진주암광체의 두께가 맥상광체에 비하여 5~6배나 더 크며 맥상인 진주암광체에서 특징적인 수평대상성이 전혀 나타나지 않으며 또한 진주암광체가 들어있는 광물미정들이 일정하게 흐름상으로 배렬되는것 등으로 알수 있다. 이 진주암광체는 흔히 볼수 있는 화산궁륭체에 비하여 긴축과 짧은 축의 차이가 큰것이 특징이다. 광체의 크기는 연장이 1100m, 너비가 40~70m이며 땅겉면에서 드러난 높이는 40m정도이다.

광체안에서 진주암광석은 색, 결정화정도, 함수성정도에 따라 여러가지 변종으로 구분된다.

진주암체안에는 송지암이 적게 들어있는데 주로 미소렬하들이 발달된 부위들에 불규칙적인 륜곽을 이루면서 작은 규모로 들어있다. 야외에서 송지암은 진주암과 잘 구분되지 않는데 록황색, 회황색을 띠며 송진광택을 가진다.

진주암광체는 결정화정도에 따라 완전한 유리질변종, 적은량의 광물미정들이 들어있는 변종, 반유리질변종(광물미정이 비교적 많이 들어있는 변종)으로 구분되는데 완전한 유리질변종은 광체의 아래부분에 많다.

완전한 유리질변종은 진한 흑색을 띠며 수mm~20cm정도 되는 둥근모양, 옥파모양, 계란모양을 이루면서 선상 또는 군집되여 배렬되기도 한다. 아주 드물게 진주암체의 중간부분에 2~3cm에 달하는 규장암질쇄편이 있다. 광체의 변두리부분에서는 유리질물질과 규장질미정질물질이 수mm의 얇은 층으로 호층하면서 호상석리를 이루고있다.

광석

진주암광석은 록색, 황록색, 담록색, 흑록색 주로 황색, 회색, 흑색, 적갈색 등 여러가지로 나타나는데 주로 록색을 띤다.

광택은 대부분 유리질광택이고 아주 드물게 진주광택이며 송지암에서는 송진광택이다.

광석은 대부분 괴상석리와 구상석리를 이루며 드물게 호상석리와 흐름상석리를 가진다. 구상석리는 흑색유리질집피가 둥근모양으로 배렬되여있는 부분에서 잘 나타나고 호상석리는 흑색유리질부분과 회백색미정질물질이 수

mm 두께로 갈피갈피 엇바뀌면서 제한된 부분에만 발달되여있다. 흐름상석리는 광체의 변두리들에서 드물게 나타난다. 진주암광석의 구조는 주로 유리질구조이며 때때로 전형적인 진주암구조를 이루기도 한다.

진주암은 표준적인 진주암에 비하여 다소 많은 량의 물이 함유되여있는데 흑색 완전유리질변종에서 3.67%로서 물기가 제일 적으며 평균 물함량은 5.06%이다. 수화작용을 심하게 받은 균렬주변에서 물함량은 9.45%, 최고 13.8%이다.

진주암광석의 변종별에 따르는 화학조성은 표 6-11과 같다.

진주암광석의 화학조성, %

표 6-11

암석 \ 조성	SiO_2	Al_2O_3	Fe_2O_3	FeO	CaO	MgO	K_2O	Na_2O	H_2O
흑색진주암(완전유리)	72.38	11.73	1.59	0.90	1.05	0.70	2.92	3.10	3.67
진주암	69.59	11.05	1.52	0.85	1.13	0.51	3.00	1.64	5.64
암록색진주암	71.81	11.48	1.65	0.90	1.05	0.59	3.28	2.10	5.17
회색진주암	70.29	11.32	1.55	0.81	1.25	0.64	2.43	2.47	5.32
평균	71.11	11.39	1.58	0.87	1.12	0.60	2.90	2.32	4.95

표 6-11에서와 같이 진주암의 화학조성은 류문암계렬에 해당되는데 표준적인 류문암에 비하여 알카리성분이 다소 적고 수분이 훨씬 많다.

진주암광석의 변종에 따르는 몇가지 자료들을 묶어보면 표 6-12와 같다.

진주암광석의 몇가지 성질

표 6-12

암석 \ 특성	광택	구조	광물미정 포함량	H_2O, %	가용성 SiO_2%
흑색진주암(완전유리)	센유리광택	유리질구조	없음	3.67	13.50
록색진주암	유리광택	유리질구조, 진주암구조	거의없음	5.64	14.12
암록색진주암	센유리광택 드물게진주광택	〃	〃	5.17	5.82
회색진주암	유리광택	유리질구조반유리질구조	소량	5.32	7.80
송지암	송진광택 유리광택	〃	〃	8.67	—

광상의 성인

용암으로부터 화산유리가 생겨나기 위하여서는 용암이 갑자기 식어야 하며 또한 높은 끈기를 가져야 한다.

우에서 본바와 같이 이곳 진주암의 화학조성은 류문암조성에 해당되지만 알카리 산화물이 적게 들어있다. K_2O+Na_2O의 값이 5.08%로서 표준적인 류문암에 비하여 2%정도 낮으며 진주암체 바로 하반에 놓이는 류문암질용회암에 비하여 3.7%나 낮다. 따라서 진주암체를 형성한 용암의 끈기는 대단히 컸으며 자연유리형성에 유리한 조건이 이루어졌다고 볼수 있다.

한편 진주암체의 가까운 주변에서도 화산유리로 된 쇄편이 전혀 나타나지 않는데 이것은 진주암체를 형성한 용암에 1차적인 암장수가 비교적 적게 들어있으며 이와 관련하여 용암의 분출이 비폭발적으로 진행되였다는것을 보여준다.

이와 같이 높은 끈기와 적은 물기를 가진 용암이 대단히 힘들게 그리고 아주 천천히 분출하여 먼 거리를 흘러가지 못하고 굳어져 급하게 경사지는 화산궁륭체를 이루었다고 보아야 할것이다.

분출암용암에서 제일 먼저 식어 굳어진 유리는 흑색완전유리질집괴를 이루었는데 이것들은 매질의 높은 끈기로 하여 둥근륜곽을 이루면서 흐름체속을 떠다니다가 식어 굳어진 진주암체안에 배렬되였다.

땅걸면에 솟아나온 용암은 짧은 거리를 흘러갔는데 흐름체의 아래부분은 땅걸면과 접하므로 상대적으로 낮은 온도조건이 조성되여 먼저 식으면서 유리질암석으로 되였으며 이때 분리된 여러가지 가스가 흐름체의 웃부분으로 펴져올라갔을 것이다.

한편 흐름체 웃부분 특히 중간부분은 아래부분보다 다소 느리게 랭각되여 상대적으로 온도가 높았고 또 여기에 여러가지 가스가 함유되여 일정하게 광물결정화에 유리한 조건이 조성되였을것이다. 그리하여 진주암체에서 나타나는것처럼 밑부분보다 웃부위는 완전한 유리질집괴가 다소 적게 들어있고 1차적미정은 조금 많이 들어있다. 그리고 진주암체안에 층상미그럼렬하가 뚜렷이 알리지 않는것으로 보아 용융체의 움직임은 대단히 완만하였으며 좁은 범위에 제한되여있었다는것을 알수 있다.

문암진주암광체는 수화작용과 후분출열수작용을 받았다. 일반적으로 화산유리가 이루어질 때에는 1% 안팎의 적은 물을 함유한 흑요암이 생기고 그것이 수화작용을 받아 진주암, 진주류문암, 송지암 등으로 넘어간다. 문암진주암광체에서 1차적암장수는 적게 들어있었으나 전반적으로 수화작용을 심하게 받아 진주암 드물게는 송지암으로 변하였다. 수화작용을 제일 약하게 받은 부분인 흑색진주암에서도 수분이 3.7%정도 달한다.

수화작용은 주로 동심원상균렬을 따라 진행되였는데 미세한 균렬이 사귀는곳에서 제일 심하게 받았으며 수분이 최고 약 11.8%까지 달한다.

진주암광체는 수화작용뿐아니라 후분출열수작용도 적지 않게 받았다. 변질대의 대성은 나타나지 않으며 개별적지점들에서 열수변질대들이 불규칙적으로 발달되여있다.

진주암광체의 변두리와 미세한 렬하 주변부들에 미정질—미립질석영집괴로 이루어진 규화대들이 수cm의 세맥을 이루고있으며 작은 렬하 주변부에 점토화대가 있다.

진주암광체가 후분출작용을 일정하게 받았지만 변질작용의 범위가 극히 제한되고 변질강도도 약하므로 광석의 리용에서는 별로 영향이 없으리라고 보아진다.

설령진주암광상

지질

광상구역은 상부원생대 퇴적변성암과 그것을 덮은 선생대 화산암으로 되여있다.

광상구역에 발달되여있는 지층은 아래로부터 다음과 같다.

하부원생대 직현통 구역의 서남부에 작게 드러나있는데 구성암석은 백색세립규암으로 되여있다.

신생대 제3기층 령하골짜기와 백암골짜기의 바닥에 드러나있는 이 지층은 직현통 규암을 덮고있으며 제4기층에 덮히여있는데 구역에서 층의 두께는 100~200m이다. 암석은 행인상현무암과 감람석휘석질현무암이다.

제4기층 밑으로부터 조면암층, 류문암층, 현무암층으로 되여있다. 조면암층은 구역의 가운데부분에 드러나있는데 제3기 현무암층을 덮고있으며 류문암과 현무암에 의해 덮여있다. 구성암석은 조면암과 조면암질응회암이다. 조면암은 회색—회백색을 띠며 판상절리가 잘 발달되여있다.

루장석알갱이들이 반정으로 들어있는 반상구조를 이루며 석기는 조면암구조, 유리질—조면암구조를 이룬다.

류문암층은 구역의 북부와 가운데부분에 드러나있는데 조면암층을 덮고있으며 현무암층에 의하여 덮이여있다. 암석은 류문암, 응회질류문암, 류문암질응회암 등으로 되였다. 색은 회색—회백색을 띠며 류상석리가 잘 나타난다. 구조는 반상구조이고 석기부분은 류문암구조, 잠정질구조, 반유리질구조를 이룬다.

응회질류문암과 류문암질응회암은 광물조성과 화학조성이 류문암과 같은데 류문암질암석쇄편이 들어있는것으로 구분된다.

현무암층은 구역의 동쪽에 드러나있는데 그 면적은 적다. 현무암층은 조면암층과 류문암층을 덮고있는데 현무암층의 바로 아래에는 사력층이 끼여있다. 이 층을 이루는 현무암은 주로 휘석—감람석질현무암인데 사장석과 감람석 및 휘석이 반정으로 들어있는 반정구조를 이루며 석기부분은 유리질바탕에 사장석미정이 흐름상으로 배렬되여있는 반유리질구조를 이루고있다.

광체

진주암광체는 류문암층안에 들어있는데 일정하게 굴곡된 렌즈체를 이루면서 수평으로 놓여있다. 광체의 크기는 길이가 700m, 너비는 300m이다. 진주암광체는 규장질물질이 많은 량으로 들어있다.

유리질집괴로 된 부분에서는 균질한 광석을 이루지만 규장질물질이 들어있는 부분에서는 색, 광택, 굳기, 취약성 등 물리적성질이 서로 다른 불규칙적인 광석을 이룬다.

진주암광체와 류문암의 경계부에서 유리질물질과 규장질물질의 호층대를 이루는데 점차적으로 넘어간다.

광석

광석은 대부분 유리질집괴로 되여있는데 진한 록색을 띠며 센 유리광택을 낸다. 규장질물질이 들어있는 광석은 록색유리질물질과 회색규장질물질이 고르롭게 섞여져 잡색을 띠며 유리질물질의 량이 많아짐에 따라 색지수가 높아진다. 광석은 주로 괴상석리, 호상석리, 흐름상석리를 이루는데 유리질집괴로 된 광석에서는 괴상석리를 이루고 규장질물질이 들어있는 광체에서는 호상석리, 흐름상석리를 이룬다. 구조는 주로 유리질구조, 진주암구조이고 드물게 반상구조를 이룬다. 유리질집괴로 된 광석에서는 전반적으로 유리질구조가 많다.

투장석결정알갱이들이 들어있는 반상진주암광체와 광체를 품고있는 유리질류문암의 화학조성은 표 6-13과 같다.

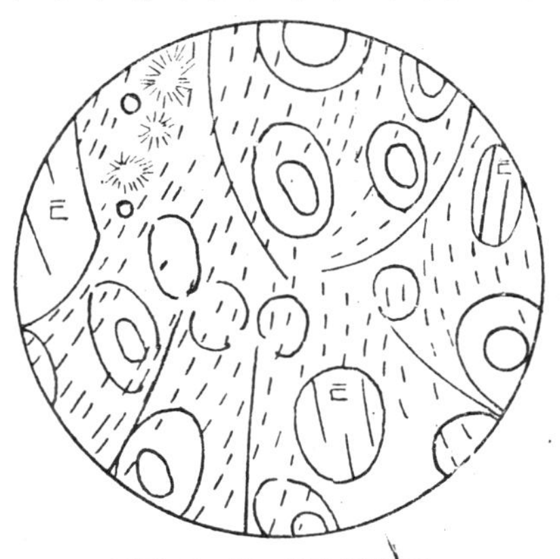

그림 6-19. 진주암구조

진주암광석과 배태암의 화학조성, %   표 6-13

구분＼화학조성	SiO_2	Al_2O_3	Fe_2O_3	CaO	MgO	K_2O	Na_2O	H_2O
괴상광석	71.62	11.35	2.91	0.62	0.64	4.80	2.05	4.19
규장질물질과 섞여진 광석	70.04	12.43	2.49	0.55	0.82	3.00	1.60	4.56
응회질류문암	74.40	12.23	1.88	0.34	0.32	4.38	3.28	0.48

표 6-13에서 보는바와 같이 진주암광석은 응회질류문암과 거의 비슷한 조성을 가지는데 응회질류문암에 비하여 진주암광석에는 SiO_2가 조금 적게, K_2O+Na_2O는 현저히 적게 들어있으며 H_2O는 훨씬 많이 들어있다.

광상의 성인

진주암광체는 신생대 제4기 하세에 진행된 류문암질용암의 분출작용결과 이루어졌다. 구역에서는 제4기 하세에 산성용암의 폭발적분출이 일어나 류문암용암이 생기였는데 점차 용암의 조성과 특성이 변하여 높은 끈기를 가지게 되였고 이런 용암이 지표에 흘러나와 진주암광체를 형성하였다. 진주암체를 형성한 용암은 문암진주암체를 형성한 용암에 비하여 끈기가 다소 작고 류동성이 있다. 그것은 설령진주암광체가 문암진주암광체와는 달리 비교적 먼거리로 흐르면서 층상흐름체를 이루었고 규장질물질의 광물미정이 많이 들어있으며 비록 자형결정을 이루지는 못하였지만 투장석결정이 정출되여 반정으로 들어있는 사실 등으로부터 알수 있다.

진주암광체가 생긴이후 다시 용암의 특성이 변하여 응회질류문암이 이루어졌다. 이때에도 적지 않은 량의 화산유리가 생기여 흐름체속에 떠다니다가 류문암체안에 쇄편으로 들어갔다.

안택진주암광상

지질

광상구역에는 하부원생대 성진통, 북대천통 암석과 이것을 덮은 신생대 신제3기 및 제4기 화산암, 쇄설암이 분포되여있다. 류문암은 류상석리와 투장석과 석영이 반정으로 들어있는 반상구조를 이룬다. 진주암광체는 이 류문암층에 놓여있다.

광체

진주암광체의 바닥에는 대부분 제3기 함탄쇄설암이 깔려있으며 부분적으로 류문암층이 놓여있다. 광체의 연장상과 상반에는 류문암층이 놓여있다.

진주암광체의 륜곽은 명확하지만 주변에 분포되여있는 류문암과는 점차적으로 넘어가는 관계를 가진다. 진주암광체는 층상을 이루면서 거의 수평으로 놓여있다. 광체의 크기는 주향연장이 1000m정도, 경사연장이 200m정도, 두께가 40m정도이다. 진주암광체의 내부에는 완전히 유리질로 되지 못한 류문암질암석이 일정한 두께로 끼여 일부곳에서는 2개의 진주암체가 있는 것처럼 보인다.

광체에서 수직대상성이 비교적 잘 나타나는데 아래로부터 우로 가면서 흑색진주암, 암회색진주암, 회색진주암, 갈색진주암이 바뀌우면서 놓여있다.

흑색진주암은 광체의 제일 아래부분에 놓이면서 점차 류문암으로 넘어간다. 암회색진주암은 두꺼운 층을 이루고있는데 전반적으로 치밀하고 굳다. 암회색진주암에서 진주암구조가 명확하게 나타나는데 부풀음결수가 크다. 회색진주암에서는 류상석리가 발달되여있는데 가벼우며 공소가 많다. 갈색진주암은 대부분 가루모양을 이루며 덩어리로 나타나는 경우에도 취약하며 잘 부스러진다.

광석

진주암광석은 색에 따라 흑색진주암, 암회색진주암, 회색진주암, 록색진주암, 갈색진주암 등으로 나누어진다.

광석의 변종에 따라 유리질물질과 광물결정의 함량이 차이나는데 유리질물질의 함량은 암회색진주암에서 90~98%, 회색진주암에서 80~90%이다.

광석의 석리는 괴상석리, 흐름상석리, 구과상석리이며 구조는 유리질구조, 진주암구조이다. 진주암의 굳기는 괴상광석에서 5.5, 비중은 2.2, 굴절률 $N=1.498$이다.

광석의 부풀음성은 소성온도와 시료의 알굳기에 관계되는데 제일 좋은 부풀음온도구간이 $850\sim1120°C$이다.

부풀음상태에서 부피무게는 광석변종에 따라 조금씩 달라지는데 대체로 $50\sim100kg/m^3$이다. 내열성은 $900°$이며 열전도도는 $0.03kcal/h$

진주암광석의 화학조성은 표 6-14와 같다.

진주암광석의 화학조성, %　　　　　　표 6-14

시료번호　　성분	SiO_2	Al_2O_3	Fe_2O_3	CaO	MgO	K_2O	Na_2O
101	72.59	12.90	1.75	0.49	0.20	5.35	2.97
102	70.72	13.29	2.01	0.56	0.30	3.70	2.85
103	71.04	11.87	2.38	0.70	0.30	3.75	2.65

광상의 성인

진주암광상의 형성은 다른 진주암광상의 형성기구와 기본적으로 같다.

신생대 제4기 중세에 산화규소가 많고 알카리금속과 알카리토류금속산화물이 적게 들어있는 산성용암이 분출하였는데 높은 점성으로 하여 용암흐름체는 멀리 이동되지 못하고 비교적 급격히 식어 굳어져 층상진주암체를 이루었다.

진주암체는 형성된 이후 수화작용을 받아 현저하게 탈유리화되였다.

북백사봉흑요석광상

지질

광상구역에는 제4기 하세 북설령층 분출암이 단천암군 화강암을 덮으면서 넓게 분포되어있다.

북설령층은 구과상석리와 흐름상석리를 가진 회갈색-적갈색영안조면암으로 이루어졌다.

북설령층은 북동방향으로 주향하며 남동방향으로 약하게 경사져있다.

광체

흑요석광체는 북설령영안조면암층의 웃부분에 있다. 광체들은 층상을 이루었는데 개별적광체들의 크기는 다음과 같다 (표 6-15).

광체를 그성하고있는 흑요석은 **흑색흑요석**덩어리를 이루기도 하고 흑색흑요석과 간색흑요석이 얇은층으로 엇바뀌면서 호상석리를 이루기도 한다.

광체의 크기　　표 6-15

광체	연장, m	두께, m
1호광체	30	2.5
2호광체	25	2
3호광체	20	1.5

광석이 호상석리를 이루는 경우 개별적층들의 두께는 3~5cm에 달한다. 흑요석안에는 드물게 루장석결정이 들어있는데 루장석은 모두 둥근모양을 이루고있다. 색은 흑색, 갈색, 회흑색, 황색 등이다. 광석의 석리는 피상석리, 흐름상석리, 호상석리이며 광석의 구조는 유리질구조, 유리질석기의 반상구조이다.

광석의 화학조성은 표 6-16과 같다.

혹요석광석의 화학조성, % 표 6-16

시료번호 \ 조성	SiO_2	Fe_2O_3	Al_2O_3	CaO	MgO	TiO_2	MnO	P_2O_5	K_2O	Na_2O
101	74.68	2.48	12.38	1.10	0.65	0.12	0.02	흔	4.82	4.55
102	73.22	2.76	12.20	1.48	3.04	0.12	0.02	0.04	4.76	4.59
103	68.99	2.57	11.17	3.72	3.02	0.09	흔	0.02	4.39	4.51

남포태산 흑요석광상

지질

광상구역에는 단천암군의 화강암이 분포되여있으며 그우에 신생대 제4기 하세 조면암과 응회암이 덮여있다. 조면암에는 부석과 혹요석쪼각들이 많이 들어있다.

흑요석광체는 조면암질응회암층안에 들어있다. 광체는 거의 남북방향으로 놓여있는데 층모양, 렌즈모양을 이루었다.

광체는 15×10m의 크기로 군데군데 나타난다. 흑요석은 흑색을 띠며 치밀한 덩어리를 이룬다. 광석의 석리는 대부분 괴상석리이고 구조는 유리질구조이다. 불순물이 적고 공소도 적으므로 광석의 질이 좋은 편이다.

초계수 흑요석광상

지질

광상은 덕립에서 북서방향으로 9km떨어진 초계수골에 있다.

광상구역에는 신생대 제4기 현무암, 류문암, 부석층이 분포되여있다. 류문암에는 회백색류상석리가 발달되여있는데 유리질석기에 루장석이 반정으로 들어있는 반상구조를 이룬다.

흑요석광체는 류문암안에 들어있는데 4개의 병행맥을 이루고있다. 광체는 맥상이며 연장은 40~65m, 두께는 5~15cm이다.

광석은 유리질흑요석으로 되여있고 적은 량으로 루장석이 들어있다.

광석은 흑색 또는 갈색을 띠며 유리광택을 낸다.

고두산흑요석광상

지질

광체는 백암에서 북서방향으로 8km 떨어진 고두산의 북서 경사면에 놓여있다.

규조토광상

보서규조토광상

지질

광상부근에는 신생대 제4기 하세 북설령층에 해당되는 조면암과 그의 웅회암, 부석질조면암들이 분포되여있다. 이 분출암층우에 쇄설퇴적암층이 놓이며 그우에 제4기 중세 사장석현무암이 부정합적으로 놓여있다. 규조토층은 쇄설퇴적암층에 끼여있다.

쇄설퇴적암은 회색소력질사암, 응회질력암 및 응회암, 회색분사암, 록색분사암, 회색각력암, 갈색소력질사암 등으로 이루어졌다. 쇄설퇴적암층의 두께는 8m정도, 연장은 150m정도이다.

규조토층은 4개의 층으로 되여있는데 개별적층의 두께는 15~60cm이다. 규조토는 백색괴상이다. 규조토광석안에는 화산성니질물질이 적지 않게 들어있다.

호산규조토광상

지질

광상구역에는 제3기 분출암과 제4기 하세분출암 및 사력층이 분포되여있다. 규조토층은 신제3기 중부의 쇄설퇴적암안에 들어있다. 규조토층은 주향상에서 3개의 광체가 알려지고있는데 개별적광체의 크기는 두께가 0.3~1m, 연장이 200~700m이다.

팽윤토광상

백두산지구에는 세개의 팽윤토광상이 알려져있다.

도화동팽윤토광상

지질

광상구역에는 제3기 상신세 백암통, 제4기 현무암, 조면암질응회암이 드러나있다.

백암통암석은 마천령계층을 경사부정합으로 덮고있으며 제4기 분출암에 의하여 덮이여있다(그림 6-20). 백암통은 현무암, 집괴암 및 니암들로 이루어졌다.

팽윤토층은 백암통의 조면암질응회암층안에 들어있다. 팽윤토층과 상하반층사이의 경계는 명확하지 않으며 대부분 점차적성격을 나타내고있다.

팽윤토층은 두개 알려져있는데 우에 놓인 광체를 1호, 광체밑에 놓인 광

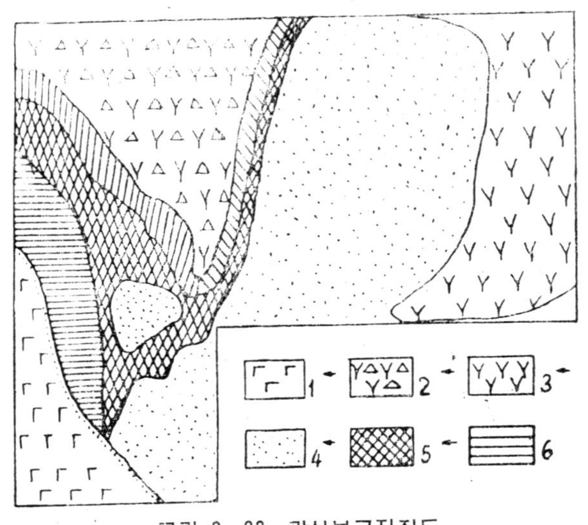

그림 6-20. 광상부근지질도
1-현무암, 2-조면암질응회암, 3-조면암,
4--응회질사암, 5-팽윤토광체, 6--팽윤토화된 암석

체를 2호광체라고 한다.

광체의 연장은 2km 정도이고 경사연장은 1km정도이다. 광체의 평균두께는 1호광체에서 2.97m정도, 2호광체에서 2.68m정도이다. 광체는 약하게 경사지는 층상, 판상을 이루었는데 남북으로 연장되여 동쪽으로 10~15° 경사졌다.

상부층이 삭박되여 광체가 겉면에 드러난곳에서는 광체구역이 둥그렇게 나타나고 ·덮개층이 그대로 남아있는 경우에는 그 변두리를 따라 광체가 층모양을 이루었다.

광석은 주로 몬모릴론석(70~80%), 적은 량의 수운모, 고령석, 다수고령석, 록니석, 갈철광 등으로 이루어졌다.

그밖에 광체안에는 현무암력, 응회질쇄설암, 사장석 및 카리장석알갱이 등이 적은 량으로 들어있다.

광석은 젖은 상태에서 지방감이 나고 양초와 비슷하다. 마르면 지방감이 없어지며 석비레모양으로 변한다. 색은 광석이 땅겉면에 드러난 부분에서는 담황색을 띠며 흙에 덥히운곳에서는 담록색을 띤다.

광석의 조성은 표 6-17과 같다.

팽윤토광석의 화학조성, %　　　　　표 6-17

시료번호 \ 조성	SiO_2	Al_2O_3	Fe_2O_3	MgO	CaO	TiO_2	MnO	K_2O	Na_2O	SiO_2/Al_2O_3
1	68.94	14.4	2.37	1.04	2.37	—	—	1.32	1.22	4.79
2	69.76	11.23	3.35	2.89	0.80	0.16	0.05	0.26	0.27	6.22
3	68.15	15.41	4.21	1.11	0.08	—	—	3.29	2.44	4.43
4	66.57	14.30	4.04	0.37	0.80	0.28	—	4.18	1.93	4.66
5	69.26	13.42	3.38	0.60	2.66	0.39	0.04	1.70	1.37	5.16
6	58.99	22.71	4.41	0.57	2.29	0.13	0.01	2.60	2.97	2.38

광석의 pH는 1호광체에서 6.8~8, 2호광체에서 7이다.

장군봉(대평)팽윤토광상

광상구역에는 단천암군 반상흑운모화강암과 그것을 덮은 제4기 조면암 및 그 응회암이 분포되여있다.

팽윤토광체는 조면암질응회암과 응회질쇄설암층안에 놓여있다. 광체는 회백색, 회갈색, 황색이 서로 엇바뀌우면서 응회질니암처럼 보인다. 광체는 불련속적으로 드문드문 드러나있는데 수평으로 놓여있다. 광체의 주향연장은 500m정도, 경사연장은 200m정도, 두께는 7~10m이다.

광석은 주로 몬모릴론석과 다수고령석으로 이루어졌다.

광석의 화학조성은 표 6-18과 같다.

팽윤토광석의 화학조성, %　　　　　표 6-18

시료번호 조성	SiO_2	TiO_2	Al_2O_3	FeO	Fe_2O_3	MgO	CaO	Na_2O	K_2O	P_2O_5	H_2O
1	67.72	0.36	13.30	1.39	3.82	0.91	1.26	5.96	4.60	0.10	2.14
2	63.58	0.30	14.99	1.31	1.15	0.91	0.84	3.66	6.19	0.04	0.57

석 회 석 광 상

혜산 석회석광상

지질

석회석층은 혜산시 강구로부터 신장으로 련결하는 허천강류역을 따라 길게 분포되여있다.

광상구역에는 상원계 직현통과 황주계 양덕통, 초산통, 만달통 암석이 넓게 분포되여있다. 직현통 독산층, 고령봉층, 한평리층이 다 있다. 독산층은 광상구역의 서쪽 린접구역을 따라 넓게 분포되여있는데 회백색-백색규암, 자색 철질규암으로 이루어져있고 고령봉층과 한평리층은 허천강 좌안을 따라 드러나있는데 고령봉층은 회황색세립규암, 운모질분사암, 점판암으로 이루어졌으며 한평리층은 회흑색점토질석회암, 암회색규질분사암, 세립규암, 점판암 등으로 이루어졌다. 직현통의 두께는 270m이상이다.

황주계층은 압록강과 허천강이 합류되는 강구로부터 신정을 련결하는 허천강을 따라 분포되여있는데 그 면적은 약 3.5km²에 달한다.

황주계층은 상원계 직현통을 부정합적으로 덮고있으며 평안계 사동통과 구조접촉하거나 신제 3기말-제4기 현무암 그리고 부분적으로 사력층에 의하여 부정합적으로 덮여있다. 황주계층은 밑으로부터 양덕통, 초산통, 만달통으로 구분된다.

양덕통은 혜산시 늪평, 신장 서쪽에 분포되여있다. 암석은 석회질고회

암, 적갈색세립운모질규암, 분사암, 회록색-자색점판암, 고기알모양석회암
으로 되여있다. 양덕통은 구성암석과 층서관계에 따라 3개의 층으로 나누어
진다.

1층은 적자색-회자색분사암, 분사질점판암, 분사질규암, 회백색석회암
으로 이루어졌는데 층의 두께는 100m이상이다. 2층은 회백색석회암, 고회질
석회암, 점판암으로 이루어졌으며 층의 두께는 60~80m이다. 3층은 회록색
세층상석회질점판암, 자색석회질점판암, 회백색석회암으로 이루어졌는데 이
층의 두께는 90~140m이다. 양덕통 전체 두께는 250m이상이다.

초산통은 혜산시 늪평, 신정에 분포되여있는데 그 면적은 약
6.5km²이다.

초산통은 양덕통우에 부정합적으로 놓이며 만달통석회암에 의하여 정합
적으로 덮여있다. 암석은 회백색-암회색세층상니회질석회암, 회색-암회색
세호층상니회암, 암회색점토질석회암, 회록색석회질점판암, 층상점토질석회
암 등으로 이루어졌다. 초산통은 암석구성에 따라 3개의 층으로 나누어
진다.

제1층은 초산통 제일 밑에 놓이는데 양덕통 제3층 암석을 덮고있다. 암
석은 흑색-암회색호층상니회질석회암, 회색암회색석회질니회암, 암회색점토
질석회암, 회록색석회질점판암으로 되여있다.

이 암층은 자름면상에서 암상이 비교적 조잡하게 변화된다.

제2층은 30~50m의 폭으로 며모양을 이루면서 길게 늘어져있는데 암석
은 회록색석회질점판암, 회백색협층상석회암, 자색-회백색각상석회암, 연한
팥색점판암 등으로 되였다.

제3층은 초산통 제일 우에 놓이는데 암석은 암회색-암청회색인 층상석
회암, 점토질석회암, 회록색점판암 등으로 되였다. 층구성상 특징은 이 층의
밑부분은 점토질석회암, 가운데부분은 석회암, 웃부분은 니회질석회암 또는
점토질석회암이 사이층으로 들어있는 암회색석회암으로 되여있다.

만달통은 구역의 동쪽에 드러나있는데 초산통, 제3층 석회질점판암우에
정합으로 놓여있다. 암석은 암회색석회암, 고회질석회암, 고회암, 점토질석
회암으로 되여있다.

층의 아래부분은 암회색을 띠는 괴상 또는 층상석회암으로 되였고 가운
데부분부터 고회질성분이 많아진다.

광체

광상구역에서 광체는 황주계 초산통암석이 세멘트암광체로 되고있다. 세
멘트암광체로 되고있는 초산통암층은 3개의 균질층으로 나누어진다. 암층에
따르는 주요 성분들의 조성은 표 6-19와 같다.

균질층별로 몇가지 자료를 보면 다음과 같다.

제1균질층은 초산통 제1층을 포괄하고있다. 균질층의 암석은 회색-암회

규질충별 화학조성, % 표 6-19

충번호 \ 조성	SiO_2	Fe_2O_3	Al_2O_3	CaO	MgO
1	16.28	1.91	3.28	42.50	2.11
2	30.0	3.80	6.50	30.26	2.32
3	7.5	1.39	1.81	48.00	2.73

색세호충상니회질석회암, 회색－암회색세호충상석회질니회암, 암회색점토질석회암, 점토질점판암 등이다.

이 암석들의 화학조성과 중요지수는 표 6-20과 같다.

균질층구성암석의 화학조성(%)과 주요지수 표 6-20

암석 \ 조성	SiO_2	Fe_2O_3	Al_2O_3	MgO	CaO	KH	n	P	T
회색암회색세충상	11.43	1.79	2.42	2.34	45.01	1.26	2.73	1.35	84.0
니회질석회암	14.33	1.25	2.68	0.68	45.60	1.01	3.63	2.13	81.20
회색암회색세충상	17.81	1.53	2.86	1.92	42.25	0.76	3.93	1.83	79.0
석회질니회암	25.72	3.71	3.91	3.34	33.45	0.35	3.86	1.18	65.15
암회색석회암	5.57	0.86	1.08	1.58	52.20	3.22	2.87	1.25	95.56
	11.05	1.13	2.05	0.92	47.40	1.49	3.70	1.81	85.91
석회질점판암	27.44	3.76	6.80	2.20	32.68	0.28	2.59	1.80	61.86
	38.26	5.01	10.85	2.90	20.33	0.06	2.4	2.10	41.65

※

$$T \text{ 쩌뜨로 } KH(\text{포과결수}) = \frac{CaO - 0.65Al_2O_3 - 0.35Fe_2O_3}{2.8}$$

$$n(\text{규산률}) = \frac{SiO_2}{Al_2O_3 + Fe_2O_3} \qquad P(\text{반토률}) = \frac{Al_2O_3}{Fe_2O_3}$$

이 균질층에서 암상은 밑으로부터 우로 가면서 암질이 니회질암석으로부터 석회암으로 주기적으로 달라지면서 일정하게 구획화되여있다. 균질층은 주향상에서도 암질과 조성이 달라지는데 남쪽으로 가면서 석회질암석은 늘어나고 니질암석은 줄어든다.

제2균질층은 초산통 제2층을 포괄하고있다. 암석은 회록색석회질점판암, 회록색협충상석회질점판암, 회록색석회암, 자색각상점토질석회암 등으로 되여있다.

암석의 화학조성과 주요지수는 표 6-21과 같다.

이 균질층의 암석구성에서 밑은 점토질암상, 우로 가면서 점토질암과 석회암의 협충대로 되여있다. 제일 웃부분에서는 석회질암상으로 되여있다. 이 균질층에서는 충폭이 작은 암층들이 갈피갈피 엇바뀌여있는데 개별적층의,

2균질층 구성암석의 조성(%)과 중요지수　　　　　표 6—21

암석명	SiO_2	Fe_2O_3	Al_2O_3	CaO	MgO	KH	n	P	T
회록색석회질	33.83	9.31	8.45	24.95	2.55	0.08	1.9	0.9	48.3
점판암	38.80	5.29	9.02	23.20	1.87	0.05	2.7	1.7	44.4
회록색협층상	16.42	2.42	9.72	44.52	2.13	0.6	1.35	4	82.81
점판암	42.41	5.20	1.69	21.77	2.88	0.14	6.17	0.32	43.5
회백색의 점토질	12.31	1.58	1.67	48.35	1.38	1.33	3.75	1.05	88.5
석회암	14.64	2.51	3.43	46.40	2.96	0.99	2.71	1.36	87.5
자색각상	9.70	1.62	2.57	49.70	1.59	1.6	2.3	1.5	93.1
석회암	17.83	1.92	1.86	45.58	2.59	0.83	4.7	0.97	85.4

두께는 0.01~5m에 달한다.

제3균질층은 암회색점토질석회암, 암회색니질－석회암, 고회질석회암, 회록색점판암 등으로 이루어졌다. 암석들의 화학조성과 중요지수는 표 6—22와 같다.

제3균질층 구성암석의 화학조성(%)과 중요지수　　　　　표 6—22

암석 ＼ 조성, %	SiO_2	Fe_2O_3	Al_2O_3	CaO	MgO	KH	n	P	T
암회색세층상 점토질석회암	6.56	0.76	0.66	35.40	0.90	2.55	1.5	0.87	65.41
	26.46	2.19	3.23	48.15	1.43	3.8	4.6	1.47	87.29
암회색층상석회암	3.16	0.59	2.57	40.70	3.17	2.81	0.9	0.71	92.02
	6.10	0.66	0.47	50.15	4.50	5.34	5.5	4.90	96.72
암회색층상니회질 석회암	2.86	0.56	0.59	41.10	1.12	0.92	2.48	1.05	80.45
	14.40	1.19	2.11	57.30	4.17	6.39	4.3	1.76	94.07
회록색석회질 점판암	30.56	3.96	1.19	7.43	1.84	0.02	2.27	0.18	16.56
	53.20	6.43	7.50	25.10	2.00	0.09	6.9	2.40	47.76

이 균질층밑에는 점토질석회암이, 중간에는 암회색석회암층이, 웃부분에는 점토질석회암, 니회질석회암, 석회암의 반복호층이 있다.

우에서 본 세개 균질층에 대한 자름면 전구간의 평균화학조성과 중요지수는 다음과 같다(표 6—23).

균질층의 평균화학조성, %　　　　　표 6—23

층 ＼ 조성	SiO_2	Fe_2O_3	Al_2O_3	CaO	MgO	KH	n	P	T	시료 건수
1균질층	16.28	1.91	3.28	42.54	2.11	0.75	3.83	1.71	79.5	66
2균질층	30.0	3.8	6.5	30.26	2.32	0.20	2.91	1.71	57.6	30
3균질층	7.5	1.39	1.8	47	2.73	2.3	3.45	1.39	86.3	79

마그네샤이트—고회석광상

상복안수 마그네샤이트—고회석광상

광상구역에는 중생대 삼첩기 혜산암군에 속하는 룡천관입암체가 넓게 분포되여있다. 룡천관입암체안에는 하부원생대 북대천통의 탄산염암석이 작은 면적으로 드러나있으며 신생대 현무암과 조면암이 넓게 덮여있다.

북대천통은 주로 회색회백색고상고회암, 고회질대리암, 투각섬석질고회암으로 이루어졌으며 드물게 회백색석회암이 사이사이에 들어있다. 룡천관입암체는 석영섬록암, 화강섬록암, 반상화강암, 우백색화강암 등으로 이루어졌다.

광체

마그네사이트광체는 북대천통 고회암층안에 들어있다. 광체는 두개의 골짜기가 합치는 산릉선 입구에 우뚝 솟은 독립봉우리를 이루고있다(그림 6—22).

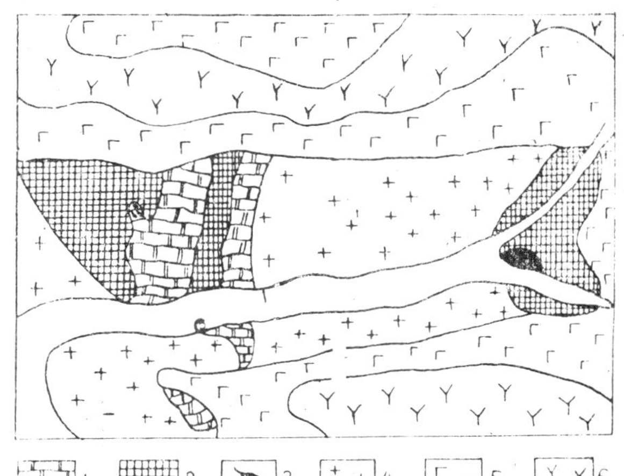

그림 6—21. 광상부근지질략도

1—고회암, 2—고회석광체, 3—마그네사이트광체,
4—화강암(중생대삼첩기), 5—현무암, 6—조면암

광체는 북대천통 1층 괴상고회암과 투각섬석질고회암 및 고회질대리암안에 들어있으며 룡천관입암체와 접하고있다. 광체의 주향연장은 100m정도이며 경사연장은 30m이상이다. 마그네사이트광석은 대부분 백색이며 부분적으로는 연한 장미회색, 연한 회색을 띤다.

광석의 광물조성은 마그네사이트와 적은 량의 고회석, 활석, 금운모, 방해석, 사문석, 투각섬석, 옥수, 릉철광, 황철광 등으로 이루어졌다. 마그네사이트를 제외한 나머지 광물은 부성분광물로서 매우 적게 들어있다.

광석의 석리는 대부분 균등한 괴상석리이고 드물게 각력상석리를 이룬다.

광석은 대부분 중립결정질이며 드물게 조립결정질이다. 아주 드물게는 세립상결정질집괴로 나타난다. 마그네사이트는 전반적으로 결정화정도가 좋으며 일부 알갱이들은 원자형의 릉면체를 이루고있다.

마그네사이트광석의 화학조성은 표 6—24와 같다.

광체는 비교적 균질하며 품위가 고르롭다. 광석의 대부분을 이루는 백색

마그네사이트광석의 화학조성, %

표 6-24

조성 광석형	MgO	CaO	SiO$_2$	Fe$_2$O$_3$	Al$_2$O$_3$	작열감량
백색마그네사이트	46.12	0.75	0.85	0.63	0.48	50.53
백색마그네사이트	46.49	0.55	0.53	0.32	0.14	50.80
회백색마그네사이트	31.01	18.10	0.35	0.35	0.03	47.83
연한장미색마그네사이트	46.72	0.78	0.52	0.27	0.15	50.78
〃	46.27	0.68	0.16	0.38	0.14	50.90

결정질마그네사이트와 연한 장미색결정질마그네사이트는 MgO가 46% 이상, 최고 47.62%에 달한다.

고회석광체는 2개가 알려져있다.

상복안수 고회석광체는 마그네사이트광체와 접하고있으며 하복안수 고회석광체는 상복안수광체의 서부 약 2km거리에 있는 골짜기의 우측 산경사면에 놓여있다.

고회석광석의 광물조성은 고회석, 마그네사이트 방해석, 금운모, 황철광, 릉철광, 석영, 옥수, 루휘석, 루각섬석 등이다. 광석은 백색, 회백색, 회색, 황백색을 띠며 중립결정질집괴를 이루고있다.

광석에서 고회석은 80~85% 들어있는데 결정화정도가 좋은 반자형립상을 이루고있다.

고회석광석의 화학조성, %

표 6-25

조성 광석형	MgO	CaO	SiO$_2$	Fe$_2$O$_3$	Al$_2$O$_3$	작열감량
백색결정질고회암	20.35	28.40	3.80	0.43	0.48	44.28
백색결정질고회암	20.93	29.43	4.82	0.52	0.05	43.65
루장석질고회암	19.85	26.56	22.90	0.85	0.48	29.61
회색고회암	19.20	29.58	3.72	0.70	0.56	45.29

활석—백록니석광상

남계활석—백록니석광상

지질

광상구역에는 마천령계 북대천통의 층상고회암, 석회질고회암, 록색편암, 대리암 등이 넓게 분포되여있고 리원암군의 흑운모화강암과 혜산암군의 육홍색화강암이 드러나있다.

활석광체는 북대천통 중부고회암층안에 들어있다. 활석은 마그네사이트, 사문석과 밀접히 공반되며 활석대, 마그네사이트 순서로 대성을 이루고있다. 매개 변질대들은 서로 점차적으로 넘어간다. 사문석대안에는 연옥이

동심원상으로 들어있다.

광체의 내부구성에서 웃부분에는 주로 마그네사이트가 있고 밑으로 내려가면서 곱돌과 사문석이 많아진다.

활석광체는 5개인데 크기와 모양이 다르다(표 6-26).

광체의 크기와 모양

표 6-26

광제	모양	주향연장, m	경사연장, m	두께, m		
				최소	최대	평균
1호광체	맥상, 렌즈상	180	200	1	12	7
2호광체	렌즈상, 층상	150	200	1	6	4
3호광체	렌즈상, 층상	50	100	1	10	6.5
4호광체	문어다리모양, 렌즈상	50	50	2	18	11
5호광체	렌즈상	70	100	1	6	4

광석의 광물조성은 활석, 백록니석, 사문석, 마그네사이트, 옥수, 고회석, 방해석, 석영, 견운모 등이다.

광석의 화학조성은 표 6-27과 같다.

광석의 화학조성, %

표 6-27

광석명 \ 조성	SiO_2	MgO	CaO	Al_2O_3	Fe_2O_3
사문석	34.02	43.72	1.05	0.02	0.14
청색광석(백록니석)	32.31	34	1.12	14.02	0.90
백색광석(활석)	62.61	31	0.84	1.65	0.55
마그네사이트	1.4	40.13	흔적	0.15	0.38

표. 5-27에서 보는바와 같이 백색광석은 SiO_2 62%, MgO 31%이고 Al_2O_3 1.65%인데 청색광석에는 Al_2O_3가 14.02% 들어있다. 이것은 청색광석에 백록니석이 많이 들어있는것과 관련된다.

3. 연료자원

백두산지구에는 무연탄밭과 갈탄, 니탄 밭 등 여러개의 탄밭이 있다. 갈탄과 니탄은 백두산 리프트내에서 바닥이 깊은곳에 치우쳐있다.

무연탄

백두산지구에 무연탄은 혜산에서만 나온다. 이 탄밭은 평안계지층에 들어있는 고생대탄이다.

혜산무연탄

탄밭은 혜산시 혜탄동과 마산동에 있다.

지질

탄상구역에는 하부원생대 마천령계 남대천통 규암, 규질편암, 점판암과 상부원생대 직현통규암, 하부고생대 황주계 만달통 탄산염암석들이 넓게 분포되여있고 평안계층이 제한된 구역에 드러나있다. 평안계층은 만달통 또는 남대천통상부와 구조접촉하거나 만달통을 부정합적으로 덮고있다. 탄층은 평안계층에 들어있는데 3개의 탄층이 알려져있다.

함탄층의 자름면구성은 밑으로부터 다음과 같다.

바닥력암, 사암층이 끼여있다. 50~80m, 암회색, 회록색 세립사암 7~8m, 하부탄층 0.4~3.5m, 회흑색 점판암과 세립, 중립사암의 호층 35m, 중립사암 15m, 조립사암 1~2m, 웃탄층 1.5m, 조립석영사암 20m 함탄층의 두께는 140~200m이다.

탄층

탄층은 충상, 렌즈상인데 드물게는 탄주머니를 이루기도 한다. 탄층의 크기는 본산지구에서 주향연장이 1000m이하이고 경사연장이 800m정도이다. 탄층두께는 0.7~3m구간에서 변하며 평균 1.5m이다. 마산지구 갱안에서 탄층두께는 5.7m정도 된다. 석탄의 공업분석자료를 보면 수분 2~3%, 회분 19~29%, 휘발분 6~11%, 고정탄소 63~78%, 류황 0.3%이며 발열량은 4000~6000kJ/kg이다.

갈탄

백두산지구에서 백암갈탄밭은 블로크별로 원동, 안택, 대택, 북계수, 상도내, 간장늪 갈탄밭과 도화동갈탄밭으로 나누어진다.

원동갈탄밭

지질

탄상구역에는 중생대 화강암을 기반으로 하여 신생대 신제3기 백암통과 보천통의 륙원성쇄설암과 현무암이 서로 엇바뀌면서 놓여있다.

백암통 하부에 쇄설암이 놓이고 상부는 현무암이 덮여있다. 쇄설암층은 응회암, 응회질력암, 응회질사암, 분사암, 니암으로 되였다.

함탄층가운데 3개의 탄층이 있는데 가행탄층은 최하부에 놓이는 탄층이다. 이 탄층에는 4개의 짬버력이 있는데 그 두께는 0.2m이다. 탄층은 일정한 층준을 따라 층상으로 놓여있다. 탄상의 면적은 약 1.5km², 탄층의 연장길이는 1500m정도, 두께는 0.7~1.6m, 평균 0.95m이다.

탄화단계가 낮은 갈탄이다. 석탄의 공업분석값은 수분 6.7~9.1%, 회분 31.4~54.3%, 휘발분 24.5~35.3%, 고정탄소 13.7~24.6%, 발열량 2816~3805kJ/kg, 평균 3637kJ/kg이다.

대택갈탄밭

탄밭은 백암군 대택에 있다.

지질

중생대 화강암이 기반을 이루고 그우에 신제3기 북계수층인 류원성 쇄설암과 현무암이 덮여있다.

백암통은 력암, 사암, 분사암, 현무암으로 되여있다. 백암통을 이루는 쇄설암이 함탄층으로 되는데 구역에서 함탄층의 두께는 30m이다. 함탄층안에는 4개의 탄층이 있는데 그가운데서 3개의 탄층이 가행대상 탄층으로 되고있다. 가행대상탄층안에 1개의 짬버럭이 있는데 그 두께는 0.2m이다. 탄층은 일정한 층준을 따라 층상을 이루고있다. 탄층의 연장길이는 2000m정도, 두께는 0.7~1.3m, 평균 0.9m이다. 100건의 시료에 대한 공업분석 평균값은 수분 12.8%, 회분 24.3%, 휘발분 36.6%, 고정탄소 26.3%, 발열량 4416kJ/kg이다.

안택갈탄밭

지질

중생대 화강암이 기반을 이루고 그우에 신생대 신제3기 백암통 쇄설암과 현무암이 덮여있다. 백암통은 응회질력암, 응회질사암, 분사암, 니암, 현무암으로 되여있다. 백암통의 쇄설암이 함탄층으로 되여있는데 그 두께는 50m 정도이다.

함탄층에는 3개의 탄층이 있는데 그가운데서 한개의 탄층이 산업적인 탄층으로 되고있다. 이 탄층에는 4개의 짬버럭이 끼여있는데 그. 두께는 40cm 정도이다. 탄층의 연장길이는 1500m정도, 두께는 0.7~1.4m, 평균 0.95m이고 탄층의 분포면적은 0.8km²이다.

석탄의 질은 탄화단계가 낮은 갈탄에 해당되는데 공업분석값은 수분 4.6~13.3%, 회분 30.2~45.6%, 휘발분 26.1~37.3%, 고정탄소 17.8~30.7%, 발열량 3067~3868kcal/kg이다.

북계수갈탄밭

지질

중생대 화강암이 기반을 이루고 그우에 신생대 신제3기 백암통층과 제4기 현무암이 덮여있다. 백암통은 력암, 사암, 분사암, 석탄층으로 되여있다. 쇄설암층이 함탄층을 이루고있는데 함탄층의 두께는 약 30m이다.

탄상구역에는 2개의 가행탄층이 있는데 우에 놓이는 상부탄층이 더 좋은 탄층으로 되고있다. 탄층에는 짬버럭과 탄화목이 적지 않게 들어있다. 탄층의 연장길이는 800m, 두께는 0.7~3m, 평균 1.4m이며 분포면적은 약 0.5km²이다.

갈탄의 공업분석값은 수분 15.7%, 회분 22.4%, 휘발분 37.2%, 고정탄소 24.7%, 발열량 3300kJ/kg이다.

도화동갈탄

지질

탄상구역에는 신제3기 륙원성쇄설암층과 화산암이 서로 엇바뀌는 백암통과 제4기층이 넓게 분포되여있다.

함탄층인 백암통과 친밀한 현무암이 6회정도 엇바뀌면서 쌓여있다.

탄상에는 7개의 얇은 탄층이 알려져있는데 갈탄층의 두께는 0.82~1.38m, 연장은 1000m정도이다.

갈탄의 발열량은 2100~5338kJ/kg이며 평균 2567kJ/kg이다.

이밖에도 보천군 신흥, 대진평, 문암, 내곡, 대평지구, 운흥군 룡암, 신정, 대중지구 등 여러곳에 갈탄로두들이 알려지고있다.

니탄

백두산지구에서 니탄은 여러 지역에서 나온다. 그러나 니탄이 두껍고 넓게 나오는 구역은 백두산심부단렬대 동쪽구역을 따라 10여km의 폭을 가지고 법칙적으로 분포되여있다. 그 가운데서 백암-간장늪일대와 삼지연일대에 더 두껍게 발달되여있다.

백암지구 니탄

백암일대에는 여러개의 니탄이 알려졌다. 표 6-28과 같다.

백암지구 니탄밭 종합표

표 6-28

탄밭	지구	면적 m²	탄층, km	발열량 kJ/kg
대 택	백암군 대택	466만	1.87	458~5078
연 평	백암군 백암	1만	0.75	4000
원 동	백암군 대택	25만	1.5	4000
상도내	백암군 산양	77만	0.8	3000
산양대	〃	320만	1.7	4000
간장늪	〃	826만3천	1.9	4000
소 둥	백암군 양홍	2만1250	2	4000
상 담	백암군 상담	18만	1.3	
서 두	백암군 서두	23만7천	0.9	4000
고두산	백암군 신전	300만	1.3	4000

니탄층은 모두 제4기 하세 현무암층우에 놓여있다. 니탄층아래에는 수십cm의 니토층이 놓이는데 이 층은 현재 자라는 식물, 썩은 식물뿌리, 줄기, 잎 등으로 되였다. 일부 곳에는 니탄층아래에 니탄분이 40%정도까지 섞여있는 점토층이 깔려있다.

니탄층안에는 부석질모래로 된 짬버럭이 끼여있는데 그 두께는 수cm~수십cm이다.

니탄층은 층상니탄, 토상니탄, 섬유질니탄층으로 구성되는데 층상니탄은 하부에, 섬유상니탄은 상부에 놓여있다.

이 구역에서 니탄, 소택지들은 평탄한 현무암우에 놓여있다.

따라서 탄발구역은 강수량에 비하여 증발량이 대단히 적은데 지형이 평탄하므로 땅겉면물이 잘 흐르지 못하고있다.

이와 같이 지형이 평탄하여 땅겉면물이 서서히 흐르며 탄발지구에 성장한 선태식물이 땅겉면물의 흐름을 통제하고있다.

이런 조건에 의하여 용암대지우에는 여러개의 소택지들이 이루어졌다.

니탄에는 부석산이 50%정도 들어있다.

니탄의 특성은 수분이 함량에 의해 규정되는데 젖은니탄과 마른니탄의 특성은 표 6-29와 같다.

수분함량에 따르는 니탄의 특정변화지표

표 6-29

구분	수분, %	회분, %	휘발분, %	고정탄소, %	발열량 kJ/kg
젖은니탄	60~70	3~10	10~18	9~11	1625~1793
마른니탄	14~20	7~21	40~46	20~25	3855~4334

니탄의 수분은 대부분 교질물인 부식산의 미세한 공극사이에 흡착되여있고 일부는 분해되지 않은 식물조직의 모세관작용에 의하여 흡수되여있다.

지열자원

백두산지구에는 4개의 온천과 3개의 지열이상마당이 알려져있다.

백두온천

이 온천은 백두산천지서남쪽호안을 따라 떠모양으로 놓여있는 중탄산나트리움천이다.

온천물온도는 보통 73°C로서 전반적으로 높다. 계절에 따라 온천수면의 변동이 심한데 여름철에는 물에 잠기는 때가 있다.

백암온천

이 온천은 백두산천지북쪽호안과 백운봉기슭에 있는 큰 온천이다.

여러개의 용출구를 가지고있는데 그 가운데서 직경이 30cm이상되는것이 3개인데 그 다부분이 백두산천지호안선으로부터 20~30m 떨어진 물깊이 2m 아래구역에 있다. 온천물이 집중적으로 용출되는곳에서 물의 온도는 46°C정도이다. 이 온천은 중탄산나트리움천에 속한다.

이밖에 백두산천지에서 북쪽으로 0.75km정도 떨어진곳에 장백온천이 있고 백두산천지에서 서남쪽으로 4km정도 떨어진곳에 제운온천이 있다.

또한 백두화산대 동남쪽으로 내곡온천과 대상온천이 있다.

내곡온천은 해발 800~1200m의 현무암대지가 깊이 패여 절벽을 이룬 가림천단구우에 있다. 7개 정도의 용출구가 있는데 현재 리용되고있는것이 3개이다. 물의 온도는 38~46°C이다.

대상온천은 대오시천 동남쪽 대전평사이에 있는데 온천물은 현무암틈새에서 흘러나온다. 물의 온도는 23°C정도이다.

이밖에 지열이상으로 대홍단지열이상, 삼지연지열이상, 향도봉지열이상이 알려졌다.

- 363 -

참 고 문 헌

〔1〕 리죽남, 지질과 지리, 4, 14~16(1964).

〔2〕 김긍래 등, 지질과 지리, 1, 16~20(1970).

〔3〕 김긍래 등, 지질과 지리, 3, 4~8(1970).

〔4〕 리돈, 지질과 지리, 3, 14~15(1970).

〔5〕 류진무, 지질과 지리, 6, 28~31(1970).

〔6〕 김려찬, 지질과 지리, 5, 46~48(1977).

〔7〕 김원삼, 지질과 지리, 2, 47~49(1981).

〔8〕 엄혜영, 김성아, 지질과 지리, 4, 6~11(1984).

〔9〕 강영호, 지질과 지리, 2, 25~30(1985).

〔10〕 강영호, 지질과 지리, 3, 4~10(1985).

〔11〕 강영호, 지질과 지리, 4, 5~10(1985).

〔12〕 주영조, 지질과 지리, 4, 42~46(1987).

〔13〕 박칠성, 지질과 지리, 6, 3~7(1987).

〔14〕 주영조, 윤동수, 김신주, 지질과 지리, 3, 39~42(1988).

〔15〕 박칠성, 오인태, 김필순, 표영선, 지질과 지리, 1, 15~18(1989).

〔16〕 리돈, 리명희, 지질과 지리, 6, 42~48(1989).

〔17〕 김종래, 김성욱, 차상철, 지질과 지리, 6, 44~46(1989).

〔18〕 김종래, 전영도, 지질과학, 1, 6~11(1990).

〔19〕 김현소 등, 지질과학, 1, 29~35(1990).

〔20〕 김현소 등, 지질과학, 2, 7~12(1990).

〔21〕 리돈, 김신균, 지질과학, 2, 4~7(1990).

〔22〕 강영호, 최윤하, 김택룡, 지질과학, 3, 2~5(1990).

〔23〕 김현소, 채완홍, 홍승호, 지질과학, 4, 24~26(1990).

〔24〕 윤동수, 김신주, 리명희, 지질과학, 4, 39~41(1990).

〔25〕 리죽남, 지질과학, 6, 2~6(1990).

〔26〕 김현소, 채완홍, 홍승호, 지질과학, 1, 11~14(1991).

〔27〕 리돈, 리명희, 지질과학, 1, 45~48(1991).

〔28〕 리죽남, 지질과학, 2, 7~11(1991).

〔29〕 김종희, 최윤석, 지질과학, 2, 26(1991).

〔30〕 조일원, 심수법, 리영선, 지질과학, 3, 12~17(1991).

〔31〕 김현소, 채완홍, 홍승호, 지질과학, 5, 12~20(1991).

〔32〕 윤동수, 김신주, 지질과학, 6, 29~31(1991).

〔33〕 리돈, 김신균, 지질과학, 1, 14~23(1992).

〔34〕 리돈, 김영남, 지질과학, 3, 2~7(1992).

〔35〕 김신균, 지질탐사, 2, 42~43(1962).

〔36〕 로영대, 지질탐사, 12, 4~6(1964).

(37) 김궁태, 강범규, 지질탐사, 3, 17~20(1970).

(38) 리돈, 지질탐사, 1, 30(1971).

(39) 김석태, 지질탐사, 2, 12~17(1973).

(40) 리죽남, 지질탐사, 4, 12~17(1975).

(41) 10월9일연구소, 4, 22~26(1975).

(42) 류진무, 한충섭, 지질탐사, 3, 23~27(1977).

(43) 김치삼, 지질탐사, 1, 33~34(1982).

(44) 최철환, 지질탐사, 5, 17~20(1982).

(45) 김정교, 강철린, 지질탐사, 1, 29~32(1985).

(46) 권정립, 지질탐사, 3, 5~6(1985).

(47) 리죽남, 지질탐사, 4, 10~12(1985).

(48) 리상우, 지질탐사, 6, 18~19(1985).

(49) 김흥록, 한상균, 지질탐사, 1, 17(1987).

(50) 김종태, 량홍운, 차상철, 지질탐사, 2, 20~22(1987).

(51) 김종태, 량홍운, 지질탐사, 5, 9~11(1988).

(52) 주영조, 리명희, 지질탐사, 4, 4~8(1989).

(53) 조일원, 채완홍, 4, 4~6(1990).

(54) 리동환, 지질탐사, 5, 10~11(1990).

(55) 리돈, 김신균, 지질탐사, 4, 7~9(1991).

(56) 조일원, 심수범, 고병섭, 지질탐사, 1, 25~26(1992).

(57) 조선의 지질, 과학원출판사, 1960.

(58) 조선동북부와 쏘련연해주남부의 지질구성과 지하자원, 과학원출판사, 472, 1964.

(59) 조선의 광물, 과학원출판사, 1966.

(60) 박인선, 분출암과 광상, 공업출판사, 1976.

(61) 김종례, 조선의 지질구조발전, 김책공업대학출판사, 133~160, 1986.

(62) 조선의 지질, 과학, 백과사전출판사, 1987.

(63) 리성룡, 혁명의 성산 백두산, 과학, 백과사전출판사, 1987.

(64) 김치숭, 지질학발전에서 흥미있는 몇가지 문제, 과학, 백과사전종합출판사, 1989.

(65) 조선의 지질구성 3, 공업출판사, 402, 1990.

(66) 조선의 지질구성 6, 공업출판사, 1990.

(67) В. Л. Масамтиса, Геология Кореи, Недра, 1964.

(68) Г. С. Иодер, Происхождение базальтовых магм., Мир, 1965.

(69) Г. С. Горшков, Г. Е. Богоявленская, Вулканы безмянный и особенности его последнего извержднияя, Наука, 1965.

(70) П. И. Такарев, Извержение и сейсмический режим вулканов ключевской группы(1949~1963), М. Наука, 118, 1966.

(71) В. В. Велоусов и др., Восточно—Африканская рифтовая система(1, 2, 3) Наука, 1974.

(72) А. И. Киселев и др., Вулканизм байкальской рифтовой зоны и проблемы глубинного магомообразования, Нобосибиск, Наука,

1975.

(73) А. А. Шиманский и др., Использование метода главных компонент для интерпрентации геохимических данных, Наука, 1976.

(74) Е. В. Балишов, Геохимия редкоземельных элементов, М. Наука, 1~290, 1976.

(75) Л. П. Зоненшаин и др., Глобальная тектоника, Магматизм и металлогения, Недра, 1976.

(76) Е. Е. Милановский и др., Рифтовые зоны континенталь, Недра, 1976.

(77) Д. Ж. Девил, Статистика и Анализ геологических данных, Мир, 1977.

(78) Н. А. Логачев, Вулканогенные и осадочные форматии рифтовных зон Восточной Африки, Недра, 1978.

(79) В. Г. Казьмин и др., Гединамика Африкано—Аравиской системы, Мир, 1978.

(80) А. П. Гозефовии, Л. В. Огородова, Гравиметрия, М. Недра, 1980.

(81) В. А. Апродов, Вулканы, природа, Мир, 1982.

(82) С. Уеда, Новый взгляд на землю, Мир, 1980.

(83) И. В. Менекеецев, Вулканизм и рельефооБразование, М. Наука, 1980.

(84) В. А. Унксов, Тектоника плит, Недра, 1981.

(85) Х. Раст, Вулканы и вулканизм, Мир, 1982.

(86) К. Ф. Тяпкин и др., Изучение разломных структуры геолого—геофизическими методами, М. Недра, 1982.

(87) А. Митчели, Глобальная тектоническая позиция минеральных месторождений, Наука, 1984.

(88) А. П. Кулаков, Морфоструктуры центрального типа Дальнего Востока, Владивосток, 1984.

(89) В. В. Козлов и др., Вулканизм и геодинамика, Наука, 1984.

(90) И. И. Берсенев и др., Геология дна Японского моря, Владивосток, 1987.

(91) У. Б. Харленд и др., Школа геологического времени, М. Мир, 1987.

(92) Л. С. Бородин, Петрохимия магматических серий, Наука, 1987.

(93) Н. И. Филатова, Геотектоника, 4, 85~100(1987).

(94) И. К. Туезов, Карта теплового потока Тихого океана н прилегающих континентов, Хабаровск, 1988.

(95) А. В. Федорчук, Тихоокеаническая Геология, 1, 39~52(1988).

(96) П. П. Кузнезёв и др., Офиориты и рифты, Недра, 1988.

(97) А. В. Федорчук. и др., Вулканология и сейсмология, 5, 90~96
(1989).

(98) А. А. Маракушев, Геол., 6, 3~27(1989).

(99) Н. И. Филатова и др., Геол., 1, 64~77(1990).

(100) М. З. Глуховский, Геологическая эволюция фундаментов древ-
них платформ, М. Наука, 110~119, 1990.

(101) 劉嘉麒, 岩石學報, 4, 21~37(1987).

(102) 劉嘉麒, 岩石學報, 4, 21~31(1984).

(103) 田牛, 湯德平, 岩石學報, 2, 49~63(1989).

(104) 劉嘉麒, 岩石學報, 1, 1~10(1988).

(105) 張勤文, 黃懷曾, 地質學報, 2, 111~121(1982).

(106) 環文林, 時振梁, 鄢家勤, 地質科學, 2, 179~189(1982).

(107) 吳利仁 等, 地質學報, 3, 223~232(1982).

(108) 李東津, 李仁順, 吉林地質, 2, 15~16(1984).

(109) K. C Condic, Thickeningll Geol., 84, 9(1973).

《백두산총서》편찬위원

부교수, 준박사 김정락, 박사, 부교수 강진조, 후보원사, 교수, 박사 리돈, 교수, 박사 김현삼, 박사, 부교수 강석현, 부교수, 준박사 최신원, 부교수, 준박사 어흥담, 공훈기자 김동수, 준박사 리명철, 홍욱근, 리관필

집필

후보원사, 교수, 박사 리돈, 준박사 조일원, 준박사, 김현소, 부교수 준박사 윤동수, 부교수, 준박사 박칠성, 부교수, 준박사 박인섭, 박사 교수 강영호, 준박사 김신균, 준박사 장춘빈, 준박사 홍승호, 준박사 리명희, 준박사 리혜원, 리동환, 김택룡, 준박사 오인태, 김신주, 준박사 양석복, 오수암, 강로수

백두산총서
지 질

편집 **윤복동**   사진 **장광수**   지도 **한순실**
장정 **김오훈**   교정 **리련수**

낸 곳 과 학 기 술 출 판 사
인쇄소 평 양 종 합 인 쇄 공 장
인쇄 1993년 9월 1일   발행 1993년 9월 10일

ㄱ－271374

백두산총서 (지질)

1998년 4월 22일 인쇄
1998년 4월 30일 발행

편 저 김정락 외
발 행 과학기술출판사
영 인 한국문화사
133-112 서울시 성동구 성수 1가 2동 13-156
전화 (02) 464-7708, 3409-4488
팩스 (02) 499-0846
등록번호 제2-1276호

값15,000원

ISBN 89-7735-489-7